増補新版

牛頭天王と蘇民将来伝説

消された異神たち

川村湊

Kawamura Minato

作品社

〈増補新版 牛頭天王と蘇民将来伝説 目次〉

増補新版

牛頭天王と蘇民将来伝説

——消された異神たち

序章　蘇民将来のお守り

二〇〇一年四月二十日、長岡京の発掘現場で、一枚の木札が発見された。縦二・七センチ、横一・三センチ、厚さ二ミリの、迷子札よりも小さなもので、「蘇民将来之子孫者」という文字が、かすれてはいたが、はっきりと読み取れた。これが、日本の各地において、千年以上も疫病除けの「お守り」として大切にされてきた蘇民将来の護符の最古のものである。

長岡京の跡を発掘している長岡京市埋蔵文化財センターの発表によれば、それは長岡京右京の六条大路から北へ百三十メートルの地点にある条間小路の側溝跡から出土したものだという。両面に「蘇民将来之子孫者」と墨で書かれ、上端に小さな穴があり、中央部には釘状の木のくいが打たれた痕があった。このことから、穴に紐を通して、お守りとして肌身につけられたり、また、くいで家の門扉などに固定されたりしていたのではないかと推測されたのである（長岡京発掘は、一九五四年から始められ、二〇〇一年までに宮殿跡、官衙遺構、条里などかなりの構造が明らかとなっている）。

発見場所は、都の東西に置かれた官営の市場である西市が立地していたと見られる場所の近くで、いっしょに「白米五斗」などと書かれた付け札や、「廿」と書いた食器（十二点）などが出土した。これから考えて、蔵（屯倉）から市へと米を運ぶ「廿」の符丁で表される人々がいて、そのうちの一人がお守りとして携帯していた「蘇民将来之子孫者」の札を落としたのではないだろうかと想像することが許されるだろう（あるいは門扉に打ち付けられていたのだろうか）。

田舎から都へ租庸調の「庸」として労働奉仕にやってきた農民が、米を運ぶ途中で大事なお守りを落としてしまったのだろうか。あるいは、もはや必要のないものとして捨てられてしまったのか（持ち主が疫病で死んで、効き目のない疫病除けの護符として、腹立ち紛れに仲間によって捨てられたのかもしれない）。

発掘調査で「蘇民将来之子孫」の札が出土する例は多く存在するが、大半は中世から近世にかけてのもので、西暦七八四年から七九四年までの十年間、日本の都だった長岡京跡で見つかった蘇民将来札のように、古く平安時代以前に遡るものは稀である。これまでに発見されたなかで、一番古いとされていたのは、一九九二年十二月に平安京の朱雀小路の東側側溝から発見された、元興寺文化財研究所グループの発掘したものだった。平安末期、十世紀から十二世紀頃までのものと考えられていた。今後も発掘調査の進展でさらにより古いものが発見される可能性があることは否定できない。

もちろん、このことは蘇民将来の信仰が、八世紀までにすでに日本に入ってきて、日本人によって信じられていたことを意味する。しかも、それはお札として人々が身につけるような民間の、いわば庶民たちの信仰だった。それは外来の新興宗教として、皇族や貴族たちをとりことした華麗で荘厳な仏教でもなく、留学僧や学者僧たちの心をとらえた儒教、道教の混淆した難解で緻密な教えでもなかった。それはただ、行疫神、疫神、疱瘡神、いわゆる疫病神の祟りや怒りから自分や家族の身を守ろうとした、素朴で単純な信仰だったのである。

それが千二百年もの間、ほとんど形を変えることなく、信じ続けられていることの不思議さ！　日本の神社仏閣では、今でも「蘇民将来」のお札やこけし型の守りを配布しているところが少なくない。その札を玄関口にかける習慣を持つ町や村は数多く、「蘇民将来之子孫也」の注連縄飾りを家の戸口にかける風習は、伊勢神宮のお膝元の伊勢や二見の町内でも見られる。それは日本神道の中心である「伊勢」においても、民間の信仰として脈々と生き続けているのである。

時は桓武天皇の時代。平城京から新京、長岡京への遷都を実現したこの天皇は、政敵や邪魔者には容赦しない勇猛果敢な君主だったが、一方では廃太子として憤死に追い込んだ早良親王の怨霊を鎮めるために「崇道天皇」の諡を送るような、迷信深い一面を持っていた（当時の人は多かれ少なかれ、みなそうだったが）。そんな権謀術数と怨霊とが渦巻くような権力世界の支配者に使役される民草の一人が、頭の上を吹き通る嵐や、頭の上に落ちてくる雷、そしてもちろん、疫病などの厄難を逃れるために、肌身離さずに持っていたのが、蘇民将来の札だったのである。

しかし、「蘇民将来」という神は、いったいどんな神だったのか。そして、彼と対になって語られる牛頭天王とは、どんな由緒と由来を持つ神なのか。

土着的でありながら、しかし、いつまでも異国渡来の「異神」性を失わない神々。武塔神、牛頭天王、蘇民将来、巨旦将来、婆（頗、波）梨采女、八王子神たちは、『古事記』や『日本書紀』の記紀神話に登場する日本の正統的な神々と較べて、きわめて異様で異質な神格を持っているといわざるをえない。それは儒仏道をはじめ、密教、陰陽道、宿曜道、修験道などと混淆し、その影響を受け、ますます異様で、ますます複雑怪奇な信仰へと展開していった。私のここでの試みは、そうした牛頭天王信仰、蘇民将来信仰について、その姿を原形的なところに立ち戻って明らかにすることである。彼らはどこから来て、どこへ行ったのか。そして、どこにいるのか。それは、私たちの魂のルーツをたどることとつながっているのである。

第一部　備後(びんご)から京都へ

第一章　「祇園」へ通う道

1　『備後風土記』逸文

現在、考古学的に証明できる最古の「蘇民将来」の信仰は、序で述べた通り、長岡京跡から出土した八世紀末のものと思われる木札によって確認されている。では、文献的にはどれほど遡ることができるだろうか。

テキスト①『備後風土記』逸文

備後の国の風土記にいはく、疫隈の国つ社。昔、北の海にいましし武塔の神、南の海の神の女子をよばひに出でまししに、日暮れぬ。その所に将来二人ありき。兄の蘇民将来は甚貧窮しく、弟の将来は富饒みて、屋倉一百ありき。ここに、武塔の神、宿処を借りたまふに、惜みて借さず、兄の蘇民将来借し奉りき。すなはち、粟柄をもちて座となし、粟飯等をもちて饗へ奉りき。ここに畢へて出でませる後に、年を経て八柱の子を率て還り来て詔りたまひしく、「我、奉りし報答せむ。汝が子孫その家にありや」と問ひ給ひき。蘇民将来答へて申ししく、「己が女子とこの婦と侍り」と申しき。すなはち詔りたまひしく、「茅の輪をもちて、腰の上に着けしめよ」と。詔のまにまに着けしむるに、即夜に蘇民の女子一人を置きて、皆悉にころしほろぼしてき。すなはち詔りたまひしく、「吾は速須佐の雄の神なり。後の世に疫気あらば、汝、蘇民将来の子孫といひて、茅の輪をもちて腰に着けたる人は免れなむ」と詔りたまひき。

これは、『備後国風土記』の逸文として『釈日本紀』巻七に収録された「疫隈の国つ社」の縁起である。蘇民将来という名前が、日本の古記録に一番最初に出てきた文章としてよく知られている。全国の風土記が朝廷の命を受けて編述されたのは、奈良時代、八世紀の最初の頃（風土記は、和銅六年＝七一三年に出された官令によって編纂された）と考えられているから、この逸文が書かれたのはその頃と考えてよい。『釈日本紀』は、一二七四年から一三〇一年にかけて、卜部兼方（懐賢）によってまとめられたことが知られているから、八世紀初めには「蘇民将来」の信仰が行われていて、十四世紀には間違いなくそれが知られていたことは考古学的事実、および文献によって事実（史実）として確認できる。長岡京跡の現物と照らし合わせて、『備後国風土記』に書かれた「疫隈の国つ社」の伝承が、風土記編纂の時代当時（八世紀初め）のものであるという蓋然性はきわめて高いというべきである。

ここで注意すべきは、後に「蘇民将来」の信仰のむしろ主役となる「牛頭天王」の名前がまだ出てこず、「武塔の神」となっており、娶りにいった相手の名前が「婆梨采（頗利菜、波利采女とも表記する）」であったり、蘇民将来の弟（あるいは兄）が「コタン（古丹、巨旦、古端とも表記）将来」であるとも書かれていないことだ。「将来二人ありき」とあるのは、蘇民将来という名前が固有名詞ではなく、氏族名や集団名（〝蘇の民〟といった）などであることを表しているのかもしれない。これが後に固有名詞とされ、蘇民将来－コタン将来の兄弟に分化したのではないだろうか。武塔神が牛頭天王であり、蘇民将来がコタン将来との対（つい）として登場し、武塔神と婆梨采女という夫婦関係、そしてその間に生まれたとされる「八王子（八柱（やはしら）の子とはあるが）」も、ここではまだはっきりとは出てこない。ただ、武塔神が須佐之雄（スサノヲ）神であるとされていること、茅（ちがや）の輪の防疫の効用は、すでに語られているのである。

この「疫隈国社」の伝承が「蘇民将来」の信仰の原型であると考えることには根拠がある。現在の広島県福山市の新市町（旧芦品郡新市町）にある素盞嗚（スサノヲ）神社は、この昔の「疫隈社」であったとされており、そこには摂社として日本でおそらくもっとも古い「蘇民神社」が祀られているからだ。

山陽新幹線の福山駅の駅前から車に乗り、芦田川と神谷川に挟まれた土手の上の道を行くと、二十分ほどでいにしえの江隈（えくま）（あるいは江熊）の里、素盞嗚神社にたどり着く。春というには少し早い三月、土手や川原のあちこちには、土筆（つくし）を摘む人々が、散らばって腰をかがめていた。新車展示場や中古車センターや、郊外型のレストランなどが並ぶ表通りの新しい街並みと、そこから路地一本を入った古い街並みとの入り交じった新市町に入り、福塩線の上戸手（かみとで）駅近くの狭い踏切を渡ると、すぐに大きな石の鳥居と、懸社と彫られた石碑のある神社の入り口に到着する。

随神門の前に左には「八紘一宇」、右には「武運長久」と彫られた石柱が立っている。〝大東亜戦争〟時代の遺構ということだろう。本殿の左隣りには「蘇民神社」と「疱瘡（ほうそう）神社」という扁額（へんがく）のかかった合殿（あいでん）がある。なかには、それぞれ小さな木製の祠（ほこら）があるが、蘇民神社のほうは特別なこともなく、疱瘡神社のものは赤く塗られている。疱瘡神が赤をシンボルカラーとしていることは、よく知られたことである。

素盞嗚神社（旧疫隈社）

祭神は、蘇民神社はもちろん蘇民将来だが、疱瘡神社は、比比羅木其花豆美神で、ヒヒラギノソノハナマヅミノカミと読む。オオクニヌシから数えて六代目の子孫であるタヒリキシマルミノカミ（多比理岐志麻流美神）と結婚して、ミロナミノカミ（美呂波神）を生んだイクタマサキタモヒメ（活玉前玉比売）の親神だが、「比比羅木」は柊のことで、魔除け、厄除けの意味を持つ植物だから（その葉の棘が鬼の目を刺すのだという）、疱瘡を防ぎ止める神名となったのであろうか。詳しい由緒の分からない不思議な神である。

境内がとても広い。樹齢千年にもなろうという椋の大樹や、欅、松、杉、銀杏の古樹や大木があるのだが、広々と感じるのは、あまり大きな建物がなく、石の鳥居、舞殿、本殿、天満宮（本地殿）があっても、それ以外にはがらんとした清浄な空間であるからだ。戦死者の慰霊碑と、養蚕が盛んだった昔を偲ばせる織物業碑が境内の隅に目立つぐらいで、後は、堀割に面した、後世に移築されたという城門に特徴があるくらいだ。やはり境内

蘇民神社（左）・疱瘡神社（右）

の片隅に「皇太子誕生記念碑」がひっそりと草むすようにとり残されていた。現在の天皇が生まれた時のものだ。

本殿の横には「早苗(さなえ)の松」という碑があり、小さな松の木があった。このあたり一帯は昔、早苗の森と呼ばれ、松林、杉林が周囲をめぐっていた。明治の神仏分離令以前は早苗山天王坊という寺院と一体だったのだ。それまで牛頭天王社、天王寺と呼ばれていた寺社一体の信仰の場所が、無理矢理に神仏どちらかに引き離され、消滅させられてしまったのである。先走っていってしまうことになるかもしれないが、牛頭天王と蘇民将来との出会いの場所には、松林というロケーションが欠かせない。その点でも、ここは牛頭天王・蘇民将来の縁起の場所としてふさわしいのである。

私がそこを訪ねた昼下がりには、近所の老人たちがゲートボールの競技に打ち興じていた。これだけ広い境内(けいだい)で、建物や施設が少ないから、近所の人たちにとっては格好の広場ということなのだろう。参拝客もまばらで、少なくとも平日の昼間にわざわざ参拝や見学に来る人は稀れなようだ。

ただ、昔からこうしてがらんとしていたのではなく、かつてはさまざまな神殿や仏殿が並んでいたのではないだろうか。現在の境内は、落ち着いた、古びた町並みに囲まれて、それ以上に広がる余地を持たないが、それでも相当に広い敷地といえる。『延喜式(えんぎしき)』神名帳には、備後の国一の宮として「須(ス)

佐能袁（サノヲ）神社」が挙げられているが、それはこの素盞嗚神社が比定されている。もっとも、その須佐能袁神社は、備後の国の深津郡に所在するとされており、芦品郡とは少し場所が異なっている。ゆえに、備後の国のもう一つの〝祇園社〟である鞆（とも）の浦の沼名前（ぬなくま）神社を須佐能袁神社に比定する考え方もある。また、甲奴（こうぬ）町小童（ひち）の須佐神社も備後の三大祇園の一つとして可能性を残している。

翌日、鞆の港（鞆の津）を見下ろす山の上にある沼名前神社を詣でた私は、ただ広いだけの素盞嗚神社よりは、一の鳥居、鳥形笠木のある二の鳥居、豊臣秀吉の作った能舞台を移築したといわれる重要文化財指定の能舞台や宝篋印塔（ほうきょういんとう）などを持つ沼名前神社に、一の宮にふさわしいだけの格調を感じずにはいられなかった。

しかし、後世に零落した一の宮や、新しく勃興して盛んになった神社もあるのだから、現在の様相だけから昔の姿を推し量（はか）ることが危険であることはいうまでもない。壱岐（いき）では一の宮のほうが近くの他の神社よりも見窄（みすぼ）らしかった例を私は目撃した。現状の有り様だけで、その古さや伝統を推し量ることは危ういのである。

2　鞆（とも）の津の祇園社

素盞嗚神社から、いったん福山駅まで戻って一泊した私は、翌朝駅前広場から、鞆鉄バスに乗って鞆の浦へ向かった。備後三祇園の一つとされる沼名前神社に詣（もうで）るためである。乗客同士や、ワンマンの運転手と乗り合った知り合いが世間話をするなど、いかにも生活感の溢れたバスは、芦田川と神谷川に挟まれた土手上の道を、素盞嗚神社とは反対の方向へと走り続ける。街並みを抜け、どこも変わりばえのしない近郊のバス路線の風景を眺めているうちに、やがて、湾に小さな島々を並べた鞆の浦、昔の鞆の津にたどり着く。

　鞆の港のすぐそばにあった小さな住吉神社や、海に突き出た岬の小高い丘の上にあった淀姫神社と同じように、大綿津見命と須佐之男命を現在の祭神とする沼名前神社は、やはりその起源としては海神、漁民や航海民を守る海や船の神として、鞆の浦の街の山の手に位置している。あたりには、いにしえの繁栄を物語るような豪壮な古寺が甍を並べている。

　古くから、瀬戸内の海上交通の要衝として栄えてきた鞆の浦に、海神、船の神の信仰がないはずはなく、港に大きく建てられた常夜燈に彫られた金毘羅の神名や住吉神、神功皇后とその妹の淀姫のような海や航海にまつわる神々の社があることは当然なのだ。私はそうした古社と古事をひとつひとつ歩いて回りながら、牛頭天王と蘇民将来に関わるものを探そうとしたのである。

　鞆の港からすぐの山の中腹にある沼名前神社が〝祇園社〟となったのは、武塔神といわれる牛頭天王が、瀬戸内の海から最初に上陸した場所だったからではないだろうか。武塔神（武塔天神）、牛頭天王のいずれも海外から日本に寄ってきた「異神」にふさわしい名前だし、スサノヲは、その息子のイソタケル（五十猛）の命といっしょに朝鮮半島から船に乗って戻ってきた神である（「是の時に素盞嗚尊、其の子五十猛神を帥ゐて、新羅国に降到りまして、曾尸茂梨之処に居します。乃ち興言して曰はく、此の地吾不欲居とのたまひて、遂埴土を以て舟を作り、乗りて東に渡り、出雲国の簸川上に在る鳥上の峯に到ります」『日本書紀』の「一書」による）。

　玄界灘を渡り、瀬戸内の海を航海して鞆の浦に上陸するのは、遥か後のことだが、江戸幕府の将軍職の代替わりごとに朝鮮からやって来る朝鮮通信使のコースともなっていた。第八回目の朝鮮通信使の従事官だった李邦彦は、鞆の浦の宿舎である対潮楼（福禅寺）で憩いながら、対馬から江戸までの旅程のなかでもっとも景色がよかったところとして鞆の浦を挙げ、「日東第一形勝」なる書を揮毫して、対潮楼に残した。それは千年前も五百年前も変わらないところだろう。鞆の浦に着いて、船客たちはほっとして旅衣を脱いだ。牛頭天王も、そんな渡来人（渡来神）の一人だったのではないか。

目の前にたゆたう瀬戸内の穏やかな海。島と島の重なった影から、船が一艘、また一艘と舳先を見せる。行き交う船たちは、白い水脈（みお）を引いて先を急ぐのだが、小高い山の手の上から眺めれば、ゆったりと遊んでいるかのようなスピードにしか思えない。時間までも、ここではたゆとうている。対岸の四国の陸影も、多島海の島影といっしょにくっきりと浮かび上がる。

鞆の浦には廻船問屋、貿易商人として財を築いた豪商たちがいた。門構えはそれほどでもなくても、格子の隙間から覗かれる内部は帳場や土間をゆったりと造り、調度品や家具に贅（ぜい）を凝らした商人屋敷が軒を連ねていたのである。さまざまな旅人が、この地に上陸し、集まり、また四散していった。もちろん、それは必ずしも歓迎すべき旅人ばかりではなかった。行疫神、疫病神と恐れられる伝染病を持ち運ぶ旅人（異人、異国人）や、船、品物が海から上陸することも少なくなかったはずである。

私が訪れた三月には、観光キャンペーンの一環として、古い街並みに面した家々が、大切に所蔵していただろう雛飾（ひなかざ）りを、観光客にも披露するという行事を行っていた。旧家の十数段もある豪華絢爛の雛壇や、お内裏様とお姫様だけのつつましい雛飾りなどが、思い思いに玄関口や土間の一隅に飾られていた。その多くは古い伝来品と思われる雛人形であり、往事の鞆の津の豊かさが偲ばれる。祇園祭の時に、京都の町々の通りに面した家では、自分の家に伝わる家宝ともいえる屏風や箪笥（たんす）などの家具や調度品、あるいは茶道具や人形などを飾って見せる。そんな風習を思い起こさせる行事である。

そうした観光コースから離れた、鞆の町の細く曲がった裏通りを歩いているうちに、私は、門口に茅（ちがや）の輪を飾った家が多いことに気がついた。両手の指で丸く輪を作った程度か、それよりももっと小

鰯と柊

さな輪が、玄関の上に吊されているのである。古い民家（漁師）や商家に限らず、新建材による新しい住宅にも、家並みのほとんどの家にそれが飾られている。

これが、説話のなかで、武塔神が蘇民将来に教えたという疫病除け、魔除けの呪物にほかならないことは明らかだろう。鞆の浦には、蘇民将来の子孫を任ずる人が多いのだろう。また、やはり玄関に鰯の頭を柊の葉とともに飾っているのも見かけた。これも魔除けであり、腐った鰯の悪臭に閉口した魔物が、それが飾られた門口を避けてゆくと信じられているのである。まさに、「鰯の頭も信心から」の好例である。茅の輪と鰯の頭の両方を飾っている玄関もある。普通の民家でこれだけ素朴な厄除け、魔除けの信仰が見られる場所はそんなに多くはないだろう。〃鞆の祇園〃と呼ばれた祇園神信仰の歴史の古さと伝統の深さが感じられるのだ。

最初の「蘇民将来」の信仰、すなわち武塔天神＝牛頭天王＝スサノヲという「天王信仰＝祇園信仰」は、まず初めに鞆の浦に足を下ろしたのではないだろうか。しかし、そこにはすでにオオワタツミノミコトのような日本の海神や、住吉神、金毘羅神、神功皇后のような海と船と航海の神様たちが湊合していた。それらの神々との競合を嫌った新来の渡来神、異神としての牛頭天王＝武塔天神は、次に川を遡って、その頃にはまだ海からの距離がそれほどでもなかった江隈の里にいったん腰を下ろすことになる。それが備後におけるもう一つの〃祇園社〃、素盞嗚神社だったのではないか（前述したように、備後の国の三大祇園とされるのは、素盞鳴神社、沼名前神社、そして甲奴町小童にある須佐神社である）。

北の海から南の海へと渡ってゆく途中で「蘇民将来」の親切に出会った武塔天神（牛頭天王）は、そこに住む蘇民将来の子孫たちの健康と安全を保証する。そこに蘇民将来たちが住む家々が残された。それが鞆の浦であり、江隈の里であって、産土の社としての沼名前神社であり、素盞鳴神社だったのである（ただし、後に述べるように牛頭天王－蘇民将来の神話は、もともとは日本を舞台としたものではなく、大陸起源のものであると思われる）。

崇敬されるべき神としての牛頭天王と、その信者の代表格ともいえる蘇民将来についての信仰の古形をたどる時に、単に古い神社や縁起の存在をたどるだけではなく、その信仰がどれだけ土着化している（た）かを調べる必要があるのではないか。茅の輪くぐりや、蘇民将来のお札やお守り。神様だけではなく、当然、それを信ずる人々がいなければ信仰は成立しない。鞆の津の民家の軒飾りは、そんな神信仰の在り方を私に教えてくれたのである。

3　播磨・広峯の天王社

だが、蘇民将来・牛頭天王の旅は、ここ、鞆の津だけでは終わらない。彼らは、鞆の浦、江隈の里から、さらに東へ向かったのである。京都の八坂神社の〝祇園社〟と並ぶ、あるいは京都の祇園社の本社ともいわれる姫路の広峯神社へ渡り、そこに天王社の本社を築いたのだ。

鞆の浦を夕方に離れた私は、暗い夜の新幹線で姫路へと急いだ。今夜の泊まりは、姫路の城下町で、朝早くから広峯神社に詣ることにしたのである。

広峯神社

広峯山の頂上近くにある広峯神社は、牛頭天王総本宮を名乗っている。本当は、祇園本社を名乗りたいところなのだろうが、京都の祇園社の総本山、八坂神社に遠慮があるのか、あるいは本社と末社との（長い間の）争いにうんざりした結果なのだろうか。祇園社とはあえていわずに、天王社を名乗っているのかもしれない。姫路の市街を眺望する神社の境内に達するまでには、広峯山麓の市内バス「広峯行」の終点から山道を三十分ほども登らなければならない。

室町時代に造られたという本殿（一四四四年再建）と拝殿（一六二六年再建）は入母屋造りで、本殿は檜皮葺き、拝殿は本瓦葺きである。本殿の背後の板壁に九つの丸い穴が空いており、そこに四緑木星から三碧土星までの九星が当てはめられていて、それぞれの生まれ年の九星祈願札（右手に剣を立てて持ち、肩まで長髪で顎髭を蓄えた座像の牛頭天王の絵が描かれている）を納めることになっている。穴をのぞくと、なかには深い闇があるだけだった。道教や宿曜道的な信仰の痕跡がうかがわれるものだ。

拝殿のすぐ左隣には、蘇民将来を祀る地養社があり、蘇民将来伝承の地であることをはっきりと示している。さらに境内の左隅には「天碌永盛」「発祥致福」と彫られた石柱が左右に立てられた蛭子社がある。本殿の裏にも摂社として天神社や山王権現社、熊野社などの九社あり、また近くには天祖父社としてイザナギ・イザナミ・オオヒルメムチ（＝天照大神）を祀った摂社もある。その社殿の横には大きな丸い石二個の磐座があったが、それが本来のご神体だったのかもしれない。

私がちょうど拝殿を上っている時に、時ならぬ春の雪が舞ってきた。最初は桜の花吹雪のように思えたものは、三月の珍しい細雪だった。天の端には青空さえ見えるのに、雪はひらひらと間口十間という拝殿の階の上に舞い降りてくる。

拝殿の階段の前には、六本の柱で六角に区切られた場所があり、その真ん中に御柱を立てる筒があった。御柱の行事といい、摂社の数の多さといい、この神社が昔はきわめて規模の大きな、勢力のあった社であったことがわかる。『広峯神社由緒記』によれば、天野信景の『牛頭天王辨』には、「広峯（播州）、祇園（京師）、津島（尾張）、大宝牛頭（近江）」と並べられていて、近世には広峯・祇園・津島が日本三大天王と称されていると書かれている。鎌倉将軍（源実朝）の御教書には「播磨国広峯社者、祇園本社也云々、自レ今以後、可レ停止二守護使乱入之状一、依鎌倉殿仰、執達如レ件」とあり、「祇園本社」を主張していたのだが（広峯神社が所蔵している鎌倉将軍の御教書は、その真贋が疑われている）、京都の八坂神社側は、当然、自分のほうを本社として、姫路の広峯を分社としている。つまり、八坂神社と広峯神社の「祇園社」としての本家争いなのである。

十六世紀半ば（一五三二年～一五七三年）に吉田兼倶によって記された『二十二社註式』（『二十二社式』）には「牛頭天皇、初テ播磨明石ノ浦ニ於テ垂跡シ、広峯ニ移ル。其後、北白河東光寺ニ移リ、

広峯神社(大正初期)(『牛頭天王』より)

其後、人皇五十七代陽成院元慶年中ニ感神院ニ移ル。託宣ニ我、天笠【竺】祇園精舎守護ノ神云々、故ニ祇園社ト号ス」(【 】は註解者による註。以下同)とある。「感神院」とは、明治元年に「八坂神社」と改称される前の「祇園社」の旧称であり、牛頭天王信仰は、瀬戸内海の山陽道のルートをたどって、湊から湊へ東漸してきたことを伝えている。

『二十二社註式』は、これ以外に「人皇六十一代朱雀院承平五年(九三五年)」に観慶寺が定額寺となり(定額寺とは、官から山号などを許され、公に特権を得た寺院のこと)、八坂郷に位置したこと(祇園寺と字された)や、「第五十六代清和天皇貞観十八年(八七六年)」に常住寺が八坂郷に移されたことなど、二つの異なった「祇園社」の創設年も示しており、『日本書紀』の「一書」の並列のように、異説も含めて客観的な記述をしようという姿勢を保持しているようだから、祇園(八坂神社)側ではなく、広峯側の肩を持った異説を唱えたのだという非難は当たらないだろう。「疫隈社」

↓明石浦↓広峯↓白河東光寺↓祇園社という牛頭天王と蘇民将来のルートは、疑う必要がないと思う。

平野庸修の撰した『播磨鑑』には、縁起として「崇神天皇の御代に広峯山に神籬を建て、素盞鳴尊、五十猛命を斉し」とあり、それは西暦元年前後としている。もとより、この西暦元年前後の創建は信用できず、祭神としてのスサノヲもイソタケルも、むしろ後の附会であると考えられる。この後、聖武天皇の御代、天平五年（七三三年）に吉備真備に勅命を出して、広峯山に大社殿を造営させ、新羅国明神と称し、牛頭天王と名付けられたという。

吉備真備は、霊亀二年（七一六年）に入唐し、在唐すること十八年、儒・仏・道はもちろんのこと、さらに陰陽道、宿曜道を修め、日本へ戻ってきた。陰陽暦学を日本に広めようとした彼は、唐の国の故事を取り入れて、素盞鳴尊を牛頭天王・天道神として、その妻神の奇稲田媛命を頗梨采女・歳徳神として、その子の八王子を八将軍として日本暦のなかの暦神としたというのである。

平安時代末期に描かれた『吉備大臣入唐絵巻』は、この吉備真備の中国での超人的な活躍ぶりを描いて、痛快である（現在はボストン美術館蔵）。しかし、そこでは文字や暦といった神霊的ともいえる力を持ったものを相手に、吉備の大臣がいかにその習得に苦労したかということを問わず語りに物語っているかのように思える。彼は中国においては、入唐者としては先輩に当たる阿倍仲麻呂の霊や、日本の神仏の力の助けによって唐人たちの陰謀をことごとく斥けるのであり、そうした中国の文字霊に対して、日本の言霊で対抗したナショナリスト（?）の彼が、「異神」の降臨を受けてその神を祀るということは考えにくい。

だから、吉備真備の広峯神社創建は、牽強附会の説にほかならないだろう。中国へ行った吉備真備が、朝鮮の新羅明神を勧請するというのも奇異な話だし（当時は、一般的には「唐」と「韓」との明確な区別意識はなかったかもしれないが、実際に中国での居住体験のある吉備真備が、両者を「カラ（外国）」として混同するとは思えない）、『備後国風土記』の逸文にもあるように、武塔神、あるいは牛頭天王が先に祀られ、その後にスサノヲ信仰が習合されたというのが、信仰の在り方としての順当な順序のようだからだ。いずれにしても、広峯神社の場合は、「疫隈社」の伝承には名前の出てこない「牛頭天王」が中心神となり、その救済相手の「蘇民将来」と対になって信仰されていたと考えられる。

播磨の国の寺社の縁起を多く収録した室町時代初期の成立と見られる『峯相記（みねあいき）』には、こんな縁起が書かれている。

空（ムナシ）ク下向シテ麓ノ禅院【考・微考云平野村伝燈禅寺乎】ニ一宿テ候シニ。老僧ノ語リ候シハ。元正天皇御宇霊亀二年。吉備大臣入唐（ニツトウ）ス。在唐十八年。所学十三道。殊ニ陰陽ヲ極芸トセリ。聖武天皇ノ御宇天平五年ニ帰朝。当山ノ麓ニ一宿シ給ヘリ。爰（ココ）ニ夢ニモ非（アラ）ス現（ウツツ）ニモ非ス。貴人出来シテ。我古丹（コタン）カ家ヲ追出サレ、蘇民カ為ニ助ラレテ。浪人ト成テヨリ以来居所未タ定ラス。汝ト唐朝ニ契タリシヲ憑（ヨリ）テ追来（オイキタル）也ト云々。則当山ニ崇メ奉ル牛頭天王是也。数年ヲ経テ後。平安城ヲ立ラレシ時。東方守護ノ為ニ。祇薗（ギオン）荒町ニ勧請シ奉ルト云々。恐（オソラク）ハ当社ヲ以テ本社ト云ヘシト云々。

もちろん、これは牛頭天王と蘇民将来の伝承としては、『備後風土記』逸文と比べれば、遥か後代のものだ。この縁起の語り手は、牛頭天王と蘇民将来、そしてそれにコタン（古丹）将来が三つ巴（どもえ）のように関わる物語を、聞き手が十分に知っていることを前提として話をしているし、京都の祇園にもすでに牛頭天王を祀る神社があることの知識も前提としている。その意味では、この縁起は、吉備の

吉備神社

大臣が広峯に牛頭天王を祀る社（やしろ）を最初に創建したとか、そこから後に平安京の祇園へと勧請（かんじょう）されていったという史実を証明する証拠とはまったくならない。

だが、牛頭天王と蘇民将来の本来の物語が、すでに過去に起きた出来事であり、しかもそれは「唐朝」において起きたことであるのを認めていることにおいて、この縁起は真実性を獲得しているといえる。牛頭天王は来訪神であり、過去のいつかの時点において、ここにやってきた。そして、そこからまたどこかへと行ってしまった（もちろん、祭神としてはそこに留まっているのだが）。こうした漂泊性が牛頭天王の本質である以上、牛頭天王と蘇民将来の神話が、〝そこで〟生起した出来事であるかのように主張する縁起を持つ神社（八坂神社でも、津島神社でも）は、本質的に「本社」ではありえないといわざるをえないのである（また、この縁起は、牛頭天王信仰が、広峯を中心としたこのあたり一帯を根拠地としていたことを物語っている。一社や一寺が、それを祀っていたのではなく、陰陽道、修験道の修行の場としての「山」全体がその信仰を支えていたのである。

広峯神社に登って気がついたことは、この海に向かって眺望のよい立地が、鞆の浦の沼名前神社のそれとよく似ていることだ。もちろん、山の高さ（二五七メートル）といい、海までの距離といい、比べものにならないぐらい広峯神社の方が規模が大きいのだが、飾磨平野の向こうに海を眺め下ろす、その立地に共通性があるように思われる。遠く、家島群島の散らばる播磨灘の凪いだ海を見下ろす小高い山というロケーション。それは、やはり武塔神＝牛頭天王が海を渡ってきた神であり、その上陸地に土着して、今度は海から渡ってくるもの（たとえば、痘瘡や麻疹のような伝染病。それはしばしば異国から海を渡ってやってくる）に対して、きわめて厳しい防御の姿勢を取っていることの共通性かもしれない。

　摂社には、さらに裏の山道を登っていったところに、創建者と伝えられる吉備真備を祀る小さな吉備神社があった。あまり人の詣でる社ではないようで、細く、急な石段が、途切れ途切れに続いている。修復中のその社の隣にはスサノヲ（の荒御霊）を祭神とする荒神社があり、その二つの社の間にも磐座のような石があり、この広峯山一帯にこうした自然崇拝の石神信仰が伝えられているのだと感じられた。吉備真備云々という縁起は、この神社が中世（室町期）のある時期に陰陽道や修験道の影響を大きく受けたことを物語っているのだろう。牛頭天王信仰を持ち込み、またここから京都も含め各地へ持ち運んでいったのは、御師と呼ばれる修験系の宗教者たちであり、彼らが占卜や加持祈禱、お札や絵解きなどの民間信仰を広めていった当事者たちだったのである。

　安倍晴明（吉備真備の後胤とされる）の撰として仮託された『三国相伝陰陽輨轄簠簋内伝金烏玉兎集』（以下、『簠簋内伝』と略記）の「牛頭天王序」が、そうした修験者たちの信仰の教典的な役割を果たしていたのではないか。

　この吉備神社へと登る途中の参道や、石の鳥居から右に登る旧参道には、昔の社家の人々の旧家（ほとんど朽ち果てていた）や旧家跡（〇〇家旧跡といった碑が建っていた）と思われる痕跡があり、蟻の熊野詣でといわれた三熊野の信仰に比肩するほどの殷賑をきわめていたといわれる昔の広峯神社（明治の神仏分離の前は、神仏混淆だった）の威勢が偲ばれるのである。もちろんそれは、逆に近代に入って、この広峯山の信仰圏が、急速に衰微したことをも物語っているのだが。

伊勢や白山の御師たちのように、広峯を本拠地とする宗教者たちの檀那場（得意先のテリトリー、霞場ともいう）は全国各地に広がっていたと考えてよい。しかし、そうした御師的な活動が何らかの理由によって衰退していったことを、この旧家の廃墟や草地は問わず語りに語っている。それには同じ祇園信仰として京都の感神院（八坂神社）や、尾張・津島の天王社（津島神社）の勢力拡大が背景にあったのかもしれないのである。

4　神戸・祇園社

広峯神社を本社としていた牛頭天王信仰は、さらに東遷した。平安京、京都の八坂に鎮座した祇園社は、祇園祭や祇園の茶屋や舞妓によって、「祇園」の名前を全国的に有名にしたのだが、平安京以前の長岡京の時代にすでに「蘇民将来」の信仰があったことが確認されている以上、祇園社＝八坂神社が、祇園信仰＝牛頭天王信仰＝蘇民将来信仰の発祥の地ではないことは明白であり、すでに述べてきたように、備後、播磨、山城と東漸してきたと考えることには根拠があるとすべきだろう。

もう一つ、広峯神社から八坂神社への祇園神信仰の東漸を証明するものがある。それは姫路と京都の途中にある神戸の平野地区に建てられた祇園神社だ。この神社の由来として、広峯神社とゆかりのある姫路の書写山円教寺で修行をした徳城坊という阿闍梨がこの地（平野）にいて、その僧が、姫路の広峯神社に祀られている牛頭天王（スサノヲノミコト）の分霊を京都北白川の東光寺に移す途中に、その分霊の御輿をこの地に一泊させたという話が伝わっている。つまり、ここは姫路と京都の「祇園社」の中継地として選ばれたために、祇園神社となったのである。

祇園神社（神戸）

平安末期、清和天皇の御代に京都では疫病が蔓延した。その疫病や災厄を払うために占いが行われ、広峯神社の牛頭天王が京都に勧請されることになったのである。時に貞観十一年（八六九年）のことであった。北白川の東光寺が後に八坂の地に移り、祇園感神院と称することになるのは、その後のことである。もちろん、これが現在の八坂神社の前身である。

この神戸の祇園神社の伝承が、八坂神社の祇園本社説にとって不利なものであることは明らかだろう。明治以前には、素盞鳴社あるいは天王社と呼ばれ、通称の〝祇園さん〟が後に正式名称となったこの神社の存在は、牛頭天王＝スサノヲノミコト、そして蘇民将来の東漸の足跡をはっきりと示しているのであり、八坂神社側の「播磨国広峯社を祇園の本社とする説は、鎌倉時代に広峯社が祇園執行の知行するところとなってのち、広峯社の側で主張しはじめたものであろう」（八坂神社編『八坂神社』）との主張を覆すものだ。長岡京での蘇民将来の札の発見と、『備後国風土記』逸文の内容は、八坂神社の祇園社本社という主張を否認するものなのである。

しかし、それはもちろん、現在の八坂神社、すなわち京都の〝祇園さん〟が、祇園神信仰の中心であり、本拠地であったことを否定するものではない。広峯神社の天王信仰（祇園信仰）が、道教や陰陽道、修験道との習合によって、牛頭天王・蘇民将来の信仰をかなり変化させたものになったのと同じように、八坂神社の祇園信仰は、密教の影響や習合によってやはり変化したものとなっている。本社・分社論などにこだわらず、尾張の津島神社を含めて、三つの牛頭天王（蘇民将来）の信仰の中心地があると考えればよいのである。

神戸平野にある祇園神社は、そういう意味でいえば、地元の民間信仰と習合している。たとえば、この神社の氏子たちの家では、夏祭に胡瓜（きゅうり）をその家族の人数分、半紙に包んで神前にお供えするという信仰があるという。昔は、胡瓜の中のうろに邪気を封じ込めるという意味で、それを地中に埋めたり、川に流したりした。胡瓜の切り口が、神社の紋章に似ているから、それを食べるのをタブーとすることは他の神社にもあるが（祇園神社の社紋は、五つ木瓜、または祇園木瓜であり、確かに胡瓜の切り口と似ている）、胡瓜と祇園信仰には何かの関係があるのかもしれない。

また、祭の最中には神職は牛肉を食べてはいけないというタブーがあるという。むろん、牛頭天王を主神としているからだが、それならば祭の間だけではなく、禁食とするべきではないかと思うし、もともと近代以前には肉食は御法度（ごはっと）だったはずだ（仏教徒でなくてもそうだった。牛頭天王はインドの祇園精舎にまつわる神とされており、インドのヒンドゥー教では牛を聖なる動物としてけっして食べない。このことを考え合わせると牛頭天王神話にはヒンドゥー教の要素も見られる）。いずれにしても、神戸牛で有名な地域で、牛肉についてのタブーがあるというのは面白い発見だ。祇園山の中腹、急な石段九十段を登った上にある祇園神社の現住所は、神戸市兵庫区上祇園町であり、神戸の

「異国」である異人館通りに近いというのも、歴史の織りなす皮肉や逆説のように思える。

神戸にはもう一つ、西区に蘇民神社があり、これはもと近くの天王山に祀られていたものを移したという。蘇民将来を祭神の一柱にあげている神社は少なくないが、主祭神として名前も「蘇民神社」としているのはとても珍しい。『二十二社註式』に「初テ播磨明石ノ浦ニ於イテ垂迹シ」とあるのは、この蘇民神社の起源と関わりのあることかもしれない。本間雅彦はその著書『牛のきた道』の中で、神戸市西区平野町（旧明石郡）にある「宇留神社」（現春日神社）を「明石ノ浦」の祇園社の本源に比定しているが、推論の域を出ていない。いずれにせよ、神戸は牛頭天王、蘇民将来にゆかりの深い土地なのであり、その〝神の戸（入り口）〟という地名の「神」はもっぱらこうした海を渡ってきた（いわば舶来の）「異神」たちのことを、意味しているのではないかと思われるのだ。

5　八坂・岡崎・粟田

備後の国「疫隈社」から始まった私の牛頭天王・蘇民将来を求めての旅は、京都でいったんは〝上がり〟となる。これまでにしばしば語ってきたように、京都祇園の八坂神社が、「祇園信仰」「天王信仰」の〝上がり〟、中心となっていることは誰にも否定できないからだ。京都御所へと向かう南北の朱雀大路に対して、東西の四条の大路を東に歩いて突き当たったところに、朱塗りの門の鮮やかな「祇園社」、すなわち八坂神社がある。社名が彫られた石碑はとても大きく、参道の石段の上や途中には、記念撮影をする参詣客や観光客、修学旅行の学生の団体客やらが一日中、引きも切らない。なかには、ダラリの帯に木履姿の祇園の舞妓さんも混じっていて、外国人の観光客といっしょの記念の写真撮影を頼まれている、ほほえましい情景も見かけられる。

金閣寺や銀閣寺、清水寺や嵐山寺、京都御所や平安神宮など、世界遺産に指定された古都・京都には、見るべき寺社仏閣はたくさんあるが、観光スポットとしてもっとも人気があるのが「祇園」の一帯であり、その要にあるのが八坂神社であることはいうまでもない。長田幹彦（おさだみきひこ）の〝祇園小説〟や、「かにかくに祇園は恋し寝るときも枕の下を水の流るる」や「伽羅（きゃら）の香がむせるばかりの匂ひ来る祇園の街のゆきずりもよし」といった吉井勇の祇園を歌った短歌、あるいは溝口健二監督の映画『祇園の姉妹』に言及するまでもなく、「祇園」といえば、お茶屋での優雅で贅沢な遊びであり、舞妓はんであり、豪華絢爛で、優雅なコンチキチンのお囃子（はやし）の音色に彩られた祇園祭の山鉾巡行（やまぼこじゅんこう）や神輿渡御（しんよとぎょ）であって、「祇園」は京都のみならず、日本を代表する観光スポットとなっているのである。

朝早く、祇園を訪れたことがあった。しっとりと潤っているような石段を上がると、境内の緑は、そこが京都の街の中とは思えないほどに、艶やかで、濃いものだった。掃き清められたばかりの小砂利の道。踏んではいけないような参詣路をたどってゆくと、もう朝の早いお詣りの人がいた。早朝の清々しい空気のなかで、一日の平穏や無事や幸運を祈っているのだろうか。先を越されたような少しの悔しさもまじえて、私は大きな音をたてて柏手（かしわで）を打った。

祇園で生活する人たちには、祇園は特別ではない、日常の生活のなかにいつも生きている信仰（それは慣習や習慣といってもよい）にほかならないのだ。それはすっかり祇園という町の産土（うぶすな）の社として定着している。商売繁盛、家内安全、無病息災。失せ物、待ち人、縁談、家移り、旅立ち、そして病と怪我。神々に問いかけること、祈願することは多かったのである。祇園祭だけではなく、四季折々の祇園の姿があり、それは千年以上にわたっていつも〝そこ〟にあったのだ。

だが、その由緒や由来、縁起や起源について知っている人は、参詣客はもちろん、地元の人の中でも千分の一、万分の一ほどもなく、ほとんどの人は何も知らないといい切っていいかもしれない。そ

岡崎神社

れには理由がある。八坂神社には、その本来の祭神や信仰を隠蔽しようとしてきた歴史があるからだ。隠蔽といういい方は穏やかではないかもしれないが、八坂神社という社名自体が、一八六八年（明治元年）の神仏分離令以後の神道国教化以降のものであるということを知れば、それは必ずしも不穏当とはいえないだろう。

京都のなかでも、牛頭天王の居場所は、何か所か変遷している。『二十二社註式』には、八坂の祇園感神院の以前には、広峯から「北白河東光寺」へと移ったのが、京都における祇園信仰の嚆矢とされる。今の岡崎神社である。

ここは延暦十三年（七九四年）に京都の王城鎮護のために四方に社が置かれたのが初めで、東方に当たることから東天王社とされた（西天王社は、平安神宮のあたりにあったという）。貞観十一年（八六九年）に広峯から祇園神を勧請したことは、『二十二社註式』にある通りだ。現在の社地は北白川ではなく、丸太通りの東端にある。別業の東光寺、東天王社もともに消滅し、地元の岡崎の産土(うぶすな)の社(やしろ)として十六世紀の半ばに再建されたのが、現在まで続く岡崎神社である。

白川通りと丸太町通りが交差する変則的な十字路からちょっと西へ行った場所に岡崎神社の鳥居がひっそりと建ち、石畳の参道が杜の奥へ誘う。

境内には、祇園神や牛頭天王を思わせるものは何もなく、建立当時、兎の多かった土地柄だったということで、兎が神社のシンボルとなっている。銅像やら彫刻やら絵馬の絵柄やら、兎がやたらと目立つのである。泉鏡花が酉(とり)年生まれで向かい干支(えと)が卯(う)であったことから、兎の置物や人形などを収集していたことを思い出した。鏡花がこの神社に来たとしたら、ずいぶん喜ぶのではないだろうか。そんなとりとめのないことを考えた。

龍神を祀(まつ)っていると思われる雨ノ宮という摂社が珍しく、これが牛頭天王に関係する名残のものかもしれないと考える。鴨川の向こうには元雨社というのがあり、そこが本源の山の宮かもしれない。そのほかに、祭神不明の末社が祖霊社の隣にあり、名前を消されたこの祭神こそが、この神社の本来の地主神であり、牛頭天王か蘇民将来ということかもしれないとも考えた。

その岡崎神社から八坂神社方面へ少し行ったところに知恩院がある。昔は黒谷と呼ばれていたところだ。浄土宗の開祖・法然にゆかりの深いこの寺は、牛頭天王とは何の関係もなさそうだが、その門前の道の真ん中に瓜生石(うりゅうせき)という石があり、柵で囲まれた黒っぽい石が地面から顔を出している。隕石(いんせき)ともいわれていて、そう思って見ると地表の普通の石とは異なっているようだ。鞆の津の淀姫神社の参道脇にも隕石が神石として祀られていたが、石神(しゃくじん)信仰の名残なのかもしれない。

これは知恩院の建立以前からここにあったものといわれ、牛頭天王が東光寺へ移る前に、東山瓜生山に降臨した痕跡といわれているのだ。誰も蒔(ま)かないのに胡瓜の蔓が伸び、花が咲くという伝説も、祇園神とその紋所に似た胡瓜という関係を考えれば、肯けないことでもない。以前は阿弥陀仏を祀った石塔があったが、近年自動車道路の中央にあるため、事故で石塔が倒されてしまい、現在は石柵で囲われた石があるだけだ。日吉大社の祇園石や旧小塚天王社（南千住）の瑞光石のように、牛頭天王はまず初めに「石」に降臨する例が多いのである。

瓜生石

さて、次の牛頭天王・京都ツアーの行き先は、粟田神社である。黒谷の知恩院のすぐ近く、八坂神社の裏手に当たる円山公園の東の端にある神社だ。

粟田神社は、神仏分離前までは粟田天王社、あるいは粟田八王子社と呼ばれ、感神院新宮とも呼ばれていた。八坂神社が感神院と呼ばれていたのだから、新宮が感神院の本宮より古いことはないと思うのだが、牛頭天王は東光寺（岡崎神社）からこの粟田神社に移り、さらに八坂の地に移ったと社伝では伝えられているという。岡崎神社と同じようにその土地の産土社として祀られてきて、その境内から続く山の森の奥は深そうに思える（八坂神社のように観光地化されていないから、自然、神さびているように思えるのだ）。

ここにも牛頭天王との直接の関わりを示すものはないが、主祭神がスサノヲとオオナムチであり、八大王子、クシナダヒメを祀っているところを見れば、牛頭天王ゆかりの神社であることは明らか

粟田神社

だ。縁起として、天皇の勅使に老翁が現れ、自らはオオナムチと名乗りながらも、牛頭天王のゆかりの地として祀れといったというのだから、そのお里が知れるというものだろう。粟田神社の名は、地元の粟田氏から来ているというが、むろん蘇民将来が牛頭天王をもてなした粟殻（あわがら）の筵（むしろ）や粟（あわ）飯（めし）にちなむものだろう。粟田氏の氏名そのものが、この伝説に拠るものであるのかもしれない。

粟田神社の境内から東山の頂上にある将軍塚へと登る古道があった。今は鉄柵で閉ざされているが、昔は将軍塚のある清蓮院の大日堂へ詣るための参道だった。暗く、切り立った羊腸の道を経て、桓武天皇が平安京の鎮護のために、鎧甲（よろいかぶと）の土製の等身大の将軍像を埋めたという将軍塚へ至るのである。しかし、この伝承はむしろ「将軍塚」という名称から来た附会のものであり、本来、「将軍＝将来」であったかもしれない。あるいは、やはり粟田神社の近くにある、牛頭天王の八王子神の一柱とされる大将軍神社の祭神と関わりがあると考えることは決して牽強附会（けんきょうふかい）とはいえ

将軍塚

ないだろう。つまり、将軍塚もまた、牛頭天王−蘇民将来信仰のゆかりの場所なのである。

そして、私の個人的な牛頭天王ツアー最後の目的地は、もちろん、祇園の中心、八坂神社である。かつて八坂神社は、祇園社、または祇園感神院と呼ばれていた。それを八坂神社と変えたのは大きく二つの理由があった。一つは、仏教との完全分離を図ったこと、もう一つは、「牛頭天王」信仰との袂別である。もちろん、これは二つではなく、一つと見ることもできる。いずれにしても、国家神道によって日本を精神的に統治しようとしていた明治の排外主義的な神道の宗教指導者（神祇官）の強制によるものであった。

「牛頭天王」はインドの神にして、仏教の聖地である祇園精舎を守護する神と伝えられていた。究極の悟りの教えを説く釈迦（釈尊）に、サヘート国の舎衛城に住む長者の須達多は、その布教の場所を提供した。それが「祇樹給孤独園」、略して「祇園」である。これが仏説『阿弥陀経』が伝える「祇園」の起源である。その祇園精舎の守護神とされているのが牛頭天王で、もともとはインドにあった牛頭山（摩羅耶山、高山、摩梨山などのいい方もある）から取られた名前のようだ。牛頭山は薬としての栴檀樹（牛頭栴檀）が多く生え、「牛頭」という名前と病気を治すという医薬との結びつきが生じたといわれているのである。ただし、インドに「牛頭天王」という神仏がいたわけではなかったようだ（その形態は後に漢訳仏典において大威徳明王とされた、チベット密教のヴァジュラバイヴァラや、

郵便はがき

料金受取人払郵便

麹町支店承認

9781

差出有効期間
2022年10月
14日まで

切手を貼らずに
お出しください

1 0 2 - 8 7 9 0

1 0 2

［受取人］
東京都千代田区
飯田橋２―７―４

株式会社 作品社
営業部読者係 行

【書籍ご購入お申し込み欄】

お問い合わせ 作品社営業部
TEL 03(3262)9753／FAX 03(3262)9757

小社へ直接ご注文の場合は、このはがきでお申し込み下さい。宅急便でご自宅までお届けいたします。送料は冊数に関係なく500円（ただしご購入の金額が2500円以上の場合は無料）、手数料は一律300円です。お申し込みから一週間前後で宅配いたします。書籍代金（税込）、送料、手数料は、お届け時にお支払い下さい。

書名	定価 円	冊
書名	定価 円	冊
書名	定価 円	冊
お名前	TEL （ ）	
ご住所 〒		

フリガナ
お名前

男・女　　　　歳

ご住所
〒

Eメール
アドレス

ご職業

ご購入図書名

●本書をお求めになった書店名

●ご購読の新聞・雑誌名

●本書を何でお知りになりましたか。
イ　店頭で
ロ　友人・知人の推薦
ハ　広告をみて（　　　　）
ニ　書評・紹介記事をみて（　　　　）
ホ　その他（　　　　）

●本書についてのご感想をお聞かせください。

ご購入ありがとうございました。このカードによる皆様のご意見は、今後の出版の貴重な資料として生かしていきたいと存じます。また、ご記入いただいたご住所、Eメールアドレスに、小社の出版物のご案内をさしあげることがあります。上記以外の目的で、お客様の個人情報を使用することはありません。

その他ヒンドゥー教系の多臂多面や動物の頭をした神像の影響が強い）。

つまり、「牛頭天王」も「祇園」も、きわめて仏教的な起源と成り立ちを持ち、それが明治の神仏分離を唱える「国学者」たちに、外来の仏教的なものとして忌避された理由である。だが、京都の人々は明治以降の名称である八坂神社と呼ぶよりは、やはり以前の通り〝祇園さん〟と呼び、一時的な衰退はあったものの、絢爛たる祇園祭を町衆の力で、盛大に行ってきた。決して〝八坂さん〟でもなければ〝八坂祭〟でもないのである。それは、国家神道の押しつけに対する、人々の側の抵抗運動でもあったのである。

もともと、牛頭天王は「祇園社」の主祭神ではなく、あくまでも「地主神」、祇園信仰を擁護し、守護する神であったことは明らかだ。『峯相記』の伝承がそうであり、また『阿娑縛抄』の「諸寺略記」の感応寺（字、川崎寺）の項でも、その縁起のなかに「我是此図本之本主也」という老翁が登場し、「吾ハ是レ牛頭天王也」と名乗り上げている。同じ縁起を、『塵添壒嚢鈔』巻十七では、もっと詳しく、物語的に語っている。

其後或時。奇異ノ老翁釣竿ヲ持チ。河水ノ中ニ立テ。告テ云ク。我ハ此地ノ地主也。今ヨリ後永ク伽藍ヲ鎮護セン。我ニ而モ神力アリ。能ク魔障ヲ除キ。疫癘ヲ去ク。又夫婦ノ好ミヲ結ヒ。産生令易我ガ力也。名ケテ牛頭天王ト云。我レ眠ヲ好テ。一歳臥ス。三百六十日ノ中チ五月五日ニ醒ム。其余ハ皆臥ス。端午ノ朝箸初テ起キテ。天ニ向テ気ヲ吐ク。其気或ハ雲霞ト成リ。或ハ雨露ト成。万物ニ触レテ不同。其ノ触ル所。或ハ為レ薬或ハ為レ毒。又ハ悪瘡ト成リ。又ハ疾疫ト成。皆是有情ノ業感ニ依テ也。強チ我ガ為ニ非スト云テ。忽ニ形隠ル。

川崎（河崎、川前）の感応寺というのは、西田長男の「祇園牛頭天王縁起の成立」（『神社の歴史的研究』）のなかで、虎関師錬の『元亨釈書』巻第二十八、志二、寺像志に「感応寺者。一演法師嘗持二観世音像一。欲下得二勝地一安上之。広求二霊区一。貞観中到二平安城東北鴨河西岸一」と書かれている寺として紹介されているが、「請（正、聖）観音」を本尊として建立され、そこに守護神として「牛頭天王」が祀られていたのである。独自の信仰ではなく、地主の神として観音を本尊とする感応寺や、薬師を本尊とする観慶寺に「祇園院」の地主神として祀られ、やがてそこから独立した神として信仰されてゆくという経緯を辿ったのではないか。この感応寺は現在旧跡など知られていない。あるいは元祇園と呼ばれていた祇園椰（なぎ）神社などに比定することが可能かもしれないが、感応寺があったとされる「一条」の「鴨河西岸」とでは所在地が離れすぎているようだ。岡崎神社旅所の地にあったという元応寺（がんのうじ）があるいはその後身だったかもしれない。

感応寺の縁起では防疫神というより「夫婦ノ好ミヲ結ヒ。産生令易我ガ力也」という道祖神的な要素も持っていて、その性格は、後世の牛頭天王とはいささか異なっているように思える（眠りを好む翁のイメージは、祇園牛頭天王からは消滅している）。

これは、むしろ道饗（みちあえ）祭の道祖神に似た性格であって、その姿は牛頭天王の翻身とされる新羅明神や赤山明神の翁の姿と共通している。ある時代には、牛頭天王は必ずしも「牛頭」という名前にふさわしい姿をしていなかったことの、これは証拠であるといえるかもしれない。粟田神社の縁起もそうだが、老翁の姿をした地主神としての牛頭天王がいて、祇園天神として描かれる時は、狩衣の日本の貴族の姿として描かれるのは、こうした別の神話伝承があったからと思われる。逆にいうと、牛頭天王が文字通りの「牛頭」を持つようになったのは、前述のようにヒンドゥー教をはじめ、仏教や道教などのさまざまな経典、図像、造像の影響によってであり、後述するように明王像や毘沙門天などの天

八坂神社

部、鬼神などの形象を取り込んで形成されてきたと考えられるのである。

6　『牛頭天王暦神辨』

現在の八坂神社には、牛頭天王の存在を示唆するものは、ほとんど何もない。祭神はスサノヲノミコト（素盞嗚命）、その妻クシナダヒメノミコト（奇稲田姫命）、そしてヤハシラ（八柱）のミコガミ（御子神）である。八坂神社の正統的な由緒として、あくまでもスサノヲノミコトを中心とした起源、縁起を採用しており、牛頭天王については「祇園の神は日本の神話に語られているスサノヲのミコトであるが」と断ったうえで「平安時代以来、神仏習合によって、『牛頭天王』ともよばれていた」ことを認めるだけである。「神仏習合による祭神」は「中の座　牛頭天王　東の座　娑竭羅龍王　西の座　頗梨采姫（龍王の三女）」としているが、それは仏教思想や道教に牽強付会な説であると、八坂神社公認の歴史を祖述した書物であ

疫神社

る『八坂神社』（高原美忠編）は、いいたがっているようだ（同書は、八坂神社の宮司が編纂したものだ）。

もともとの起源は、朝鮮からの渡来人である伊利之が八坂郷に六六七年に建立した堂がその嚆矢とされている。あるいは興福寺の十禅師円如が貞観十一年（八六九年）に薬師如来、千手観音を祀ったのを始めとしたり（一説には承平四年〈九三四年〉、春日大社の水谷社〈水屋明神〉の龍神をここに移して祀ったともいう。祇園社が興福寺系とされているのも、このことに拠る。後に比叡山延暦寺との間で所領問題が引き起こされ、延暦寺系として決着する）、藤原基経が承平五年（九三五年）に居宅を観慶寺として薬師三尊、千手観音を祀ったのを始めとしたりする。この一名祇園寺としての観慶寺に祇園神を祀る祇園社が造られたのが、「祇園」信仰の実質的な起源となるのである。

室町初期の『伊呂波字類抄』（十巻本）では「牛頭天王因縁。天竺より北方に国有り。其の名を九相と曰ふ。その中に園有り。名を吉祥と曰ふ。その園の城有り。その城に王有り。牛頭天王。又の名を武答天神と曰ふ」として、牛頭天王＝武答天神、その父の東王天父、母の西王天母、妻の薩迦陁、その父の沙渇羅龍王、子供の八王子、そして従神八万四千六百五十四の神々をあげている。すでに道教や陰陽道の影響を受けていたことがわかる。

現在の八坂神社には、摂社の一つに疫神社があり、その祭神として蘇民将来を祀っているが、西楼門を入ってすぐ正面にあるこの社が、他の摂末社に比べて特に大事にされたり、重要視されているということもなさそうだ。関連する行事としても、一月十九日と七月三十日の祭典に、厄除けの茅の輪、粟餅などの縁日の市が立つ程度である。

お札所では、長岡京の遺構から出土したという「蘇民将来」の木札を摸したものをお守りとして売り出していた。掌のなかにおさまる小さなお札。これを肌身につけて、京の都へやってきた人は、はたして無事に故郷に帰ることができただろうか。私は、その小さな木札を記念に買い求めながら、日本の各地で発見された「蘇民将来」の護符のことを思わずにはいられなかったのである。

八坂神社のスサノヲ主祭神説は、平田篤胤の『牛頭天王暦神辨』や、天野信景の『牛頭天王辨』、そしてその両書からの影響を受けた松浦道輔の『感神院牛頭天王考』に論拠を求めているようだ。平田篤胤は、私淑した本居宣長の「国学」を受け継いで、「漢意」を排斥して「大和魂」を称揚した。天竺から伝わった仏教、中国から伝わった儒教や道教の影響を排除して、日本に固有の「明き心」の惟神の道を説いたのである。

こうした国学者、神道家たちの目の仇とされたのが「牛頭天王」だったのだ。「天竺吉祥天の王舎城の主で、帝釈天に仕へて諸星の探題を掌り、娑婆世界に現はれて牛頭天王と号し、頭に黄牛の面を戴きて、両角尖にして、猶し夜叉の如し。質は人間に類す。其の長け、勢ひ、大きなる事、一由膳那なり。厥の相顔、他に異なり」(『簠簋内伝』)とされる異様な容貌の神を、有数、有力な神社とされる「祇園社」の祭神であり、本地であるとすることは、強固な神道ナショナリズムを鼓吹する神道家(神祇官として明治政府の官僚となった)たちには、到底、受け入れられるはずのないものであった。『簠簋内伝』によれば、牛頭天王は「商貴帝(こういう名前の中国の皇帝、道教神はいない。鍾馗のことかと思われる)」であり、「天刑(形)星」であり、「毘盧遮那如来」だった。仏教や道教などの〝漢意〟に深く汚染された牛頭天王が祇園神の〝本体〟であることは、何としても否定しなければならないことだったのである。平田篤胤はいう。

此の内伝なる説はも、備後風土記に載せる古説を翻按して、吉備公の始めて作れる説なる故に、簠簋内伝を除ては、漢籍は更なり、仏書にても、慥なる物には、嘗てこの説見えたる事なし。然るに天野信景の、牛頭天王辨といふ物に「牛頭天王ハ、仏説秘密心点如意蔵王陀羅尼経ニ出ヅ(義浄三蔵訳ス所也)。凡ソ天王ニ十種ノ反身有。曰ク武塔天神。曰ク牛頭天王。曰ク鳩摩羅大王。曰ク蛇毒気神。曰ク摩那天王。曰ク都藍天王。曰ク梵王。曰ク玉女。曰ク薬寶明王。曰ク疫病神王。(牛頭天王ヲ以テ、疫病神ト為スハ、此ニ出)天刑星秘密儀軌(三巻、不空三蔵之訳ス所也)、牛頭天王、鬼ヲ縛撃シ、疫難ヲ除スル之事有」と云へり。然れど此は共に、一切経蔵目録に載ざれば、偽経なり。偽経なるに、況て内伝に載せる事実なき上は、彼説もと天竺より出たる証とは成らず。

平田篤胤は、こういって牛頭天王が印度(天竺)からの渡来神であることを否定する。しかし、平田篤胤の国学イデオロギーによる論議は、往々にして転倒している。たとえば、篤胤は神代文字の存在を主張しているが、それが朝鮮半島から対馬を通じてもたらされた朝鮮文字、ハングルに酷似することを論じて、それは朝鮮文字が、日本の神代文字を模倣したからだと説く。もちろん、日本語の音韻を表す文字が、なぜ、朝鮮語の音韻を表すのにより合理的であるような構造を持っているのかという疑問を、彼は一顧だにしないのである。

それと同じように、篤胤は、牛頭天王を天竺渡来の仏神であったり、その垂迹神をスサノヲに当て、スサノヲ＝牛頭天王と号したりするようなことは、吉備真備のような〝漢意〟に毒された者による牽強付会の妄言、妖説であって、仏家・道家・陰陽家によるスサノヲ＝牛頭天王という附会の説が、誤りのもとと断ずるのである。そして、牛頭天王の存在そのものを、漢籍や仏書にもない、根拠のないものとして否定しようとするのだ（篤胤の師である本居宣長には、管見の限り牛頭天王や蘇民将来に関する論述はない。ただし、現在、本居神社となっている松坂にあった彼の旧宅には、「蘇民将来」の注連飾りが架けられていたという。地元の民間の旧習として、「蘇民将来」を受け入れていたと思われる）。

しかし、古文献も、古伝承の故事も、牛頭天王と蘇民将来の信仰のほうが、スサノヲよりも「祇園神」の信仰として古層にあることを示唆している。『備後国風土記』逸文では、すでにスサノヲノミコトとの習合が示されているが、この伝承自体はあくまでも武塔神と蘇民将来の関わりに力点があって、最後の「吾は速須佐の雄の神なり」という名乗り上げは風土記の逸文本文にあったものではなく、『釈日本紀』の著者である卜部兼方の、いわば風土記原文の引用者による改変か付加だとも考えられる。あるいは、『釈日本紀』に引用された『風土記』は、和銅年間に編纂されたものではなく、延長三年（九二五年）に第二次として作られた後世の『風土記』の逸文の引用だったかもしれない。河村秀興の『牛頭天王配素尊辨』に「此風土記者、六十代醍醐天皇御宇延長年中所撰也」とある通りだ。しかし、この場合でも、十世紀に「武塔神」と「スサノヲ」が習合していたのであって、牛頭天王とスサノヲではない。後述するように、牛頭天王の名前は十二世紀を遡る文献には登場してこないのだ。

いずれにしても、『釈日本紀』は、『古風土記』の原文そのものではなく、武塔神＝スサノヲであるという考え方が定着してから書かれ、まとめられたものであると思われる（現存のその宣命体の漢文は、『古風土記』時代のものではないという、偽文説がある）。とすると、『釈日本紀』の著者の卜部兼方は、後世の知識、すなわち武塔神＝牛頭天王はスサノヲであるという、当時の〝現代的な知識〟を疑うことなく、引用したか、あるいは自分で原文を修正してこの文章を書き入れてしまったのではないかと思われるのだ。

もちろん、牛頭天王とスサノヲとの習合が、八世紀初めという早い時期に始まっていた可能性がまったくないとはいえない（今後、文献、記録が発見されることもありうる）。しかし、そもそも武塔神＝牛頭天王という考え方が登場してくるのは、鎌倉時代からであり、平安末期まで遡ることはできない。前述したように、牛頭天王という名前は、十二世紀にならなければ文献に現れることはなく、それまでは武塔天王の名称しか出てこないのである。そしてスサノヲと武塔神の習合が『風土記』が成立した八世紀に遡れるものなら、それから少し前に成立した記紀の伝えるスサノヲの伝承のなかに、武塔天王の伝承が、わずかにでも反映されていなければならないと考えられる。『日本書紀』は「一書曰」として異説や異伝を掲げており、もしその当時にスサノヲ＝武塔神という〝異端の説〟があったとしたら、それを『日本書紀』の作者が書き漏らすはずはなかったと思われるのである。つまり、記紀神話のスサノヲの項で、「武塔神（天王）」の伝承がまったく出てこないというのは、この頃にはまだスサノヲ＝武塔神（当然、イコール牛頭天王とも）となっていなかったということなのだ。

後の『祇園牛頭天王御縁起』などでは、武塔（荅）天王は牛頭天王の父であるという父子関係が語られるようになるのだが、たとえば、縁起と成立がそれほど時代的に隔たっていないと思われる『神道集』の「祇園大明神事」では、武荅天王は牛頭天王の別の名称であり、同一の神格としているものの、やや文章に乱れのようなものがあり、まだ、武荅天王＝牛頭天王説には揺れがあったとも思われる。

京都　祇園信仰関連地図

➡は「天王（大宮）」「八王子」の、⇨は「少将井」の神輿渡御の神幸路を示す。帰路は三基とも同じコース。

ソモソモ祇園大明神ハ、人天王ノ宮ト申ス、即チ牛頭天王是レ也。牛頭天王ハ武答天神王等ノ部類ノ神也。天刑星トモ武答天神トモ、牛頭天王トモ崇（タテマツ）ル。（中略）御本地ノ男体ハ薬師如来、女体ハ十一面ト云フ、殊ニ此土ノ衆生ヲ哀（カナシ）ミ利益ヘリ。其利益ト申ハ往昔ノ時、北海ノ波斯帝ト廻国ノ三大王トテ在ス、牛頭天王ト名、此則吉祥婆利采女武答天王ト申スハ是レ也。（「第十二　祇園大明神事」『神道集　東洋文庫本』）

「牛頭天王ハ武答天神王等ノ部類ノ神也」といってみたり、「御本地（ゴホンジ）」を男体と女体に分けたり、「牛頭天王ト名、此則吉祥婆利采女武答天王ト申（スハ）是（レ）也」といった意味の取りにくい文章が出てくるのは、筆者自身が、武答天王＝牛頭天王に確信が持てなかったという心の揺れがあったからかもしれない。ある意味では、「牛頭天王」という名前が出てくることが唐突だったのかもしれない。武塔神と牛頭天王とスサノヲとは、三者三様でありながら、同一神として複雑怪奇なアイデンティティーを持たざるをえなくなるのである。

そして、「祇園」信仰から牛頭天王の名前を排除することを望んでいた幕末、明治の神道家たちは、記紀神話の最高神から二番目の神、スサノヲを持ち出すことによって、国家神道的な権威を「祇園神」に、まさに〝附会（ふかい）〟しようとした（もちろん、その附会の淵源は、両部神道にすでに存在していた）。しかし、蘇民将来や婆梨采姫など、到底、スサノヲ神話とは結びつきようのない存在が残ってしまった。多くの「祇園社」に牛頭天王の社そのものや天王社はなくても、蘇民将来社や疫神社など蘇民将来を祀る摂社が存置されているのは、祇園神の完全なスサノヲ化、いいかえれば、その神仏の完全な分離がいまだ果たされていないことの証明といえるのである。

テキスト②『祇園牛頭天王御縁起』

ここでは、牛頭天王神話のもっとも基本的なテキストである『祇園牛頭天王御縁起』を読んでみよう。祇園感神院と呼ばれていた八坂神社の根本的な縁起である。多くの寺社縁起と同じように、中世期において古代からの伝承や文献を参照してまとめられたと思われるもので、江戸時代に塙保己一たちのまとめた『続群書類従』の「神祇部」に収録されたのが、もっとも古い翻刻である（この翻刻の原典となった写本は、宮内庁書陵部に所蔵されている）。

「祇園縁起」の諸本は、大きく分けると漢文の真名本と仮名本とがあり、現在まで九種類ほど知られるテキストは、『増補八坂神社文書』、西田長男『神社の歴史的研究』、『室町時代物語大成』、『増補続史料大成』、『神道大系』にそれぞれ翻刻されている。仮名本は真名本を読み下しにしたものともいえるが、独自の異文を持ったり、変化を蒙っている場合もある。ここで採用したのは、京都大学図書館が所蔵する仮名本の一種で、『京都大学蔵むろまちものがたり』の第四巻で活字化されたものである。題箋の下に「新坊所持」とあり、もともとは祇園社の新坊が所持していたものと見られる。

このテキストを選んだ理由は、真名本の漢文体よりも読みやすいことだが、逆にひらがなだけの仮名本もまた読みにくく、仮名本のなかでは、適宜に漢字もまじえてあり、比較的読みやすい本文であるからである。また、『続群書類従』のテキストやその読み下し文よりも、これまであまり流布していないということも理由の一つである。しかし、神話の内容そのものには大きな異同はなく、説話的な構造もほとんど他の本と同一である。仮名本の性格上、真名本よりも表現や記述が詳しく、説明的になっているという特徴もある。なお、原文にはごく一部を除いて読み仮名はなく、行替えもないので、ここでは引用者が読みやすさを考慮して、仮りに行替えをし、仮名を振った。

夫（それ）大小のものをすくふ事、月の水にうかめるがごとし。神明の感におもむく事、雲の太虚（おおぞら）におほふがごとし。爰（ここ）に本誓浄瑠璃の教主、十二の大願をおこし、牛頭天王とあとをたれ給ふ。その濫觴（らんしょう）を尋（たずぬる）に、須弥山（しゅみせん）の半腹（はんぷく）に国あり。豊饒国（ふにゅうこく）とゆふ。其国の王を名づけて武答天皇と申す。一人太子御座（ござる）。七歳にして其たけ七尺五寸あり。頂（いただき）に三尺の牛頭あり。又三尺のあかき角あり。父天皇、奇代の太子を生物（うむもの）かなと思（おもい）給（たまい）て、大王の位をさりて、太子にゆづり給（たまふ）。其御名を牛頭天皇と号し奉（たてまつ）る。

時に関白殿下、さむこうにせんぎ（詮議）して、此天皇にをゐて后（きさき）の宮をむかへ奉らんとほつすといへども、御姿に驚（おどろき）おそれて、ちかづき奉る女人是なし。是によりて大王、心をなぐさめ給ふたよりなし。この故に、常にしゆゑん（酒宴）をもよほして、遊覧し給ふ。時に人申てまうさく、山野海辺に御出なつて、ひづめをかり、うろくづをすなどりて、ゐらんあらば、其興尤（もっとも）なるべきか。則（すなわち）かしこにをひて御出なり、先酒をすゝめ奉る。

時に山ばと（鳩）飛来て、御さかづきの上にあり。しかもよく物言こと鸚鵡（おうむ）のごとし。則語（すなわちかたり）て曰（いはく）、君に后をむかへ奉んが為に来ると云々。則（すなわち）大臣とつて曰（いはく）、其人何方にましますぞや。鳩答て云、大海中、しやかつ龍王のむすめ、その数あまたあり。第一は八歳成仏女、第二はちんりんぎ女、第三は婆利采女（はりさいによ）也。此第三の女、天皇の后と成給ふべし。大臣とつて曰、いかなる方便を以てか、これをむかへ奉んといふ。鳩こたへて曰、われぼくじゆうしたてたてまつり、此所よりすぐに君を龍宮へ入たてまつるべし。その為に今日来（くる）なり。則数千万人の御眷属有。悉（ことごとく）龍宮に具足し奉るべし。

其期にしたがつて、則出給ふ。然にその日まさに暮なんとする間、宿所をもとむるに、いとなむべき屋なし。時に里人かたつて曰、この所に古単といふ長者あり。彼屋御宿所にしかるべし。則しそつ（士卒）をつかはし、やどをかるに、あへてゆるさず。重而大臣いかるに、更に請乞す。其時に又みづから往て宿をかり給ふに、かの長者、けんどん世に越て邪見也。心を恣にするがゆへに、かへて天皇いかりのつて、終に御宿をゆるしてたてまつらざりけり。

其時に天王大にいかつての給はく、如此の邪見のやからをば、世にを（置）くべからずとて、則けころ（蹴殺）さむとし給ふ。大臣申てまうさく、御祝の時節、不可然。後日についばつ（追伐）あるべしと云々。

よつて余の家に向て、宿をもとむる。家主の曰、御宿はのぞみたりといへども、うらむらくは貧乏のらうか、御宿にたらず。天皇曰、旅宅かならずしも貧富をえらまずと。家に入給ふ。彼家の為体、うへは蘆ぶき、垣はこもは（薦張）り、敷物はちがや筵なり。則亭主、ちがやむしろ一枚取出し云、これはあたらしき茅萱筵なり。天皇にしかせ奉るべし。諸大臣、三公等は、ふるきちがやむしろにざす。然に供御には粟の飯をそなへ奉る。

夜明ければ、既に出給ふ。天皇、あるじに語て宣、人は慈悲を以て本とす。今夜の旅宿、かんたん極なし。己が名はいかに。あるじ、蘇民将来と答奉る。天皇重て宣、己心ざし誠にふかし。ひんか（貧家）なるによつて玉をあたふべし。此玉をば牛玉と名づく。是を持する物は、諸願悉成就して、満足せずといふことなからんと語。玉をあたへおはつて、則龍宮に御幸なり、婆梨菜女の宮に入て、八ケ年を送給ふ間に、八人の王子を誕生す。七男一女也。

第一の皇子をば相光天皇と名づけ、第二をばま王と名づけ、第三をばくもら天皇と名づけ、第四をばとくたつ神と名づけ、第五をばらじ天王と名づけ、第六をばたつにかん天王と名づけ、第七をばぢじんさう天皇と名付、第八をば宅相神せう天王と名づけ奉る。如此八人の皇子を誕生し給ふ。

しかふして後天皇、王子と后宮を相具して、ふによふ国へ還御なる。其時に蘇民が家をして御宿所に定らるゝ。彼折にあたつて、蘇民が心中に念願して曰、仰願は富貴の人となつて、今一度天皇の御宿にめされば、生前の大慶たるべしと、彼牛玉にむかつて、常の人にむかふがごとくに諸願の次第を一々にかたる。時に則屋宅に七珍万宝如意湧出す。ふしぎの思をなす所に、其期に当而天皇御幸あり。そみん大に喜悦の眉をひらき、かふべを地になげて、天皇を礼拝恭敬し奉る。

御眷属の中に見るめ、か（嗅）ぐはなと云人あり。かれに勅しての給はく、己等古単の家に往て、何事かある、是を見べしと、宣下あり。弐人承て、則かしこに行。しかるにかれらが神変は、人の目には見えずして、しかも行。

爰に古単、さうしをめしていはく、此間以外に恠異多し。是を占。相師が云、三日が中、大凶は天王の御ばつなりと云々。古単、大に驚ていはく、いかなる祈禱を以てか、此災難をのがれんや。さうしが曰、縦さんぷく（三伏）の祭をなすといふとも、天皇の御罰は難遁。身体あやうきにあり。古単、さうしが袂をひきとめて曰、ねがはくは祈禱のつとめをしめせ。さうし答て云、千人の大徳の法師をくつしやうして、大般若の講読を修すること七日七夜せば、若や此難を可遁か。古単大に悦て、則千人の法師を請じて、大般若のかうどく（講読）を始。

見るめ、かぐはなはしり帰て、このよしをそうもん（奏問）す。天王八万四千眷属にちよくして宣、古単が家にゆひて、悉ついばつすべし。従類眷属まで、邪見の輩は末代のなやみ也。皆悉けころすべしと云々。則はつかうせんとて、こたんが家を見る。千人の法師ならびゐて、大般若を読誦す。彼六百巻の経は、くろがね四十余丈六重の辻となり、経の箱は天蓋となる。更以入べき様もなし。こゝを以走帰て、此旨をそうもんす。天皇ちよくして宣、急還て彼所を順見すべし。千人の法師の中に、片目にきずある法師、飯酒に飽満して、ねぶりて経をよまず、時に驚といへども、文字にあたらず、いはれなき字をよむ法師あるべし。彼所よりみだれ入て、古単及けんぞく悉けころすべし。

時に蘇民将来申さく、彼古単将来がおとひめ一人のみ、是をゆるしてめぐみ給へや。かの姫、正心、かうじゅん（孝順）なりと云々。天皇宣、然ばちがやの輪をつくり、赤絹の糸にてつゝみて、そみん将来の孫なりと云札を付よ。彼災難まぬかるべし。勅言のごとく、かの姫一人をのこし、其外は皆けころし訖。

今も末代なりといへども、古単が類にをゐては皆ばつし給ふ也。誠にけんどん、放逸のものは、諸天宝の罰と可蒙也。然にそみんは、貧賤第一の者なりといへ共、慈悲専なるによりて、れんみん（憐愍）、擁護の徳をかふむる。

然間こたんをじゅそ（呪詛）する者は、天皇の御眷属とおぼし召て、おふごあるべき御誓約これあり。依此世上の祝儀、かれを呪詛するを表す也。十二月の末の比、人々節酒を作事、古単が血を表す。餅をつき、あたゝけと名づくるは、古単が肉にかたどる。餅を輪にいるゝは、古単が骨なり。赤餅は古単が身の色なり。ぎつちやうと云て玉をうつ事は、古単が眼なり。十五日に注連を焼事は、古単がしがひなり。あく魔を罰し、凶邪を払すつる心なり。

然間そみんをば子孫に及まで擁護の誓あり。八人皇子、皆年中の守護のやくをさだめ給ふ。第一の皇子は大歳神、春三月を行役神也。第二の皇子をば大将軍と変化して、四方をつかさどる。あひめぐること三年づゝ也。第三の皇子、としとくの神と変じて、秋三月を行給ふ。第四の皇子をば冬三月を行給ふ。第五の皇子をば黄幡と変じて、満平成収等の十二しをつかさ取行神也。第六皇子をばふくりう神と変じて、八専をおこなう。第七皇子をばへうびとへんじ、四季の土用を各々十八日を行役神也。第八皇子をば大音神と変化して、夏三月を行役神也。此八皇子のけんぞく、八万四千六百五十四神也。其外十二鬼神、七鬼神等をぐそくして、彼蘇民を守護し給ふ也。正月に堂社におゐて牛玉宝印をつくことは、此謂なり。

又おこなひと云て堂社をたゝくは、八万四千六百五十余神眷属、古たんが家に乱入て、垣壁を打表相なり。又五月五日に粽は、古単がもとどり也。早蒲はかしらの髪なり。又六月一日に天役神下行時、正月餅を取出、こたんが死骨と号れば、天皇おほきに歓喜し給也。然間末代の人々ふかく古単を降伏して、ふかく天皇のおふごにあづかるべき者也。

私謹而曰於当社御禱秘伝曰、号宝号陀羅尼、或一遍、十遍、百遍、千遍、万遍、唱之、祈之。

　南無大悲牛頭天王、武塔天神、婆梨采女、八大王子、相光天王、魔王天王、倶魔羅天王、徳達神天王、羅持天王、達尼漢天王、侍神相天王、宅相神勝天王、蚰毒気神王、与官神、受福神、摩訶羅、大黒天神、各各八万四千六百五十余神等

眷属

誠々役病の難をのがれんとほつせん者は、六月朔日より十五日にいたるまで、毎日七反、南無天役神、南無牛頭天皇、やく病消除、災難擁護ととなへたてまつらば、息災安穏、寿命長遠ならん。若不信のやからあらば、たちまちに天皇の御罰をかふむつて、疫病現来せん事うたがひなし。ふかく此旨をまぼるべき者也。

右以往昔草創之古本令書写者也。

時寛永第拾壱年歳舎甲戌戌辰月中二戊戌日。

『備後風土記』の逸文に比べて格段に、物語として複雑に展開している。ストーリーの流れは、こう

である。

①須弥山の半腹に豊饒国があり、そこに武答（塔）天王がいて、王子の牛頭天王に王位を譲った。

②牛頭天王は、身の丈七尺五寸、三尺の牛頭に三尺の赤い角があるという異形の姿をしていた。そのため后となる女性が見つからなかった。

③鳩が飛んできて、后の候補として龍王の三番目の姫、婆梨采女がいることを告げる。天王は喜んで、妻問いの旅に出た。

④旅の途中で日が暮れ、古単長者の屋敷に宿を求めるが、断られる。蘇民将来は貧しかったが、宿を提供し、茅の筵や粟の飯を提供した。

⑤牛頭天王は龍宮城へ行き、婆梨采女と結婚し、八人の王子をもうけた。

⑥天竺に帰る途中、天王は古単長者を罰しようとするが、経文の読誦によって攻撃を妨げられる。

⑦怠慢な僧の一人の油断によって、天王の攻撃で古単長者の一族は皆殺しにされる。ただし、その孝順な娘は助けられた。

⑧牛頭天王は、茅の輪をつけ、蘇民将来之子孫也と書いた札を付けておけば、疫病から逃れられると語った。

⑨節句の行事を古単長者の身体によって説明する。また、八王子神の疫病神としての性格を説明する。

物語の骨格の部分は『備後風土記』漢文と変わらない。武塔天王が、妻問いの途中に蘇民将来と出会い、一夜の宿りをしたお礼に茅の輪の厄除けを与えるというものだ。縁起では、武塔天王は牛頭天王の父親とされ、物語の主人公が牛頭天王となっており、その名前のいわれとなった天王の異形性について語っている。「南海の神の女子」とだけされていた結婚の相手が、「しやかつ龍王」の三番目の娘の婆梨采女と具体的な名前が与えられ、天王に仕える大臣や、人語をしゃべる鳩といった物語的要素が付加される。

蘇民将来の名は変わらないが、その生活の貧窮と善良な性格との対比のために古単長者が登場し、邪慳、慳貪な人物として蘇民将来と好対照となる。牛頭天王は龍宮城へ行き、婆梨采女と婚姻するが、その八年の結婚生活の間に七男一女の子供をもうけ、その八王子の名前を列挙する。『風土記』では「年を経て八柱の子を率て」と簡単に記してある部分が、詳細に、具体的になっている。しかし、ここでは八人の皇子の名であり、一女の名前らしきものは見当たらない。後の祇園院の祭神として、八王子神のうち「虵（蛇）毒気神」を女性神としているものもあるから、それが「一女」に当たるのかもしれないが、縁起ではこれ以上の言及はない。

縁起の物語的興趣は、天王と古単長者との抗争にあるのだが、読経の効用とその失敗の物語となっており、『日本霊異記』や『法華験記』などの仏教説話集に近い物語の展開となっている。寺社縁起が限りなく物語化してゆく段階を示しているのだろう。茅の輪は『風土記』にすでに出てくるものだが、新たに「蘇民将来之子孫也」の守り札についての言及があり、古単長者の死骸が節句のそれぞれの供え物となったこと、また八王子神の性格を語り、牛玉（黄、王）宝印の起源についても触れる。この部分は陰陽道的な儀式や八王子神の信仰についての起源譚となっている。

『風土記』逸文と縁起でもっとも異なっているのは、武塔天王、すなわちスサノヲであるという名乗りがあることと、それが一切ないこととの違いだろう。このことについてはすでに述べたが、スサノヲとの習合を語る部分こそ後世の付加であるというのが私見である。これらの物語の要素のなかから、もっとも古い伝承のなかに含まれていた要素、新たに付加された要素、信仰として形式化、様式化されてゆく過程で、必然的に取り入れてゆかなければならなかった要素など、構造的な分析が必要

牛頭天王肖像

広峯神社祈願札

牛頭天王立像

とされるだろう。もちろん、それは『風土記』の逸文の説話とこの縁起との比較だけで結論が出せるものではなく、その他の多くの異文や異なった伝承や伝説との総合的な突き合わせが必要となるものである。

ここで簡単にそうした結論を先取りした形で示してみれば、

①牛頭天王という名前を含めて、その存在は必ずしも最古の伝承に含まれるものではなく、したがってその異形性や「牛」に関する言及（牛玉宝印など）は後代の、陰陽道、密教の思想的影響の下に述作された。

②龍王の名前、婆梨采女、「コタン」などの名前はかなり古層に遡るものであり、蘇民将来や武塔の名とともに、最古層に含まれるものではないかということ。これについては後に詳述する。

③牛頭天王と「コタン」長者との攻防の部分は、本来、この牛頭天王神話と関わらない別個の仏教説話があり、それが取り入れられたこと。大般若経の読誦による災厄除去といった要素は、鎮護仏教の発展と宮中儀礼との関係が深いと思われる。

④八王子神についての言及は、牛頭天王（祇園神）信仰の後代の発展形態であり、縁起の構成としてはもっとも新しい層に属する。

⑤茅の輪の厄除け、蘇民将来札のお守りは、原初的な信仰に基づくものであり、やはり最古層に属する。

⑥粟穀や粟飯については、『風土記』逸文、縁起とも要素としては登場しているのだが、それほど大きな意味を与えられているとは思われない。これは牛頭天王の信仰が、祭文や神楽などによって一般庶民へと広まった時に、あらためて着目され、展開されていった要素ではないか。

第二章　蘇民将来はどこから来たか

1　「蘇民将来之子孫海州后入」

「蘇民将来」とか、「牛頭天王」、あるいは「頗梨采姫」などの名前に、異国的な響きがあることは、誰しも気がつくことであろう。アメノミナカヌシ（天御中主）とかアマテラス（天照）、スサノヲ（素戔嗚）やツクヨミ（月読）といった記紀神話の神々とは、命名法の原則が異なっていると感じられることは否定できない。大和言葉に対して漢語の神々ということである。こうした漢字名前の神々が、異国から渡来した「異神」であり、「番（蕃）神」であるということは、古くから言われていることであり、前述したように、牛頭天王＝祇園神とは、天竺、すなわちインドから渡来した神であることを示している。

先述の『釈日本紀』の『備後風土記』逸文の「疫隈社」に続いて、こういう文章がある。

> 先師申シテ云ク、此レ則チ祇園社本縁ナリ。大ニ仰テ云。祇園社三所ハ何神ヤト。此ノ国記ノ如ク、武塔天神ハ素戔嗚尊。少将井（ショウショウイ）ハ、本御前ト号（ナツ）クハ奇稲田姫カ。南海神之女子、今御前カ。重テ問テ云。祇園異国神ト号ス不然（シカラザル）カ。先師申シテ云ク、素戔嗚尊、初メ新羅ニ到リテ日本ニ帰ル。

之ノ趣キ当記ニ見。之ニ就リテ異国神之説有ルカ。祇園行疫神ト為ス、武塔天神御名、世之知ル所ナリ、而シテ吾ハ速須佐能雄神ナリト云々。素戔嗚尊、亦ノ名速素戔嗚尊神、素戔嗚尊ノ由此ノ紀ニ見ル。仰而信ヲ取ルベキモノナリ。御霊会ノ時、四条京極ニ於テ、粟御飯ヲ備エ奉ルノ由伝エ承ル。是レ蘇民将来ノ因縁ナリ。又、祇園殿下龍宮ニ通ル穴有リノ由、古来申シ伝ルナリ。北海神ノ南海神女子ニ通ズ儀ト符号スルカ。

『釈日本紀』の筆者の卜部兼方は、『備後風土記』の逸文が、「祇園社の本縁」であることを知っていた。また、その「祇園神」「武塔神」「蘇民将来」といった神名から、異国から渡来した神であることを十分に認識していた。だからこそ、「祇園号異国神不然矣（祇園は、異国神と号す、然ざるか）」と「先師」（兼方の父・兼文のこと）に質問して、「先師」が「武塔天神＝素戔嗚尊」「少将井＝奇稲田姫」「南海神之女子（婆梨采女）＝今御前」という見立てを語ることを促したのである。

帝釈天や弁財天、毘沙門天などの仏教の守護神が、インドの民族宗教ともいえるヒンドゥー教の神々であることを考えれば、天竺（インド）渡来の祇園神＝牛頭天王という来歴を考えられないこともないが、それよりもまず「蘇民将来」に対する信仰が、朝鮮半島にあったという事実に目を向けておこう。

日本が朝鮮半島を植民地支配していた時代に、朝鮮総督府の嘱託だった民俗学者の村山智順がまとめた『朝鮮の鬼神』（一九二九年）という資料の第九章「呪符法」には、こんな文章がある。

○諸病除には「蘇民将来之子孫海州后入」の文字を縦三寸横一寸の赤紙に書きて門戸に貼る。又左記の文を朱書して入口に貼る。（同上）

「同上」の前には「平南」の例が次々とあげられていたから、これは平安南道に伝わっていた呪符ということだ。「蘇民将来之子孫海州后入（ソミンチャンネジチャソンヘジュフーイップ）」というのは、「蘇民将来の子孫が、海州の后（嫁）として入（ってい）る」という意味で、「海州（ヘジュ）」は、黄海道の都市名（地方名）だが、平安南道には近く、その地域での伝承ということだろう。

「呪符には大別して文字符、図符の二種がある。文字符は天、日、鬼、弓、吉、口、王、神等の文字を単独又は組合せたものと、神、名、人名、物名等を列ねたるものとあり、図符は太陽形、顔面形、渦巻形、方形、塔形、天体形、電光形等の輪廓形に文字を配合したものであり、文字符、図符その何れも之に依つて鬼神を退去せしむる意味を含めたものである」と、村山智順は語っている。

明らかに「王」や「将軍」や「神」の名によって「諸鬼」や「悪鬼」の消滅を願ったもので、さまざまな書体の呪符が書かれていたのである。なかには「東海神阿明南海神祝融西海神東秉北海神雍強并扶金」とか「天皇封土封木」とか「天下英雄関雲将依幕処」という文字もあり、北海の神の武塔神や、牛頭天王（天皇）につながると考えられるようなものもあり、また「天下英雄関雲」は、「泰山石（たいざんせき）敢当（がんとう）」や「関帝（『三国志』の関羽が神とされたもの）」などの中国の民間信仰（道教）につながってゆくものかもしれない。

実は、この記載の基になったと思われる文章がある。朝鮮の民俗学の祖ともいえる今村鞆（ともえ）が、その著書『歴史民俗朝鮮漫談』（一九二八年）に書いた「朝鮮の蘇民将来」である。

> 日本の牛頭天王に関係のある神社仏寺から、蘇民将来と云ふて木で、刻んだものを、疫病よけの守として出す、又病よけに蘇民将来の子孫と書いて、貼る事も行はれる。此の蘇民将来は、スサノ

> ウの尊が、海神の処へ行つ事の伝説付きであるが、今に由来が判明らぬ。
> 然るに平安南道で迷信調査をやつた時に、安州郡で『蘇民将来之子孫海州后入』と、横一寸縦三寸の赤色紙を門戸に貼つて、病を防ぐ呪符とする事が、行はれて居る事を見付出した。面白い発見である。

今村鞆は「見付出した」といい「面白い発見」だというのだから、その実物を本当に見たと考えていいだろう。それに対して、村山智順の記述は今村鞆のものとまったく同じであり、何のコメントもしていないところを見ると、ただ今村鞆から提供された情報をそのまま記載したようにも思える。いずれにしても、『備後風土記』逸文に見られる「蘇民将来之子孫也」の防疫の呪符の起源が朝鮮にあったのは確かなことのようである。もちろん、これは報告者が日本の事例と混同したり、この蘇民将来の信仰が日本から逆輸入されたものかもしれないと疑うことも不可能ではないが、そもそも「蘇民将来」とか「牛頭天王」という名前そのものの響きからして、日本起源のものというより、朝鮮半島にその源（みなもと）を持っているというのは納得しやすい。仏教も儒教も道教も、日本列島へは朝鮮半島を経て入ってきたというのが歴史学上の定説である。「蘇民将来」や「牛頭天王」の信仰が、朝鮮渡来であるのは、むしろ自然なことである。ただし、現在の韓国には、「蘇民将来」に関する伝承や呪（じゅ）符（ふ）はまったく伝わっていない。民間信仰として伝わっていた、厖大な呪符（符籍（ふせき））を集めて韓国で出された『符籍大事典』にも、それに関係すると見られるものは存在しない。

そうした目で『備後国風土記』の逸文を読むと、この武塔神と蘇民将来（一般的には兄を蘇民将来、弟を巨旦将来とする伝承が多い）の関わる神話伝承が、日本のことではなく、異国、異風土を舞台に物語られたものではないかという疑問が湧き上がってくる。武塔神の名前を、韓国語でムーダン

（巫堂）と呼ばれるシャーマンの呼び方に由来すると考える人がいるが、その驥尾（きび）に付していえば、「蘇民将来」は、ソミンチャンネ、「巨丹将来」は、コタンチャンネとなり、ソミンとコタンは、「小（ソ소）」と「巨（コ거）」（大きいの一般形は「クダ크다」であり、これはその派生語「コダラン거다랑〈巨大な〉」のようにク、コを語幹とする）という大小の比較となり、チャンネ장내（将来）の意味は不明だが、〝大きなチャンネ〟と〝小さなチャンネ〟という兄弟となる。

日本の海幸彦・山幸彦のように、兄弟がまったく性格を異にし、正直で、親切で、貧しい者のほうが福運を得るというノルブ놀부とフンブ흥부（兄弟）という朝鮮ではもっとも有名な説話にもつながってゆくものであり、朝鮮起源を強く示唆するものであると思える（ノルブとフンブは、日本でいえば「舌切り雀」の類話で、善良なお爺さんと、意地悪で欲深なお婆さんの役割が、兄のノルブと弟のフンブという兄弟になっている）。

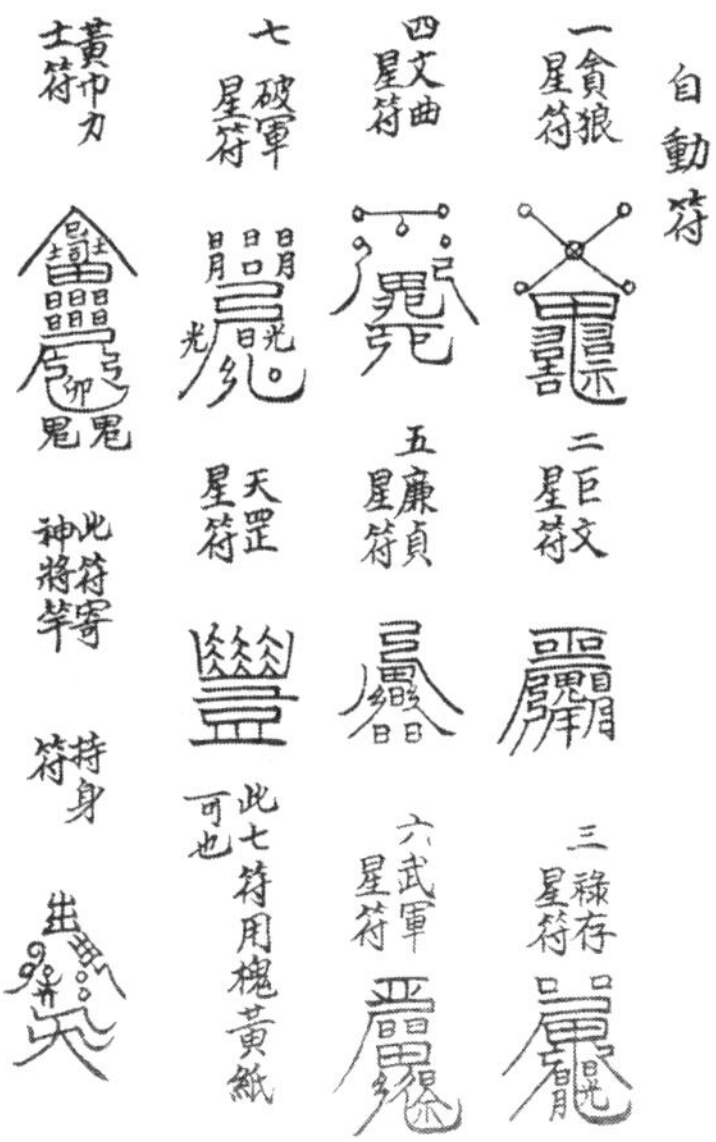

「将来」という語は、官職名のようにも思えるが、日本や朝鮮、中国においてこうした官職名があったことは伝わっていない。朝鮮のシャーマニズムでは、長栍（チャンスン）という賽（さい）の神は「天下大将軍」と「地下女将軍」の対（つい）であるし、災厄を除去する崔瑩将軍（高麗時代の実在の武将）のように将軍名を持つ神が多く、日本でも大将

朝鮮の呪符

軍や八将軍（八王子神のことだが）のように「将」の字を持つ神々は少なくない。牛頭天王の「王」に対しての「将」という見方もありうるだろう。福を「将来（招来）する」という意味が重ねられていると考えることも可能だろう。

よく知られた朝鮮の疱瘡神については、高麗の一然（イリョン）がまとめた『三国遺事』に収載された「処容説話」がある。処容（チョヨン조용）は、七人いた東海龍王の息子であり、異形の神であって、人間の家に不意に来訪する来訪神である。面白いことに、この疱瘡神の処容は、人間世界に「夜這い（よばい）」に来たことが詩として詠（うた）われており（『処容歌』という歌謡として知られる）、留守宅に帰ってきて、部屋を覗けば四本の足があるが、はてそのうち二本の足は誰のだろうというものだ（留守の間に、自分の妻と処容神が同衾（どうきん）していたというのだ）。

この処容神は、異形、異貌の神ということでも牛頭天王とは類縁性があり、妻問いのために人間世界を訪問するという意味でも近縁性がある。とすると、処容と牛頭天王とは同じ信仰の二つの異なった顔なのかもしれない。

なお、「コタン将来」の名前からの連想として、彼をシルクロードの道筋にあった古代のコータン国の国王であり、蘇民将来はそのコータン国内のソミヤという都城の主であったと主張する、藤原相之助・勉の父子が唱えたという蘇民将来信仰の「西域起源説」は認めがたい（末武保政『黒石寺蘇民祭』）。

蘇民将来の対となる「コタン将来」の名前が縁起のなかに出てくるのは中世以降の文献に限られるのであり、それ以前には登場しない傍役（わきやく）の神名と、たまたま同音であるという理由だけで、中央アジアの王国とのつながりを主張するのは、想像力がたくましすぎると評せざるをえない。そもそもタクラマカン砂漠の端にあるコータンという古代の王国名の表記がどれだけ正確だったかも明らかではな

であり、下世話にいうとちょっと話がうますぎるキライがあって、専門的な語学者たちから見れば、民間語源論的なちょっと危ういものだ。

金沢庄三郎の説は、「曾尸茂梨」の「尸（シ）」を助辞として考えてそれを除けば、「ソモリ」となり、これは「徐伐」すなわち「ソホリ」となるというものだ。新羅の国名の別名として「徐伐（ソボル、ソラボル〈徐羅伐〉서라벌）とする場合もあり、現在はソラボルという言い方のほうが優勢だ。これは都、首都という意味の「ソウル」と関連づけられる単語だと考えられており、現在の韓国では「ソラボ（ー）ル・ホテル」など、慶州や新羅の古称として、観光施設や設備の名称として使われている。

つまり、ソシモリ―ソモリ―ソホリ―ソボル―ソウルといった連関が考えられ、ソウル서울（都）、マウル마울（村、田舎）、コウル거울（日本語の郡に該当する言葉）という韓国語の語彙の関連性を考えれば、「ソシモリ」はむしろ「ソウル」に近い意味内容を示していると考えられるのである（だから、「曾の村」よりも「曾の町」というニュアンスではないか。新羅の国のソウル〈都〉は、現在の慶州である）。

金沢庄三郎はさらに、新井白石の『古史通或問』の「曾尸茂梨は私記には詳ならぬ由見えたれども、是は新羅の国人神を祭るを掌（つかさど）れるものをいふに似たり。又、其蘇塗（そと）と云ひしは、素尊の神降りせし新羅ノ曾尸茂梨之処といふものとぞ見えたる。又、彼神馬韓のために逐はれ、東南斯羅に逃れて、其蘇塗の中に至りたまひしなり」という文章を引き、「蓋（けだ）し白石の意は、蘇塗は諸亡逃者其中に至るもの皆これを還さずとあるを以て、素尊の衆神に逐はれて、韓国に流離したまひたることに想ひ及ぼせるならん。但し、蘇塗の塗（朝鮮訓ｐａｒａ）を訓読すれば、蘇塗はｓｏ–ｐａｒａと音相近し。されど、なほ研究を要すべし」としている。

「蘇塗」とは、『魏志韓人伝』に「諸国各別邑有リ、之ヲ名ヅケ蘇塗ト為ス。大木ヲ立テ、鈴鼓ヲ懸ケ、鬼神ニ事フ。諸ノ亡逃其ノ中ニ至ルヲバ、皆之ヲ還サズ。其ノ立ツルノ蘇塗之義、浮屠ニ似タルコト有リ」とあるものだ。いわば、古代のアジールといってよい。スサノヲが、高天原から追放された時に、この蘇塗の地である曾尸茂梨へ入ったという伝承も、そこにいったん入れば罪人であっても保護されるという「無縁」の地であったからではないか（『日本書紀』の一書にはスサノヲの新羅降臨の前の文章として「素盛嗚尊の所行、無状し、故れ諸神科するに千座置戸を以てして、遂に逐ひたまひき」とある）。蘇民将来は、そうした「蘇（曾）」を率いていた将来（将軍）だった人物だったと考えることもできる。彼だからこそ、逃亡してきたスサノヲ（高天原で乱暴狼藉を働いた罪によって、スサノヲは、そこから神逐いとして追放された）をその共同体に受け入れることを決断したのであって、それが牛頭天王・蘇民将来の神話物語の底層にあるものではないだろうか（曾尸茂梨の「尸」は「戸」の字の誤りであり、本来は「曾戸（＝蘇塗）」であるとする説もある）。

この「蘇塗」は、現在でも韓国の農村地帯のあちこちに見られるソッテ솟대（鳥竿）のことと考えられ、先端に鳥の止まった形の竿が、魔除けとして土地に立てられているのである。これはかなり早い時期に日本にも伝来してきて、弥生時代後期の水田跡から、韓国のソッテとそっくりな鳥竿が出土している。「蘇塗＝ソッテ」の信仰が、日本にも伝わっていたのである（対馬には、独特の「天道大菩薩（天道様）」の信仰があるが、その礼拝の場所を「卒土」という。これは「蘇塗」と関連するものであると、歴史学者の平泉澄が指摘した）。

ソッテの「ソ」というのは、現代の韓国語で「セ새」という鳥を意味しているという説がある。鳥が竿の先に止まっているから「ソ（セ）テ（テ、トは場所の意味と考えられる）」というのである。牛頭天王の神話では、婆梨采女の存在を告げ知らせる山鳩や瑠璃鳥などの存在が神話的に重要な役割を果

たしていると考えられるが、八咫鴉のように、槍の先に止まる鳥の神話は、日韓に共通しているのである。

いずれにしても、スサノヲが一時的であったにせよ、「曾の村」に居住していたことは確かであり、「曾」と「蘇」は通音（朝鮮語でも、日本語でも）であり、スサノヲが、「蘇塗」のある「曾（蘇）の村」に天下ったというのが、『日本書紀』の「一書」が伝える「曾尸茂梨降臨」の記述だろう。「曾（蘇）の村」に住む人々が「曾（蘇）の民」と呼ばれることは必然であり、「蘇民」とはまさに、スサノヲがいたと伝えられている「曾（蘇）の村」に存在していたのである。

スサノヲノミコトは、その名前の類似性から「辰韓の主なり」と主張した藤井貞幹の『衝口発』の説がある。新羅の初代の南解王の「次々雄」が、スサノヲの「スサ」あるいは「スサヲ」に通じるというのである。「次々雄。或作慈充。方言巫。蓋神而敬畏之称也」といって、十分に検証するに価する説なのだが、本居宣長によって、この説は「狂人のもの」とまでいわれ、激しく否定された（『鉗狂人』）。そこではスサノヲノミコトは、朝鮮に渡っていったのではなく、朝鮮の神そのものだったのであり、「北の海」にいた「武塔神」にそのまま重なってゆく神だということになる。藤井貞幹は、さらにオシホ（忍穂耳）、ニニギ（瓊々杵）、オオナムチ（大己貴）も、韓音であり、新羅語であると主張し、結果的に宣長をヒステリックなまでに挑発したのである。

なお、ここで改めて「蘇民将来」という名前の漢字表記を考えてみると、「蘇」というのは、古代においては牛乳から作ったチーズのことだった（酥とも書く）。歴史書には、文武天皇の慶雲四年（七〇七年）に「使ヲ遣シ蘇ヲ造ラシム」と出てくるのが最初である。天皇は各地の御料地に牛を飼わせ、その搾り取った牛乳から「蘇（チーズ）」を造らせ、「貢蘇」（租庸調の一部として）させていたのである（廣野卓『古代日本のチーズ』）。

「蘇民将来」という名前自体は、そのまま名前として朝鮮から渡ってきたのだろうから、「蘇」という漢字の原義までを考える人間は、日本にはいなかったと思われるが、それでも「蘇」がやはり牛に関係する言葉（漢字）であることは興味深い。「蘇民」とは、牛乳から「蘇」を造っていた人たち、つまり、牛飼いの集団と考えることもまた可能なのではないか。それは馬飼部（うまかいべ）（牛も飼っていた）などと同じく、当然大陸からの渡来集団だったのだ。

3　パリ公主（コンジュ）とは誰か

私が考えているもう一つは、朝鮮の民間伝承としてのパリ公主神話と牛頭天王神話とを比較、対照することが可能であるということだ。パリ公主神話とは、現在までも韓国社会で盛んに行われているシャーマン（ムーダン무당＝巫堂）の儀式（クッ굿という）で唱えられている口承伝承の巫祖（ふそ）神話であり、巫儀（巫祭）のなかでは最も重要なコリ（儀式次第）の一つである。「ムーダン（巫堂）」あるいは「マンシン만신（万神。シャーマンたちの自称）」と呼ばれる女性シャーマンは、どのような起源を持って、この世界に誕生してきたのか。すなわち、ムーダン自身が自らの霊力の〝起源〟を物語るものであり、それはまた類としてのシャーマンそのものの成巫過程（修行時代）を解き明かすものでもあったのである。

李朝の或る王様は、跡継ぎの男子に恵まれず、立て続けに七人の娘ばかりが産まれた。ついに、堪忍袋の緒が切れた王は、七番目の王女（七公主、チルコンジュ칠공주）を王宮の裏の庭園に捨てることを家臣に命じる。しかし、捨てられた姫は、鳥によって哺育（ほいく）され、すくすくと育つ。それに気づいた王は、今度は玉の函に入れて海に捨てて来るように命令する。臣下の者は、山河を越えて遠い血海に

姫を入れた函を捨てるが、金色の亀が現われて、背に乗せて東海に泳ぎ去る。釈迦がそれを見つけ、ちょうど通りかかった比利功徳の夫婦に函を拾わせ、姫を育てるように命じた。父母である王と妃によって〝捨てられた〟姫君だから、〝捨てられ姫〟あるいは〝捨て姫〟、韓国語では〝捨てる〟はポリダ버리다だから、パリ（ポリ）바리公主（公主は、お姫様の意味）と名づけられることになったのである。パリコンジュ、あるいはパリテギ바리댁이（テギは、子供などに付けられる接尾語）とも呼ばれる。

このパリ公主が十五歳になった時、国王は重い病気となった。占い師によると七公主を捨てた罪で、王夫婦は同時に昇天することになっているという。助かるためには公主を尋ねて三角山の不死の薬と、無長神の薬霊水、東海龍王のヒレ酒、蓬莱山のカヤム草、アナ山の狗舌草を求めて服用しなければならない。大臣が姫を尋ね、ようやく夫婦の家にたどり着き、王からの手紙を見せ、宮殿に帰ってくるように懇願する。公主は王宮に帰るが、薬水を求めに旅に出ようとする者はなく、ただ七公主一人だけが、親の恩に報いるために薬水を求める旅に出る。

釈迦、地蔵、阿弥陀などの導きによって、地獄に住む無長神仙（ムジャンシンソン무장신선）の許にたどりついたパリ公主は、九年間水を汲み、火を焚き、木を伐るという辛い仕事を行い、さらに無長神仙と結婚し、七人の子供を産み、ようやく薬霊水を手に入れた。夢見によって両親の死を知った公主は、夫、七人の子供を連れて都へ戻り、葬列の途中で両親に薬水を飲ませて蘇らせる。公主は親の許しなく結婚したことを詫び、王の許しを得て、生ける者・死せる者を薦導（せんどう）する「万神身主（マンシンシンジュ）만신신주」となり、息子たちもそれぞれ神仙や僧になった。

このパリ公主神話は、長い間、ムーダンたちのクッにおいて口承で伝承されたものであり、最初にこれを文字化して記録としたのは、日本の植民地時代に「京城（現ソウル）」に設立された京城帝国大学の社会人類学の教授として朝鮮シャーマニズム（朝鮮巫俗）を研究していた秋葉隆だった。彼はその著書『朝鮮巫俗の現地研究』で、「京城」に住んでいた女性シャーマンであるムーダン、ペ・ギョンジェ（裵敬載）の語る「パリ公主神話」を採録したのである。もちろん、方言や古語、呪術的な言い回しや固有名詞など、ネイティブの朝鮮語を操る能力のある助手的な協力者がいなければ、到底実現できるものではなかったと思われる。秋葉隆は、「茲に採録せる伝説はパリ公主（パリコンジュ）又はマルミと云ひ、チノキと称する亡者供養の巫祭に於いて、巫女が鈴を振り杖鼓を打ちつゝ唱ふる物語である。恐らく李朝初期に成れるもので、女主人公パリ公主（捨姫）は巫祖として伝へられてゐる」と本の扉に書いている。

原文は漢字語や仏教語、神仙道関係の語彙が多く、たぶん耳で聞いてもあまり理解できないものであったと思われる。上段にハングルによる原文、下段に対訳で日本語訳を記載している。七番目の公主が産まれるまで、一人一人の誕生の場面を唱うなど、繰り返しが非常に多く、物語の展開も冗長である。「パリ公主神話」は、秋葉隆以降、別の伝承者によるものが数種類採録されているが、大筋においては違いはなく、昭和十年代以前（一九三〇年代）に採録されたと考えられるペ・ギョンジェのものが、現在において知られるなかではもっとも古く、これに拠ることにした。

4　パリ公主と婆梨采姫

パリ公主神話と牛頭天王・蘇民将来神話との関連性や関係性は、こうした神話の粗筋だけではよく見えてこない。しかし、神話の構造ということでなら、この二つはいくつかの共通項や類似点を持っていることを指摘できる。主人公ともいえるパリ公主、牛頭天王が漂泊ともいえる旅に出ること、病害と災厄死の克服や蘇生を物語の最終的なテーマとしていることなどである。

だが、私の注目しているのは、もう少し別のところだ。牛頭天王の伝承では、妻となるべき女性は南海の龍宮の「しやかつ龍王」の娘「婆梨采（頗利菜）」となっている。『群書類従』に収められた『祇園牛頭天王縁起』では「大海中沙竭龍王女」の「第三婆利采女」としており、読み方はいずれもハリサイ（ニョ、ジョ、メ）、あるいはバリサイとなるだろう。このハリ、バリとパリ公主の「パリ（バリ）」との通音性に着目したいのである。

牛頭天王の別名とされる「武塔（武荅）」が韓国語読みで「ムタプ무탑」であり、これがシャーマンの意味の「ムーダン（巫堂）」とつながるのではないかという説がある。「むとう」は旧仮名遣いでは「むたふ」と書くが、昔はこうした仮名遣いの通りに発音していたと考えれば、「むたふ」は「ムタプ」という韓国音に限りなく近い（「プ」は終子音で、実際にはほとんど発音されない）。「武」も「巫」も韓国語の読み方では「ム무」であり、シャーマニズムに関係する語義を持つのではないかとは容易に推測できることだ（「武塔」を「舞天」に比定する肥後和男の説もある。これは『魏志東夷伝』に「濊（わい）」の風習として書かれている「常に十月の節を以て天を祭する。昼夜飲食歌舞す。之を名づけて舞天と為す」とあるもので、この「舞天（朝鮮語読みで、ムチョン）」が「武塔」として人格化されたと考えるものである。しかし、「舞天」はあくまでも漢字語であり、原語を漢字音として表記したと思われる「武塔」や「巫堂」とは性質を異にすると思われる）。

そのムーダンの始祖神話に関係の深い「パリ公主」と「ハリサイ姫」。ムーダンが「武塔」に比定されるのならば、パリ公主が「ハリサイ」に比定されることも、決して荒唐無稽ではないと思われる。「婆梨采女」の「采女」が「妻女」とも書かれるように、「采女」は「采姫」などと同じようにその属性を表す一般名詞だと考えられる。パリ公主の「公主」も、日本語の「王女」「姫」に当たる一般名詞である。とすると、この両者とも「ハリ（婆梨、波利）」「パリ」の部分だけが固有名詞に当たるわけで、まったく一致するのである。

もう一つ、パリ公主が半ば強制的に婚姻を結ばされるのは、異形、異貌の持ち主の「無長（無丈、あるいは無腸とも）神仙」なのだが、この韓国語読みは「ムジャンシンソン」であり、「無」が「武」や「巫」と同じく「ム」であるのは、偶然のこととは思われない。

「神仙」は「天王」とか「将来」と同じように敬称のようなものだから、この違いを無視すれば、「武塔（ムタプ）」と「無長（ムジャン）」は、かなり近接した音となる。

すなわち、「武塔天王（ムタプチョワン）」は「無長神仙（ムジャンシンソン）」であり、その妻の「婆利采（ハリチェ）」は「パリ公主（バリコンジュ）」であるというカップルが成立するのである。

また、興味深いことには、後述する牛頭天王信仰のメッカである津島神社に伝わる古伝承では、「護頭天王変身又ハ鼻長大神ト云フ云々」とあることだ。「護頭天王」は「牛頭天王」のことで、この信仰が修験道と深い関わりを持つことはすでに延べた。「鼻長大神」とは、一般的には〝鼻の長い〟神ということで、いわゆる天狗のことだろう（歓喜天のような象頭とも考えられないことはないが）。山伏の姿をした「天狗」が、修験者たちによって「神」とされることは不思議ではないが、この「鼻長大神」と「無長（上）神仙」という命名に共通性を感じるのは私だけだろうか。無上神仙もまた、目が皿のように大きく、鼻の長い異貌をしているのである。

婆利采姫は、南海龍王の三番目の娘であることが、縁起のなかでは強調されている。パリ公主は七番目の娘で、初めは七公主と呼ばれていた。これは奇数番目の末っ子の娘が、一番父親に孝行であったという、シェークスピアの『リア王』にまでつながる世界的な説話のパターンの一つである。その点でもパリ公主とハリサイ姫との間には共通点があるし、無丈神仙、武塔天王（牛頭天王）との結婚が、必ずしも彼女たちにとって心に染むものではなかったということも共通している。

つまり、私がいいたいのは、牛頭天王・蘇民将来神話とパリ公主神話とは同一、あるいは同型の神話を原型としたものであり、その起源はおそらく朝鮮半島（あるいは中国大陸）であって、一方は朝鮮半島に土着化したままムーダンの始祖神話としてのパリ公主神話となって口承で伝承され続け、一方は海のルートによって瀬戸内海の港に上陸し、『備後風土記』の「蘇民将来」神話として文字化され、伝承され続けてきたということである。

その伝承過程において、韓国では女性シャーマンであるムーダンによって語られているうちに、女性神であるパリ公主を語り手とする〝女語り〟の物語としてストーリーが編成され、現在伝わるような「パリ公主神話」となり、牛頭天王・蘇民将来を中心とする、日本に伝わった物語は、牛頭天王・蘇民将来を中心とする〝男語り〟の神話として再編成されていったのである。

パリ公主に扮したムーダン
（『朝鮮巫俗の研究』より）

つまり、男性が主人公の物語と女性が主人公の物語との二つに分化して展開していったのであり、結果的に見た目にはほとんど異なった神話として、日本と韓国に伝えられてきたのである。もちろん、千年以上の伝承の過程で、さまざまな要素が脱落し、またさまざまな要素が

付加されたり、歪められたり、変化したりしたということは十分に想定できる。

なお、婆梨女とパリ公主とを結びつけて考えたのは私が最初ではない。「八坂神社の変遷と祇園会の源流」(『神道史研究』第三十六巻第三号、一九八八年)のなかで、志賀剛は「○婆梨女(パリメ)京城地方の王女巫祖伝説に、ある王様の七番目の末女捨姫(ポリトク)は神仙と婚して薬水を得て父母の死を蘇らせ、巫祖となったという話がある。このポリトクに婆梨を宛てたのであろう。ポリはパリと交代するから」と書いている。その論文の註によれば志賀剛はこの発想を赤松智城・秋葉隆『朝鮮巫俗の研究』から得ている。ただし、それ以上の展開も発展も志賀説にはない。私は「別神・巫堂・捨姫」(『日本文学』四十一号、一九九二年四月)という論文で、志賀説とは別個に婆梨采女＝パリ公主説を提唱した。

5 『白山之本開』

このパリ公主神話と牛頭天王・蘇民将来神話の中間的な形として位置づけられるものとして、岐阜県郡上八幡(ぐじょうはちまん)に伝わる語り物としての『白山之本開』をあげておきたい。これは本来は白山信仰の由来を示した絵図を〝絵解き〟するための台本として作られた物語であり、白山信仰の縁起としては泰澄(たいちょう)伝説や十一面観音、龍神の伝説的物語の系統を伝える『白山之記』とは違っていて、説話的には『お伽草子』の「毘沙門の本地(ほんじ)」の物語とほぼ同型である。説教節の本地物につながる形態を持っているといえる(成立は、室町時代と考えられる)。

天竺の西方にある「白菜国」が物語の舞台であり、その国王夫妻に七歳になった姫君がいた。そこから片道でも十二年行ったところに「墨国」(これは「白菜」との色彩対比として命名された国名だろう)があり、そこの九十八歳の「大悲苦禅」という悪王が、白菜国の姫君を后(きさき)にもらいたいと無理難題を吹きかけるのだった（大悲苦禅の「大」を単なる冠称と見れば「悲苦禅」が実質的な名前となり、それはパリ公主を拾って育て上げた「比利功徳」を思い起こさせる。善人役と悪人役との違いはあるが、パリ公主の運命に深く関わる老人ということで共通性がある）。悪王の残虐さと剛勇を恐れて、姫君は仕方なく墨国へ赴くことにする。その途中、「満屋国」の「金色太子」という十七歳の王子が、白菜国の姫のことを聞き、墨国を滅ぼして自分の后として迎えようとする。

太子は墨国へ行き、敵を滅ぼすが、思いの外に日数がかかり、その間に約束の期日が来ても帰ってこない太子を待ちわびて、姫君は病死してしまう。太子は国に戻って姫の死を知り、姫の後を慕って地獄巡りをすることとなるのである。地獄で太子は姫と出会ったのだが、もはや娑婆世界に帰れぬことを姫君から告げられた太子は、黄泉（よみ）の世界から日本へたどり着き、白山妙理権現（はくさんみょうりごんげん）となって白山に鎮座することになったとされる。

最初に「白菜国」の国王の夫妻とその姫君の物語が語られるわけだが、この「白菜」という名が、「婆梨采」あるいは「波利采」という牛頭天王神話に出てくる姫君の名前につながるものであり、パリ公主のパリ（パリテギ）と関連のある名称であると考えられることはすでに指摘した。「大悲苦禅」王の求婚は、牛頭天王という異形の王の妻問いという（婆梨采女側から見れば）無理難題にも通じ、パリ公主がやはり異形の無上神仙とほとんど苦難、試練の婚姻を行ったことに通じるだろう。牛頭天王の龍宮への妻を求めての苦難の旅は、金色太子の墨国への攻撃、および白菜姫を追っての地獄巡りとパラレルであって、パリ公主の龍宮、地獄巡りのモチーフと、ただ男女の立場を違えただけで、物語の構造そのものは同一であるといえる。つまり、パリ公主―白菜姫の受難、苦難の物語は、金色太子（あるいは大悲苦禅王）――牛頭天王の求婚、妻問いの地獄巡りという物語へと『白山之本開』において変換されるのである。

パリ公主がシャーマン（ムーダン、万神）の祖として、人々の病苦を癒す存在となったことは、もともと行疫神としての牛頭天王・蘇民将来が、やはり病苦や病死を退ける神として信仰されてきたことと共通性を持っている。パリ公主が無上神仙との間に七人の子供をもうけ、それぞれが巫医として活動したことが語られているのだが、これは牛頭天王と婆梨采女との間の七人の王子（後に一人が加わり、八王子となる）が生まれ、やはりそれぞれに疫病や病苦を退ける神になったことと、その役割と数においても一致している。薬師如来が牛頭天王の本地仏とされるのも、その信仰が医薬、医療との関係を深めていったからであり、パリ公主が現在でも病気直しの巫儀（クッ）を主宰するムーダンの巫祖とされていることと無縁とは思えないのである。

そしてこれらの日韓の二つの神話物語は、イザナミを追って黄泉の世界を巡るイザナギの神話や、地獄巡りを行い、地獄から餓鬼阿弥として蘇生する小栗判官の物語、あるいは地獄の門を破って母親を救い出す目連尊者の物語を、思い起こさせるものだ。ちなみに、韓国をフィールドとする文化人類学者の依田千百子は、パリ公主神話と小栗判官物語との物語構造の分析を行い、きわめて類似したものであることを主張している。

また、韓国人の説話文学の研究者である金賛會は、同じムーダン「クッ（巫儀、巫祭）」における語り物のなかでも、疱瘡神そのものが登場する「ソンニムクッ선님굿」と牛頭天王縁起との共通性を証明しようとしている（『本地物語の比較研究』）。「ソンニム」は普通には「お客さん」とか「客人」の意味だが、この場合は疱瘡神のことを表し、「客人」を鄭重にもてなすことによって、穏やかにお帰り願うという気持ちを表現した言い方となる。

ソンニム神（疱瘡神）の旅立ちや、旅の途中で川渡しの船頭に非道な目にあったり、親切なノゴ老嫗と出会い、その家族を疱瘡の病から免れるようにしてやることなどは、きわめて蘇民将来神話と類

処容舞（『箕山風俗図帳』より）

似しているといえる。また、ノゴ老媼に紹介され、隣の長者の家を訪れるが、長者は疫病神を連れてきたと怒り、罵る。追い出されたソンニム神は、長者の一人息子を疱瘡に感染させることによって殺し、家産を全滅させるという復讐譚も、牛頭天王縁起の展開と近似している。

このソンニムクッの説話は、処容神話との重層性を指摘されており、牛頭天王・蘇民将来神話の原型になったものと、おそらく共通の起源を持つものであることは間違いないだろう。韓国のムーダンたちに現在まで伝わるこうした巫祖神話、疱瘡神神話が、日本においてならば古代にまで遡る伝承の古さを保持し、口承という形で千年以上も伝わってきたのは驚異的ともいえることであり、半島と列島の間には強くて深い精神的なつながりがあったのである。

ただし、このソンニムクッの物語は、多分に民間説話化していて、神話的な要素を失っていると考えざるをえない。ソンニム神はともかくとして、船頭やノゴ老媼や長者は、世俗的な人物であって、そこに人々を信仰に誘ってゆくような神秘性、神変性が見られないのだ。パリ公主神話や処容神話からその骨格を借りながら、神話から説話レベルに、いわば世俗化してしまっている。「ノゴ」は「老姑」の音読みと考えられ、単なるお婆さんの意味であろうし、船頭や長者にも固有の名前は付されていない。固有名詞の脱落は、むしろこの説話が近世的なものであることを表し、パリ公主や無上神仙といった「固有名」にまつわる神話性を削ぎ落としたものとなっていると思わざるをえない。つまり、それは昔々ある所にいた「客人」と「お婆さん」と「船頭」と「長者」の説話にしかすぎなくなっているのだ。

韓国の民間に伝わるシャーマンの巫祖神話と、日本の古来からさまざまな形に変容して伝わってきた牛頭天王、婆梨采姫、蘇民将来の神話との類似性。それは日本人、日本文化のアジア性を物語ると同時に、日本的なるものの深層にいったい何が潜んでいるのかを示唆している。

テキスト③『祇園大明神事（ぎおんだいみょうじんのこと）』

『神道集』東洋文庫本の「祇園大明神事」という縁起である。内容的には、牛頭天王と蘇民将来の〝友愛〟関係（？）が強調され、本地垂迹（ほんじすいじゃく）説がうるさいほどに主張されている。ただし、前述したように、この『神道集』の作者は、伝承の矛盾撞着したところは、あえて自己流に解釈、整理せず、むしろ混乱のままに書き残したという感がある。八王子の名前や本地についても、様々な説を列挙する形で、無理に統一していない。一番の矛盾は、牛頭天王は南海龍王の次女、波利采女（ハリサイジョ）と結婚するために妻問いの旅に出て、龍宮に住み、子供を八人ももうけたのに、帰り道では、いつの間にか、蘇民将来の娘・端厳女（蓮華女）が

「今の波利采女」になってしまっている。さほど長くもない物語の中で、これほど大きな矛盾が生じたのは、作者が後の縁起作者や祭文語りのように、話を面白おかしくふくらませずに、異なる伝承を無理に一つの物語に入れ込もうとしたからではないか。

原文は漢文体だが、読み下し文にして、適宜行替えし、ルビも振ったが、難読のものはそのまま残さざるをえなかった。

　ソモソモ祇園大明神ハ、世人天王ノ宮ト申ス、即チ牛頭天王是レ也。牛頭天王ハ武答天神王等ノ部類ノ神也。天刑星トモ武答天神トモ、牛頭天王トモ祟(タテマツ)ル。

当世ハ盛ニ疫病神為ル事有ル故ニ、牛頭天王等ヲバ、深ク人信仰ル処也。故ニ世間皆社ヲ立テ、御殿ヲ造リ、本地垂迹図信仰シ、祇園ノ大明神トハ云フ也。御本地ノ男躰ハ薬師如来、女躰ハ十一面ト云フ。殊(コト)ニ此土ノ衆生ヲ哀(アワレ)ミ利益ヘリ。

　ソノ利益ト申ハ往昔ノ時、北海ノ波斯帝ト廻国ノ北陸ニ天王トテ在ス。牛頭天王ト名ク、此レ則チ吉祥婆利采女武答天王ト申スハ是レ也。此ハ龍王ニハ五人御娘在(マシマ)ス。第一ハ自在天夫人也。第二ハ陰大女ト名ク、即チ波利采女ト云フ是也。第三ハ須弥山王ノ夫人也。第四ハ琰羅王ノ夫人也、第五ハ文殊ノ教ニ依リ、南方無垢世界ニシテ、成等正覚セシ八歳ノ龍女ト申是(モウスハコレ)也。

　然ニ天王此由(コノヨシ)ヲ聞食(キコシメ)シテ、南海国ニ趣(オモムキ)タマフ。日暮テ、宿ヲ借ニ過テ野原ノ中ニ富(トメ)ル長者有リ。名ヲ巨端将来ト云(イウ)。散々ニ悪口罵詈(ノノシ)リ、追出ル。王、力及バズ、亦谷七峯七越テ、一ノ小家有リ。此ノ主ヲバ蘇民将来ト名ク。

　天王、寄テ宿ヲ借リタマフ所ニ、蘇民将来畏テ申スハ、大人ニテ御在、我ガ家ハ御弊宅也、御座スベキ所無シ。何ヲ仕ラントハ申(モウス)、我、是レ中天竺法界自在国ノ主也。南海国ニ越ル間途中ニシテ日暮ヌ。長キ途ヲ淩(スギ)ヌレバ身疲(ツ)カレ只借シタマヘト言ヘバ、蘇民将来ハ力及ズ、後菀ノ私【松カ】本ニ入レ、粟ノ柄(カラ)ヲ敷キ、粟ノ御料ヲ政リ留メ、流宣ノ御計物ヲ居(ス)ヘテ、饗応ル。八万四千六百五十四神等ノ眷属達、五穀ノ粥ヲ煮テ、好波板ヲ以テ面々各々此レヲ祭ル。

然ル後、夜モ明方ニ成レバ、天王、蘇民将来ヲ近付ケ、南海ノ娑竭羅龍王ノ宮知ルヤ否ヤ、知ル由答(ヨシコタエ)申(モウス)、而送賜(シカラバオクリ)ル仰セラレ、桑船ヲ仕立テ、南海国へ送ル。龍王、喜テ聟(ムコ)ニ定メタマフ。第二ノ陰大女是也。然ル後、蘇民将来ハ本国返ス。天王、龍女ヲ妻ト相シテ、則チ龍宮ニ八ヶ年送リ、八人王子を儲ク。其八王ハ、第一、相光天王ト号ス。第二ハ魔王天王ト号ス。第三ハ倶魔良天王ト号ス。第四ハ徳達神天王ト号ス。第五ハ良侍天王ト号ス。第六ハ達尼漢天王ト号ス。第七ハ侍信相天王ト号ス。第八ハ宅相神天王ト号ス。

此ノ王子達ノ御誕生後、九ヶ年ト申ス春ノ比(コロ)、天王ハ本国へ返リケルニ、昔ノ好ニ依リ、蘇民将来ノ家ニ留ヌ。昔ノ如ク饗応ル。又、夜明方ニ成レバ、天王、蘇民将来ニ語リテ言ク、自ニハ多ク願有リ、中ニ悪ヲ蒙、悪ヲ造衆生ニハ、疫病ノ難ヲ與(アタエ)ント思フ願有リ。然ルニ臣【巨】端将来ニ昔宿ヲ借ルニ、散々ニ悪口罵詈シテ、追出サル。恨ノ中ノ恨也。何ツノ世ニ忘ルベキトモ覚エズ。而レバ太多ノ眷属神トモ、放入滅亡(ホロボサ)ント言ヘリ。

蘇民将来、大ニ歎キ、自一人ノ娘ガ彼家ニ婦ト成レリ。端厳女ト名ク、亦ハ蓮華女トモ名タリ。御風振ニ当候、何仕申時、天王哀テ而ハ柳ノ東へ差(サス)枝ヲ切リ、四角ニ札ニ削リ首ヲ五形ノ躰ニ削リ成、蘇民将来之子孫ト云文字ヲ書付ケ、汝ノ娘ノ肩ニ付ヨ。其ヲ験(シルシ)トシテ滅亡ズ。其時ニ蘇民将来大ニ喜ビ、天王ノ教ノ如ニ認メ、秘(ヒソカ)ニ娘ノ端厳女ノ許ニ送ル。娘ハ父ノ教ニ随ヒテ、肩ニ付タリ。

其ノ後、天王ノ御王子達ナラビニ眷属神八万四千六百五十四神等、悉(コトゴトク)臣【巨】端将来ノ宿所ニ乱入(ミダレイリ)

テ、一日一夜ノ間ニ、一百余人滅亡畢（ホロボシオワリヌ）、其ノ中ニ蘇民将来ノ娘一人、其ノ難ヲ遁（ノガレ）父ノ宿所ニ返ル、天王彼ヲ御覧シテ、今自（ヨ）リ、以後別ノ智有ルベカラズ、引具シテ、中天竺ノ本国へ返（カエル）。蘇民将来我子ノ在ル国見置カントテ、天王ノ御友申（オトモモウシ）、法界自在国へ参（マイル）。七日ノ御祝過蘇民将来ハ暇ヲ申テ反ル所ニ、御門送リ有。未来際ヲ尽トモ君ノ恩ヲバ忘ルベカラズ、今度ノ御恩ヲバ何以テ送ベキト仰ケレバ、蘇民将来申シテ云、此世界ト申ハ天王ノ分国也、其ノ中ニ在ス衆生ハ、皆迷ヒ多ク悟ハ少シ、若シ未来悪世ノ衆生ノ中ニ、疫病ノ難ヲ與ヘ給ハズ、以テ今度ノ御恩ニハ賜ワン。

其ノ時天王ハ随喜ノ涙ニ咽ヒ御在ス。若シ未来悪世ノ中ノ衆生、蘇民将来之子孫ト名乗ル物ナラバ、其ノ家ニハ此悪神共ハ入ベカラズト誓ヘリ。蘇民将来ハ返々喜ビ申シテ返ナリ。蘇民将来ノ端厳女ト申ハ、今ノ波利采女、是亦ハ粟佐梨ト名タリ。

凡ソ牛頭天王ハ、三百四十二臂也。頂上ニ牛頭有リ。右ノ手ニハ把鉾、左ノ手ニハ施無畏（セムイ）ノ印結数多ノ従神囲繞リ、東王父・西王母・波利采女・八王子等也。本薬師如来・十二神将・普賢経・牛頭天王経・波利采女経・八王子経等ハ、竹林精舎説也。尓時ノ衆会ハ大比丘衆八万人、菩薩衆ハ三万人、其ノ中ニ文殊ヲ上首ヘリ。

尓時文殊由ヘヲ釈尊ニ問、経云、尓時、仏文殊師利法王子告言ク、此会ノ中ニ一菩薩在、名ヲ牛頭天王菩薩ト云、亦ハ武荅天神菩薩名、亦薬宝賢菩薩トモ名ク、然ニ此菩薩ハ无量劫ニ従、大慈悲ノ心ヲ以テ成就シテ、諸衆生ノ為ニ安穏ヲ得サシム云々。

仏、文殊師利ニ告ゲ、即此天王ハ薬師如来ノ反現也。左面ハ日光菩薩、右面ハ月光菩薩、頂上牛頭ハ妙法蓮華経也。両臂十二神将、亦十二大願ノ意也、左ノ足東方浄瑠璃世界、右ノ足ハ西方極楽世界、東王父神ハ普賢菩薩、西王母神ハ虚空蔵菩薩、波利采女ハ十一面観音也。又此天王ハ左手ニ鉾ヲ取タマフハ悪魔降伏（ゴウブク）ノ相也、右ノ手ニ施無畏ヲ結（ムスブ）ハ、一切衆生ノ所念成就得解脱安穏ノ相也。蘇民将来及ビ粟佐利女ハ、本地薬上菩薩也、虵毒鬼神及海龍王ハ、亦本地弥勒龍樹ノ二菩薩也。斯ノ如ク等ノ諸神ノ慈悲ハ、一躰ノ開出トシテ止ル事ナク、法門ニテ、諸ノ衆生ノ為ニシテ仏道ニ入ラシム云々。

問（トフ）、八王子、本地ノ相ハ如何、答、此王子ハ皆悉金剛離宝ノ甲冑着テ、或ハ常ニ牛頭天王ハ諸法ノ願御座ス、或武答天神随逐ル、或時ハ牛頭武答行化ヲ助（タスケ）、或時ハ太歳八神ト苦楽ノ苦凶行、其本地皆異説有リ、此説八王子ハ、即大聖文殊是也。或所ハ八王子ハ、即八部菩薩是也。義浄三蔵ノ所訳、秘密心点如意蔵王咒経ニモ、云ヘリ。或所ニハ武答天神王経ニモ云、復次（マタツギ）ニ八王子ノ真言曰、普賢・文殊・観音・勢至・日光・月光・地蔵・龍樹・唵阿彼耶云々。

問、八王子名言如何。答、所々ニ不同也。皆相違有リ。今ハ武答天神経ニ付テ之ヲ写、第一ノ王子星接名、亦ハ太歳神ト名、亦相光天王ト名、本地ハ普賢菩薩也。第二ノ王子唵恋ト名ク、亦ハ大将軍ト名ク、亦ハ魔王天王ト名ク、本地ハ文殊師利菩薩也。第三ノ王子ハ勝宝宿ト名ク、亦歳刑神ト名ク、亦ハ徳達神天王ト名ク、本地ハ観世音菩薩也。第四ノ王子ハ半集ト名ク、亦歳破ト名ク、亦ハ達尼漢天王ト名ク、本地ハ勢至菩薩也。第五ノ王子ハ解脱ト名ク、亦歳殺ト名ク、亦ハ良侍天王ト名ク、本地ハ日光菩薩也。第六ノ王子ハ強勝ト名ク、亦黄幡神ト名ク、亦ハ侍神相天王ト名ク、本地ハ月光菩薩也。第七ノ王子ハ源宿ト名ク、亦豹尾神ト名ク、亦ハ宅相神天王ト名、本地々持菩薩也。第八ノ王子ヲバ結毘ト名ク、亦大陰神ト名ク、亦倶摩良天王ト名ク、本地ハ龍樹菩薩也。大興善寺ノ不空三蔵所訳、天形星真秘密ノ上ニ、牛頭天王武答天神ヲ一躰異名ト説リ云々。

この「祇園大明神」の縁起の物語を、要約すれば、次のような段落に分けられるだろうか。

①牛頭天王（＝武答天神）は、龍王の二番目の娘に波利采女がいることを知り、娶（めと）ろうと南海国へ

の旅に出る。
②日が暮れて、宿を借りようとするが、巨端長者はさんざん悪口をいい、罵詈讒謗を浴びせて、貸してくれない。
③仕方なく、蘇民将来の家へ行き、そこで眷属もろとも、一泊の世話になる。粟柄の敷物と、粟飯という貧しいもてなしだった。
④牛頭天王は、南海国を知っているかと問い、蘇民将来は桑船を仕立てて、天王を南海国まで送り届ける。龍王は喜んで天王を聟として、次女の波利采女と結婚させ、八人の王子が生まれる。
⑤九年が経ち、妻子を連れて本国に帰る途中、蘇民将来の所に寄った天王は、恨みに思っていた巨端将来の一族を滅ぼそうとする。蘇民将来は驚き、長者の所にいる自分の娘・端厳女だけは救ってくれるように頼む。
⑥天王は、柳の札の呪符を教え、長者の一族を全滅させるが、端厳女だけは助かる。
⑦天王は、端厳女を再婚させず、連れて帰る。彼女が（牛頭天王の妻の）波利采女である（①④と矛盾している）。
⑧蘇民将来は、天王の国、法界自在国へ行くが、帰る時に、疫病に苦しむ未来の衆生を救済してほしいと頼み、天王は「蘇民将来之子孫」と名乗る者を守護することを誓う。
⑨牛頭天王始め、各神の本地が語られる。
『牛頭天王縁起』と比較してみれば、妻問いの旅、コタン長者、蘇民将来との出会い、龍王の娘との婚姻、八王子の誕生、コタンへの復讐、護符の起源などの要素は共通しているが、龍王の五人の娘の記述、蘇民将来の娘の端厳女の挿話、牛頭天王の国へ行き、未来の衆生の防疫を依頼すること、そして後半の釈尊と文殊とのやりとりや、八王子の本地についての言及などが、『神道集』に特徴的なも

のだと思われる。

龍王の五番目の娘の「龍女成仏」(このエピソードは、『法華経』にある)や、端厳女の一名が「蓮華女」であること、牛頭天王の頂上の牛頭の本地が法華経であることなど、この縁起が法華信仰の影響を色濃く受けていることを示すものだろう。いずれも他の牛頭天王・蘇民将来の伝承には見られない要素である。

また、天王とコタン長者との対立・抗争がまだ説話物語化されずに、簡単に長者の一族の滅亡を語っているのは、後に各縁起や祭文において、このパートが異常なまでに拡大、拡張してゆくことを思うと、『備後風土記』逸文の原話に近い、素朴な伝承の形を保っているともいえよう。こうした法華経の影響や慈悲心の強調は、『神道集』といいながら、仏教説話の面影を強く感じさせるものであり、『簠簋内伝』のような陰陽道の思想の色濃い伝承とは、一線を画したものと思われる。

第三章　婆梨采女とは誰か

1　婆梨采女の変化

婆梨采女について、もう少し考えてみよう。もっとも古い蘇民将来神話の『備後風土記』逸文から、縁起や祭文や神楽や謡曲に至るまで、「ソミンショウライ」という名前と、「ハ（バ、パ）リサイニョ（ジョ）」という名前が、千年間にもわたって、一貫して変わっていないことはすでに述べた。傍役としての「ムトウテンノウ」も「コタンショウライ」もあまり変わっていないのだが、「ソミン」と「パリサイ」については、十世紀以上も不変であったことは重要な意味を持っていると思う。蘇民将来という名前は、そもそもその信仰の基本が「蘇民将来之子孫也」という文字（漢字）の呪力に関わっていることを思えば、この四文字の漢字の名前を変更することは信仰の大きな意味を失ってしまうことになる（それでも、「笑門」などと書く場合などもある）。

婆梨采女の場合はどうか。これは一部「粟梨采女」などという変形もあることはあるが、ほとんどは「婆梨」「頗梨」「波利」など、いずれも「ハリ、バリ、パリ」と発音する漢字で表記されている。八人の王子たちの名前が伝承によってかなり異なっていることを思えば、ほとんど変わらない「ハリサイニョ（ジョ）」の特異性は際立っている。それに、彼女は牛頭天王の妻女（サイジョ）になったということ以外、神話の物語世界ではあまり活躍というか、活動することがなかったと思われるのだが、実際の信仰の現場においては、必ずしもそうではなかったといえる。いわば、縁起、祭文の世界では傍役にしかすぎない女神が、独自の信仰圏のようなものを持っていたと考えられるフシがあるのだ。

十六世紀頃の祇園信仰の様相をうかがわせる史料に『二十二社註式』があることはすでに述べたが、祇園社の祭神としてこんな三柱の神をあげている。

西ノ間　本御前。奇稲田姫垂跡。一名婆利采。一名少将井。脚摩乳手摩乳女。
中ノ間　牛頭天皇。大政所卜号ス。進雄尊垂跡。
東ノ間　蛇毒気神、婆竭羅龍王女。今御前ナリ。

牛頭天王を真ん中にして、東西にその妻女である婆利采女と、子供の八王子の一人である蛇毒気神がいるという構図である。牛頭天王＝スサノヲであるから、婆利采女はその妻神であるクシナダヒメとなり、龍王の娘の「蛇毒気神」が「今御前」であり、「本御前」のクシナダヒメと対立的な関係になっているといえる（つまり、クシナダヒメが正妻で、蛇毒気神は第二夫人なのだ）。脚摩乳手摩乳女は、クシナダヒメの両親として記紀神話に出てくるアシナヅチ・テナヅチのことだろう。婆梨采女の両親なら南海龍王（沙竭羅龍王）の夫妻であり、蛇毒気神をわざわざ婆竭羅龍王（沙竭羅龍王の訛伝か）の娘としていることからも龍神信仰の影響がうかがえるのである。

もともと、祇園信仰には、水神としての龍神信仰が深く関わっていたと思われる。興福寺の円如が春日大社の水谷社（水谷神社）の龍神信仰を移してきたのが「祇園社」の始まりだという伝承もあるし、『続古事談』には、こんな話もある。

「祇園の宝殿の中には、龍穴ありとなん云。延久の焼亡の時、梨本の座主そのふかさをはからんとせられければ、五十丈にをよ（及）びて、なをそこ（底）なし、とぞ。保安四年、山法師追捕せられけるに、おほく宝殿ににげ入たりける、その中にみぞ（溝）あり。それに落入たりける、とぞいひける」というのである。後段は、天台の衆徒が神輿を先に京に下りてきて、朝廷の武士に追われて、祇園社に逃げ込んだ時の逸話である。前出の『釈日本紀』で、「先師」が、「祇園殿下龍宮ニ通ル穴有リノ由、古来申シ伝ルナリ」といっているのも、このことである。この伝説は、昔からよく知られていたようだ。

本当に祇園の宝殿の地下に龍穴があるのかどうか、確かめる術はないが（宮司の話では、本殿の床下に井戸、あるいは池のようなものがあったという。山王大社の有力な摂社、樹下神社の祭殿の床下に井戸があることと、これは関連する信仰の遺跡と考えられる）、これが『法華経』の「龍女成仏」で知られる沙竭羅龍王の娘、すなわち婆梨采女に関わる伝承であることは、想像するまでもない（『釈日本紀』でも龍穴と龍女を結びつけて考えている。ただし、「龍女成仏」の主人公は沙竭羅龍王の長女であり、三女の婆梨采女ではないとする説もある）。

この「祇園社」の祭神については、興味深い史料がある。それは『扶桑略記』の延久二年（一〇七〇年）の記録に「十月十四日辛未、戌ノ時。感神院大廻廊。舞殿。鐘楼。皆悉ク焼亡ス。但シ天神御躰之ヲ取出奉ル。別当安誉身ヲ余焔ニ焦シ。翌日入滅ス。世人以テ神罰為リト」とあり、さらに同年十一月の「十八日乙巳。官使ヲ以テ感神院八王子四躰ト、ナラビニ蛇毒気大将軍御躰焼失ノ実否ヲ検録ス」とあることだ。一〇七〇年に感神院が火事となり、祭神の天神像はかろうじて運び出したものの、八王子のうち四体と、蛇毒気神と大将軍の像は、焼けてしまったというのである。

ここで『扶桑略記』は、感神院の祭神を「天神」とのみ書いて、「牛頭天王」とは書いていない。

つまり、一〇七〇年の段階では、「祇園天神」は、まだ「牛頭天王」ではなかった可能性があるということだ。『本朝世紀』には、延久二年のこの感神院火災について「牛頭天王御足焼損」と書き、牛頭天王という名前をはっきり出している。ただし、これは久安三年（一一四七年）の記事だから、火災は七十七年前の出来事ということになる。この七十七年の間に「祇園天神」は、牛頭天王という名前を持つようになったというべきだろうか。十一世紀後半から十二世紀前半にかけてということになる（『日本紀略』『年中行事秘抄』ではそれぞれ九二六年、九四六年の項に「祇園天神」「感神院天神」として、「牛頭天王」としていない）。

十六世紀の『二十二社註式』にははっきりと「牛頭天王」と出てくるから、少なくとも、十一世紀から十六世紀の間に、「祇園天神」は「牛頭天王」という名前を獲得したことになる。松前健は、武塔（答）神は「武塔天王」あるいは「武塔天神」として、「天王」「天神」の二つの敬称を持つが、「牛頭天王」については、「牛頭天神」といういい方は一つもないと断言している（「牛頭天皇」という場合はある）。とすると、『扶桑略記』などの歴史資料が感神院の祭神を「祇園天神」「天神」と書くのは、やはりそれがまだ「牛頭天王」と認識されていなかったことを示していると考えられる。これは、祇園社の祭神、「祇園天神」や少将井、蛇毒気神の性格を考える上で、重要な意味を持っていると考えられるのである。

ここで考えてみる必要があるのが、『梁塵秘抄』に収録された「大梵天王は　中の間にこそ　おはしませ　少将井波利女（じょ）の御前（おまえ）は　西の間にこそ　おはしませ」という「今様（いまよう）」だろう。祇園社の祭神を歌ったこの「神歌」は、祇園の祭神としての牛頭天王と「大梵天王」とを混同しているとか、取り違えていると注釈されてきたが、いくら何でも祇園社の主祭神を簡単に間違えて、それがそのまま今様歌として通用したとは思われない。少なくとも、この今様が作られ、歌われた時代には、祇園社の

「中の間」に（祇園天神として）いたのは「大梵天王」であったのではないか、という可能性を否定することはできない。『梁塵秘抄』が編纂されたのは、一一八〇年前後と考えられているから、歌自体の成立はもちろんそれ以前だ（この場合の「大梵天王」は、ヒンドゥー教のブラフマーを本地とする具体的な神というより、「天神」と同じく、根元神として、最も偉い神様といった意味合いではないだろうか）。その時点で「西の間」に少将井波利女が祀られていたことは確かで、そうすると、波利女の祇園神としての信仰は、牛頭天王より先に遡る可能性も孕んでいる。

少将井（しょうしょうい）の信仰については、専門的な論考として河原正彦の「祇園御霊祭と少将井信仰――行疫神と水神信仰との抵触」があり、ここでの記述もその論考に拠るところが多いが、そのなかで河原正彦は、「焼亡以前すでに祇園天神を主祭神とし、それと共に八王子、蛇毒気神、大将軍を祀っていたことを知ることができる。（中略）しかしこの期までの官符などには『祇園天神』とのみえて『祇園牛頭天王』の神格が明確に示されておらず、かえって『八王子』『蛇毒気神』『大将軍』など、いわゆる災害と疫病などを齎（もた）らす神格、あるいはそれ故にそのような災害を防除してくれる神格が注目されており、この点北野天神信仰と類似の形態をとるが――後に問題とする婆梨采女（少将井）については、その存在も知ることができないのは注意されなければならない」と書いている。

『古事類苑（こじるいえん）』に引かれた、九条道家（くじょうみちいえ）（一一九三年～一二五二年）の日記『玉蘂（ぎょくずい）』の「祇園社焼亡例事」によれば、延久二年十月十四日の火災で、「牛頭天王」像は足に焼け損じが生じてしまったが、婆梨采女像と共に大壁に埋もれながらも無事だったと伝えられている。火事は、別当の安誉が鍛冶工に釘を造るために材木を燃やし、炭焼きをしていた火の不始末から起こった。本堂は焼け落ち、宝殿に及び、御帳内には煙が充満していて、八王子神の一体を辛うじて取り出すのが精一杯だった。宝殿、な

波利采女

らびに堂塔がすべて焼け落ちてから、大壁に埋もれていた「五頭天王婆梨女」が見つかったが、左右両足が焼け損じていたというのである。いっしょに八王子三体も少々の焼損はあったが、無事で見つかった。残りの八王子四体と、蛇毒気神、大将軍は焼失してしまったのである。

ここで「牛（五）頭天王」の名前が出ているが、これは『玉蘂』で記事としてまとめられた時に書き換えられたものと思われる。「牛頭天王」「五頭天王」と表記が揺れているのもそのせいであり、もっと時代が火災の時期に近い記録である『本朝世紀』や『扶桑略記』などには「天神焼損」と書かれている。

普通は八王子のなかの一神とされている蛇毒気神（と大将軍）が、八王子とは別の神として記述されているのが気にかかる。もともと、この神は、その名称からしてもいかにもおどろおどろしい神であり、八王子神のなかでも特別扱いをされていたと考えられるのだ。感神院の復興について、焼けた四体の八王子神を造り直すことは宣旨によって認められたが、蛇毒気神については、陰陽寮の占卜などを行ってもなかなか決定されなかったという。この神の神格がきわめて強烈なものであって、簡単に再造形を認めてよいものではなかったということなのだろう（なお、久安二年三月二十九日にも祇園社は火事となり、一宇も残さず焼けてしまったが、牛頭天王、八王子神、一切経は運び出されて無事だったと『玉蘂』は伝えている。この時に蛇毒気神と大将軍はなかったのだろうか）。

肥後和男は、祇園感神院がもともとは龍神信仰の聖地であり、地名の「八坂」も、「八尺（やさか）」であって、長大な蛇神の姿を表すものでなかったかと想像している（「八岐大蛇（ヤマタノオロチ）」も「八尺の大蛇（ヤサカオロチ）」だったかもしれない）。つまり、本来は龍身、蛇身であることが明かな蛇毒気神が主祭神なのであり、それがいつの間にか、その夫とされる「祇園天神」、そして牛頭天王、すなわちスサノヲノミコトという変遷をたどったのではないかというのである（『古代伝承研究』）。

河原正彦も、祇園天神が牛頭天王とも、スサノヲノミコトともイコールではなく、夫（牛頭天王）と第一の妻（婆利采女）と第二の妻（蛇毒気神）、あるいは父母（牛頭天王と婆梨采女）と子供（八王子神）という家族神としての祭神に収斂されてゆく過程以前に、天神、蛇毒気神、大将軍といった、まさに疫病神、行疫神たちが祀られていたのが祇園感神院であり、そこから三位一体のような家族神の構成ができあがっていったというプロセスを考えているようだ。そして、そうした神聖家族の信仰が形成されてゆく過程において、婆梨采女＝少将井は、思いがけないほどの神格を身につけてゆくことになるのである。

2　少将井信仰

少将井というのは、婆梨采女の一名であるのだが、人名、あるいは神名としてこの名前が異様なものであることは明らかだろう。それも当然のことで、これはもともと井戸の名称であり、少将の井戸と呼ばれていた所が、祇園社から巡幸してきた婆梨采女の御輿（みこし）が、そこを御旅所としたことから名づけられた俗称なのである。紫式部や清少納言が、父や兄などの官名で呼ばれ、桐壺などがその居住する部屋の名前で呼ばれたように、婆梨采女も、祇園の祭礼のなかで、その御旅所の「少将の井戸」の

少将井神社

名前によって呼ばれるようになったのである。

河原正彦の論文は、『京雀』のなかのこんな文章を引いて、このことを裏付けている。「少将井町、古老伝にいわく此町のうしろに御旅所町（おたびしょまち）といふ、ここもといにしへは人の家居もまばらなりける時祇園の御旅所にて侍へりし、これ今車屋町通なり、少将井の御こしを居（すへ）たる社の前の井もとありける故に名とす、時世うつりて今はからす丸の家屋敷となり、その井のもとはいま少将の町に鉞（よき）屋といふ酒やの家あり名水なれば諸方により水をくむといふ」。

この「少将」とは『後拾遺和歌集』の作者の少将尼のことであり、そこに少将尼が住んでいたことから、「少将井」と呼ばれ、それが婆梨采女の俗称としての「少将井殿」となったのである。井戸は名水・薬水として知られ、多くの女性たちがそこに水を汲みに来たであろうことを語り、婆梨采女＝少将井の信仰に、古代からの井泉の霊水信仰、水の女の神話を思い起こすと河原正彦が主張しているのには、肯（うなず）ける点が多い。

この少将井＝婆梨采女の信仰は、祇園祭の祭礼が盛んになればなるほど、祇園天神や八王子神の信仰とは別に、独立した信仰として広まっていった。たとえば、静岡県の清水市には旧称の少将井社（現在の小梳神社）があり、少将井を祀っているという。京都からずいぶん離れたところにも、少将井の信仰が行われていたのである。

それは時代はすでに下っているが、宝暦七年（一七五七年）に刊行された『祇園会細記』の「神幸之図」、すなわち神輿の巡幸の行列を描いた絵によっても明らかだ。つまり、そこに描かれた三つの神輿、「天王」と「八大王子」と「少将井天王」（少将井に天王という敬称がついていることに注意）は、大宮（牛頭天王）と少将井の神輿は鳳輦で同格であるのに、「八王子」は葱花輦で、少し小型であるように見えるのだ。つまり、少将井は、まさに牛頭天王と同格（あるいはそれ以上）の神格を備えたといってよい（平田篤胤は「三座の中に、殊に少将井の神輿を、重みし給へる事、いまだ其由を考へず」と不思議がっている）。

初期の祇園信仰は、行疫神、疫病神を敬して遠ざけるために、あえて牛頭天王、蛇毒気神、大将軍といった名前もその姿もおどろおどろしさに満ちた、畏怖すべき神々を祀った。

祇園信仰が、御霊信仰の代名詞ともなったのは、これらの神々が祟る神であり、人間に災厄をもたらす神であって、そうした荒ぶる「御霊」を鎮めるための祭が、祇園の「御霊会」にほかならなかったからである。

祇園社に伝わる文書『祇園社本縁録』には、「祇園社本縁曰ク、貞観十一年、天下大疫之時、宝隆栄人民安全疫病消除鎮護ノ為、卜部日良麻呂勅ヲ奏シ、六月七日、六十六本ノ矛ヲ建テ、同十四日、洛中男女及効外百姓ヲ率テ、神輿ヲ神泉苑ニ送リテ祭ルナリ。是祇園御霊会ト号ス。爾来、毎歳六月七日十四日恒例ノ為ニ参ル」と、「祇園御霊会」の起源が書き留められている。もちろん、「御霊」を送る儀式自体は、それまでにも行われていたのだろうが、大勢の人間を動員して、豪華絢爛に行ったことは初めてだったのだろう。この御霊会＝祇園祭の最初から「矛」が重要な呪具として登場していることがわかる。

この御霊会が祇園祭として発展してゆくのだが、しかし、山鉾や神輿の巡幸が華やかで、豪華絢爛なものとなればなるほど、祟る神としての牛頭天王や八王子ではなく、少将井天王という女性神に注目が集まっていったという経緯がある。祇園社の三祭神の御輿の渡御は、十一世紀にはすでに祇園御霊会として行われているが、その神輿が神社の境内から出て休む所が御旅所である。時代によって神輿渡御のルートは変化しているが、三基の神輿のうち、婆梨采女の神輿だけが他の二基と別れて、少将井の御旅所に入ることによって、「少将井」とか「少将井天王」という名称が生まれてきたことは、すでに述べた通りだ。これは社伝では長和二年（一〇一三年）に神託があって、少将井と呼ばれていた冷泉東洞院にあった井戸の上に神輿を置いたというのが始まりと伝えられている。

御旅所は、いくつもあるわけではなく、大政所（牛頭天王）と八王子の神輿二基は、四条大路を西へ行き、烏丸小路を南へ行って御旅所へ到着する。少将井は、四条大路を東洞院大路まで行き、そこから北へ冷泉小路まで行き、その御旅所まで行くのである。三基はその後、三条大路と大宮大路の交わった三条の御旅所で合流する（45ページの地図を参照）。

実は大政所も、かつては有名な井戸があったところであり、神泉苑南門の三基の神輿が集まる場所を頂点とした三角形の底辺上に少将井と大政所の井戸があったのだ。そして神泉苑を頂点とした菱形の対角線上には、大将軍堂（現大将軍神社）がある。水神と井戸は、もちろん関係が深く、水神はまた龍神でもあった。祇園社の地下の龍脈（水脈）は、こうした井戸と池とを結びつけていたのであり、水神＝龍神信仰が、御霊会＝祇園祭の源にあったことは疑いえないものなのだ。

神泉苑は、延暦十三年（七九四年）に桓武天皇が平安京を造築する際に、沼地や泉を整理するために大内裏の南に造成した池であり、地中に神泉が湧いているところから神泉苑と呼ばれた。「祈雨ヲ必ズ神泉園ニ於テ行フニ到ル」と、十五世紀半ばにまとめられた『塵添壒囊鈔』（巻第十二）に書かれてある通り、北天竺の無熱池にいた善女龍王を勧請して祀ったこの池は、平安京における水神＝龍神信仰の中心地であり、数々の奇瑞や奇蹟を示していた。「御霊」たちは、この池に放たれ、流されたのである。

十二世紀には、祇園御霊会は、天皇や法皇を始め、貴顕の歴々が桟敷席で見物するような豪勢で、華やかなものになっていったが、大治二年（一一二七年）には白河院と後鳥羽院が、大治四年（一一二九年）には白川院、後鳥羽院、待賢門院が、長承二年（一一三三年）には鳥羽院と待賢門院が見物したという。お目当ては少将井の神輿の行幸にほかならなかっただろう。大政所と八王子の神輿とはわざわざ別のルートをたどる少将井の神輿は、皇族、貴族たちが桟敷から見物することがならわしとなっていった。それは牛頭天王や八王子神の信仰とも、やや切り離されたところで、女御更衣を始め、女官たちの多い京都にふさわしく、女の祭として華やかさを増していったのだと思われる。鎌倉、室町時代にも将軍による祇園祭見物（御成）は恒例化されていた。

なお、少将井も、しばしば火事に見舞われている。『百練抄』には、天承元年（一一三一年）十月に「少将井炎上」とあり、寛元四年（一二四六年）六月に四条坊門町から起きた火事では「祇園旅所」が焼けている。永享六年（一四三四年）二月にも洛中の被災人家一万という大火で焼けている。その時に「祇園別宮」とか「祇園離宮」と書かれているから、少将井はただ祭の時の御旅所としてだけではなく、婆梨采女を祭神とした独立した神社として遇されていたのである。もちろん、大政所も神社として社殿を持ち、湯立て神事のような祭儀を行っていたことは『大政所絵図』を見ても明らかである。

それは祇園社をしのぐとまではいえないにしろ、祇園祭の重要な祭礼を行う社として、京都の民衆の崇敬を集めていたのである。(少将井社は、現在、京都新聞社の敷地となっている中京区烏丸涌竹屋町下ル少将井町にあったが、明治の初めに、京都御苑内の宗像神社の境内社として遷座している)。

御旅所には「神子」がいた。少将井を御旅所にしようという神託を伝えたのも、おそらくこの少将井に関係した「神子(巫女)」であろうと、脇田晴子は推測している(『中世京都と祇園祭』)。こうした御旅所や神輿渡御などの祭礼に関わる女親王、犬神人などは、神楽を舞ったり、浄めを行うなど、特権的に宗教上の仕事を受け持ち、その権益は世襲された。「神子」の場合は洛中で出産した子供の名づけをして、多くの謝礼を手にしていたということがあった。神楽を舞っての謝礼や、御旅所の賽銭など、祇園社に関わることによって、その実入りはよかったものと考えられる。さらに彼女たちは、「歩き巫女」と呼ばれる漂泊の宗教者たちをその配下に置き、その権益を握っていたという。

それにしても、韓国ではシャーマン(巫堂、自称としては万神)の巫祖として祀られているパリ公主と重なると考えられる婆梨采女が、少将井という名前になってはいるが、神子=巫女(シャーマン)たちの、やはり守護神のような祀られ方をしていたというのは、きわめて興味深いことだ。そういう意味では、京都の「神子=巫女」たちは、婆梨采女という神の神格を正確に見通していたといってよい。彼女は、単に牛頭天王の妻というだけではなく、また、八王子神の母というだけでもなく、神の言葉、神託を人間に伝えるシャーマン的な存在であって、だからこそ、牛頭天王や蘇民将来と同格の、あるいはそれ以上の崇拝を集めることになったのである。

もっとも、やはり脇田晴子がいうように、祇園信仰、祇園祭から女性の力は排除され、女神子たちは祭礼の中心的な部分から排斥されてゆく。そして女人禁制の祭礼行事といったものが増えてくるに

神泉苑

従い、祭は男たちのものとなり、少将井の信仰は衰えを見せ始める。それは「つるめそ」と呼ばれ、神輿渡御の先導をしていた犬神人たちのように、後に被差別民とされる人々の排除と並行的に行われたのである。祇園の御霊会で、法師姿で鎧の上に柿色の衣を着て、白布で顔を包み、八角の棒を持って練り歩く「六人の棒の衆」が犬神人であり、彼らは祭の「社頭警固、掃除、御行供奉等」を受け持っていたのだが、その「犬神人」という呼び方からも分かるように、やがて賤視され、賤民（被差別民）として差別されてゆくようになるのである。

この「犬神人」について、『古事類苑』に引かれた『安斎随筆』には、こうある。「京都建仁寺の門前に、弦女曾と云ものあり。常に沓を作りてあきなひぬ。相伝へて云、伝教大師入唐して帰朝の時、人にをしへて沓を作らしむ。また弓の弦を作りて営みとす。其子孫相続して建仁寺町にあり。毎年祇園会、つねの例にて此神人神輿を舁く。これを世に犬神人といふ」と。

神人のなかには、田楽、猿楽などの芸能に携わる者たちもいた。後の時代に少将井駒太夫とか、少将井駒形座といわれた人たちで、「駒頭」を持って神幸の行列に供奉していた。『年中行事絵巻』の祇園祭礼の図にも描かれていて、馬に乗った稚児が駒頭を胸に捧持し、その周りを田楽一座が囲んで、行列参加している。

現在でも、祇園祭の神幸列には上久世の駒形稚児が参加しているが、胸に木彫りの馬の頭を掛けている姿は、少将井駒形座の図像と同じである。「春駒」の原型と思われるこの「駒頭」は、神人としての芸能人たちの象徴ともいえるものであって、祇園の「祭礼第一の神宝」と呼ばれているほどで、拝殿まで騎馬で乗り打ちできるのは、やはりこの「駒頭」に特別な信仰的な意味があったことを示している(もっとも格式の高い長刀鉾の稚児も南門楼門前で下馬する)。「少将井」と冠せられているのは、もともと駒太夫、駒形座が「少将井殿」に所属していて、その神輿のお供をしていたからだろう。しかし、正月の寿祝を行う「春駒」を演ずる芸能人たちは、やがて春駒芸人として差別視されるようになる。

神子や犬神人たちが、聖なる存在から賤なる存在へと貶められてゆく。特殊な職能を持った人たちが、賤業として差別されてゆく。パリ公主の流れを汲む韓国のムーダン(巫堂)が、被差別民(白丁)として賤視されてゆくように、婆梨采女や牛頭天王を尊崇する人々は、区別され、差別されてゆく歴史の流れのなかに巻き込まれてゆくのである。

3　無骨の「柱」

祇園祭(＝祇園御霊会)の起源については、『三代実録』の「貞観五年(八六三年)五月二十日」の条

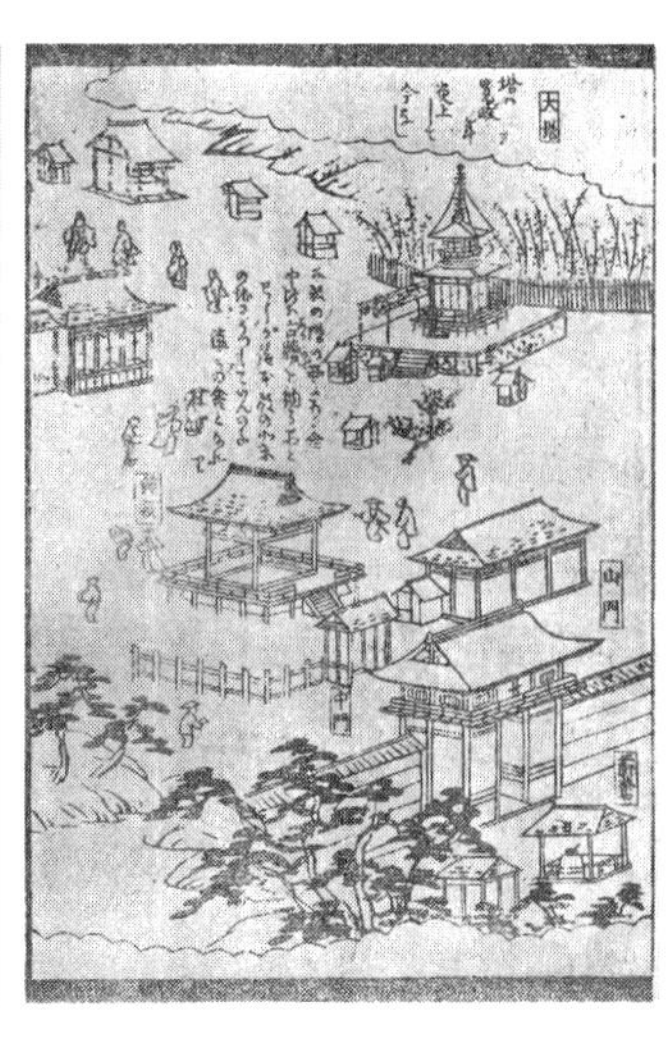

祇園絵図

に、左近衛中将の藤原基経と右近衛権中将の藤原常行とが、清和天皇の勅命によって、神泉苑で王公卿士が列席するなかで、早良親王（崇道天皇と諡される）や伊予親王、藤原夫人（吉子）、橘逸勢、観察使（藤原仲成）、文室宮田麻呂など非業の死を遂げたとされる人々の「御霊」の霊座六座の前に、机と筵を設け、花や果物などを供えて祭を行い、律師慧達を講師に、居並んだ大勢の僧たちに、金光明経一部と般若心経を講じさせたという記事が知られている。

雅楽寮の楽人たちが音楽を奏し、天皇近侍の児童や良家の稚児たちを舞人として大唐舞や高麗舞を舞わせたという一大イベントであり、当日は一般には閉ざされていた神泉苑の四門を開いて、庶民にも自由に出入りさせ、縦覧せしめたというから、まさに官民あげての祭典だった。

ただ、これは疫病流行の止むのを願ったものだが、恨みを持って死んで、祟りをなしていると思われる特定の「御霊」を祀っての「御霊会」であり、「祇園社」の御霊に特定されたものではなく、また、年中行事として恒例化されたものではない。あくまでも特別な官民あげての行事だったことが、必ずしもこの「御霊会」を「祇園祭」につながる「祇園御霊会」の始まりと見ない理由である。その証拠には、翌々年の貞観七年の六月には、「京畿内七道の諸人、事を御霊会に寄せ、私に徒衆を聚め、走馬騎射することを禁ず」という禁令が出ている。群衆が勝手に集まって、馬を走らせたり、弓矢を射ったりして、「小児」どもが大挙して遊び戯れ、とどまるところを知らなかったからである。

　そのため、祇園社の社伝では、「貞観十一年（八六九年）六月七日」を「祇園御霊会」の嚆矢として採用したのだろう。それは、勅命を受けた卜部日良麻呂が、一般民衆をきちんとリードして行ったものであり、秩序立ったものだったからだ。

　その時の矛六十六本は、日本全国六十六州を意味するものだったが、それには神の憑代としての神木や神竿の代わりということと、行疫神を鎮圧する呪器、武器としての二重の意味を持っていたと思われる。京都の祇園祭、津島の天王祭においても、長刀鉾、布鉾が、もっとも重要な「鉾」として行列の先頭に立つのはそうした意味からだろう。

　貞観五年の「御霊会」には、雑伎、田楽や散楽の徒たちも出て、各々その技を競ったというから、大道芸やらサーカスの趣もあったに違いない。時代はちょっと遅れるが、藤原明衡の書いた『新猿楽記』に描かれたような大道芸や路上パフォーマンスが、繰り広げられていたと思って間違いないだろう。

　長徳四年（九九八年）には、雑芸人の無骨（无骨）法師が、「柱」（「村」とする写本もあるが、それでは意味をなさない。あるいは「材」か）を立てて、祇園社の社頭に渡して、京中の人に見せようとした。その柱が大嘗祭の標山に酷似していたために、朝廷では検非違使を使って、これを差し止め、無骨法師を捕らえようとしたが、事前にそれを聞き知った彼はまんまと逃げ去ってしまったという事件があったことを、『本朝世紀』が「長保元年六月十四日」の条で「去年」のこととして伝えている。

標山とは、天皇の即位式である大嘗祭の時に、悠起・主基の両国がそれぞれ大嘗祭の庭上においてその並ぶ位置を示すために設けた作り山のことだが、無骨の柱がそれに酷似していたために不謹慎であり、不敬とされたのである。

しかし、この「柱」の禁止は、むしろ神意に反しているという噂が流れた。祝師僧が礼盤から転げ落ちたり、下人に神の託宣があり、その間、修理職から出火して内裏が悉く焼亡するなどの大事件があって、それがこの無骨法師の柱の禁止のためだという風聞が流れたのである。無骨法師の実名は頼信であり、「仁安」などの仲間だとしている。仁安は『新猿楽記』に「仁南ハ常ニ猿楽ノ庭ニ出テ、必ズ衆人ノ寵ヲ被ル」と出ている「仁南（「仁難」とも書く）」と同じ人物であり、人気者の雑芸人だった。無骨法師もまさにそうした民衆に支持され、愛された人物だったのであり、まんまと検非違使の手から逃げおおせたのも、彼の行動をむしろ是とするのが「神意」だという噂が流れたのも、彼を支持する民衆の層の厚さを感じさせるものなのだ。

そのため、その後は御霊会に「柱」を立てることが認められるようになり、これが現在まで続く山鉾の原型になったといわれる。長徳四年といえば、『新猿楽記』を書いた藤原明衡が少年時代のことで、平安京中の噂となったはずの無骨法師の柱の話を、この好奇心旺盛な彼が、聞いていなかったということはないだろう。『新猿楽記』には「骨無骨有」という大道芸人のことが書かれているが、これは遊芸、雑芸の「無骨法師」と何か関係があるだろうか。普通にはこの芸は体中の関節をはずして、体をぐにゃぐにゃにして見せたり、元に戻したりする見世物芸と考えられているが、無骨法師の身軽さなどを考えると、アクロバットの名人でもあっただろうか。いずれにしろ、この「柱」が、「矛」の後身であり、山鉾の前身であったことは間違いないだろう。

柴田實の「祇園会の沿革」(『中世庶民信仰の研究』)で紹介されている『続日本後記』の天長十年十一月戊辰の条には、この大嘗祭の標山について、山上に桐竹を植え、鳳凰や麒麟などの霊獣の作り物を配し、さらに日月像を掲げるなど、祥瑞思想を表した豪華で華美な作りであったことが書かれているという。まさに、それは応仁の乱や太平洋戦争などで一時衰微はしたものの、また旧に倍増して盛んになった、現在にまで続く祇園祭の「山鉾」と酷似するものであり、山鉾を出すことのできる鉾町が、それぞれの山鉾の伝統と歴史の古さを誇る、その証明ともなるものだろう。

祇園祭山鉾(『八坂神社と祇園まつり』より)

無骨法師の「柱」も、民間の雑芸者如きが、そうした贅を尽くしたものを寄進しようとしたことに、絶対的な権力者である時の右大臣の藤原道長が、反感を持ったのが始まりなのかもしれない。だが、庶民たちは違っていた。『新猿楽記』

に書かれているように、京洛の人間たちは、「御霊」や行疫神を恐れるとともに、そうした鬱屈を晴らしてくれるような憂さ晴らしをも求めていたのである。無骨法師のパフォーマンスは喝采され、その胸のすく反骨ぶりは拍手をもって迎えられた。こうした庶民的な支えがあったからに相違ない。この無骨法師の「柱」の逸話は、祇園祭が町衆の力、つまり為政者の上からのものではなく、下からの、庶民のエネルギーによって支えられてきたことを物語るものである。

ただし、最初に述べたように、こうした御霊会（祇園祭）が、勅命によって「近衛府」が主導して行われたことに注意を向けるべきだと、飯田道夫は『田楽考——田楽舞の源流』という著書のなかで指摘している。もともと、早良親王や伊予親王などの怨霊を恐れたのは、桓武天皇の個人的な心の〝疚しさ〟からだったと思われるが、そうした天皇のまさに宸襟を騒がすものを排除し、玉体の安泰を図るのが、近衛府の本来の役割だったからであり、怨霊の祟りを祓うことは、近衛の武士たちの役目の一つであった。

また、御霊会が近衛府主宰ということになれば、行事に「近衛色」が出るのは当然で、馳射や騎射、走馬など、現在まで続く流鏑馬のような武力誇示的なアトラクションは、まさに近衛府主催でなければ、ありえなかっただろう。さらに近衛府が右近と左近に分かれていて、競合して行事を行ったことが、スポーツ競技のように、対抗戦的な意識を祭のなかに持ち込み、華やかさや盛大さを競い合うもととなったという指摘も興味深く思われる。後年の祇園祭の繁栄につながったのは、相撲や歌合のような左右、紅白に分かれての競争原理が、祭礼の神事に持ち込まれたからであり、それが、鉾町同士が互いの山鉾の豪華さを競い合うという祇園祭の町衆の気質を醸し出していったと思われる。

4　悪疫退散

後世には、祇園祭として華美となった御霊会であり、祇園信仰だが、その最初期には、牛頭天王や少将井、八王子神の信仰が、疱瘡神などの疫神や疫病神を防ぐという目的のために都にもたらされたということは明らかである。また、こうした伝染する病が、人々の交通や交易が盛んになることによって、その有り難くない副産物として現れることも当時の人々は知っていた。平安京では道饗祭(みちあえさい)が六月と十二月に行われた。これは、八衢比古(ヤチマタヒコ)と八衢比売(ヤチマタヒメ)、そして久那斗(クナド)神を四方の大路に祀(まつ)るもので、行疫神の四方からの侵入を食い止めようとするものだった。賽(さい)の神、道祖神と同じようなもので、神としては決して格の高い三神ではなかった。

春三月に鎮花祭(はなしずめ)が行われ、今宮神社などが創建されたのも、京都における疫病の流行という現象が原因にほかならなかった。疫神たちをなだめるために「疫神に賂(まいな)い饗(あ)へき」することが必要だった。都の四つの隅の道のほとりに食べ物を供捧し、それを食べて貰って、速やかに退散してくれることを願ったのである。怨霊や亡者を慰めて、自らの居るべき場所へ帰ってもらうという意味の施餓鬼(せがき)の発想も同様だろう。

祇園感神院が建立されるきっかけとなったのは、平安京における伝染病の流行という具体的なものがあったからだ。『続日本紀』の天平九年、すなわち西暦七三七年の項には、「是年(この)の春、疫瘡(えきそう)大きに発(おこ)る。初め筑紫より来たりて、夏を経て秋に渉(わた)る」と書いてある。筑紫が病源地となり、平安京に至るまでに、さほど長い時間はかからなかった。そして、暑い夏に猖獗(しょうけつ)を極め、秋になってもまだ、その流行は続いていたというのである。

今でもコレラやインフルエンザの発生や流行が、都市住民にパニックを引き起こさせるように、当時の日本で最大の都市・平安京で伝染病、流行病が人々のパニックを呼び起こさないわけはなかった。パニックは当然、得体の知れない流言蜚語（りゅうげんひご）を引き起こす。医学的、生物学的な知識がほとんどなかった時代には、迷信や根拠のない風説が乱れ飛ぶのは必然だった。『続古事談』には、そんな流言、風説の一つとして「モガサト云（イフ）病ハ、新羅国ヨリオコリタリ」というのを記録している。

天平九年の痘瘡（とうそう）の流行が、筑紫からやってきたように、疫病や災厄は「外側」からやってくる。京にとっては、四神、すなわち青龍（せいりゅう）、白虎（びゃっこ）、朱雀（すざく）、玄武（げんぶ）の門によって囲まれた以外はすべて「外側」であり、そこから災厄は京の内側に侵入しようと犇（ひし）めいていたのである。ましてや、遠い異国、外国が疫病と災厄の巣窟であったとしても当然のことであり、悪いもの、おぞましいものは、絶対的な「外」のものとして「内」を狙っているものなのだ。

遥かに後世のことになるが、『塵添壒囊鈔』は、このモガサ＝新羅国説をこんな風に展開してみせる（『続古事談』にも同様の話がある）。「疫病トハモガサ也。順ガ和名ニハ疱瘡ト書ク。是亦疫癘（エキレイ）ナリ。本朝ニ疱瘡ヲ病初（ヤムハジメ）也。筑紫ノ者、魚ヲ売リケル船、難風ニ逢テ、新羅国ニ著（ツ）ク。其人移リ病テ帰リケルガ、次第五機内ニ及ビ、帝都ニ流布シケル也」と。

魚を売る人とか、難風のために新羅に漂着したとか、妙にリアリティーのある書き方だが、もちろん日本における疱瘡という病気の起源を、こんなにはっきりと示すこと自体が、眉唾（まゆつば）ものだ。近年のエイズや狂牛病やエボラ出血熱ですら、その感染源をはっきりと特定することなど至難の業（わざ）だからだ。しかし、こうした民間の疫病起源の流言のなかに、排外主義的な「外国観」、「異人観」が見て取れるのは、今も昔もあまり変わらないのかもしれない（エイズが、外国人の同性愛者によって日本に持ち込まれたという〝起源説〟や、〝香港風邪〟や〝スペイン風邪〟といった命名に至るまで、それは「内側」の社会的な脆弱さを、「外側」への攻撃的姿勢へと転化させるのである）。

貞観十四年（八七二年）正月、渤海使節が入国したことを、「咳逆病（「しわぶき」と訓むようだから、インフルエンザのことか?）」の流行の原因とした『三代実録』の記事などは、その典型的事例かもしれない。『三代実録』貞観十四年正月二十日の項に、こうある。「是ノ月、京邑ニ咳逆ノ病発、死亡スル者衆、人間言、渤海客来、異土ノ毒気之令然焉、是日、之ヲ厭フヲ以テ建礼門前ニ於テ大祓ス」と。「異土ノ毒気」が、「渤海客」によって本朝にもたらされたというのである。祇園感神院に、「蛇〝毒気〟神」が霊験あらたかな防疫神として祀られたのは、まさにこうした風聞を基にしていたと考えられるのではないだろうか。

もちろん、こうした疫病の猖獗に対して為政者たちもただ手を拱いていただけではなかった。建礼門の前で大祓えの儀式をしたり、四方の門をさらに固め、行疫神の侵入を防ぐために、あまり頼りにならない八衢の神（道祖神的な神で、神格が低い）ではなく、大将軍、八将軍の神を迎え、四方八方を厳重に警護させることにした。それでも、さらに都域に入ろうとする行疫神、悪魔、悪鬼に対しては、僧たちに護国鎮護の経文を読ませて、悪霊退散の加持祈禱をさせたのである。

『日本紀略』の延喜九年（九〇九年）五月九日の項には「疾疫ニヨリ、諸寺諸社ニ於テ、仁王経ヲ読ム」とあり、『扶桑略記』延喜十五年（九一五年）四月十二日の項には、十一社において『仁王般若経』を読誦したことを記録している。そしてこれはしばしば行われることによって、人々の神仏への信仰を深めると同時に、有力寺社の勢力を強めることになったのである。

つまり、牛頭天王の縁起や祭文で物語られる、コタン（古単、巨丹、巨旦、巨端、古端）長者が、牛頭天王の八万四千の眷属の侵入を防ぐために、「千人の法師」に「大般若」六百巻を読誦させ、それが「くろがね四十余丈六重の辻」となり、「経の箱は天蓋」となってコタンの屋敷を守ったというのは、現実に行われていた防疫対策だったのである。

しかし、コタン長者の防御策も、不心得な僧が一人いて、堰(せき)の一穴となってしまった。『仁王経』『般若経』のバリアーは破られて、コタンの一族は全滅してしまったのである。しかし、これ以外に有効な手段を持たない人間たちは、疫病が流行する毎に、般若経典を読誦することを恒例化し、儀式化してゆくことになる。京都にある多くの社寺の僧がこのために動員され、鎮護国家のために為政者たちから庇護を受け、大きな権威を獲得してゆくのも、このためであり、祇園感神院も、まさしく霊(れい)験(げん)あらたかな神として注目されることになったのである。

ここまでの平安京における悪疫退散の儀式についての記述は、おおむね、富士川游の『日本疾病史』や、今堀太逸の『本地垂迹信仰と念仏』の「牛頭天王と蘇民将来の子孫」という論文を基にして祖述したものだが、今堀太逸はこの論文のなかで、牛頭天王についての、きわめて興味深い史料を紹介している。それは、十二世紀後半に成立したと思われる、これまで『益田家本地獄草紙乙巻』といわれていたものだ。

『辟邪絵(へきじゃえ)』といわれているように、この絵巻は、悪鬼、邪鬼の類に「天刑」を与える天刑星や鍾馗(しょうき)、法華経の守護神の毘沙門などを形象化しているのだが、そのなかの「天刑星(てんぎょうせい)」という星神を描いた絵の詞書(ことばがき)には、こうある。「かみに天形星となつくるほし（星）います。牛頭天王およひ（び）その部類ならひ（び）にもろもろの疫鬼をとりてす（酢）にさしてこれを食す」というのである。画像は、不動明王にも似た蓬髪の「天形星」が、四臂(しひ)にそれぞれ疫神を摑(つか)んで食わんとしているというものだ。左の第二の手で疫神の足を摑んで宙に逆さに吊し、第一の手で髪の毛を摑んで星神の脹(ふく)ら脛(はぎ)に押しつけ、右の第二の手で酢の容器に漬(つ)け、第一の手でそれを摑んで頭から嚙み喰らうのである。つまり、摑んで喰らうまでの一連の動作が同一の画面に示されているのだ。

　後出する『簠簋内伝』では、天刑星＝牛頭天王となっているが、ここではまだ牛頭天王は天刑星に取って食われる哀れな疫神の一人でしかないのだ。もちろん、「天王」とあるからには、単なる疫鬼、邪鬼、悪鬼の下等な部類ではなく、その首領や頭領程度の地位にはあるのだろうが、とても「祇園天神」として尊崇され、畏怖され、崇仰される存在とは思えない。

　牛頭天王が祇園感神院の本尊として祀られ、祇園信仰の中心神となったことが確実なのは十六世紀頃だから、この『辟邪絵』が描かれた十二世紀には、まだ牛頭天王の地位や知名度は低く、いわば神としての立身出世の途上にあったといえるかもしれない（「祇園天神」から「牛頭天王」となったのが、一〇七〇年から一一四七年の七十七年間と限定するのは少々危険だが、このことにはうまく当てはまる）。彼は、「牛頭天王」という名前を持つ、行疫神の一人にしかすぎず、仏教寺院の守護神たる四天王の足許に踏み付けられるようなもろもろの雑鬼たちのなかから、ようやく頭一つもたげてきたような鬼神にすぎなかったのだろう。

　三浦俊介の「陰陽思想」という論文によれば、この『辟邪絵』に牛頭天王が描かれていることを最初に紹介したのは美術史家の小林市太郎で、「茲に於て牛頭天王の疫神にして同時に駆疫神となっており、前述の邪神転じて辟邪神となるという宗教史の法則を遺憾なく示している」といい、さらに「妖星の天刑星が一転して鬼疫牛頭天王を取り食う星となれるに倣って、その牛頭天王もまた一転して邪厲巨旦を誅する神になっていったという一聯の連鎖的転換が、茲に最も興味深く示されている」と語っているのである（小林市太郎「辟邪絵巻に就いて」『大和絵史論』）。

　牛頭天王が、むしろ敵対していたはずの天刑星や鍾馗と習合することによって、〝食われる〟立場から〝食う〟立場へと変身していったことが、彼の身の上に大きな変化をもたらした。これはたぶん

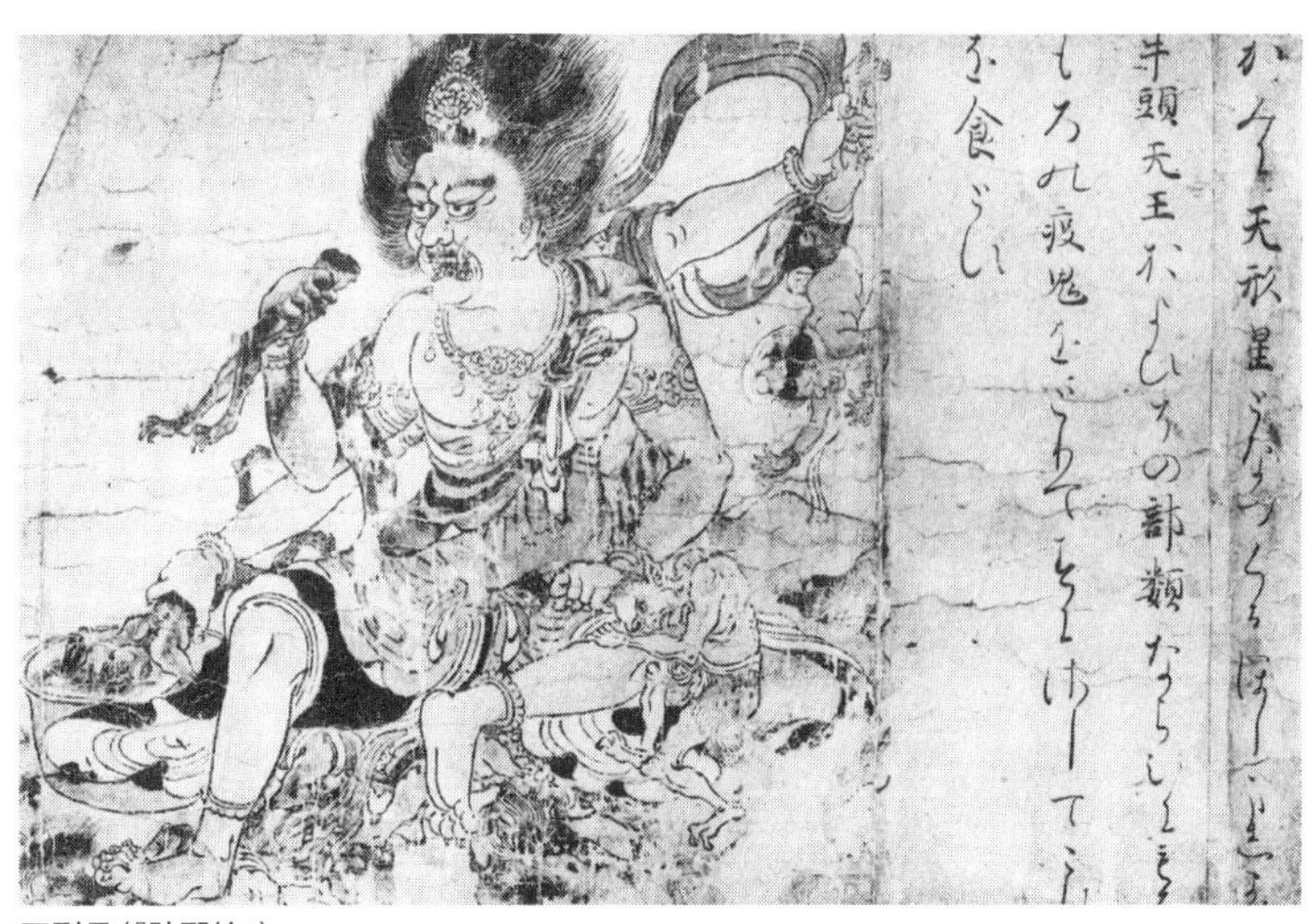

天刑星（『辟邪絵』）

陰陽道の陰陽師たちが、牛宿の星宿などから考え出したものであり、彼らの活躍によって牛頭天王は、武塔神とも祇園天神ともスサノヲとも習合し、そうした神々の権威を一身にまとってゆくことになった。それはまさに古代から中世にかけて起こった日本の神々の再編成の時期（いわゆる「中世神話」の勃興）に当たっていたのである。

陰陽道の教典の『簠簋内伝』には、牛頭天王の名前を「商貴帝」としている。これは発音が同じことから「鍾馗」のことであると考えられるが、先の『辟邪絵』には、こうある。「瞻部州のあひた（だ）に鍾馗となつ（づ）くるものあり。もろ〱の疫鬼をとらへてその目をくし（じ）り躰をやふ（ぶ）りてこれをすつかるか（が）ゆへにひと新歳にいゑを鎮するにはこれか（が）ゝた（形）をかきてそのと（戸）におす」。中国の年画や門神に鍾馗の絵を飾る風習の説明となるものだが、鬼や悪神をとらえ、「その目をくじり、躰を破って棄てる」というこの勇ましい神こそ、国や家の守護神としてふさわしかったのである。『辟邪絵』

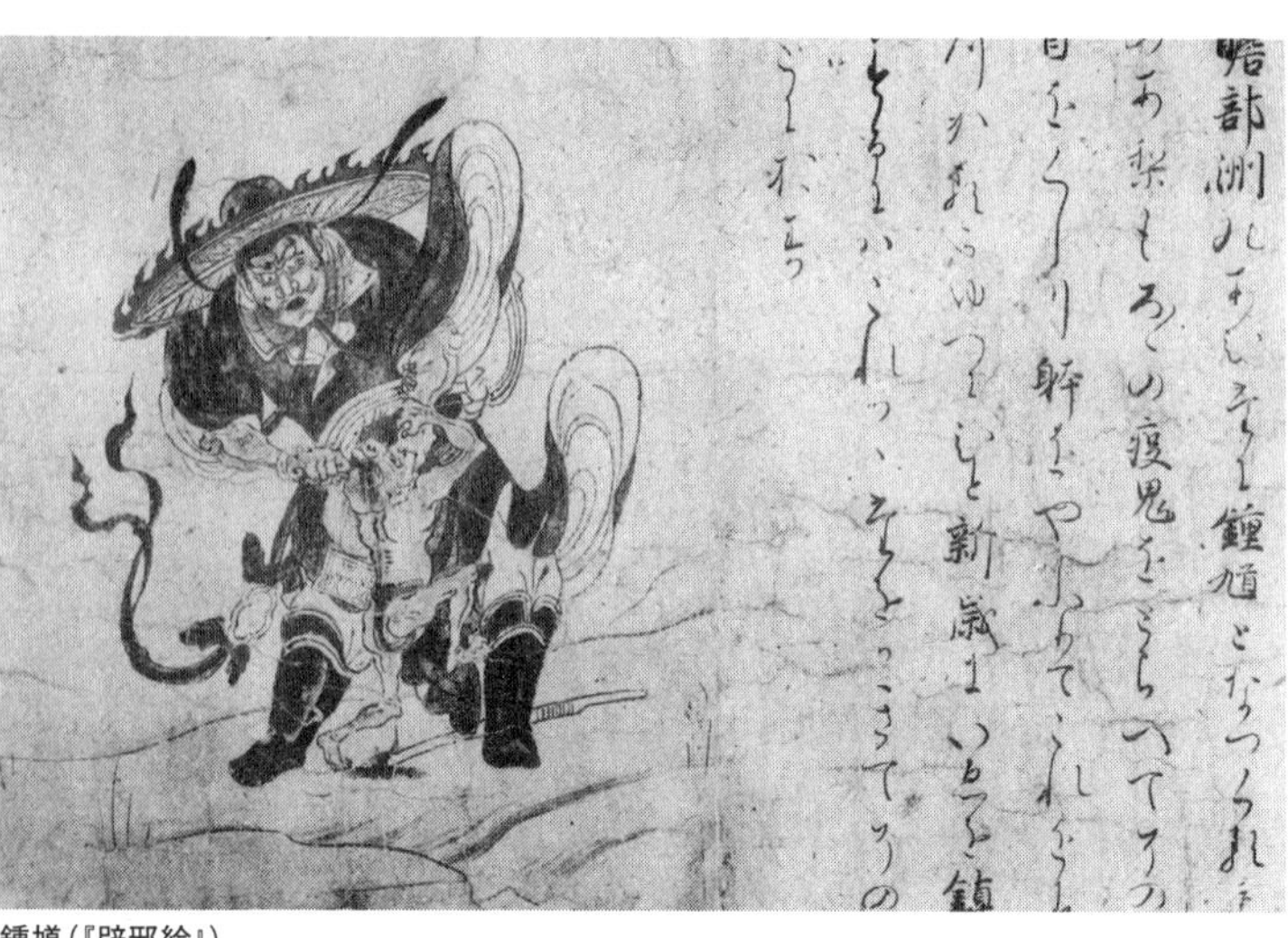
鍾馗（『辟邪絵』）

には、他に「梅檀乾闥婆（せんだんかんだつば）」「神虫」「毘沙門」が描かれている。もともとは絵巻仕立てのものを、一枚ずつ切り離したものと思われている（奈良国立博物館蔵）。

牛頭天王は自らが邪鬼や悪疫神を〝食って、棄てる〟ような荒々しい神へと変貌してゆく。そして、龍神の娘である婆梨采女（少将井）を妻とすることによって、その龍神としての神通力も身に付け、さらに伝染病や身体障害の元凶である蛇毒気神や大将軍を子供として左右に居並びさせ、八万四千といわれる悪鬼、邪鬼、疫神、厄神、疫病神ら百鬼夜行の輩（ともがら）を引き具して、「祇園社」の主（あるじ）として、乗り込んでいったのである。

5　コタン将来の死骸

さて、その牛頭天王に、食われたり、「けころ（蹴殺）され」たり、ふみつぶされたりする「コタン将来」だが、彼は本当にそれほどの天罰を受けなければならないほどの悪人であり、あるいはそれに見合うほどの悪事を働いたのだろうか。金持ちのくせに、慳貪で、邪慳であるというのは、賞められこそはしないものの、金持ちにはありがちなことで、そもそも蘇民将来のように人が良ければ、金持ちになれるわけがない。

第一、日が暮れて夜になってから、頭が牛である怪物の大男がやってきて、いずれ劣らぬ怪しげな眷属たちといっしょに、一晩の宿泊を求められても、普通ならば、恐怖の色を顔に出さぬように懸命に堪えながら、触らぬ神に祟りなしということで、鄭重にお断りするのが人情だろう。それを一宿一飯を断られたからといって怨むのは逆恨みというもので、ずいぶん無茶な話である。

このことは、牛頭天王の縁起や祭文を語る話者たちも少々考えるところがあってか、コタン将来が牛頭天王に対し、不当に罵詈讒謗を浴びせかけたとか、兄の蘇民将来の家族の面倒を見なかったとか、それぞれに因果応報の理由を見出そうとしているのだが、やはり少し根拠が薄弱である。

時代が下るにつれて、蘇民将来の兄弟だったはずのコタン将来は、コタン大王となったり、釈迦の弟子として、仏法によって牛頭天王に対抗するような強力な敵役となるのだが、最初は一晩の宿を貸すか、貸さぬかといった些細なトラブルでしかなかった。しかし、牛頭天王は、七年あるいは八年もの間、龍宮城で妻子とともに幸福に過ごしていたと思われるのだが、決して「コタン」への怨み（復讐）を忘れることはなかった。それはまさに骨髄に徹していた。彼は、帰国の途中で、八万四千の軍勢を率い、一斉にコタン長者の屋敷を襲撃するのである。

これは疫神、厄神、邪鬼たちの一斉蜂起であり、鬼神たちとの戦争である。これに対抗するのが、コタン長者が集めた千人の仏教僧たちであり、彼らは悪魔降伏、悪霊退散の霊力のある『仁王経』や『般若経』を読誦して、その経文の神通力によって、長者の屋敷を十重二十重に鉄壁のように防御していた。しかし、牛頭天王のほうが、そうした戦さでは一枚上手だった。俄にかき集められた千人の僧侶のなかには、必ず破戒僧や生臭坊主、もしくは無精で怠惰な僧がいるはずだ。そんな僧が読む経文には、神通力はない。そこを突破口（「窓」としてこじ開け）として屋敷内に入れば、後はこちらの思うがままだ。かくて、コタン長者の一族は、蘇民将来の娘の嫁を除いて、皆殺しにされてしまうという結末を迎えたのである。

それだけではない。「コタン」の体はバラバラにされ、まさにみんなに食われてしまった。すなわち、十二月末に節酒を作るのは、コタンの血であり、餅を搗くのはコタンの肉であり、その餅を輪に入れるのはコタンの骨であり、赤餅は、コタンの身の色である。ギッチョウといって玉を打つ遊びはコタンの目玉であり、正月十五日に注連飾りを焼くのは、コタンの死骸を焼くことである。こうしてコタンは、五体を完全に消滅させられてしまうのである。

キリスト教では、イエスの血は葡萄酒に、肉はパンとなるのだが、コタン将来の場合は、お正月の食べ物や行事に関連づけられている。記紀神話では、オオゲツヒメがイザナギに殺されて、その死骸から五穀を実らせるのだが、コタンの場合も、生前は悪人だったのに、死んだ後は、人々に価値のあるものを遺したのである。

この縁起では、コタン将来は死して正月行事に関係するものとなったのだが、後出する『簠簋内伝』や祭文類では、「五節（五節句）」の食べ物や行事、風習となるという例が多い。五節というのは、中国から入ってきた五つの節句（節供）のことで、一月七日（七草粥）、三月三日（桃の節句）、五月五日（端午の節句）、七月七日（七夕、星祭）、九月九日（重陽、菊の節句）の五つである。正月の紅白の鏡餅は、コタンの骨と肉、一月七日の七草の粥は、不動明王の髪、三月三日の遊びの羽根（羽根突きのことと思われる）は髭、輪は肝臓と脾臓、蹴鞠は頭、その的は眼である。また、三月三日の草餅は、耳と舌である。五月の菖蒲粽はコタンの髪。六月一日の歯堅めは肝要である。七月七日の素麺は筋であり、九月の黄菊の酒は、肝臓の血である。

ちょっと意味のわからないところもあるが、五節供の供え物や慣例の行事が、やはりコタンの肉体、五臓六腑によって説明づけられている。

五節句は明らかに中国で行われていた道教的な暦の習慣が日本に入って来たもので、陰陽道、宿曜道と深い関わりがある。とすると、コタン将来は、単なる人間ではなく、彼もまた陰陽道の世界での神であったといってよい。

このコタン将来の起源について、小林市太郎は前出の論文のなかで、「即ち先づ陰陽家がその奉ずる天刑星の駆厲（くれい）の功徳を顕揚するとゝもに仏家を軽侮するために、後者の祀る牛頭天王を以てこの星に食はるゝ疫鬼となした。之に対して仏家も黙止する能はず、この天王を以て殊に顕著な辟邪神となす為に、一方に於て彼が即ち天刑星に外ならぬことを主張し、他方に於て彼に調伏さるゝ疫厲巨旦といふものを説き始めたのであろう。この巨旦は、前述の『東京賦』に挙げたる大儺の十二疫鬼のうちに巨といふものがあり、恐らくその系譜を引く厲鬼（れいき）と思はれる」と書いている。

北斗七星の一つに、第二星巨門星というのがあり、「巨門（キョモン、コモン）」という星神がいたことが明らかとなっている。この「巨門」から「巨丹」の名が取られたとすれば、牛頭天王は二十八宿の牛宿で、七星でいえば七番目の破軍星ということになっているから、牛頭天王と巨丹大王との闘いは、同じ〝北斗〟の星座のなかでの争いということになる。まさにスター・ウォーズなのだ。それにしても、「巨星墜（お）つ」の巨星とか、「巨魁（きょかい）（「魁」はさきがけで、北極星のこと）」は、まさに巨旦大王のような悪鬼、悪霊の類にほかならなかったのである。

つまり、コタンも牛頭天王と同じく行疫神（星神）なのであり、その疫神としてのコタンを、行疫神から一転して天形星や鍾馗と一体化して防疫神となった牛頭天王が攻め滅ぼすという図式が、ここで作られているのだ。『辟邪絵』にあるように天形星が牛頭天王を食い、牛頭天王がコタンを食う。行疫神の牛頭天王は、いつの間にか防疫神に立身出世し、今度は悪の権化であるコタン大王を食い殺す善神へと変化しているのである。

三浦俊介は「陰陽思想」という論文で、節句の時に食べるもの、すなわち節食は「疫鬼を食べることである」といっている。つまり、正月に鏡餅を割って食べ、正月七日に草粥を啜り、端午の節句に粽を食べ、重陽の節句に菊酒を飲むのは、すべて疫病を引き起こす疫神を食い尽くし、飲み尽くすという象徴的な行為であって、それはお祝いではなく、お祓いだったのである（たとえば、草餅は「鬼の皮」であり、粽は毒虫の形であり、菊酒に入れる菊の花は「鬼の眉」であると『塵添壒嚢鈔』には書いてある）。

端午の節句に、鍾馗人形や金太郎、加藤清正などの英雄豪傑、武者人形が飾られるのは、その日に訪れてくる悪魔や邪鬼や疫神を彼らが追い払ってくれるようにとの願いからなのであり、また、三月三日に飾られる雛人形が、もともとは人間の厄を人形に移し替え、その人形を川や海に流したり、燃やしたりすることで厄落としをすることであったことは、まだ人々の記憶のなかに残っていることなのだ。

また、陰陽道の文脈では、コタンが金神と重ね合わせられているのも注意すべきことかもしれない。艮の金神は、最も不吉な方位にいる神であり、それはしばしば悪鬼と変わらない性質を持っていた。『簠簋内伝』には「右、この方は無数の悪神の中に最も最第一となす。『巨旦大鬼王』が精魂、七魄遊行して、南閻浮提の衆生を殺戮するなり。もし人、推してこの方に向かはば、則ち家内に七人死す」と述べているから、非常に恐い神だ。「金神七殺」は、陰陽道のなかでも、もっとも禍々しい方位なのである。

コタンは、艮の金神として、近代に入って、大本教の教祖である出口ナオが、この世界の最高神として地上に救い出してくれるまで、よってたかって地下に押し込められていた神だった。出口ナオのお筆先をまとめた『大本神諭』には、この世の立て替え・建て直しの主宰神としての艮の金神への帰依が主張されている。出口ナオによると、艮の金神は、日本の地固めの神としてもっとも重要な神であったにもかかわらず、周囲の神々の嫉妬と憎しみを買い、便所の方角、すなわち不吉な艮（丑寅＝東北）の地下に押し込められ、隠されていた神であるというのだ。それはどういうわけか、牛頭天王と一体であるはずの記紀神話のスサノヲノミコト（あるいはその息子としてのオオナムチ）と境遇がよく似ているのである。まるで、同じ神の別名であるかのように。

6　神輿神幸と祇園祭

祇園祭の神輿巡行が、牛頭天王の漂泊の旅を再現しているという説がある。祇園社本殿が、本来、牛頭天王が住まう北海の城だとしたら、南海の龍宮城へ行き、婆梨采女を娶って、八王子とともに本国に帰ってくるまでを、祇園祭の神輿の巡行という形で、毎年毎年、再現しているというのである。その時、神泉苑が南海の龍宮城として見立てられていることは明らかだろう。そこには本来、善女龍女が祀られていた。南海龍王の娘としての婆梨采女が、牛頭天王への輿入りを待っている場所としてはふさわしいものだ。『釈日本紀』で「祇園殿下龍宮ニ通ル穴有リノ由、古来申シ伝ルナリ」というのも、八坂にある祇園社の本殿（宝殿）の床下の井泉から神泉苑までの水脈の通路だとしたら、にわかに現実味を帯びてくるはずである。

『諸国図会年中行事大成』によれば、神輿の神幸の式は、六月十二日に御旅所に注連縄を引き、斎竹を立てることから始まる。三条大宮の東、御旅所の宮の前に一間四方の伏芝を設け、神輿が休む場所を準備するのである。

十四日の未の刻、祇園の執行代がそれぞれの神を、暗闇のなかで神輿に遷座させる。天王（中御座）、八王子（東御座）、少将井（西御座）の三基の列を揃え、四条通りを西に進む。少将井の神輿は途中で二基に分かれ、東堂院を北へ進み、二条を西へと渡御する。少将井の御旅所に留まるのである。牛頭天王と八王子の神輿二基は、さらに、四条を西に進み、烏丸を南に、松原を西に進み、大宮を北へと渡御する。四条京極において粟飯を備え奉るというのは、そこが旅の途中の蘇民将来の居宅という心であって、そこではまだ婆梨采女の登場は早すぎる。少将井の神輿が別行動を取るのは、神話伝承との辻褄を合わせるために必要なことだったのだ。この大政所の御旅所にも、伝説めいた話が伝っていて、秦助正という人物に神託があり、祇園社から助正宅まで蜘蛛の糸が延びていて、そこを神幸の御旅所とすることになったというものだ（『祇園社記』第二十三）。「大政所」という名称自体は、豊臣秀吉の母親の大政所が住んでいたというところから取られたものである。しかし、大政所といい、少将井といい、大・小（少）の組み合わせがそうした偶然的な地名によって付けられたとは思えない。この二つの御旅所の命名には何か知られぬ神話的伝承が関わっていたと考えられる。

神泉苑の御旅所で留まった天王、八王子の神輿は、翌日、大宮を北へ、三条を東へと進み、四条の北で少将井の神輿と揃い合い、また大政所の御旅所まで戻り、三基、揃って祇園の本殿へと還御してくるのである。

そうすると、これらの神輿の周りを鉾や剣を持った神人たちが、十重二十重に取り囲んで行列していることの意味も明らかとなるだろう。彼らは牛頭天王の「八万四千」の眷属神なのであり、故に「神人」なのである（神でありながら人、人でありながら神）。

祇園祭の山鉾のなかでは、もっとも素朴で、古い形を保っていると思われる傘鉾には、「素盞嗚尊巨旦を退治し給ふとき、鬼類主を捨て尊に従ひ奉りて、北天竺まで送り奉るすがたをうつすなり」という伝承が残っている（「山鉾由来記」）。また、白川鉾には、祇園牛頭天王と彫り物がなされていたといわれており、まさに山鉾巡行は、牛頭天王（＝素戔嗚）が鬼界・魔界の王たる巨旦大王を討ち取っての戦勝の凱旋パレードとしての意味を持っていた。

牛頭天王と婆梨采女との祝婚のパレードと、凱旋のパレードとは、祇園祭を一層、盛り上がらせるものとしてあった。行列の先頭に立っていたという獅子は、婆梨采女の一族である五大龍王たちだったのではないだろうか。『十訓抄』十一には「伶人助元、府役懈怠の事によりて、左近府の下倉に召し籠らる」ということがあったと書かれている。この下倉には「蛇蝎」が棲んでいると怖れられているところだ。「夜中ばかりに、大蛇案のごとく来た」が、その「頭は祇園の獅子に似た」ものだったというのである。もちろん、これは祇園祭（祇園御霊会）の時の祭礼の「獅子」にほかならない。それが「大蛇（蛇蝎）」の頭に似ていたというのは、「蛇頭」だったということだろう。祇園祭の主役の神の一柱として、蛇頭、龍体の「獅子」が登場していたということであり、それは真に迫った、恐ろしげな作り物として評判だったのだ。

こうした獅子や、傘鉾などが祇園祭の祭礼において退潮していったのは、この神幸が、本来、牛頭天王の祝婚と凱旋のためのパレードだったことが忘れ去られていったためと思われる。『枕草子』には「心ちよげなるもの」として「御りやうゑの馬をさ、又御りやうゑのふりはた」というのが上げられているが、これについて『枕草子春曙抄』には「馬をさ」については「六月十四日、祇園の御霊会に、禁中より馬をむかしはひかれし也」とし、「ふりはた」については「是も祇園会に、むかし振幡といふ事ありしにや、今は絶たる儀式にて知りがたし」とあるのも、祭礼の形態が変化してきたことによって、古い伝承や伝統が忘れられていったことを示している。

祇園社大政所絵図

「駒形稚児」については前述したが、この『枕草子』に書かれた「馬をさ」の名残りが「駒形」だとしたら、その「心ちよげ」な姿は、禁中から引かれてきた馬だということと、みんなから注目される華々しい役割ということにあるだろう。また、「ふりはた」については、津島の天王祭の先頭を務める「布鉾」にその後身を認めることができるかもしれない。いずれも神の「御前(みさき)」として神幸の先触れをするものであって、その役割を務めることが、どれだけ誇らしく、「心ちよげ」だったか、想像に難(かた)くない。

また、五月晦日に、祇園祭の神輿三基を四条縄手の辻で、水をかけて洗うという行事も、もともと龍神、水神の祭であったというこの祭礼の起源を思い起こさせると同時に、婚礼の儀式のために身を清めるという禊(みそ)ぎの儀式と考えられなくもない。その夜に、祇園町の遊女（舞妓）たちが、提灯を持って仮装して練り歩くという風俗が、セクシャルな儀式に一層の華を添えたのである。

『祇園社記』には、少将井の神輿のなかに、死んだ蛇がいたことを、奇怪な出来事として記している。何者かの嫌がらせか、それとも偶然に神輿のなかに入り込んだ蛇が死んだものかはわからないが、少将井の神が、蛇体、龍身であることを（おそらく）知っていた祇園社の神官たちが、何の凶事の前触れかと蒼い顔になったのも、また、想像するに難くないのである。

テキスト④『簠簋内伝金烏玉兎集(ほきないでんきんうぎょくとしゅう)』「牛頭天王序」

安倍晴明(あべのせいめい)撰として仮託された日本の陰陽道の基本的テキストである。原文は変則的な漢文であり、きわめて難解である。また、用語も陰陽道の特殊な語彙が多く、読解は困難をきわめる。これまでほとんどまともな研究がなされてこなかったのも、「偽書」であるという評価と、その文章の難解さのために近寄り難かったためだろう。ここでは、『日本古典偽書叢刊第三巻・兵法秘術一巻書・簠簋内伝金烏玉兎集・職人由来書』（二〇〇四年三月、現代思潮社）に翻刻された「真下美弥子・山下克明註・簠簋内伝金烏玉兎集【牛頭天王序】」を使用した。【 】内は注釈者が底本にない文章を他の本で補った部分である。

松の翠を拾う賤女や、巨旦大王に味方する博士などの登場人物が、新たに加わった要素で、巨旦の死骸が節句のそれぞれの供え物や儀礼になるというのは、この闘争が、一種の祭儀礼だったことを思わせる。南北の方位の強調や、八王子神の名前にも、陰陽道の思想が籠められている。修験道系の牛頭天王祭文や、神楽にテキストとして大きな影響を与えていると考えられる。

倩以みるに、天地開闢して、陰陽起り興れり、自然にして、諸万国に開け起り、時に、北天竺摩訶陀国、霊鷲山の牛虎、波尸城の西に、吉祥天の源、王舎城の大王を名づけて、商貴帝と号す。曾、帝釈天に仕へ、善現に居す。三界に遊戯す。諸星の探題を蒙りて、名づけて天形星と号す。信敬の志深きに依りて、今、娑婆世界に下生して、改めて牛頭天王と号す。元は是、毘盧遮那如来の化身なり。頭には黄牛の面を戴きて、両角尖にして、猶し夜叉の如し。質は人間に類す。其の長け、勢ひ、大きなる事、一由膳那なり。厥の相顔、他に異なり。故に、后宮あることなし。然りと雖も、改めて国を収むること、甚々大きなり云々。

爾に、君は嬉戯の床に遊び、民は栄楽の室に嚬ふ。境界、已に姦しからず。千百等しく、争ふことなし。五日の風は枝を叩さず、十日の雨は塼を犯さず。五穀は種蒔かざるに生じ、七珍は求めざるに来る。然れども、后宮あることなし。故に、豈に後世の楽しみあらんや。

辰に、虚空界より、青色の鳥、飛び来る。瑠璃鳥と名づく。形は翡翠の如し。声は鳩鴿に似たり。而るに帝王の檻前に居り、等しく天王に啑して曰く、「我は是、帝釈天の使者たり。汝も、本、同朋たらくのみ。汝を名づけて、天形星と号し、我を名づけて、毘首羅天子と曰ふ。士と我と、親昵にして、共命鳥の如し。質は替ると雖も、大旨違ふことなし。故に、天帝に事ふること、一鳥の羽翼の如し。また大轍の両輪に似たり。然りと雖も、汝、信敬の志深きに因りて、今に閻浮提に下生して、転輪聖王の位を蒙る。爾れども、御宮に采女を懐くことなし。故に、天帝、我をして教へ告げしむ。是より南海に、沙竭羅龍宮あり。ここに、三人の妃あり。第一を金毘羅女と名づけ、第二を帰命女と名づけ、北海龍王に嫁請して、難陀・跋難陀城に納まれり。爰に第三の妃を、頗梨采女と号す。紫磨黄金の美膚、八十種好の花の粧を備へ、麗容、三十二相の月の桂を写すなり。容顔美麗なること、天下に並ぶことなし。紅の粧ほひ、玉の質、四海に聞こゆるなり。君が為に最も宜しかるべし」と。

然して后、帝、歓喜して、三日、斎して、宜しく車馬を企て、甚眷属を率して、南海に凌がんとす。その道、遼遠にして、八万里程なり。未だ三万里に及ばず。日暮れ、人馬、爰に労衰す。

南天竺の傍に、一の国あり。広遠国【夜叉国】と曰ふ。主は巨旦大王と名づく。祐しく館城を構へ、楽しき長者たり。【その国の四姓、魑魅魍魎の類なり。】天王、安然として、彼の門閭に到る。一宿を請はしむ。彼の鬼王、慳貪にして、君を請ずる事なし。【鬼王弾呵して戸を閉ぢ、天王宿乞しうして通らず。】天王、宵に立ち、下生して舌を弾じて空しく去る。

爰に、千里の松園あり。彼の林の中に、一人の賤女あり。手に筝筅を持ち、肩に篇竿を担ふ。松の翠を拾ふと云々。【筝筅とは竹クマテの事なり。篇竿とは竹カゴの事なり。翠葉とはミトリハの事なり。】彼の賤女に、天王問ひて曰く、「汝が室宅や、【汝が室宅ありや】暫く休留をなさん」と。賤女が曰く、「吾は、是、巨旦が奴婢たり。宿は乏しくして、房の内なり。是より東方一里程を去りて、浅茅生ふる原あり。彼の曠野の中に、買苺生ひ掛かりたる庵あり。主は貧賤にして、禄乏し【少か】。彼を蘇民将来と曰ふ。外には慈愛の志を抱き、内には悲敬の計らひを含む。彼に往きて、一宿を求めよ」と云ふ。

天王、歓喜し快楽して【決然として】東に向かひ、車の轅を攀ぢ、駒の轡を磊かし、急ぎ彼の野中に至り【ここに柴の門あり、藁屋の扉あり。】、庵主を見るに、齢長けたる老翁あり。速疾に行きて、旅宿を問ふ。将来、微笑して白さく、「我は貧賤の主たり。家は僅かにして、三間に及ばず。あに若干の眷属を収留せんや」と。天王の仰せに曰く、「我独り、宿留せん。まさに愍念すべし」。時に将来、粱粟の茎を抱き、上閣の席となす。君王、大きに喜悦して、かの室の中に休息す。

将来、自ら一の瓢を持し、瓢の中に、粟米を幽かに収む。半器に過ぎず。此を瓦釜の中に収む。煮熟すること、刹那のほどなり。是を樀の葉の上に盛り、天王に餉饗し、等しく【眷属にも】配補す。君王の言く、「汝が志、足るかな、大きなるかな。禄は鰥寡孤独の人にも劣れり。心は富能貴徳の君にも勝れり」。汝が其の志を謝し、天王自ら千金を懐き出して、亭主に報す。然して天王、終夜其の志を感じて、漸く五更に至る。

亭主に暇を乞請して、急ぎ車馬を企て、南海に淩ぎ、龍宮城にて、天王、わが大旨を龍王に奏し給ふ。龍王、快然として、天王を周章し奉る。急ぎ不老門を開き、長生殿に移し、頗梨采女に合歓す。龍王、山海の珍物を尽し、国土の美食を調へ、餉饗すること、日久し。已に日積り、歳累なり、三七余歳を過ぐ。然して、八王子を誕生せしむ。いはゆる、第一は惣光天王、第二は魔王天王、第三は倶摩羅天王、第四は得達神天王、第五は良侍天王、第六は侍神相天王、第七は宅神天、第八は蛇毒鬼神王なり。

畢りて本国に帰る。【時に】后妃采、八人王子等、百千若干の眷属を相伴ひ、彼の広国に到り、八万四千の温病鬼と成りて、巨旦が一族を破没せんと欲す。時に巨旦、忽然として胸驚動揺し、速やかに博士を呼び、これを相せしむ。博士、卜鶏を摸つて、相て曰く、「昔、天王、此の門閣に到り給ふ時、汝、放逸にして之を請じ白さず。故に今、まさに還国し給ふが、真しく此の門に到り、汝が命を誓断せんとす」。将来巨旦、拍掌し恐怖して云く、「何をもつて、此の逆難を遁れん」【いかなる祭祀をもつて解き除かしむ。】と。博士が云く、「祭星の法に任せて、金銭銀錦を抛てば、あに此の災に逅はんや。啻に、爰に一の法術あり。汝、まさに七珍をもつて、道場を厳飾し、また、金玉を柱となし、羅綾を蓋となし、然して一千人の苾芻を供養し、衆僧をして、百部の大般若、仁王経を講読せば、宜しく此の害を免るべし」と。

辰に巨旦、歓喜して、忽に衆僧を集めて、般若会を修す。厥の威力、十六大丈の鉄壁となりて、四方に囲繞し、上に鉄羅網を掩ひ、下に盤石を積もる。爰に天王、彼の門閭に望み、四面堅固にして、神力更に及ぶことなし。爾に、阿爾羅・摩爾羅の両悪鬼をもつて、之を見せしむ。鬼王、これを鑑るに、懈怠の比丘あり。深く睡眠に沈み、偈句を諳んず。已に牖窓となりて、大穴を生ず。鬼王、喜びて天王に奏す。天王、熙々として、かの牖窓を凌ぎ給ひ、然して左に方願力智【禅定】の弓を褰げ、右に忍進禅【恬智慧】の箭を矧げ【矢を弓につがえて】枳哩枳哩縛日羅曳示吽発咜と、射放し給へば、館中に籠る所の巨旦が一族、皆、射賊され畢りぬ。つひに天王歓喜して、彼の広遠国を、蘇民将来に賜ふ。

爾して、天王、北天竺に帰り政を立て、道を行なふなり。啻ち、疫流神と成り行き、今の世に至るまで、巨旦が残賊を痛ましむ。爾に、今に明かす処の八王子とは、暦中に乗る所の八将神是なり。然して后、かの巨旦が屍骸を切断す。各、五節供に配当し、調伏の威儀を行ふ。所謂、肇歳の門松は、巨旦が墓験木なり。炭を結ふは、葬送の火炉なり。

正月一日の赤白の鏡餅は、巨旦が骨肉なり。同じく、唱道師の修する祭礼は、引導葬礼の儀式たるべきなり。又、七日、草の粥は、不動明王七ツ把の髪、悪魔を降伏したまふ飽餚【餉餚?】り。はた又三笈林焼斎会は、三毒退治の義、又羽子は髭げ、輪は肝脾、蹴鞠は頭、的は眼なり。又三月の草餅は、耳舌なり。又五月菖蒲粽は、巨旦が髪。又六月一日歯堅、肝要なり。又七月七日の素麪は筋なり。又九月黄菊の酒水は、肝の血なり。
惣じて神祭仏事法例、皆悉くこれ、祭礼を学ぶものなり。悪みても悪むべし、巨旦が邪気残族。信じても信ずべし、牛頭天王の部類、八王子等、踞に蘇民将来が子孫なり。
所謂其の八王子は、大歳、大将軍、大陰、歳形、歳破、歳殺、黄幡、豹尾神なり。委しくは本説にこれ在りと云々。

『簠簋内伝』の伝承で、これまでの『風土記』逸文や縁起、祭文と比べてもっとも異なっている点は、この物語が「天竺」を舞台にしていることをはっきりと示したことと、星神信仰と結びつけていることを明白にしているということだ。天竺での物語であることをはっきりとさせているのは、後に述べるように、花祭の祭文のなかで、この物語が「伊勢」や「津島」を舞台としていることを強調する傾向が現れることと対照的なものだ。遠い異国での異神の物語が、「伊勢」や「津島」という地元の伝承と結びつく。そのために「神」の起源を物語る神話においては、可能な限り、異国的な物語として提示されなければならなかったのである。

また、蘇民将来、牛頭天王、頗梨采女、巨旦大王の名前を日本的なものとして主張することは無理がありすぎる。北天竺と南天竺の戦乱の物語として構想され直したことには必然性があった。天竺は、一般に五天竺と称し、東（一国）、南（七国）、西（一国）、北（三国）、中（四国）に分けられる。天竺摩訶陀国は、普通は中天竺に属する。南天竺に「広遠国」という国は見当たらない。ただし、これは大国十六の国だけであり、中小の国、または粟散国（微小な国）を含めると四千以上の国に分かれるというから、そうした国の一国かもしれない。

頗梨采女が、他の縁起や祭文では「婆梨采女」「波利采女」などと表記されている（発音はハリサイジョ）のに対し、ここであえてあまり使用されることのない「頗梨（玻璃と同じ）」という漢字表記をしているのは、経典に天竺世界の「南方海中ニ頗梨山有リ」と書かれているからではないだろうか。この山では十二支の動物がそれぞれ修行をしていて、そこには当然、牛もいるのだが、無理にそれを牛頭天王にかこつける必要はないだろう。この「頗梨山」からハリサイジョの名前が取られたということは、漢字表記以外の意味では考えられない。なお、天竺の祇園精舎（祇園寺）の無常堂には「頗梨鐘」があったとされるが（三浦良周「中世神祇思想の一側面」）、これも「頗梨山」から来たものであって、「頗梨采女」とは直接的な関係はないものと思われる。

歳徳神と八王子神

こうして物語の舞台を天竺世界とすることで、登場人物全員から俗人性が抜け落ち、神仙的な要素が加わることになった。頗梨采女が「紫磨黄金の美膚、八十種好の花の粧を備へ、麗容、三十二相の月の桂を号すなり」という超俗的な美貌を持っていることや、蘇民将来が不思議な宝物の瓢簞(ひょうたん)を持っていること、それに松の翠を拾う「賤女」も、ただの人とは思えない神秘性、神仙性を持っている（『牛頭天王祭文』でも、長者の「下女」は、松の神霊とされているが)。貧乏で、善良であることだけが取り柄だった蘇民将来が、牛頭天王と並んで「神」となってゆくプロセスの一端がここには示されていると思われる。瓢箪に入ったわずかの粟飯と狭い家で、八王子神を始めとする多数の眷属をすべて接待するという、イエス・キリストの「パンと魚」にも似た〝奇蹟〟の主体は、牛頭天王であると同時に、蘇民将来でもあった。ここでは彼はただ貧しい老人ということだけではなかったのだ。

もう一つの大きな特徴は、この牛頭天王の神話が、まがりなりにも「天地創造」から始まる、創生神話を含んだ「全体神話」(「全体小説」という概念を借りてきている)であるということだ。「天地開闢して、陰陽起り興れり、自然にして、諸万国に開け起り、時に、北天竺摩訶陀国、霊鷲山の牛虎、波尸城の西に、吉祥天の源、王舎城の大王を名づけて、商貴帝と号す」と始まり、「商貴帝」から帝釈天、天形星、牛頭天王と続く「神」の系譜は、まさに「天地開闢」から神々の誕生に至るまでの創世記を簡潔に叙述している。これは単に個別の神の物語を語るものではなく、宇宙や世界の「全体」を示そうとしているのであり、『風土記』逸文や縁起、祭文の世界が持ち得なかったものである。

もともと『簠簋内伝』の創作には、記紀神話の天地開闢神話や「国生み神話」を読み直し、書き直そうという意図があったと考えられる。古代中国の盤古(ばんこ)神話や女媧(じょか)神話によって記紀の創世記を書き直し、牛頭天王を主神とする総合的な神話の確立が企図されていたと思えるのだ。

だから、『簠簋内伝』は「偽書」であるだけではなく、「偽神話」の書なのであり、それは山本ひろ子のいうところの中世神話の世界の発生を跡付けるものだ(それは、幕末・明治の教派神道の創作神話の魁(さきがけ)ともなった)。その意味において、撰者(と仮託され、伝えられる)安倍晴明は、神々を自由自在に操る、神話世界の創作者だったのである。

第四章　牛頭天王の変遷

1　「牛頭天王之類」ヲ追放セヨ

牛頭天王は、〝隠された神〟〝湮滅させられた神〟である。一八六八年＝慶応四年、すなわち明治元年の三月二十八日、神祇官事務局は次のような、いわゆる「神仏分離」の通達を出した。

一、中古以来、某権現或ハ牛頭天王之類、其外仏語ヲ以神号ニ相称候神社不少候、何レモ其神社之由緒委細ニ書付、早々早可申出給候事、但勅祭之神社御翰等有之候向ハ、是又可伺出其上ニテ御沙汰可有之候、其余之社ハ、裁判、鎮台、領主支配頭等ヘ可申出候事

一、仏像ヲ以神体ト致候神社ハ、以来相改可申候事

附本地抔ト唱ヘ仏像ヲ社前ニ掛、或ハ、鰐口、梵鐘、仏具等置候分ハ、早々取除キ可申事

右之通被仰出候事

ここで「権現」と並んで「牛頭天王之類」があげられているのは、この神仏分離の政策において、もっとも槍玉にあげられているのが牛頭天王であったことを示している。「権現」すなわち本地垂迹

説で、仏教神が仮に「神」の姿で現れたという神々、たとえば八幡権現（八幡菩薩）は、同じ慶応四年四月二十四日の太政官達によって八幡大神と名称を変更することでその存在を認められたのだが、牛頭天王は「天王」という称号の問題もあってか、その存在を否定され、抹殺されることになったのである。祇園社や天王社が八坂神社や津島神社と改称され、祭神をスサノヲノミコトとしなければならなくなったのは、「牛頭天王」という異神を明治政府は何としても認めたくなかったという〝宗教改革〟の欲望の一つの鮮烈な現れだった。

明治の神仏分離の政策を推進し、煽動したのは、平田派の国学に基づいた神祇官（神官）たち、すなわち平田鉄胤、福羽美静、亀井茲監、大国隆正、矢野玄道など、復古神道を提唱する者たちだったが、彼らは平田国学の信奉者というより、むしろ心酔者であり、狂信者ともいえる人物だった。彼らの神学の源にあった平田篤胤に、牛頭天王に対する憎しみともいえる否定論があったことはすでに述べた。そもそも記紀神話に一度も登場してこない「牛頭天王」なる神格は、記紀神話（とりわけ『古事記』の神話）を金科玉条とする国学者たちにとって、淫祠邪教の象徴的な存在にほかならなかった。前にも述べたが、いわば、明治の神仏分離（実質的には廃仏毀釈であり、神道原理主義の徹底化である）という宗教政策において、目の仇とされ、狙い打ちされたのが、「牛頭天王」だったのである。

もちろん、牛頭天王が国学者たちから憎まれたのは、記紀神話の枠からはみ出す存在であり、そうした神統譜の秩序を破壊しかねない異形、異端、異色の神であったことに加え、「天王」というその呼称の問題もあっただろう。江戸時代を通じて「テンノウ」といえば、それは「天王山」や「天王社」の「天王さん」のことであり、皇国日本を統べる万世一系の「天皇」のことではなかった。現在でも天王洲や天王台や天王崎といった地名が多く残っているが、これらは「天王社」にまつわるものであり、牛頭天王信仰に由来するものであることは明白だ。そうした庶民の「天王信仰」に対して、明治の維新政府は「王政復古」を呼号し、「禁裏様」とか「内裏様」と呼んできた人物を「天皇」と呼ばせるようにし、国教としての皇国神話による国家神道を唱え、現人神としての「天皇信仰」を布教しようとした。この時に「天王」は「天皇」の前に立ち塞がる目障りで、紛らわしい邪教・邪神の頭目のように、彼ら、神道家たちの目には映ったはずだ。

　牛頭天王の縁起や祭文でも、「天王」と「天皇」とは、しばしば混同されて使われており、同一文書のなかでも混用されている場合がある。口承性の強い祭文などにおいて、「テンノウ」の「王」と「皇」の表記の違いにこだわることはなかった。だが、伊勢神道において、外宮と内宮の対立が厳しくなった十三世紀末に、「皇」の字をめぐる争いがあった。外宮の側がそれまでの「豊受大神宮」の呼称を、「豊受皇大神宮」と変えたからである。もちろん、内宮側からは、「皇」の字の使用は内宮の「皇大神宮」に限られるとクレームをつけた（山本ひろ子『中世神話』）。

「皇」の一字に神経質にならざるをえなかった伊勢神道（ひいては国家神道）が、「天王」と「天皇」の混同をいつまでも放置しておくはずはなかった。いわば、牛頭天皇は「天皇」の名を僭称する不敬の偽神にほかならなかったのである。明治元年の神祇官の通達は、「牛頭天皇」の抹殺をも図ったものだったのだ（奈良の天理市には「天皇神社」という名前の神社がある。もちろん、万世一系の歴代の「天皇」を祀ったものではなく、「天王」を祀ったものだ。奈良の古社として「天皇」の文字の使用を見逃されたものか）。

　そもそもスサノヲこそ、皇祖アマテラスオオミカミの弟神でありながら、高天原の秩序を乱す暴君神であり、天上の国から追放（神逐い）されなければならない問題のある神にほかならなかった。スサノヲが高天原で働いた乱暴狼藉は「天つ罪」に価するものであり、世界の最初の秩序紊乱者だったのである。牛頭天王ともなれば、それに輪をかけたはみ出し者であり、招かれざる、というより、決して来て欲しくない、その本質は災厄をもたらす厄神にほかならなかった。その神は「即夜に蘇民の女子一人を置きて、皆悉にころしほろぼしき」といった荒ぶる神であり、恐怖すべき破滅と破壊の神だったのである。

牛頭天王（牛頭天皇）が、近代以降の日本神話の世界で抹殺されなければならなかったのは、こうした「天皇信仰」の布教の障碍（しょうがい）とならざるをえなかったからだ。もちろん、八幡神にしろ熊野神、白山神、稲荷神などの信仰にしろ、ことごとく記紀神話とは無縁な民間の雑多な神信仰にほかならない。本質的には牛頭天王信仰と同じように、アマテラス―ニニギノミコト―神武天皇という皇統譜につながる日本神話の正統とはまったく別系統のものであって、それは正統神話に対する異端神話であり、逆に正統神話のその〝正統性〟に疑念を突きつけるものであったといってもよい。牛頭天王は、正統（とされる）神話世界から抹殺されるだけの意味を持っていたのである。

2　廃仏毀釈の大波

一八七二年（明治五年）三月には、明治政府は祭政一致を基礎として、「三条の教憲」を発布した。「一、敬神愛国を旨と体すべき事。一、天理人道を明かにすべき事。一、皇上を奉戴し朝旨を遵守（じゅんしゅ）せしむべき事」の三条である。時に「天皇」と名乗る牛頭天王の信仰が、第三条の「皇上を奉戴し朝旨を遵守せしむべき事」に抵触することは明らかだった。牛頭天王を排斥し、抹殺するには、神仏分離令によって、牛頭天王を仏教神として排除するだけでは完全ではなかった。祇園天王社や津島天王社は、それぞれ八坂神社、津島神社と改称し、神宮寺（じんぐうじ）を廃絶するか分離し、ご神体までも検（あらた）めて、そこから仏教的なものを除去するという防衛手段をとらざるをえなかった。仏像、仏具、経文を破却し、焼却して、仏教色、仏教臭を一掃しようとしたのである。

もっとも、あまりに矯激な神仏分離、廃仏毀釈は人心の動揺を招き、仏教界の反撥、抵抗もあって神祇官たちによる宗教改革は行き過ぎを批判され、トーンダウンせざるを得なくなるのだが、それまでに神社内の社僧によって牛耳られることの多かった神社では、報復のように仏教的なものの排除を徹底的に推し進めた。本地垂迹説では、本地はあくまでも仏教神であり、その仮の姿の現れが権現としての神道の神々にほかならない。八幡神が大仏建立に貢献し、仏教を護持する神としてその八幡大菩薩の地位を得たように、それまでの神道は、仏教にひれ伏していたのであり、多くの神社では、神職は社僧の下位に甘んじていたのである。

たとえば、石清水八幡宮には、幕末には社僧が二十三坊あり、そのうちの豊蔵坊、滝本坊などは山上に位置し、山下に蟄居する神職たちを見下ろすような生活をしていた。神仏分離令は、こうした神職たちの日頃の鬱憤や憤懣の吐け口となり、堂内の仏像を放り出し、梵鐘、法具、宋版の一切経までも二束三文で大阪の古物商人に叩き売ってしまうという事態が出来したのである。

また、比叡山に連なる日吉大社では、従来から社僧たちに圧迫されていた社家は、この時とばかりに社人の樹下茂国が先導する四十人ばかりが、本堂の錠前をひきちぎって堂のなかに乱入し、本尊を引っ張り出して、射矢の的としたり、嫌がる村民たちを無理に使って仏像や仏具、仏器類を敲き壊し、燃やすことのできない石仏などは比叡山の谷間に蹴落としたという。この時に失われたのは、本宮の本地仏、二宮の御神体、聖真子権現の御神体、客人社の本地仏、十禅師の御神体、三宮の本地仏、八王子の御神宝などであった。日吉大社の社僧といえば、平安期には日吉大明神の神輿を振りかざし、京の都へ繰り出しては、鴨川の水と荒法師と時の天皇に嘆かせたほどの傍若無人ぶりを極めたのだが、その仇を千年後にこんな形で取られるとは夢にも思ってみなかっただろう。

興福寺では二十人の主だった僧侶が全員還俗して春日大社の神主となってしまい、塔や伽藍を管理する者がいなくなってしまった。金二十五円也で五重塔を買った商人が、その五重塔を焼き払おうとして（金具類を取ろうとしたのである）、類焼を恐れた近所の住人の反対によってかろうじて思いとどまったというエピソードなども含めて、笑うに笑えない悲喜劇をこの神仏分離＝廃仏毀釈はもたらし、当時の仏教界が蒙った被害は甚大なものだった。日本の貴重な仏像や仏教美術が海外に流失したのも、多くはこの神仏分離、廃仏毀釈の後遺症によるものである。

だが、明治のこうした復古神道による宗教改革は、仏教（仏教寺院）の力を弱め、神道（神社神道）の力を強めるという一方的な方向に働いたのではない。明治政府は、神仏分離令と同時に神職の世襲廃止や神札の頒布禁止も打ち出していた。世襲禁止は、社領の上地によって社家・社僧の扶持がなくなることを意味し、神宮寺や坊の分離によってただでさえ経済的に苦しくなった世襲の社家を挟撃した。

また、神札頒布の禁止は、そのお札の頒布によって生計を維持してきた御師や、その御師家に所属して実際に檀那場を廻っていた手代たちの組織を破壊することであり、伊勢御師や津島御師、あるいは熊野や白山の神札を檀那場（霞場）を廻って頒布してきた民間人とはいえ、伊勢や津島の信仰の普及や布教に深く関わってきた御師や修験者（山伏）などの宗教者たちに大打撃を与えることとなったのである。

年々歳々、同じ順路を廻ってくる御師たちは、伊勢の大麻や熊野の牛王（玉）宝印の証紙や、津島の神札や漢方薬（その他、お茶や鯣やあらめなど）を得意先に頒布し、売り捌くと同時に、遷宮や社殿の改築などの寄進を集め、神宮、神社の手足となって、神社の経済面を支えてきた。国家神道は、こうした神宮、神社の経済的な基盤を破壊し、「国家」がスポンサーになることによって（それは一部の大神宮、大神社に限られていたが）、国家的宗教イデオロギーの機関として神社界を再編成しようとしたのである。

これらの宗教（神道）政策が、国家護持の性格がより強まった伊勢神宮を別として、とりわけ津島天王社などに大きな影響を及ぼしたことは否定できないだろう。後に述べることになるが、津島天王社は、伊勢神宮と並ぶ（あるいはそれ以上に）、「天王＝天皇信仰」のメッカだったのであり、それは御師の檀那場という修験者たちのネットワークに支えられて、伊勢のアマテラス信仰よりも遥かに広く、深く人々の心をとらえていた。そのために、復古神道の狂信者たちにとって、まず一番の標的とされざるをえなかったのである。

京都の祇園社は、地名の八坂を取って八坂神社と改称したのだが、各地の祇園社もこれに右倣えとして八坂神社と改称した神社が目立った。たとえば、人形山車(だし)の出る祇園祭として有名な「佐原牛頭天王」と呼ばれていた神社も八坂神社（現香取(かとり)市）となった。宮内庁陵部所蔵の「祇園社改八坂社事」という文書には地名の八坂郷にちなんで「八坂ノ神社」とすることと、「尤今般大政御一新、皇礎弥以昌栄ヲ表シ、八坂弥坂(ヤサカ)之文字相用ヒ、以来者、弥栄(イヤサカ)神社ト被称度事」という提案を記している。「弥栄神社」案はどこで消えたのだろうか（西田長男『神社の歴史的研究』）。

祭神をスサノヲノミコトとして、素戔嗚神社、須佐之雄神社、須佐神社としたケースも目立った。八雲神社は、スサノオの詠(うた)ったという「八雲立つ出雲八重垣妻籠(つまご)みに八重垣作る其ノ八重垣を」の歌にちなむ社名である。スサノヲが八岐大蛇退治の後、「吾此地(あがここ)に来て、我が御心(みこころ)須賀々々斯(すがすがし)」といったから、「須賀」という名前になったというエピソードから取ったという須賀神社や、その地の名を取って津島神社、吉田神社、氷川(ひかわ)神社とした例もあり、津島の天王社の系統は津島神社を踏襲し、氷川神社の場合も同様だった。牛頭天王、蘇民将来の名前を残した例はほとんどなく、神社名に関しては、明治の神祇官による「牛頭天王」排除は、ほぼ完璧に実行されたのである。

もちろん、摂社、末社として祇園社や天王社として残った場合は多いし、天神や龍神や薬師仏に姿を変えて生き延びた（といえるかどうか）例もある。また、祭神の一部として牛頭天王、蘇民将来、婆梨采女、八王子神が入っていることもあり、眷属を含めてまでの完全な抹殺はやはりいささか難しかったようだ。伊勢神宮などと違って牛頭天王や八幡信仰、熊野や白山、稲荷などの信仰は、産土神として、氏子である地元の地域民の支持によって継承されてきた。地元民の信仰に基づいた祭礼や行儀を、上からの宗教改革（祭神の変更や神社の改称）だけで一変させることは、やはり無理だったのである。

各地の祇園祭や天王祭は、一時的には衰退したものの、現在は旧に復するというより、いっそう盛んに華やかになっている例（京都八坂神社の祇園祭、津島神社の天王祭、黒石寺の蘇民祭など）もある。しかし、その意味や意義は、祭の華やかさに反比例するように忘れ去られていると思わざるをえない。現在の祇園祭や津島天王祭において、その本当の主人公である牛頭天王のことを誰が記憶しているだろうか。また、地方の小さな祇園祭や天王祭が消えていったことに関心を向ける人も少なく、地元の人以外にそれまでの祭が消滅してしまったことを気にする人はいなかった。牛頭天王の受難は、いまだ続いているのである。

3　殺牛の儀式

だが、牛頭天王の抹殺が図られたのは、けっして明治の神仏分離、廃仏毀釈の苛烈な運動が引き起こされた時だけのことではなかった。牛頭天王がスサノヲの本地仏であったり、牛頭天王の本地仏を薬師如来とする言説は、牛頭天王という異形・異様な神を何とか隠しおおしたいという欲望から生まれているものであると思われる。スサノオとの習合は、すでに『備後風土記』の逸文に記されているが、これは前述したように、『釈日本記』の編者による加筆であると私は考えている。祇園感神院の祇園天神については、その実体はスサノヲであるということはほとんど語られていない。その時点では祇園天神＝牛頭天王＝スサノヲという習合は常識化されていなかった。

　つまり、武塔神と蘇民将来の名前だけが登場する説話の形がもっとも古く、その後の展開として、武塔神とイコールか、あるいは息子としての牛頭天王が登場し、ほぼ同時に婆梨采女の名前も浮かび上がってくる。その次の段階で、牛頭天王＝スサノヲノミコトといった神道に偏った見解が提出され、蘇民将来の対としてコタン将来、あるいはコタン長者も登場してくるのである。

　この次の段階では、八王子神、蛇毒気神、大将軍などが流行神のように現れてきて、牛頭天王や蘇民将来という主人公を、喰ってしまいかねない存在へと成長してゆくのだ。家族神としての天王、少将井、八王子という、比較的口当たりのいい存在へとシフトされてゆく傾向も生じたのである。

　牛頭天王の形象には、明らかに密教、陰陽道、宿曜道、修験道などの神仏混淆の秘教的な考え方が影響を及ぼしている。本場のインドでは、仏教やジャイナ教が廃（すた）れた代わりにバラモン教を引き継ぐヒンドゥー教が、民族宗教として大きな勢力を持ち始め、その主神のヴィシュヌ神やシヴァ神、バラモン神などは強い影響力を持って、チベット仏教や密教、仏教の護法神としての天部に入り込んでゆくのである。クンビーラが金毘羅神、サラヴァティーが弁財天、ガネーシャが歓喜天（かんぎてん）、インドラが帝釈天、ヴァイシュラヴァナが毘沙門天、スカンダが韋駄天（いだてん）、マハーカーラが大黒天というように、ヒンドゥーの神々は、日本の神として帰化していった。そして、日本人はこうした「異神」や「番神」

のほうを、記紀神話に出てくる由緒正しい日本の神々よりも、尊崇し、崇拝し、信仰したのである。

牛頭天王が、日本では大威徳明王として知られるチベット仏教のヴァジュラバイヴァラである（青い水牛に乗っている）との説はよく知られており、それは遥かにギリシア神話の牛頭人身の怪物のミノタウロスや、中国の神話の神で、医薬を司る神農（「人身牛首」であるとされる）や、『西遊記』でお馴染みの牛魔大王にまでそのルーツを探ってゆくことも可能なのである。

チベットのラサにあるポタラ宮殿で、私が見た大威徳明王のタンカ（壁掛け絵）は圧倒的だった。頭は牡牛、胴体は人間の明王が、多臂に多足で、あたりを睥睨している姿が、極彩色によって描かれているのだ。ヤクの脂を使った灯りのなかで、それは悪夢のように浮かび上がってきた。それは首を切られた犠牲の牛頭が忿怒に燃えて、人間たちを威嚇しようとしている像としか思えなかったのである。

酸素の薄さと、異様な獣の皮や織物の臭い、さらに蠟燭やお香の匂いの混じった息の詰まる空気のなかで、私は新鮮な空気を求め、屋上へ向かって、迷路のような階段や廊下を歩き回った。その壁から黒面の夜叉たちや、牛頭の明王たちが、ぬっと顔を突き出していたのである。私が初めて牛頭天王と出会ったのは、まさにその時だったかもしれない（ただし、一九八八年の私のチベット旅行の時には、私が牛頭天王についての一冊の本を書くことなど、思いもつかないことだったが）。

牛頭天王信仰の源流の一つに、牛にまつわる信仰や宗教儀礼があったことは間違いのないことだろう。ヒンドゥー教の牛を聖なる動物とするという信仰についてはここでは触れないとしても、日本にも牛にまつわる宗教儀礼があったことは疑う余地がない。

『日本書紀』の皇極天皇元年（六四二年）七・八月には「村々の祝部の所教のままに、あるひは牛馬を殺して、諸社の神を祭る、あるひはしきりに市を移す、あるいは河伯を祈る、すでにしるしなし」とある。吉凶を占って、牛馬を犠牲にし、市場を引っ越し、川の神に祈りを捧げても、所詮は無駄なのだと、人々を諭しているのである。『塵添壒嚢鈔』（巻第十二）では「皇極天皇元年壬寅ノ年ノ夏。旱ノタメ所々ニ牛馬ヲ殺テ。神ヲ祭ト云共。更ニ降雨ナシ。仍テ入鹿ノ大臣仏力ヲ借。七月ニ始テ勅ヲ諸寺ニ於テ大雲経ヲ読。遂ニ雨ヲ得ト見タリ」と、この『日本書紀』の記事を裏付けている。

また、『続日本紀』天平十三年（七四一年）二月には「詔して曰はく、馬牛は人に代りて、勤労して人に養はる、茲に因りて、先に明制ありて、屠殺することを許さず、今、聞く、国郡未だ禁止すること能はず、百姓猶屠殺することあり、宜しく犯すことある者は、蔭贖を問はず、先づ杖一百を決し、然る後に罪に科すべし」としたのだが、不心得者は跡を絶たなかったようだ。同書の延暦十年（七九一年）九月には「伊勢、尾張、近江、美濃、若狭、越前、紀伊等の国の百姓の、牛を殺して漢神を祭るに用ゐるを断つ」という太政官符が出されたことを記し、『類聚三代格』では、これは「まさに牛を殺して、漢神を祭るに用ゐる事を禁ずべき事」としている。また、『類聚国史』延暦二十年（八〇一年）四月己亥条には越前国に対して「屠牛祭神」を禁止している（上田正昭「殺牛馬信仰の考察」）。

こうした禁令がしばしば出されること自体が、牛を犠牲獣として祭事に殺す行事や習慣があったことを示しており、雨乞いや祟りのお祓いや、祭の供御として殺牛が行われていた。

『日本霊異記』中巻五には、こんな説話がある。摂津の国の富強の長者が、一年に一頭の牛を殺して漢神に捧げていたが、七年目に重い病気となった。「殺牛」のせいだと思い、それから七年、病の床にいながら、斎戒し、放生（鳥や魚などを逃がすこと）などをしたのだが、病は一層重くなり、臨終の時に、妻子に九日間は火葬するなと言い残して死んで、九日目に生き返った。その語るところによれば、七人の「牛頭人身」に、自分たちと同じように膾のように切り刻み、肉を食べてやるといわれたが、たちまちに大勢の人が出てきて、この人のせいではない、悪いのは鬼神だと弁護してくれて助かったと話した。もちろん「牛頭人身」は、殺した牛たちで、大勢の人は、放生した生き物たちだったということである。「放生」の思想や「殺生戒」を弘めるための説教といえるわけだが、犠牲としての「殺牛」が行われていたことを、物語として語っているのである。

　この殺牛の儀式が「漢神を祭る」とあるように、渡来神の祭儀における犠牲を意味していることは明らかだろう。死穢を忌避する神道や仏教には、動物を屠って神に捧げるという慣習はなかったと考えられる。それは異国の異神に供御をする方法なのであり、エキゾチックで、異様な儀式と当時の日本人の目には映ったはずである。しかし、その分だけ、きわめて強烈な刺激と印象を与えたことは疑いなく、それは一種の流行神へのもてなし方として、あるいは祈念や願望を叶えるための強力な秘法として人々にとらえられた（人々をとらえた）といってよいのである。

　韓国の慶尚北道では、「殺斑牛」や「敉牛」の字を刻んだ新羅時代の石碑が発見されており、牛を殺し、それを犠牲として祭を行う風習が朝鮮半島では古代から行われていることは確かである。現代でもムーダンはそのクッの供え物として豚の頭を必須のものとしているが、これは元来は牛の頭であったものが、費用の関係で豚や鶏に変わったものであることは、韓国の東海岸で行われる別神祭（これは、星（ピョル）の神を祀る祭とされている説がある）を主宰するムーダン（巫堂＝巫女）や、村の古老たちに聞けば、容易に聞き出すことができる。

　ムーダンは、クッの感興の高まりのなかで、豚の頭を両手で持ち上げ、自分の頭の上に高く掲げたり、それをかぶり物のようにかぶる仕草を行う場合がある。これは牛の頭を使っていた時にも同様であったことは想像に難くない。ムーダンの始祖であるパリ公主（＝婆梨采女）の夫である牛頭天王が、

大威徳明王（チベットのタンカ）

「頂に三尺の牛頭あり。又三尺のあかき角あり」というのは、まさに昂揚した祭儀の真っ直中で、シャーマンたちが行うこうしたパフォーマンスに基づいたものではなかったのか。高句麗の古墳の壁画に、頭に角のようなものを二本生やした人物の舞姿が描かれているのがあるが（その写真複製を日本の朝鮮大学校の展示において見たのだが）、それは古代のそうした祭儀を写し取ったものではないだろうか（それを角状の突起がある冠であると解する説もある）。

また、朝鮮半島からの渡来神（人）であることが明らかなツヌガアラシ（ヒ）ト（都怒我阿等斯等）は、角の生えた人物であるという伝承がある（『日本書紀』垂仁紀）。もともと、意富加羅（大加羅＝新羅のこと）の王子であった彼は、ある日、黄牛に田器（農具）を乗せて田舎に行ったが、途中で牛が見えなくなった。そこで出会った老人に教えられて、牛の足跡をたどると、郡公（村役人）の家でそれが消えたので、郡公が牛を捕らえ、殺して食べてしまったことがわかった。ツヌガアラシトが郡公に代償を求めて、村の社に祀っていた白い石を要求した（それは老人にそのように教示されていたのである）。その石を閨に入れると若い美しい女性に変わったが、交わりを迫ると姿を消してしまった。東の方へ行ったというので、それを追ってツヌガアラシトは、日本の敦賀までやって来て、「角鹿」、すなわち敦賀の神となったというものだ（気比神社の前身としての敦賀神社の祭神である）。アカルヒメ（阿加流比売、阿加留比売とも書く）という名の女性神は難波と豊前の姫島にある比売語（碁）曾神社の祭神となったという。

後述する「牛石」の起源ともいえそうな伝説であるが、ここで出てくる牛が殺されて、食べられてしまったというのは、殺牛儀式の犠牲となったと考えることができる。つまり、朝鮮における殺牛儀礼の存在についての神話的反映なのだ。『日本書紀』の応神紀にある話も似たようなもので、新羅のアグヌマ（阿具奴摩＝阿具沼）という沼の畔で昼寝をしていた女性が日光に感精して（「日の輝虹の如く、その陰上を指し」とある）赤い玉を生んだ。男がそれを見ていて、その赤い玉を手に入れ、大切にしていた。ある日、牛に食べ物を積んで道を行くと天之日矛（ツヌガアラシトと同一神といわれる）と出会い、牛を殺して食べようとしていると誤解され、怒りに遭う。男は赤い石を天之日矛に差し出し、許してもらう。赤い玉は女性に変わり、日本に渡って比売語曾神社の祭神になるという話は同じである（殺牛、食牛が、問題の核心となっている点も）。

日光に感精して石（子供）を生むというのは、高句麗の始祖・朱蒙誕生の神話のヴァリエーションだが、ツヌガアラシト＝天日矛が、殺牛儀式に関係する神であることは疑えず、気比神社が、朝鮮から殺牛儀礼を持ち込んだ渡来人の一族の祀った神の社として創建されたことがわかる。なお、ツヌガアラシトは、別名「于斯岐阿利叱智干岐」という。「ツヌ（ツノ）」といい、「ウシ」といい、まったくもって、「牛」に関わりの深い名前なのである（「ウシキアリシチカンキ」の「アリシチ」は「アラシト」と同じで人名、「カンキ」は朝鮮の官名であるとされる。すると「ウシ〈キ〉」は「ツノ〈角〉」と同じ意味で「ウシ＝牛〈キは助辞〉」となる）。

こうした事例を考え合わせると、日本の古代における殺牛儀礼は朝鮮半島からの直接的な影響の下に行われたものであり、牛頭天王の「牛頭」は、漢神＝韓神を祭るための一つのシンボルにほかならなかったという結論を得ることができる。

もちろん、殺牛祭神の風習は朝鮮起源にとどまるものではない。「シマクサラサー（シマクサラシ）」と呼ばれる沖縄（南島）の部落単位の行事がある。これは広場で牛を殺し、その血をススキの葉につけて、家々の壁や便所、門に塗りつけたり、そのススキの葉を家の四隅にさして、悪魔祓いをする儀礼であると『沖縄文化史辞典』では説明している。奄美では「シマガタメウシ」、宮古では「カイルガマ」、八重山では「シイマフサラサー」と呼ばれるこれらと同じような行事は、牛、豚、山羊などを犠牲として、その血を塗りつけた左縄を綯い、部落の四隅に注連として張り、そこに悪霊や魔物、伝染病などが侵入してくることを防ぐのである（浜田泰子「南島の動物供犠」）。

また、前田憲二監督の記録映画『土俗の乱声』の最初の刺激的な殺牛シーンのように、中国の苗族ではいまだに行われている祭儀であり、遥か古代に遡るものであることが定説となっている。中国湖南省にある花垣県排碧郷黄巌村は、少数民族の苗族の住む村だが、そこには「椎牛祭」という伝統的な祭があり、今でも殺牛の儀式が行われている。俗には「吃牛」、すなわち〝牛を食べる〟といい、儀式として牛を殺し、それを祭の参加者が〝分牛〟して食べるのである。祭の縁起としては、いろいろな言い伝えがあるが、アイヌ民族のイオマンテ（熊祭）のように、牛を殺すことによって本来の国に戻すといった観念があるようだ。特に、雨乞いといったはっきりした目的のために行うということはなく、神に捧げるためという伝承は残っている。椎牛祭は、近辺の各地で行われていたが、何度も禁令に遭い、現在まで残って実行されているのはわずかだというが。

この苗族の「椎牛祭」のような「殺牛祭神」が、朝鮮―日本での殺牛祭神の儀式の直接的な伝播の源泉にあるものといえるかどうかは不確かだが、こうした風習が大陸起源のものであることは明らかなのである。

4　龍爪山の雨乞い

日本にも殺牛祭神の儀式はあった。それは前述した『続日本紀』や『類聚国史』の記述を見れば明らかだが、それをフォークロアの世界から探り出すこともまた可能なのである。静岡県の中央部に位置する龍爪山は、古来から修験者たちが活躍した山岳信仰の盛んな山として知られているが、そこには近年に至るまで、雨乞いのために牛の首を山の神に供えるという儀式があったといわれている。

龍爪山は、静岡市の北、清水市の西に位置する標高千四十一メートルの文殊岳と千五十一メートルの薬師岳の、ほぼ同じ高さの二つの峰を総称する山の名である。駿河の肥沃な平野の田畑を潤す水は、この山を水源として、巴川、江川、安倍川として流れ下ってくる。近くに弥生時代に稲作を行っていた、有名な登呂遺跡があることが示しているように、古代から水田耕作が行われ、稲作が盛んな地域だった。それだけに大量に使わなければならない水は貴重なものであり、水不足や水飢饉、干魃は人々がもっとも恐れるものであったことは、想像に難くない。

郷土史研究家の大村和男の『龍爪山の歴史と民俗』（静岡県登呂博物館）には、龍爪山は昔から雨乞いを行う山として、山麓に広がる静岡や清水の平野の農民たちから信仰されてきたと書かれている。龍爪山という名前そのものが、まさに水神とつながる龍神の信仰を思い起こさせるものだが、高い山には龍神が住んでいて、頂上から水を湧出させ、それが分水嶺に沿って麓にまで流れ下るという信仰は、白山の白山比咩神が九つの頭のある九頭龍に変身し、九つの流れの川となって山麓の田畑を潤すという神話として伝わっているように、各地の山岳信仰の一つの本質を表現するものとなっている。

山頂近くには穂積神社がある。神仏分離以前は龍爪権現といわれていた修験系の社だったが、オオナムチやスクナヒコナを祭神とする神社に変えられてしまったのは、他の山の神を祀る神仏混淆の聖地と同様である。修験者の行き来するこの山は、山麓に住む人たちには、毎日の天候を占う天気予報の山だった。たとえば、山頂を覆っていた雲が消え、文殊岳や薬師岳の頂が見え始めれば、雨は止み、天候は回復する。逆に、いくら空が晴れていても、「龍爪さん」に雲がかかり始めると、天気は下り坂となるのである。

こうした山に雨を降らせたり、長雨を止ませる力があると考えるのは自然ななりゆきだろう。農民たちにとって死活の問題である雨乞いの儀式が、この龍爪山をめぐって行われるようになるというのは、これまた、きわめて自然なことだ。

郷土史家の中村羊一郎は、「龍爪山信仰の変遷」（『山と森のフォークロア』）という論文のなかで、龍爪山の雨乞い儀礼の特徴として「牛の首を捧げるとかならず雨が降ると言い伝えられていた」ことを書いている。そこで彼は、清水市（現静岡市）にある船越村の名主が書いた『船越村名主日記』の文政四年（一八二一年）七月一日の条に「日照り続きのために竜爪川へ牛の頭を入れる。北脇・渋川・吉川・七つ新屋が世話村となり、関係村々に回状をまわして費用を割り振った。六月二十五日から七月二十七日まで三二日目に漸く雨が降った」とあることを紹介している。さらに、続けて、「この習慣は近代まで受け継がれていた。竜爪山麓の則沢（そくさわ）に住む明治二十年生まれの女性がまだ娘の頃、雨が降り続いて困った時、これは誰かが牛の頭を山中に置いて行ったに違いないということで、村中で山の中を探しに行ったことがあったという。筆者が直接聞いた話である」と述べている。

牛の首を捧げるというのは、犠牲としての牛を山の神に捧げることであり、清浄であるべき聖地を動物の血によって汚されることを神が怒り、その不浄を洗い流すために雨を降らせるという解釈がなされている。これは、古代の殺牛祭神と雨乞い儀礼が深く関わっていたことを彷彿（ほうふつ）とさせるもので、龍爪山の雨乞い儀式が、遥か悠久の古代から行われてきたことが推測される。

ただし、これらの記録や口碑伝承はともかく、現在まで伝わる習俗や儀礼のなかには、龍爪山において牛の首を犠牲として雨乞いの儀式を行ったことを示す直接的なものは、ほとんど見当たらないと大村和男はいう。現実に行われていたことが確実に実証されるのは、たとえば、今では、龍爪山に雨乞いの祈願に行った帰りに、あえて魚取りのような殺生を行い、怒りによって雨を呼ぶというものに変化しているという。死や血の穢れを忌む山の神は、鳥や魚に対しても、その血が流れ、命が失われることを嫌うのだ。

それ以外にも実際に行われていた雨乞いの儀式としては、渋川では「村人は氏神さまに祈願の後、行列を作り青竹で地面を叩きながら巴川まで行き、川へはいって水面を幟で叩いて、『雨田んぼ十郎兵衛　竜の口を揃えて』と、何度も唱えた」「江尻では、蓑を着けた服装で、下り竜を画いた幟(のぼり)を持って江川の川尻へ行き、坊さんが呪文を唱えながら、柄杓(ひしゃく)で参列者に水をかけた」(『かたりべ――清水の歳時記――』)といった儀礼が伝承されているという(『龍爪山の歴史と民俗』)。いずれも、水を濁らせたり、粗末に扱うことによって、水の神を怒らせることを目的にしているように思われる。殺生によってあえて山や川を穢(けが)れさせるのと同じ発想法といえるだろう。

牛の首を捧げる儀式が、単なる魚取りや水遊びに変化してしまったのは、まさに律令(りつりょう)国家が、何度となく殺牛を禁止してきたことと無関係ではないだろう。「漢神(からかみ)」のために農耕に重要な牛を殺し、その首を捧げることを国家は幾度も禁令を発して、これを止めようとした。それはむしろ逆に、農民たちの切なる雨乞いの祈願がそれだけ重大なものであって、国家の権力をもってしても、殺牛の儀式を完全に禁じ得なかったことを物語っている。禁令が強まれば強まるほど、殺牛の儀式は闇の世界のものとなり、ごく狭い共同体のなかで、密かに囁(ささや)き伝えられる秘密の伝承とならざるをえなかった。結果的には殺牛祭神は龍爪山においてなくなったが、それは必ずしも禁令のせいではなく、農民たちの負担の重さや、あるいは仏教の殺生禁止の教えの浸透といったこともありうるだろう(もっとも、文政年間には、各村に回状を廻し、費用を分担して行っているのだから、秘密裡ではなく、半ば公(おおやけ)に行われていたといってよいかもしれない)。

だが、中村羊一郎は前出の論文においては、この殺牛の儀礼と牛頭天王の信仰との関係については何も語っていない。だからこれは、牛の首を犠牲にして雨乞いの儀式を行うことから、牛頭天王の信仰が生まれてきたということの直接の証明になるわけではない。ただ、間接証明といえるものは、やはりこの龍爪山をめぐる民間伝承や伝説のなかに見出すことができる。

龍爪山の山麓に「牛石」と呼ばれる岩がある。日本の各地にあるように、龍の形をしているから龍岩、蛙の姿によく似ているから蛙岩といった命名法とは違って、特に牛の形をしているから牛石と呼ぶわけでもなさそうだ。大きな岩だが、特にその形が何かに似ているということはない。この「牛石」というのは、龍爪山の山麓に見られる大岩に対する信仰のことで、原始的な巨石信仰の名残りとも思われるが、雨乞いの儀式の際に牛を屠る祭壇として使ったものではないかと推測されているのである。大村和男の『龍爪山の歴史と民俗』には、こう書いてある。

龍爪山の雨乞い儀礼は、山上に牛の首を埋めてくることに、特別な効き目があると信じられ、近代まで、実際に行われてきた習俗であった。この習俗の歴史的系譜が、古い時代の龍爪山信仰に繋がることが予察される。龍爪山と牛をめぐる考察は、中村羊一郎氏の「牛と雨乞いの民俗」(『芳賀幸四郎古稀記念日本社会史研究』所収)、「龍爪山信仰の変遷」(『山と森のフォークロア』所収)に、まとめられている。それによると、牛を生贄にした雨乞いが行われていて、牛石は牛の首を捧げる祭壇として使われたものではないかと述べられている。そして、その信仰の背景が、牛頭天王信仰に連なることを示唆されている。また、牛の頭を捧げて雨乞いをする習俗は、龍爪山だけのものでなく、安倍川流域に広く分布していたことも指摘されている。

大村和男がいうように「龍爪山と牛頭天王信仰との、直接的な伝承は残されていない」のだが、

『日古登能不二』という本には「雨乞の時、農民牛頭を携へ登り、山上に埋め祭る時は雲起り雨を降らすと也」とあって、山上に祭壇を築き、そこに牛の頭を埋めて雨乞いの儀式を行っていたことは確かであろう。こうした「殺牛祭神」が、牛頭天王信仰と結びつかないことのほうが、むしろ不自然であり、不思議というべきだろう。

現在まで伝わっている牛石は、二か所にあり、一つは清水市大内の桃林寺裏の牛石であり、もう一つは、梅ケ谷のオイシガヤ、牛欄寺の牛石だ。後者が牛の字のある寺名であるのは興味深い。しかし、ここで見逃せないのは、桃林寺裏の牛石の前には、石で作られた祠に牛頭天王が祀られているということだ。また、牛欄寺の牛石の場合は、それがもともとは牛頭天王のご神体であるといわれてきた。現在の牛石のある場所は、元の場所から移動してきたものであることがわかっているが、その移動の際に、岩の下から沢山の石が出てきたという。牛石のある場所が祭儀の行われたストーン・サークルのような場所であったことは、このことからも証明される。

また、この二つの牛石のある位置が近接しており、両方とも寺の背後ということも見逃せない要素だろう。ヤチまたはヤツと呼ばれた谷の奥まった空間に、その牛石はあるのであり、そこが都の権力から追放された牛頭天王が、ひっそりと隠れ住む空間だったといえるのではないか。つまり、そこは人目を避ける秘密の儀式の祭壇ではなかったかということだ。

また、この近辺の静岡市則沢道白平（どうはくだいら）には山の中腹に牛見岩と呼ばれる岩があり、これもまた牛石であったと思われる。昔、ここに道白という名前の僧に一人の弟子がいて、僧でありながら女性に恋焦がれ、ついに死後、牛になって女性のいる集落に通った。それでそこを「道白平」と呼ぶようになった。また、道白がこの牛を使いに出し、牛が帰るのを待っていたから「牛見岩」と呼ばれるようになったというのである。

この道白が厳院という寺を開いたが、牛が死んだ時に麓の人たちが牛の死骸を担ぎ、道白の所へ届けようと山を下り始めたところ、牛が異様に重くなり、とうとうそこで石と化してしまったので、その石を「牛石」というようになり、その集落を牛ケ谷というようになった（中村羊一郎「龍爪山信仰の変遷」）。

「この伝説は、山中に閑居した僧が、牛を生け贄（にえ）にして雨乞いの儀式を行っていたことを示しているのではなかろうか。実際に動物を犠牲にして雨乞いをした例を参照すると、牛見岩とか牛石というのは、牛を殺してその首を供えたり、牛の血を塗りたくる祭壇であった可能性が高い」と、中村羊一郎は前の文章に続けて書いている。

殺牛儀礼の祭壇だったという記憶が忘れられ（あるいは故意に隠蔽され）、「牛を見る岩」とか、「牛のような石」という変哲もない名前に変わってしまったのだ。このことは、殺牛儀礼が、現在残っている牛石の二か所だけではなく、龍爪山の一帯において、もっと広汎に行われていたことを示唆している。つまり、結論的にいうと、龍爪山一帯で牛の首を犠牲として捧げる雨乞いの儀式が行われていたことは明白であり、そこに牛頭天王の信仰に結びつきうる「牛の首」の信仰があったと強く考えられるということだ。

実証はできないにしろ、雨乞いのために、沼や池や淵に牛の首を投げ込むという風習があったと伝えられているのは、全国でも少なくなく、和歌山県の白浜町、福島県の南会津郡下郷町、同じく会津若松市大戸町、静岡県の藤枝市益津、広島県の双三郡八幡村、兵庫県の加東郡飾磨町など、日本全国に広範囲に及んでいる。京都府亀岡市曽我部町穴太と田野町との境の瀧の方では、雨乞いのために馬の首を投げ込んだと伝えられている。また、牛の形をした藁人形や作り物を代わりに投げ込むという儀式も各地に伝わっている（上田正昭「殺牛馬信仰の考察」）。

しかし、太政官符によって禁止され、しばしば禁令が発せられた「殺牛」の儀式が公に記録されるはずはなく、邪宗、淫風として表に出されることなく、闇のなかで行われていたことは確かだろう。それはやがて長い時間が経つうちに、一体何のことやら、見当もつかない奇習や奇祭、あるいは奇妙な伝承として、記憶されるだけのものとなっていった。

注意すべきなのは、こうした祈雨のための殺牛の儀式が、しばしば被差別部落民への差別を再生産する形で行われたということだ。渡辺広の『未解放部落の史的研究』で上げられた例として、和歌山県西牟婁郡十九淵村血深の伝承では、牟婁郡社川村の山奥に牛屋谷という瀧があり、ひどい旱魃の時には、この瀧壺に牛の首を切って藤葛で堅く縛って置いておき、後を見ずに帰ってくるという雨乞いの儀式があったという。この牛の首を滝壺に置くのが、被差別部落の人々で、彼らは、はちまきをして、そこに扇子二本を角の代わりにさしていたという。つまり彼らは人間の側ではなく、犠牲としての牛の側に立っていたともいえるのである。

5　牛神信仰

和泉地方には、「牛神」の信仰があり、かつては、盛んに牛神講、牛神座が組織され、牛神の祭を行っていたと、高谷重夫が「和泉の牛神と子供組」という文章で紹介している（『日本祭祀研究集成第四巻祭りの諸形態Ⅱ』）。それによると、牛神の伝承や口碑は現在ではほとんど廃れ、牛神という名前と、飼っている牛を大切にし、川に連れて行って体を洗ってやるとか、特別な餌を与えるといった行事となっている。しかし、昔は祠や社もあり、ご神体らしきものもあったが、今はほとんど湮滅してしまったという。河内の観心寺が牛神の本山だとして、飼い牛を連れてお詣りしたりすることもあり、それを「牛瀧（山）に詣る」といっている。

牛神について伝承されている伝説や昔話は、ほとんどないが、本当の祭神は保食神だとも素戔嗚尊だという人もおり、牛瀧山の神は大威徳明王だともいう。「牛神は大木、殊に松の老木の人をして仰がしむるものが多い」としており、明治二十一年の年号のある石碑には、「牛神号、一之老松有、世人名而千年樹」と刻んであったという。この牛神に関して、牛が倒れたので、近くにあった地蔵様に祈ったら息を吹き返したとか、（牛塚、牛石の）塚の上の石を切ったら血が流れ出て、麓の池に入ったのでこれを血の池という、といった断片的ないい伝えがあるが、これなどは「殺牛儀礼」の痕跡を示す口碑であるといえるかもしれない。まとまった形の古い伝承はすでに滅びてしまって跡形もないと、高谷重夫は語っている。それには明治末の神社合祀が大きな影を落としている。小さな祠や社を整理すると称して破壊し、由緒や祭神に関係なく、無理矢理に近所のいくつかの社、祠を合祀して、その信仰の意味を失わせてしまった。明治初めの神仏分離と、明治末の神社合祀とは、明治日本が行った「神の国・日本」の破壊行為に他ならなかった。

この牛神信仰を、牛頭天王信仰の零落した形であると考えることは可能だろう。牛頭天王が松林のなかに身を寄せる話は祭文のなかに表されているし、後述するように、松の翠を拾うという松の精霊のような女が登場する伝承もある。スサノヲや大威徳明王を本地とするという伝承は、まさに牛頭天王の記憶の断片というべきものだろう。また、「血の池」云々という伝承は、各地に「牛首淵」として伝えられる、かつての「殺牛儀式」の祭壇の場ということを思い起こさせる。牛神が、ただの家畜神となり、子供たちの「牛神若い衆」という子供組の行事として残存しているだけになっても、牛頭天王の面影は、幻のように漂っているのである。

なお、岐阜県と石川県の県境に牛首峠（うしくびとうげ）の名前で知られる牛首村がある。手取川の上流（牛首川）にあり、落武者伝説や、白山神信仰の伝承が伝わる山深い山村だが、その名前の「牛の首」と、殺牛祭神の儀式の伝承とは、一見、結びつきやすそうに思えるが、ひとまずは無縁のようだ。牛首村の鎮守神は祇園神（八坂神社がある）で、牛頭天王の「牛頭」が、同じ意味の「牛首」と変わったと見られる。

白山比咩の白山信仰のもっとも盛んな地域の山奥に牛頭天王の信仰が生き続けていたことに驚くとともに、狭い山畑しか持たない村（水田がほとんどない）に、雨乞いの儀式はあまり必然性はないとも納得させられる。木地師が牛頭天王の信仰を伝え、白山信仰という大海のなかでの孤島のように牛頭天王信仰（祇園社＝八坂神社）が残ったのではないかとする説もある（下出積與「山村の成立と鎮守神寺院――加賀国牛首村の場合」）。

近江の木地師（きじし）の本拠地である小椋谷（おぐらだに）の村々の人々が、ほぼ毎年、津島天王社に代参を立てていたことを考え合わせると、木地師の集団には「天王信仰」があり、京都の八坂神社ではなく、津島天王社の「檀那（だんな）」として牛頭天王信仰の普及に一役買っていたということは考えられないことではないだろう。

これらとは別に、牛に関する祭礼、儀礼は日本において少なからず存在する。牛頭天王と同じように、渡来系であることが明らかな八幡神（さまざまな点において、牛頭天王信仰と重なり合うものを持っている）の伝承において、神功皇后が海を渡ろうとする時に、海中から現れて岩となる神牛の伝説は、その奇妙さにおいて印象深いものだが、これも八幡神の起源のどこかに牛に関する信仰が、強い形で関わっていたことを示すものだろう。

また、天王と天神の共通性を持つ、菅原道真（すがわらのみちざね）を祭る太宰府の天神さまでは、飛び梅の伝説を持つ梅の木とともに、寝そべる石の牛が神聖視されており、ただ牛が天神さまの乗り物だったという理由だけでは、それを納得するには無理があるように思われる。牛に引かれて善光寺参りという成句があるように、善光寺の信仰にも深く牛が関わっている。あるいは『今昔物語集』には有名な「関寺の牛仏」の説話があり、仏の化現した霊牛を、多くの貴顕の人々までが参拝に逢坂の関寺まで訪ねてきたというのである。土公神の祟りを鎮めるためには、黄牛を邸宅の敷地に入れるという平安時代の物忌みの風習もあった。ツヌガアラシトの伝承と関わりの深い気比神宮には、牛腸祭という祭があり、現在は単にご馳走を供える祭儀となっているようだが、牛に関わるものであったことは間違いないだろう。

殺牛祭神の伝承とともに、牛を神や仏として崇めたり、聖獣として敬うという伝承も、少なくない。もっと人間に馴染みの深そうな馬や犬などが、これほど神話や伝説に深く関わってこないことを思えば、その乳も肉もあまり利用してこなかった日本人が、牛をこれほど崇める対象としているのは、不思議といえば不思議なのである。

しかし、日本での牛と信仰についての関わりについてはこれまでとしておこう。それよりも、牛頭天王の信仰の形成に深く関わっていると思われる地獄の牛頭・馬頭について触れておこう。牛頭天王が、祇園社や津島天王社の社伝において、中世の鎌倉時代以降しかその名前が見られないことは、これまでの研究によって指摘されていることだ。『備後風土記』の逸文が「武塔神」の名前を出して以来、それは時には祇園神、祇園天神と呼ばれながらも、「牛頭天王」という神名は、それほど古く遡れるものではなかったのだ。

では、「牛頭天王」という名前はどこから来たのか。もちろん、スサノヲにまつわる朝鮮の牛首山のことや、龍爪山頂の牛の首を埋めるといった古代的殺牛の儀礼が、そこに習合的無意識として働いていたことは確かだろうが、現実的に「武塔神」の頭を「牛頭」とすげ替えたのは、もっと直接的な因縁があったからではないかと考えられる。

思いつきだけでいえば、武塔神を「むとうしん」、すなわち「無頭神」と考えた人間が、無頭の代わりに「牛頭」を持ってきたというのはどうだろうか。荒唐無稽ないいかただと思われるかもしれないが、ヒンドゥー教の神としてインドの庶民に抜群の人気があるガネーシャは、象の頭をして人間の姿をしている。それはシヴァ神の息子として生まれた彼が、母親の不貞を疑われて、父親のシヴァ神によって首を刎ねられた後で、子供の象の頭とすげ替えられたという神話として伝えられているのである。日本では歓喜天として知られ、秘仏とされるそのご神体は、双身の象頭神が抱擁する形象として伝わっている。金比羅さまのある象頭山の名前もやはりこのガネーシャから来ているだろう。獣の首とのすげ替えという神話は、決して珍しいものではないのだ。

とすると、武塔（無頭！）神と伝えられる神の頭が、いつの間にか「牛頭」とすげ替えられたという私の仮説は、まったく根も歯もない奇矯な説ということにはならないと思う。地獄には閻魔大王に仕える牛頭馬頭（牛頭鬼馬頭鬼ともいう）の獄卒がいる。牛の頭、あるいは馬の頭を持ったこれらの獄卒は、地獄に堕ちた罪人たちを血の池地獄に沈め、針の山地獄へ追い立て、地獄の釜で茹であげ、黒縄地獄で墨痕の通りに五体を切り刻む。三叉の鉾や突起のついた鉄棒、青竜刀のような幅広の刀や鉄鎖など、彼らの持つ得物も恐ろしいが、憤怒に燃えたその表情、牙を剥きだしにし、角のある頭の髪を逆立て、罪人たち

丑神（十二神図）

の罪状をどこまでも追及する地獄の羅刹、鬼たちのうちでも牛頭・馬頭の姿は一段と人々の恐怖心を煽るものだったといってよい。

こうした地獄図、地獄絵を持ち運びながら、地蔵菩薩の救済や、地獄の十王の信仰を説いて廻ったのが熊野比丘尼だった。地獄の恐ろしさを語り、神仏の有り難さを訴えるために、背中に負ったおいづるのなかに地獄・極楽図を持ち、まさに視覚によって信仰を広めようとしたのである。

日本に地獄図が伝わったのは、朝鮮半島からだった。日本の寺社や旧家に残る地獄図、あるいは地獄の十王図や十王像のうち、古いものは朝鮮で製作されたものが多く、韓国では流失した文化財として日本から返還されるべきものとして考えられている。もちろん、日本への流入の過程にはさまざまな事情が考えられるが、一つには新羅や高麗の仏教の世界で盛んになったと思われる地獄信仰、地獄の十王信仰が日本に流入し、それに伴い、仏画、仏像として日本へ持ち運ばれたということだ（韓国の古寺には、甘露幀という地獄・極楽・修羅道・人間道・畜生道の六道を描いた壁画や掛図がある。一部が日本に流失した）。

6　地獄の十王たち

八坂神社と並ぶもう一つの牛頭天王の信仰のメッカ・津島神社へ詣でるために、津島の市内を歩いていた私は、駅前のほど近いところに十王堂があることに気がついた。街角に、地蔵堂を少し大きくした程度の堂が何げなく建っていて、格子のはまった扉から内部を透かして見ると、何体かの十王が並んで鎮座しているのが見えた。地獄の十王とは、閻魔大王を始めとして、地獄で死者を裁く十人の王様のことで、秦広王、初江王、宋帝王、五官王、閻魔王、変成王、泰山王、平等王、都市王、五

十王像

道転輪（どうてんりん）王のことである。それぞれ死者の初七日から三周忌までの裁きを行う。韓国の大きな仏教寺院には大抵、冥府殿とか地蔵殿といった、十王と地蔵菩薩を安置したお堂がある。地獄の十王が亡者たちを裁き、その罪過に応じて、地獄道、畜生道、修羅道の六道に振り分けるのだが、地蔵菩薩はそうした地獄に堕ちた哀れな衆生たちを救いあげてくれる菩薩なのである。十王は、唐様の原色で塗られたスタイルをして、厳（いか）めしい顔つきをした裁判官たちだが、地蔵菩薩は墨染めの衣を着た、円頂の優しい顔立ちをしている。地獄で仏とは、まさに地の底に蔵（しま）われていた地蔵菩薩のことを意味するのである。

　そうした韓国の十王図や十王像を見慣れていた私は、津島のこの十王たちも朝鮮渡来のものか、それに影響を受けたものであると気づいた。十王信仰、十王堂自体が朝鮮仏教の影響を受けている。牛頭天王信仰の一つのメッカである津島と、朝鮮半島の地獄信仰、十王信仰とは切り離しえないものではないか。これが私の直感だった。

パリ公主(コンジュ)が嫁いだのは「地獄にいる無上神仙(ムジャンシンソン)」だった。彼女はそこで苦難と苦痛の地獄廻りに近い体験をするのだが、それを地獄廻りそのものだとしたら、彼女の夫である「無上神仙」は、地獄の十王の変身した姿にほかならない。そして「無上神仙」と「武塔神」が重なるのならば、武塔神もまた地獄の十王の一人として考えることができる。武塔神は、慈悲深い蘇民将来を誉め称え、冷酷、悪逆の巨旦将来に罰を下す。これはまさに地獄において己れの罪業の分だけ苦患を受けさせるために、審判を下す地獄の十王の役目にほかならない。

一説に牛頭天王は、閻魔大王であるという伝承があることからもわかる通り、牛頭天王はもともと地獄世界と縁の深い神さまだった。チベット仏教のヤマ神が牛頭天王の前身という説もあるが、ヤマ神は中国の仏教・道教の世界に入って大威徳明王となり、閻魔大王となった。このヤマ神が青牛、すなわち水牛を乗り物としているのは、牛頭天王との結びつきを推測させるものだ。また、道教では冥府（地獄）を支配するのは泰山府君(たいざんふくん)だが、この神は日本に転地して赤山大明神(せきざんだいみょうじん)となった。この神がしばしば牛頭天王と同じ神であるという説が唱えられている。牛頭天王＝赤山明神＝泰山府君であるとして、牛頭天王は道教世界においても地獄の支配者ということになる。

「無頭（武塔）」が「牛頭」にすげ替えられたというのは、私の僻説(へきせつ)にほかならないが、この武塔神と呼ばれていた神が、地獄を廻ることによって「牛頭」を得たことは確かであると思われる。牛頭であれ、馬頭であれ、地獄の十王に仕える獄卒にしかすぎないのだが、日本の庶民の信仰においては、彼らはそれぞれの神の地位にまで、いわば〝出世〟している。牛頭(ごず)が牛頭天王となったことはいうまでもないが、馬頭(めず)もまた馬頭観音(ばとうかんのん)として数多く祀られる存在となっている。

馬頭観音(ばとうかんのん)も、牛頭天王と並んで、その由緒や由来のあまりはっきりとしない神様であり、ヒンドゥー教やチベット密教の起源が語られている。路傍にしばしば見られる馬頭観音という文字を刻んだ石塚は、そこで馬が死んだので祀ったといういい伝えを持つもので、交通、往来の守護神（道祖神）として街道の傍に祀られている。仏像として彫刻された馬頭観音には、頭の上に馬頭を戴く忿怒相のものがあり（このため馬頭明王ともいい、観音ではなく、明王に入れる場合も多い）、牛頭天王と同じく、地獄の獄卒としての異相を強調しているものが多い。牛頭と馬頭は異相・異類のものとして、同じカテゴリーとして括られてきたといってよい。

南方熊楠は、『民間伝承』に掲載した「牛王の名前と烏の俗信」という文章のなかで、「牛王」という存在について語りながら、『大般涅槃経』に基づき、こんなことを書いている。「(天竺において) 諸闘将の婦、夫の征行すること久しく、非人と通ず。この諸の非人の形体不具にして、あるいは象頭、馬頭、牛頭、獼猴頭、鹿頭、贅頭、平頭と、頭七分に現ず。生まれし子もまたかくのごとし。諸母の愛するゆえに、養い畜いて長大となりしも、執作うことあたわず、諸の子を駆棄い、天祠議堂に詣り、出家せしめ、これを諸処に含くに、飲食を覓めて遊行す、云々」と。

赤山大明神

牛頭馬頭は、非人と人妻との間の不倫の子であり、天竺においてすでに発生していたのである。「仏在世すでに天魔が大牛身を現じたということから見ると、牛形の鬼類を信ずること古くから梵土にあったので、それが仏教に随順するものを牛王と言ったのだろう」と、熊楠は書く。彼は「牛王という特別な鬼神」の存在について書いているが、牛頭天王には触れていない。熊楠の地元の紀州では、熊野神の存在があまりにも大きく、祇園神である牛頭天王の信仰は、彼の視野には入ってこなかったものか。

7　「牛頭人身」神の系譜

前述したように、『地獄草紙』などの地獄絵図から、牛頭天王の名称と肖像は形象化されてきた。そこにはもちろん、前にも述べたように牛頭人身のミノタウロスのように人類の文化発祥の地にもつながっている牛を神と崇める信仰があった。エーゲ海で、クレタ島のミノス王の宮殿遺跡を見物した時、私はミノタウロスが幽閉されていたという迷宮の遺跡を見た。広い地下室の一室に王座があり、他人には理解されない、孤独な王がそこに坐っているように感じられたのである。

ミノタウロスは、地下の迷宮の支配者であり、それはまさに冥府の世界を統べるものだったのである。ギリシアの多くの壁画や壺の絵に見られるように、ギリシア神話の世界では雄牛の荒々しい力強さに、ゼウスなどの人間の姿をした神の強敵を見たようだ。人と牛との闘い。エーゲ海から地中海へと出て、強烈な日の光と乾いた岩肌の地という共通性に、私はギリシアとスペインの近さを感じ、スペイン人が闘牛という人と牛の闘いに血を燃え立たせることの起源を見たような気持ちになった（日本の沖縄や宇和島、隠岐島などの闘牛は、牛と牛との闘いであって、人と牛との闘いではない。その意味では、同じく「闘牛」といっても、その信仰的な基盤が異なっている）。

また、テキ屋（射的屋の略）や香具師（大道で口上を語りながら物品を売る商人。『男はつらいよ』の主人公・フーテンの寅さんの商売）の守護神として知られる神農も、「人身牛首」という伝承によって、牛頭天王の図像的な典拠になっているといわれる。もともと、農耕や薬草についての神様で、医薬業界で医薬の祖神として崇められ、祀られていた（湯島聖堂など）が、ヤクザ業界が守護神として取り入れる（香具師業界から）ようになり、暴力団の跡目相続などには神農盃が取り交わされるという。炎帝神農ともいい、炎帝の母親が龍神に感応して生んだ子供なので、人間の体に牛の頭を持っているとされ、炎帝神農の肖像画では、草を編んだ衣を着た老人姿で、頭に短い牛の角が描かれることが多い。草を一本ずつ噛んで、その薬効を確かめたという姿が、草を反芻しながら噛んでいる牛と重ねられたものか。あるいは、牛頭天王の本地仏とされる薬師如来からの連想もありうるだろう。

神農

　また、中国の牛神としてはもっともポピュラーなのが、『西遊記』に登場する牛魔大王だろう。私は、孫悟空が牛魔大王と闘ったという火焔山（中国新疆ウイグル自治区）にも行ったことがある。延々と続く礫漠の彼方の低い山脈の岩肌に、褶曲のような襞が刻まれ（降雨によって出来上がったもののようだが）、それが陽炎の立つような高温の日には、まさに火焔のように燃え上がって見えるのだ。その火焔山の山の火を消すためには牛魔大王の妻である鉄扇公主の持つ、一煽ぎですべてのものを凍りつかせるという鉄扇を手に入れなければならない。

童話やマンガの『西遊記』でお馴染みのエピソードだが、鉄扇公主が羅刹女であり、羅刹は地獄の獄卒であることはすでに述べた。すると、その主人である牛魔大王が、羅刹や鬼や妖怪たちを支配する地獄の大王であることは当然であって、牛頭人身の神はギリシア、西域、日本においても地獄の支配者であるという性格を持つことになる。津島の十王堂は、日本から朝鮮、さらに中国からシルクロードを通って、ギリシア世界までの地下の通路によってつながっていると思わざるをえなかった。それは死者たちが向かう世界、この世の生の罪業と罪障を背負って向かわなければならない冥府、黄泉の世界にほかならないのであり、そこにミノタウロス、炎帝神農、牛魔大王、牛頭天王たちが勢揃いをしていると考えることは、人類に普遍的な想像力としての集合的無意識を考えなければならないのかもしれない。

もう一つ、「牛頭」天王が、中世の神仏世界に登場してきたきっかけとなったのには、最澄撰として伝わる天台宗の教理書『天台法華宗牛頭法門要纂』などの「牛頭法門」や「牛頭」の秘儀があったのではないかと私は考えている。通称「牛頭決」や「牛頭禅」と呼ばれるこの牛頭法門の教理は、中国の禅宗の四祖道信の弟子の法融（五九三〜六五七年）の禅を解き明かしたものといわれているが、「牛頭」の名称があるのは、彼が中国江南の牛頭山で修行したからにほかならない。つまり、「牛頭」という言葉はその内容とはまったく関係がないのだが、天台の秘法として、この「牛頭禅」が中味のことをまったく知らない人間にまで喧伝され、「牛頭」という言葉に神秘性を与えたのではないかということだ（インド、中国、朝鮮、日本に、それぞれ牛頭山、牛首山という名前の山がある）。

「南無妙法蓮華経」とお題目を唱える人が『法華経』を読んでいるとは限らないように、ただ有り難い経文（という意識もあるかどうか不明だ）ということだけで、その題目を唱えることに救済を願っているのだ。「牛頭」という名前に、まさに密教的な神通力を与える、少なくてもそのきっかけぐらいにはなったのではないだろうか。「牛頭栴檀（ごずせんだん）」という薬草の名前も、経文を通じて仏教僧たちには知られていたし、後述するが、天台密教には「牛王（ごおう）の法事」という秘儀もあった。

牛頭天王の信仰が、もともとは天台系の密教世界から登場してきたという説もある。日本最古（平安末期）の『牛頭天王曼荼羅』が、春日大社の末社の水谷社（みずやしゃ）の衝立（ついたて）から発見されたということもある。春日大社は興福寺と関係が深く、祇園社の創建には興福寺の円如が関わり、水谷社から龍神を勧請してきたのが、祇園社の嚆矢（こうし）であるという伝承のあることは前述した。

春日大社が、龍神信仰のいわば南都におけるメッカであることは、すでに語られており、猿沢池を持つ興福寺も龍神信仰と関わりが深い（春日大社の御神体は、龍体であると推測される。私は春日大社の若宮の「御祭（おんまつり）」のフィナーレにおいて、御神体が「御旅所」から、若宮の本社へと松明（たいまつ）の灯りだけを先導に、真っ暗闇のなかを還御してゆくのを見た気がした。もちろん、肉眼では見えない「御神体」なのだが、うねうねと山道を這い上ってゆく龍の姿を、私は瞼（まぶた）の底にありありと見た思いがしたのである）。

龍神としての牛頭天王は、すでに奈良の都で、成立していたのかもしれない。それは、蛇毒気神や少将井の原型となった神たちと、たぶん同形の神だっただろう。

十四世紀に書写された春日大社の古社記である『春日大社御本地御託宣記』には、四殿ある社殿のうち、第二殿の祭神を「薬師如来ノ垂迹也。牛頭天王ト現ル。頭ノ中面及ビ身ハ即チ薬師如来也。左面ハ日光菩薩、右面ハ月光菩薩、頂上牛頭ハ妙法蓮華経」と書いてある。現在、香取神宮の祭神のフツヌシとされている第二殿の神は、鎌倉時代には牛頭天王であると明記されていたのである。摂社の水谷神社が祇園社とされているどころか、春日大社の第二の祭神が牛頭天王だったというのだ（三浦良周「中世神祇思想の一側面」）。

台密（天台密教）の研究家である三浦良周は、私と同じように牛頭天王や蘇民将来、婆梨采女などの名前の由来や肖像にこだわり、牛頭天王の名称と肖像の形成については、陰陽道と天台密教の関与が深いとして、陰陽道や天台密教（台密）の文献を渉猟して、考証している。鎌倉時代末に承澄がまとめた天台密教の図像集『阿娑縛抄（あさばしょう）』の毘沙門天王巻には、次のような文章がある。

「双身八曼荼羅抄六ニ云ク。昔国在リ、都鉢羅国ト名ク。其国○大疫癘発シ、人民皆悉ク病死ス。時ニ国王発願念仏シ、観音ニ帰依ス。時ニ十一面観自在菩薩、十一牛頭毘沙門ト変化シ。毘沙門亦十一頭牛頭摩訶天王ト現ルナリ」と。

つまり、疫癘から人々を救うために、「都鉢羅国（これは、毘沙門が住むという「兜伐国（トバツ）」のことだろう）」の国王が観音に祈願し、十一面観音が「十一牛頭毘沙門」に変化し、さらに毘沙門は「十一頭牛頭摩訶天王」として出現したというのである。

婆梨采女の本地が十一面観音であり、武塔天王が頂上に十一面を有していたりと、十一面観音と牛頭天王との関わりは深く、また、毘沙門天にはその周囲に夜叉八大将がいるが、そのなかに「摩尼跋陀羅（マニバツダラ）」、一名「寶賢（ホウケン）」というのがいて、これは『神道集』で牛頭天王の十種の反身（別身）としての「薬寶賢明王（ヤクホウケンミヨウオウ）」と通じるというのである。また、毘沙門天＝多聞天は、『法華験記（ほっけげんき）』中巻五十七では、夜中に法師二人を襲ってきた「牛頭鬼」を「三段に切り殺」して、法華経の持経者を助けている。天刑星と牛頭天王の関係のように、毘沙門天は牛頭鬼を退治することによって、牛頭天王と変身したのである。

こうした台密のなかでの神仏の本地や現身や反身（翻身）やらのさまざまな変幻自在さが、祇園神

=牛頭天王という名称と肖像とを形成させていったのではないかというのだ。三浦良周は、こういっている。「ただいえることは、民間宗教の伝承は、一つ二つの要素や名称が、信奉する人々の知識や願望によってさまざまな別の要素につけ加わり、他の宗教信仰と習合し、地域や時代を超えて伝播して行くということである」と。

つまり、「牛頭」という言葉に人々はさまざまな知識と想像（連想）をつけ加え、牛頭天王という神を、自分たちの知識と願望に合わせて創造していったということだ。

後述するように、比叡山、日吉大社の山王神道が、牛頭天王信仰と教義的な関わりを持つのではないかという推測も可能だ。天台密教世界で、重要な役割を占めていた摩多羅（マタラ）神は、牛頭天王との習合が語られる神である。『地獄草紙』、春日信仰、山王信仰、天台の密教世界、そして陰陽道や修験道の星神信仰から、牛頭天王は立ち上がってきたと思われるのである。

毘沙門天（黒石寺）

牛頭天王の出身地を、南アジア、あるいは西南アジアへまで遠く遡らせたのは、藪田嘉一郎である。彼は牛頭天王を毘沙門天の演変と見ているが、その毘沙門天について宮崎市定は、ゾロアスター教（祆（けん）教）のミスラ（マイスラ）神が原型であることを説いた。このミスラ神信仰がバラモン教の経典のヴェーダではミトラ神となり、仏教に入ってマイトレーヤ（弥勒）となったことは、すでに幾人かの論者によって説かれている。藪田嘉一郎によれば、毘沙門天はヴァイシュラヴァーナないしはヴァイシラマーナであり、M音とV音は通じるから、マイスラとヴァイシュラは同音であり（ヴァーナ、マーナは接尾語）、ミスラ神と毘沙門天は同一の神ということになる。

ミスラ神は、その犠牲獣として牛を要求する軍神であり、雷電はその弓矢だった。ペルシャでは光明と豊饒を司る神であり、その神格は、まさに日本の「天神」に近い。毘沙門天のなかでも、兜跋毘沙門天、あるいは双身毘沙門天は、頂上に牛頭を戴いていることは『阿娑縛抄（あさばしょう）』の毘沙門天の項に書かれており、牛頭天王の形姿の一つのモデルとなったことは間違いないだろう。

> 毘沙門天の形像は武装して手に塔を捧持する。中国ではこれを托塔（たくとう）天王ともいい、その名は『水滸伝』や『西遊記』に見える。これによって托塔天王はもと民間の私称であったことがわかる。『備後風土記』や偽経『仏説秘密心点如意蔵王陀羅尼経』等に見える牛頭天王また素盞嗚尊の異名「武塔神」は「托塔天王」の翻案で、「托塔」とは塔を掌上にのせてもち上げる意であり、「武塔」は即ち「捧塔」である。（藪田嘉一郎「御霊信仰の成立」）

見事な推論というしかないが、「武塔」を韓国の「巫堂（ムーダン）」あるいは「巫（ム）」に結びつけたい私としては、やや困った説だ。ただ、「武塔神」は、縁起でも祭文でも、常に「武塔」あるいは「無塔」や「むたふ」であり、「武（む）」であって「武（ぶ）」ではない。「捧塔」は、「ぶたふ」となっても「むたふ」になることはないだろう（「捧（ぶ）」→「武（ぶ）」→「武（む）」という変化はありうるかもしれないが）。これが、藪田説の弱いところである。

だが、中国できわめてポピュラーな「托塔天王」が「武塔天神」となり、それが毘沙門天の形象を借りて「牛頭天王」へとなっていったという仮説は、十分に説得力があり、それが陰陽道や宿曜道の影響を受けた興福寺の密教的世界のなかで、形成されていった毘沙門天＝多聞天の垂迹神であるという推測も無理がなく、説得されざるをえないのである。

テキスト⑤『牛頭天王祭文』

牛頭天王祭文は、各地にいろいろな形で伝わるが、ここでは長野県上田市にある信濃国分寺に伝承されてきた祭文をテキストとしたものを読んでみよう（翻刻は、『蘇民将来符――その信仰と伝承』）。現在、知られているもののなかでは、もっとも古い写本の祭文である。最初に、牛頭天王、武塔天神、そして八王子神の名前を読み上げ、勧請するというのは、花祭の祭文においても似たような形式となっており、このテキストがまさに祭文として祭の場において読み上げられて使われていたものであることがわかる。

①武塔天神の息子の牛頭天王には、后が決まらなかった。
②山鳩が飛び来たって、釈迦羅龍王の娘が、天王の后にふさわしいと知らせる。
③天王は、さっそく南海へ旅立つ。
④天王は小丹長者の家に行き、宿泊を願うが、長者は邪険に追い出す。
⑤松林のなかに隠れていると、一人の女性が出てきて、蘇民将来に宿を借りよと教えてくれる。
⑥貧しい蘇民将来は、精一杯の心尽くしで、天王を泊める。
⑦天王は南海に嫁をもらいに行く途中で、小丹長者に罰を与えることを語る。

⑧将来は、小丹長者の嫁が自分の娘であることを告げ、助けてくれるように頼む。天王は柳の札に「蘇民将来之子孫也」と書いた守り札を持たせる。

⑨天王は龍宮で婆梨妻女と結婚し、十二年で八人の王子をもうけ、帰国する。

⑩小丹長者は、家屋敷を堅固に固めるが、天王の眷属に攻撃され、滅ぼされる。

物語自体はここで終わるが、祭文は、八王子神の一人一人について、人間の体の病を取り除いてくれるように祈りあげる。「急々如律令」とは、律令のように速やかに実現させよ、という密教的な定型の呪文である。

この祭文では、牛頭天王、蘇民将来、婆梨采女といった神よりも、行疫神としての八王子神の方に信仰の重心が傾きかけている状況を示しているようだ。『備後風土記』逸文ではただ八柱の御子神としてしか出てこなかった彼らが、縁起、祭文では固有の名前と効能を持つ病気直しの神として信仰されているのである。ただ、まだ独自の物語や神話を形成するだけの力はなく、あくまでも牛頭天王、蘇民将来の物語に付随しているものとしてある。八王子神たちが、独自に行疫神として人々のなかに広まってゆくような自由奔放な想像力の発揮は、もう少し時代を下らなければならなかったのである。


維当に来年次吉日良辰を撰び定めかけ、【かたじけ】なくも、牛頭天王、武荅天神、婆梨妻女、八王子を奉請して白して言わく、急ぎ上酒を散共【供】し再拝再拝す。

謹請す、第一之【王子】をば生広天王と申す。

謹請す、第二之【王子】をば魔王天王と申す。

謹請す、第三之王子をば倶摩羅天王と申す。

謹請す、第四之王子をば達你迦天王と申す。
謹請す、第五之王子をば蘭子天王と申す。
謹請す、第六之王子をば徳達天王と申す。
謹請す、第七之王子をば神形天王と申す。
謹請す、第八之王子をば三頭天王と申す。

慎み敬いて白す、散共【供】して再拝し酒を献じ奉る。

抑昔し、武荅天神之本誓を伝え請い給わるに、是れ自り、二十万恒河沙を去りて、須弥山より、北にけいろ界と云う処有り、並に白きの御門と申す、其御子、今之牛頭天王、未だきさきの宮定り給はず。

其時南天竺より山鳩と申す羽一把、天王之御前の梅の木の枝に羽をやすめさえづる様を、其時静に出て聞賜うに釈迦羅龍宮の姫宮をはします、其御かたちいつくしく〆、三十二相八十種好を具足し給う、是は牛頭天王のきさきに定り給べしとさやづる。

其時天王きいの思を成て、長本元年丙刀【寅】正月十三日、恋の路にあこがれ南海の面をさして出給う。

未申の時、折節つかれにのぞみ給う程に、日もはや晩せきに及ぶ。

ここに大福貴なる家有り、主の名をば小丹長者と名付く、天王は、立ち寄り給て宿を借給う時、宿はなしと答う。天王重てのたまはく、但借【貸】給えと有りしかば、小丹大いにいかりを成て父類眷属を以て送出し奉る。天王更に及ば不〆、小松の中に陰れ給う。

其後下女出来る。女【汝】我に宿を借【貸】とのたまう。下女答て云く、我は、是小丹長者之内の者也、然に此人は我が身の富貴なるに依て人の愁をも知らず、往来の人をも憐み給う事もなし、御宿は安き事にて候え共、然間御宿は叶う可からず、是より東方に一里計行て御宿を借給えと申す。

行て御覧ずれば、松の木四十二本有る処に一の木陰有り。並に立寄御宿を借賜う。其時、女出て答えて曰く、我は是れ人間の者と御覧ずるか、雨風を衣とし松の木を体として過る者也、是自東に万里計行て志有る人あり、其にて御宿を借給えと申しけるに、行給て宿を借給うに、蘇民将来は立ち出て曰く、我は、是れ人間の顔と成て候えども、貧賤無極にして仍て一夜の宿飯に成し申すべき物もなし、御座と成申す可処も無しと申す。

牛頭天王、重ての給はく、ただ借【貸】し給え見苦しからじ、女【汝】の食飯をたび給えと有りし時、蘇民将来之居所を取り払て粟がらを敷き、千【干】莚を御座として請奉る。粟の飯の夕飯をまいらせ心を点め奉る。

其の夜も様々明ければ、御出立給て出行給う時、蘇民将来白て言。

公如何成方へ行給うと申す時、天王のたまう、我れは釈迦羅龍宮の姫宮婆梨妻女と申す人を恋奉り、南海の面を差て行く者也、然に小丹長者の宿を借【貸】ざる其の恨を大に成て、依小丹長者をば罰識に臥て、来世には例【癘】気と成てほろぼすべしと有りしかば、蘇民将来之曰く、小丹長者が娵は自がむすめにて候、小丹長者をば罰し給う共我等がむすめをば御除給えと申し奉れば、其れは安き事也と天王言て、柳の札を作て蘇民将来之子孫也と書て、男は左、女は右に懸る可、其れをばゆるすべしとて、古丹長者をば罰識に臥せ、牛頭天王は南海を差て出給う。

其の後、釈迦羅龍宮の姫宮に相奉りて、十二年之内に王子八人まうけ給て帰国し給う、其の部類眷属九万八千有り、古丹長者は此事を請給て、魔王の通ろとて四方に鉄のついじをつき、天に鉄の網を張り、屋堅を〆、居給う。

又蘇民将来は請給て、金の宮殿を造て待ち奉る、牛頭天王御覧〆如何なる事と問給う。蘇民将来答て曰く、公の御通り賜う後、天自り宝降り、地従泉わき出て、七珍万宝充満たり。然に君を三日留奉らんが為也と申す。

然間三日留給て、古丹長者が処へ使を立て見せ給うに、四方天地を閉て入る可き様も無しと申す。其時天地に開く花を入てかがせ給う程に、善知識の水の流るる所有り、かき入れて九万八千之眷属を以て、七日七夜之内にほろぼし給う。

其後、小丹が子孫と云者をば一人も立つ可不と言う。又其時従、蘇民将来の子孫をばゆるし給う。当病平癒、身心安穏、息災延命、福寿増長、七難即滅、七福則【即】生、家内富貴子孫繁昌、殊には蛇【邪】気、遠【怨】霊、呪詛をば万里之外に払ひ、牛頭天王、婆梨采女、武荅天神、八王子、蛇毒気神王等之部類眷属、愛愍を垂れ納授をし給へと、敬いて白す、再拝々々す、上酒を散共【供】す。

謹請す、首五躰の病は武荅天神に申し給う可し。

謹請す、口の病は婆梨細女に申し給う可し。

謹請す、足の病は大良の王子に申し給う可し。

謹請す、腹の病は次良の王子に申し給う可し。

謹請す、喉の病は三良の王子に申し給う可し。

謹請す、胸の病は四良の王子に申し給う可し。

謹請す、手の病は五良の王子に申し給う可し。

謹請す、腰の病は六良の王子に申し給う可し。

謹請す、ももの病は七良の王子に申し給う可し。

謹請す、膝の病は八良の王子に申し給う可し。

南斗北斗、讃歎玉女、左青竜、右白虎、善【前】朱雀、御【後】玄武、急々如律令

離遊

文明十二年庚子霜□【月】廿八日書写し畢ぬ

原文では漢字、カタカナ混じりだが、漢字・ひらがな混じりの表記とした。読み易さを顧慮したためである。『簠簋内伝』などと比べると、コタン長者との対立、抗争場面があっさりとしすぎていて、物語として発展していっていないのは、祭文として初期のもので、さまざまな祭文の語り手たちの奔放な想像力（創作力）の手が加わっていないからだろう。八王子神の役割が強調されているのが、これが「八王子祭文」へと移行してゆく過渡期的なものであることを示しているかもしれない。祭の場に「勧請」すべきなのは、具体的な病を癒してくれる八王子神なのであり、牛頭天皇と蘇民将来の物語は、あくまでもそれを権威付けるための神話にほかならない。ただし、その八王子も「太良（太郎）」から「八良（八郎）」までの順番で唱えているというのは、庶民にとって難しい漢字の名前など必要なかったのであり、あくまでもその〝効用〟という現世利益に関心があったからである。

婆梨妻女への「恋」と小丹長者への「憎しみ」を対置させているのも、この祭文の聞き手である一般の人々に対して、感情的移入ということを考えているからだろう。つまり、小丹長者は「婆梨妻女と申す人ヲ恋奉」るという牛頭天王の恋路の邪魔者として登場しているのだ。人の恋路の邪魔者は、皆から憎まれるのが筋である。

本地垂迹説の本地にこだわったり、「コタン」との闘いや、その後のコタン（の死骸）がどうなったかといったことには、ほとんど関心を示さず、ひたすら病気直しの神を、その祭の場に勧請することを目的としているようである。湯立て神楽や、花祭のような舞戸(まいど)において、白蓋(びゃくげ)の下で読誦するのにふさわしい祭文といえるだろう。

なお、備後(びんご)三祇園の一社である甲奴(こうぬ)町の小童(ひち)にある須佐神社には『須佐神社縁起』が伝わっていて、『祇園牛頭天王縁起』や『牛頭天王祭文』とはいささか異った伝承が記録されているが、その中で牛頭天王は蛇毒鬼神王に命じて、巨端将来を滅ぼさせるというストーリーが展開されている。この『縁起』は、「(牛頭天王が)び州えずみとゆう処え著(つ)き給ひ……どうしう加屋とゆう処へ越玉ふ」というように、「備州疫隈」とか「加屋」といったローカルな場所が伝説の舞台となっており、巨端将来も蘇民将来も備後の国の住民となっているのが特徴的である。

牛頭天王・蘇民将来伝説としては『牛頭天王島渡り』の祭文と同じように地方で物語られたローカルな伝承だが、『備後国風土記』の逸文と結びつくところから見ても、その由来はかなり昔に遡ることが可能であると思われる（参照・松本隆信「祇園牛頭天王縁起について」『中世における本地物の研究』）。

第二部　伊勢から津島へ

第一章　伊勢と蘇民の森

1　倭姫命巡幸

日本の神道において最も重要な聖地が伊勢（神宮）であることは、誰しも否定できないだろう。日本神話の最高神であるアマテラスオオミカミ（天照大神）が祀られているのが伊勢神宮であり、そのご神体として、三種の神器のなかで最も尊重される八咫の鏡が奉納され、内宮本殿には心の御柱があることは、この伊勢神宮が日本神話の中心であることを意味する。皇室の祖廟であり、日本国家の目に見える象徴であることは万人の認めざるをえないところであろう。

だが、この伊勢神宮については、神道の聖典であるはずの『古事記』は何も語っていない。『古事記』が物語るのは、高天原から天孫降臨したのは高千穂の峰であり、神武天皇が即位したのは大和の国だったということにほかならなかった。伊勢が日本の神道の中心的な聖地となったのは、崇神天皇の時代にアマテラスの御魂である鏡が宮殿から大和の笠縫邑に移され、さらに次の垂仁天皇の時代に「伊勢国」に祀られることになったからだ。『日本書紀』には、このアマテラス＝鏡の遍歴についていくらか書かれているが、「伊勢」の聖地化の過程を神話的に物語ることをテーマとしたのは、中世神話といわれる神道五部書のなかの一書、『倭姫命世記』だった。

倭姫命（ヤマトヒメノミコト）は、ヤマトタケルの叔母として、父天皇の命を受けて、東奔西走の征旅に出かけなければならなかった彼を労り、励まして、二種の宝物を贈ったという神話で知られているが、『日本書紀』巻六では、アマテラスオオミカミが、倭姫命に託宣して、その居場所を伊勢の国に定めたという記述がある。

> 是の神風の伊勢国は、常世の浪の重浪帰する国なり。傍国の可怜し国なり。是の国に居らむと欲ふ。

このようにアマテラスは語り、現在の伊勢神宮に祀られるようになったという。

常世の世界から押し寄せてくる波と、さわやかに吹き渡る神風。神世の昔から伊勢の二見浦の風景は、伊勢の国を代表するものだったのであり、神がそこに住むことを欲したくなるような場所だったのだ。

垂仁天皇の第二の皇女とされる倭姫命は、アマテラスオオミカミの命を受け、その鎮座する神宮の場所を求めて、各地を巡行しなければならなかった。御杖代としてのその旅の過程が『倭姫命世記』という神話書を生んだ。

伊勢神宮の最初の斎宮（斎王）ともいえる倭姫命は、先述したように日本武尊の叔母であり、日本の物語のなかで、もっとも早い時期の貴種流離譚の主人公である彼にとって、唯一泣き言や愚痴を聞いてもらえる親身な身内だった。ヤマトヒメとヤマトタケル。これは沖縄で姉妹が男兄弟の守り神となるという「ウナリ（オナリ）信仰」を思い出させるし、神に仕える巫女として、倭姫命は日本武尊に神の加護を祈ったということかもしれない。その倭姫命を主人公とする、神道五部書の一書である『倭姫命世記』は、天照大神の託宣を受けて、倭姫命が大和から近江、伊賀や美濃や尾張など、遠回りとしか思えぬ道筋をぐるっとたどって、ようやく海から伊勢の二見浦に上陸し、五十鈴川を遡った伊勢の地に神宮の場所を捜し当てるというストーリーを展開している。

「傍国の可怜し国なり。是の国に居らむと欲ふ」と天照大神にいってもらうまでに、倭姫命はさまざまな国を旅する。甥の日本武尊が、父親である景行天皇の勢力を拡大し、それに仇なすものを征伐するため、休むことのない征旅を続けなければならなかったように。その意味で、この叔母と甥とは、似た生涯のパターンを送ったといってよい。

　古代史の謎を解くということで、歴史探偵と自称した小説家の坂口安吾は、その『安吾の新日本地理』の第一章「安吾・伊勢神宮にゆく」のなかで、「神宮のできた初期に於いては、町の賑わいは五十鈴川が海にそそぐところ、二見ヶ浦あたりに在ったのかも知れない」と書いている。「神の国」としての伊勢の中心は、現在の内宮と外宮のある五十鈴川上流よりも、もっと海に近い五十鈴川河口にあったかもしれないというのである。

　伊勢神宮の場所を定めたのは、倭姫命だった。各地を巡行した果てに、この神は船に乗って海からやってきた。二見浦に散在する岩礁は、その足を留めた場所である。興玉石から岩づたいにやってきた神は、夫婦岩からすぐ目の前の浜辺に上陸した。今の二見興玉神社の本殿のある場所だ。そこから五十鈴川の上流へと遡り、現在の伊勢神宮の地の神域にたどりついた。つまり、二見浦は「神の国」の入り口であり、聖地はすでにそこから始まっていた。そこは神が住まいし、神話が紡がれるべき里だったのである。

　然シテ二見ノ浜ニ御船ニ坐シテ、時に大若子命に国の名ヲ「何ゾ」ト問ひ給フ。白さく、「速両二見国（タビミタマフクニ）と白しき。

「速両」は「速雨」の誤記とされ、「速雨」は「フタミ（クタミ＝降り水）」の称辞と考えられる。いずれにしても、水に縁の深い名前である。この後の展開は、「二見の国」の地名と神社の縁起として興味深いものだ。

尓（そ）の時其の浜ニ御船ヲ留（サシヨ）セ給ひテ坐（ヲハ）シマス時ニ、佐見都日女（サミツヒメ）参り相ひき。「汝が国の名は何ぞ」と問ひ給ひき。御詔（ミコトノリ）聞かズ、御答も答へ白さずシて、堅塩を以て多ク御饗（ミアヘ）ニ奉りき。倭姫命慈（ウツク）シビ給ひテ、堅多（カタタ）社ト定め給ひき。時に乙若子命其の浜を御塩並びニ御塩山ト定め奉リき。

この「佐見都日女（サミツヒメ）」という女神は、『倭姫命世記』の本文の次の段落に出てくる「佐美川日子（サミツヒコ）」と対になる存在であり、イザナギ・イザナミのような男女の夫婦神と考えるのが普通だろう。興味深いのは、この女神がどうやら耳も聞こえず、口もきけない様子だということである。堅田（かただ）神社の祭神であるこの「佐見都日女」は、「佐美明神」とも呼ばれ、本来この地方の産土の神、国つ神であったことは間違いないだろう。『伊勢大神宮参詣記』には「此浦に佐美明神、とて古き神まします。太神宮御垂迹以前の神也と申伝たり」とある。この両神は、現在、二見浦の堅田（かただ）神社の祭神となっている。

倭姫命の巡行は、こうした土地土地の神々を、自分（あるいは天照大神）の支配下に組み入れてゆくための旅（征服行）だったといってよい。二見の地元の神々が恭順を示すために、生活の必需品として貴重な堅塩を多く献上したということから、堅田（多）神社という名称が付けられた。

浜辺の船に訪ねてきたということから、この女神は海や磯の神様だったと考えてもよい。そして口をきかないという性質から、「磯良（いそら）」のことを思い起こさせる。醜女（しこめ）で、恥ずかしがり屋の「磯良」という海中に住む神霊（後世には幽霊となる）は、何かを問われても容易に口を開こうとしない。ずいぶん内向的な性格のようだが、これは口答えさえすることのできない従順さや屈服、隷従を意味しているのではないだろうか。

2　荒崎（こうざき）から神前へ

坂口安吾は、先の「安吾・伊勢神宮をゆく」で「崇神垂仁朝に伊勢に大神宮を移した時には、この神一ツを祀ったのではなく、同時に天神地祇あらゆる神々を各地に祀ったのである」と書いている。「征服した各豪族の産土神を興し、その祖神を神話にとり入れて同族親類とし、人心シュウランに努めたものと思われるのである」と続ける。

そうすると、堅塩を持参した、口のきけない「佐見都日女」も、倭姫命に「此の河ノ名ハ何ゾ」と問われ、ただちに「五十鈴河後」と答えた「佐美川日子」も、もともとはこの地方の豪族が祀っていた産土神であって、天皇勢力（祀っている神は、天照大神、倭姫命）に征服された結果、神宮の周辺を守る神として、再配置された神々だったということもできるだろう。

時に猨田彦の裔宇治土公が祖大田命参り相ひき。「汝が国の名は何ぞ」と問ひ給ふに、「佐古久志呂宇遅の国」と白して、御止ノ神田を進りき。

倭姫命が、伊勢の海から最初に上陸した場所にある二見興玉神社の祭神、興玉神については、『倭姫命世記』には、こう書いてある。「宝殿無し。衢ノ神。猨田彦大神是れ也。一書に曰く、【衢の神ノ孫、大田命、是れ、土公氏の遠祖、五十鈴原ノ地主ノ神也】と」。猨田彦大神（猿田彦大神）は、天照大神の孫であるニニギノミコトの降臨の時に道案内をした神様だから、その子孫の大田命が、倭姫命の一行を、沖の興玉石で、そして夫婦岩で、さらに海岸で出迎え、船先案内人のような役割を果たすことは理に適っている。坂口安吾は「要するに猿田彦なる先生は、伊勢五十鈴川上に住む親分、ギャングの親玉であったらしい」とユーモラスに書いている。「垂仁天皇の朝、倭姫命が霊地をさがして歩く折、猿田彦の子孫と称する者が五十鈴川上に霊地があると伺候し、かくてそこに神鏡を奉安するに至ったという」と続ける。伊勢神宮を今の地に定めることになった最大の功労者は、猿田彦（その子孫の大田命）だったのである。

それにしても、国の名前をあっさりと告げ（これは天皇勢力に「地主」勢力が屈服したことを表すのだろう）、さらに神の田まで進上しているというのは、あまりにも従順すぎる。「地主神」としての誇りや意地といったものはなかったのだろうか。出雲の神々が、天孫降臨による「中つ国」の支配に、敵わぬまでもいささかの抵抗を試みたように。

次のような『倭姫命世記』の記述は、そうした反抗的な地主神がいたことを暗示しているものだろう。征服された豪族の末裔たちが祀っていた「国つ神」たちの最後の抵抗の姿だったかもしれない。

又荒崎姫参り相ひき。国の名を問ひ給ふ。白さく、「皇太神御前ノ荒崎」ト白しき。「恐シ」ト詔ひテ、神前社ヲ定め給フ。此ニ其ノ江ノ上ニ幸行ス。御船ノ泊リし処ヲ名づけテ御津浦と号ひき。其の上ニ幸行しタマフニ小嶋在りき。其の嶋ニ坐しまして、山末河内見廻リ給ひて、大屋門ノ如くナル前ニ地在りき。其の処ニ上リ坐シマシテ、其ノ処ノ名ヲ大屋門と号ひき。

「荒崎姫」という名前は、まさに荒ぶる神の姿を表しているだろう。「国の名」を問い、それに従順に答えるというのは、武力的な威圧による征服—敗北した側の屈服（屈従）を表現していることはすでに記した。もちろん、それは現実的な史実としての武力による征服や、それへの屈服ということではなくてもよい。象徴的なものとして、精神世界で行われる神話の物語の内部でのことであってよいのだ。「皇太神御前ノ荒崎」とぶっきらぼうに答え、倭姫命に「恐ろしい」と思わせた「荒崎姫」は、抵抗を続けて、簡単には天皇勢力に屈しようとしなかった勢力を象徴し、代表している「地主神」なのではないだろうか。だから、その名前を「荒崎」から「神前」へと変えられたのではないか。土地や社の名前を付けることは、まさにそこを支配することを意味したのであり、名前を変えることは、支配者の交替を意味していた。

ただし、「恐シ」を「オソロシ」ではなく、「カシコシ」と読む解釈もありうる。その場合でも、「荒崎」の「荒」という名前に倭姫命が敏感に反応し、「神前」に名称を変えたということは変わらない。「荒ぶる神」のイメージを残す「荒崎姫」は、やはり危険視されなければならなかったのである。

二見興玉神社の裏にあたる音無山は、昔は御塩山と呼ばれていた山だが、その山頂に上ると、そこから東の方に神前岬が見える。音無山という名前は、口がきけず、声の無い「佐見都日女」のことを思い起こさせるが、これは天皇勢力に黙らせられた、沈黙を余儀なくされたことの別の表現かもしれない。それに対し、「荒崎」は名前を変えさせられた。神前岬は昔、荒崎と呼ばれ、「荒崎姫」を祀った神社があったのではないだろうか。

神前神社は、二見の地区ではもっとも古い神社とされるが、伝承がはっきりせず、本来あった場所

神前神社前の著者

も明確にはなっていない。神前海岸の堤防沿いに潜島（くぐりしま）の方へ向かって歩いてゆくと、浜辺から少し入った森のなかに、古びた社があったが、これが昔の神前神社だったかもしれない。だが、何の標識も、文字らしきものもなく、どういう由縁の社であったのか皆目見当がつかない。このようにして、忘却され、破却された神の社は、これまでにも数多くあったと思われる。

猿田彦の子孫の大田命が進んで神田を奉納したという従順さに比べ、「荒崎姫」の荒ぶり方は際だっているように思われる。倭姫命に「恐シ」と思わせたその抵抗や不服従は、新参の神よりも、もっと古い「地主」としての矜持（きょうじ）に基づいているように思われる。

だが、その抵抗は封じられ、反抗勢力は平定された。「荒崎」は「神前」と、神の前に膝を屈するような名前に変えられ、その社殿の場所も、浜辺の森のなかや、神前岬の中腹の森の奥へと移し変えられてしまった。現在も、神前岬の麓から上る、参道すら草に覆われてはっきりとはしない心細い石段の道をたどることによって、ようやく神前神社の社に詣でることができるだけだ（その参道の入り口は、日本の神道がもっとも忌むべき死穢の場所、火葬場の裏にあった）。

鳥居と白木の本殿だけの簡素な造りの社が、汗をふきふき上ってきた私を迎えてくれた。それはけっして目立つことのないように、山の奥に蟄居させられている、かつての「荒崎姫」を祀った社なのである。

この社殿が、高床式の建物であり、真ん中の床下に「心の御柱」のような機構を持っていることに、私は興味を引かれた。もちろん、建物自体は近年造られた新しいものだが、せめてその構造だけは、古い形のものをとどめたのではないか。伊勢神宮よりももっと古い、地主の神だったと考えられる荒崎姫。風が騒ぐ神前の森のなかには、古代の荒ぶる神の無念さが漂っているように私には思えたのだ。

3　蘇民たちの森

古代の「神の国」である伊勢をめぐる神々の争いや闘いや葛藤の跡は、『倭姫命世記』だけではなく、もはや伝承すら不明となった古社の伝説として残されている。「蘇民の森」（晴明の森とも呼ばれる。陰陽道で名高い安倍晴明にちなむものだろう）と称される場所には、かつてはこの松下地区の氏神である松下社（松下神社）があったのだが、今そこには場所を示す標識と鳥居と簡素な小さな小屋が残っているだけで、単なる神さびた蒼古な空間と化している。つまり、そこには何もないのだ。

ただ、そのことは、昔もそこには何もなかったことを意味しているのではない。「あった」ものが、忘れられてしまった。あるいは、消し去られてしまった。しかし、その痕跡は残されている。そこで神々の殺戮や抹殺があったことの、小さな証拠として。伊勢の国・二見にある「蘇民の森」は、まさに〝隠された神〟の、その湮滅された証拠の場所なのである。

二見興玉神社のある海岸からわずかにはずれたところに五十鈴川の支流の河口があり、その支流を少し遡ったところに林がある。昔は鬱蒼と茂った森だったのかもしれないが、今はまばらに黒松や椎や楠などの老木が茂っているだけだ。そこに「松下社」の標識が一本建てられていて、近くには道の駅「蘇民の森」という地元産品の市場や、「蘇民の湯」と名乗った温泉ホテルもあるが、森自体には何も見るべきものはない。一応、神社を名乗っている以上、祭神はいる。スサノヲノミコト、天神、そして「不詳一座」である。

不詳の神――あまり古びすぎて名前も来歴も失われた神様なのか、それとも何かの事情があって、名前を逸しなければならなかったのか。「荒崎姫」が「神前神」と変わってしまったのと、同じような事情がそこにはあったのではないか。あるいはもっと根深くて、深刻な事情が（この場所が神前神社の旧社地だったという説もある）。

スサノヲが牛頭天王の垂迹した神様であることは、すでに『備後風土記』逸文にある。また「天神」が、しばしば「天王」と混用して使われる場合が多く、必ずしも後世の天神＝菅原道真と考える必要がないことも明らかだ。「祇園社」は祭神は「祇園天神」であり、「牛頭天王」自体は「牛頭天神」と呼ばれることはないが、「武塔神」や「八王子神」は、「天神」と呼ばれることが多いからである。

牛頭天皇信仰を伝える祇園社、天王社は、牛頭天王とその妻の婆梨采女（婆梨采姫）、そして息子たちである八王子神を祭神としている所が多い。松下社に伝わる祭神のスサノヲノミコトが牛頭天王であり、天神が八王子神だとしたら、残る一座は婆梨采女ということになる。婆梨采女という名前がどうして消えてしまったのか。牛頭天王はスサノヲノミコトに、天神は菅原道真に神名を変換すること

伊勢の注連縄飾り

ができたが、婆梨采女はうまく変換することができなかったので、不詳とされてしまったのではないか。もちろん、スサノヲノミコトの妻神であるクシ（イ）ナダヒメに普通は変換されるのだが、アマテラスオオミカミや倭姫命という女神のお膝元にあっては、女性神自体が〝隠される〟べき存在ではなかったか。牛頭天王は、その妻や子の眷属もろとも〝隠され〟なければならなかったのだが、とりわけ女性神は伊勢神宮の神と競合すると考えられたのではないか。もちろん、この背景には、牛頭天王信仰とはまた独立的に、婆梨采女信仰が京都の祇園社を中心に生まれていたことがあったと思われる。

いずれにしても、伊勢神宮のお膝元である二見浦に、明らかに蘇民将来＝牛頭天王信仰の痕跡である「蘇民の森」があり、また、二見の町内の家々に、「蘇民将来之子孫也」と書いた注連縄飾りをお正月毎に玄関前に飾るという風習があることは、蘇民将来信仰が、きわめて根強く、二見の住民たちの間で生きていることを物語っている。

注連飾りは、伊勢・志摩の地域独特のもので、藁を編んだ注連縄に橙、裏白、柊、紙垂の飾りを付け、中央に木札を苧で結びつけたものだ。この木札は「桃符」と呼ばれ、桃や柳の板を使う場合もあるが、今はほとんど杉板である。桃、柳には、僻邪の意味があるが、杉板はその代用品である。札の表には「七難即滅・蘇民将来子孫門・七福即生」と書き、裏には「急々如律令・八衢比売命・久那戸神」などと書く。「蘇民将来」の文字は、「将門」と略され、「しょうもん」とか「ゑもん」と読まれたが、それが逆賊の平将門を連想させるというので、「笑門」となり、「笑う門には福来たる」などの諺によって解釈されるというお目出度い訛伝を生じている。

一般的には注連飾りはお正月に新しいものと変え、正月が過ぎるとドンド焼きなどと称して燃やしてしまうのだが、伊勢地方では一年中門前に飾っておく。もともと注連飾りとしてより、蘇民将来のお守りとしての意味を持っていたからだろう。

明治の初め頃までは、松下社は、桃符を配布していたといわれ、その版木が今も保管されている。それには「天形星菩薩・蘇民将来子孫・日月菩薩」「二天八王子・加木牛頭天王・蘇民将来子孫」と彫られているという。「加木牛頭天王」は、カギゴズテンノウと読む。「カギ」は不詳であるが、水牛の意味の「カコ」から来ているのかもしれない（『塵添壒嚢鈔』巻第二には、「鹿子の湊」の地名起源として、応神天皇と「諸県の君牛」の故事を載せている）。あるいは「牛玉加持」という言葉があるから、「加持祈禱」の「加持」かもしれない。このお札は少なくとも十五世紀後半まで遡れるという。

蘇民将来信仰が、牛頭天王信仰とともに、きわめて早い時期（伊勢神宮建立以前）にこの伊勢の地域に入り、人々によって信じられていたことは明らかなのである。

4　伊勢の花嫁

もう一つ、蘇民将来信仰の痕跡としては、この松下地区には『牛頭天王儀軌』という文書が伝わっている。これは、内容的には『祇園牛頭天王縁起』とほぼ同じもので、「須弥之半腹豊饒国」の「武

蘇民の森（松下社）

塔天王」の太子である「牛頭天王」が、龍王の娘の「婆梨采女」を妻にしようと龍宮城へ出かけ、途中で宿を借りようとしたが長者の巨旦は断り、貧者の蘇民将来が温かく天王をもてなしてくれたというストーリーが語られている。若干異なっている点は、「関白大臣」というのがある程度の役割を果たしていることと、八王子の名前が「相光天」「磨王天」「態采天」「老士天」「宅相天」「地神相天」「辰仁賀天」「大陰天」となっていることだ。また、巨旦長者の屋敷を守るために千人の僧が集められ、大般若経が読誦されるのだが、その法師のなかの一人が読誦に飽きて「文字ヲ六読落シタ」ために、その空いた六つの壁の窓から、ここを先途とばかりに天王軍が押し入ったということになっている。

この『牛頭天王儀軌』は、元和六年、すなわち一六二〇年に、もと根来寺の小池坊にいた性慶法印が書写したという奥書があり、原文書は弘法大師の作であると考えていたことがわかる。基本的には、『牛頭天王縁起』や『牛頭天王祭文』の異文と考えられるべきもので、内容的には他と比べて大きく異なったところはない。

同じような内容の説話は、松下地区には口碑として伝わっているが、近隣の伊勢の瀬古地区には、ちょっと違った民話として伝わっている。それは、スサノヲノミコトが成人となり、嫁を貰おうと旅に出る話である。瀬古の地で一番の長者であった巨旦将来の家で宿を借りることを断られ、貧しい蘇民将来の家に宿を得ることができたというのは、ほとんど同じ物語の展開だが、スサノヲはその伊勢の地で妻を娶り、八人の子をもうけたという展開となっている。「伊勢の土地には美しい女の人がたくさんいると聞きました。私もぜひこの伊勢で嫁をさがして行きましょう」といい、実際にお嫁さんを見つけていったというのである。

ある年にその子供たちを連れて伊勢に来たところ、蘇民将来の家には蘇民の姿はなく、娘一人がいるだけだった。娘は、父の蘇民将来が死んで一年が経つのに、兄の巨旦はまったく面倒を見てくれないとスサノヲに訴える。「兄弟同士むつまじくしないとは不とどきな事だ」と、兄の巨旦の冷酷さを怒り、スサノヲは巨旦を滅ぼし、そして娘に、今後疫病が流行った時には、「蘇民将来の子孫」だといって、茅の輪を腰に付けなさいと教えて去った。以来、この瀬古の地では家々の門口に「蘇民将来子孫繁盛の家」という木の札を掲げるようになったというのである。

これは故・中田政吉が語ったものを、倉田正邦が採録したもの（『伊勢・志摩の民話』）だが、この伝承説話（民話）が、一般的な牛頭天王縁起の内容と異なっている点は、説話の舞台が伊勢の瀬古という場所に特定されていること（一般的には具体的な地名は特定されていない）であり、その妻を「伊勢の地」から娶っているということだ（牛頭天王の妻の婆梨采女は、南海龍王の娘で、その龍宮城で婚姻、八年間の結婚生活を送ったとされている）。また、蘇民将来が早逝し、娘一人が取り残されていること、スサノヲが、巨旦将来が宿を貸さなかったことの報復のために巨旦を攻撃したというより、蘇民将来やその娘に肉親らしい思いやりをかけなかったことを憎んで、彼を殺したという点などである。

もちろん、口承の説話（民話）や神話が、とりわけその細部においていろいろな変化を受けて伝承されることは当たり前ともいえるが、「蘇民の森」にしても、伊勢の瀬古地区のものにしても、「伊勢」という場所についての土着性が強いと感じられる。

他の地域の伝承にしても、強くその土着性を感じさせる〝異文〟や〝一書〟としての伝承がないわけではないのだが、しかし、繰り返すようだが、日本の神道の最大の聖地である伊勢神宮のお膝元である伊勢市の二見地区や瀬古地区に、記紀神話とはまったく連関性のない牛頭天王＝蘇民将来信仰が、脈々と伝わっていたというのは、驚くべきことでもあり、また、不思議でもある。

『倭姫命世記』の巡行でも見たように、伊勢にアマテラスオオミカミが鎮座することは、各地方、各地域の神々の信仰を、記紀神話（天皇家の神話＝伊勢神道）に統一していった結果として実現したことだった。いわば、伊勢神道の真っ先の宣教、布教の場となった所で、そうした信仰と背馳する、あるいはそれに対抗する信仰が圧殺されずに生き残っていたということなのだ。瀬古地域に伝わる伝承のなかで、「伊勢の地」で娶ったというスサノヲの妻とは誰なのか。伊勢にいるのはアマテラスであり、倭姫命であり、斎宮（さいぐう）という名の神の嫁として一生を不犯、未婚のままですごさなければならなかった斎王（さいおう）たちだった。そこには、スサノヲに仮託された牛頭天王が、妻を娶りに伊勢へやって来て、そして「蘇民の森」のようなその足跡を残しながら、どこかへと移動、漂泊していったことを意味しているのではないか。

蘇民将来は「蘇民の森」という名称と、注連縄飾りや木の札として生き延びたのだが、牛頭天王は一体、どこへ行ってしまったのか。伊勢の国とは、伊勢湾を挟んで対岸ともいえる尾張の国。その尾張の国海東郡門真荘津島の里へ、牛頭天王はその眷属とともに漂泊していったのである。

テキスト⑥『伊勢天文本神楽歌　天わうの哥』

伊勢の外宮の神楽歌である。寄合神楽、故実神楽として伝わってきた神楽は、現在の大大神楽には伝わっていないが、神楽歌の天文本と呼ばれる書物には記録されている。「天王の歌」ということで、天王、婆梨采女、蛇毒気神、八王子神が出てくるが、どういうわけか「牛頭」という名前は忌避されているようだ。しかし、最後の「まれいさんのござやせんたん」は、「摩黎山の牛頭栴檀」のことで、「身にぬれば火にもやけず」、「刀剣に傷し者、此香をぬれば即癒といへり」という霊薬である。牛頭に似た山、離垢山、あるいは摩羅耶山の頂上にあるから、「牛頭栴檀」と呼ぶと『榻鴫暁筆抄』という中世末期の随筆集にある。牛頭天王という名前が、この牛頭栴檀から来たものと意識されていたことがわかる。『梁塵秘抄』に「摩黎山に生ふといふ　牛頭や栴檀得てしがな　手に取り身に触れ香をかげば　生死の罪障解けぬべし」という今様があるが、最後の一節に、ほぼそのまま取り入れられている。読みやすさのために、刊本にある通りに漢字を振ったが、一部は私見に拠る。

いやたいほう（大宝）てんわう（天王）わかきミ（我君）ハいやくらい（位）ハたか（高）くて中のま
（間）に
いやはりやさいちよ（婆梨采女）のきんたち（公達）ハ　いやひたり（左）やミき（右）りにをハします

いやこのむら（此村）に　イハ（祝）れましますむら（村）のかミ（神）　いや五りやう（御霊）の御前にあそ（遊）ひまいらん
いや八わうし（王子）ハミね（嶺）にとミ（留）そをハします　いやミす（御簾）ふ（吹）きあ（上）けのさむ（寒）き所に
いや八わうし（王子）のす（摺）りめす衣たひをろし　いや神のもりらにき（着）せてま（舞）ハせん
いやうちうと（氏人）ハ　いのち（命）なか（長）くて身また（全）かれ　いやひら（平）なるいし（石）のまろ（丸）になるまて
いやこの（此）御せん（前）にまいりす（進）まんかけもよし　いやいの（祈）りもかな（叶）ふちよ（千代）もへ（経）ぬへし
天わう（王）八わう（王）子はりさいによ（婆梨采女）じやくどく（蛇毒）鬼神に　ちよ（千代）の御神楽まいらする
いやまれいさん（摩黎山）にわうとして　いやござやせんたん（栴檀）ゑ（植）てしかハ　いやて（手）にと（取）り身にふ（振）りかほ（顔）にかけハや　いやしやうし（生死）のさいしやう（罪障）とけにけり

第二章　津島天王社とその祭

1　和魂と荒魂

名鉄の津島駅を下りると、駅前から真っ直ぐに「天王通り」が走っている。そのまま通りを行くと、右手に幹に注連縄を張った大きなご神木が見え、朱色の鮮やかな大きな鳥居が見えてくる。そこを潜ると、神橋を渡って津島神社の楼門から入り、本殿の右側に出ることになる。本殿に祀られているのは、主神の建速須佐之男命（ハヤスサノヲノミコト）であり、相殿に大穴牟遅命（オオナムチノミコト）、そして御子神（ミコガミ）様を合わせ、十七柱の神を祭神としている。

欽明天皇元年、すなわち西暦五四〇年にこの地に鎮座したと伝えているが、もちろん、これは伝説であって、現在の三間社流造りの檜皮葺（ひわだぶ）きの反り屋根が美しい本殿が建立されたのは慶長十年（一六〇五年）であり、尾張の清洲城城主松平忠吉の妻・政子が、寄進したものだ。拝殿、祭文殿、本殿と続く建物は愛知県の県文化財に指定されており、本殿創建四百年の記念事業を知らせるポスターや看板が、境内のあちこちに見かけられたが、鮮やかな朱色に塗られ、四百年を経た建物とは思えないほどだ。

本来の参詣道は、津島駅から天王通りを来るものではなく、天王川公園側から、大鳥居を潜り、居（い）森（もり）の社（やしろ）を左側に見ながら来る砂利道で、石段を上って南門を潜ると正面に本殿が見える。

津島神社

風が強い。春の嵐というべきだろうか。時折、ちらちらと雪片が舞うような寒い三月の午後だった。しかし、境内をぶらぶらと歩いているうちに、風も治まり、雪などは、そんなものが舞っていたっけといわんばかりの青空となった。冬と春とがめまぐるしく入れ替わる早春の一日だった。

天王通りの名前のように、ここはもともと「天王社」であり、牛頭天王を祀った神社であったことは間違いない。ご多分に洩れず、明治の神仏分離の時に、仏教的な部分は天王山宝寿院（津島天王社の神宮寺としてもっとも下位にあった寺だったが、神仏分離の時にも社僧が還俗(げんぞく)せずに、法燈を守ったという）として分離し、牛頭天王や蘇民将来、婆梨采姫、八王子神といった神仏混淆の「異神」たちをスサノヲ、クシナダヒメ、オオナムチといった記紀神話の登場人物と変換してみせたのである。

八坂神社でも感じたことだが、牛頭天王を祭神とすることを、これらの祇園社、天王社はできる限り隠しておきたいと考えているようだ。制度的にも、伊勢神宮を頂点とする神社本庁の統率下にある八坂神社や津島神社が、そうした「国家神道」の支配に抗えるはずもないのだが、それにしても牛頭天王、蘇民将来、八王子神などの存在を極力、記紀神話という神統譜のなかに組み込んでしまおうという意図や意志が神社そのものの構造からうかがえるのだ。

摂社の一つに「和御魂社」というのがあった。本殿とは比べものにならない、小さな祠のような社だ。そこの標識にはこれがもともとは蘇民将来を祀る「蘇民社」であったと書かれていた。津島神社の神域であった姥が森（海部郡佐織町町方新田）に鎮座していたのを移したもので、それを津島神社の主祭神であるスサノヲノミコトのニギミタマ（和魂）として祀り、「和魂社」としたのである。八坂神社でも「蘇民社」の名称は残しているのに、津島神社では、「蘇民社」の名前を消そうとしていると思わざるをえなかった。

そのことは、さらに楼門を出て、一の鳥居まで行ってみた時に、右側の森に隠されたような「居森社」の神社を見たことによって確信に変わった。一間流造りで銅板葺きの社だが、ここは欽明元年に祭神を最初に祀ったところとして伝わっている場所だ。スサノヲノミコトのサキミタマ（幸御魂）を祭神としているが、まさに牛頭天王が最初にこの地に来臨した霊地ということだろう。伝承では高津の湊の森に天王の乗った神船が近寄ると、蘇民将来の末裔という老女がいて、霊鳩のお告げによってこの森のなかに「居え奉た」ことにより「居森社」といったという。本来なら、第一の聖地としなければならないのに、参拝客もなく、境内のはずれにひっそりと置き忘れられたように建っているだけである。

もう一つ、荒御魂社という摂社が本殿の左隣にあり、スサノヲノミコトのアラミタマ（荒御魂）を祀っているとしている。これは本来なら牛頭天王そのものを祀らなければならない所であり、社伝ではもともとは八岐大蛇の霊を祀る「蛇毒神社」と称されていたということだから、本来は牛頭天王の八王子神、とりわけ八番目の「蛇毒気神」と呼ばれる神が祀られていたものと思われる。八岐大蛇というのは、「蛇毒」の名から牽強附会したものだろう。また、八柱社という摂社があり、やはりスサノヲノミコトの五男三女の御子神を祀っているとしているが、これも牛頭天王の八王子神を祀ったものであり、タギリヒメ・イチキシマヒメ・タギツヒメの宗像(むなかた)の三女神はともかく、五男神などは数合わせにしかすぎないといわざるをえない。

このように蘇民将来、牛頭天王、八王子神を祀っていたと思われる社は、ことごとくスサノヲを中心とする神話体系のなかに同化、吸収されてしまったのであり、本来の信仰の形を伝える伝承は、口碑として伝わっているだけなのだ。津島天王社にあった牛頭天王像は、現在では、市内駅前近くの宝珠院興禅寺に安置されている。

もう一つ、津島神社の境内には、本殿の脇に弥五郎殿社(やごろうでん)というのがある。弥五郎とは人名だろうか。居森社や和御魂社を差し置いて、第一摂社となっているこの社が、津島神社において有力な意味を持っていることは疑いようもない。津島神社の明細帳には祭神を「大巳貴命(オオナムチノミコト)、武内宿禰(タケウチノスクネ)」として、由緒は「創立年代未詳ナルモ古社ニシテ社領アリシ由、徳川源敬公御検地ノ節、委敷上申ストアルモ詳ナラズ、国魂(クニタマ)神社ナル由言伝(ヨシイイツタ)フ」とある。

津島神社の起源に関して重要な意味を持っていると思われるが、牛頭天王神話との関係性は見えてこない。神主に次ぐ社家筆頭の堀田氏が主管し、堀田氏の先祖の堀田「弥五郎」正泰が南北朝時代に社殿を造営して寄進したとされており、その「弥五郎」の名前が取られているとされているが、これは逆に「弥五郎」の名称が先にあり、堀田正泰を「弥五郎」という名前にしたものではないだろうか。後述するように津田正生(まさなり)はこれを「弥広矛(やひろのほこ)」→「弥五郎」としている。

2　天王川のほとり

津島神社の南門を出て、道路を渡って少し行くと、天王川の土手に着く。そこには御旅所があり、津島天王祭の際に、神社を出た神輿はこの御旅所に留まって、渡御を行う。現在は、天王川といっても木曾川の本流に注ぐ川への出口は堰き止められて、池のようになっている。しかし、昔はここは海に通ずる木曾川に合流する川だったことはいうまでもない。養老年間の作と伝えられる尾張の古地図によると、津島は伊勢湾のなかの一孤島として描かれている。地形や川の流れの変化、埋め立てによってずいぶん姿は変わってしまったが、津島が湊であって、船によって直接に渡ってくることのできる地形だったことは間違いない。

十三世紀の『海道記』には「蘆ノ若葉青ミワタ」る「津島渡（つしまのわたり）」が描かれているし、十六世紀には連歌師の宗長は津島神社から向島にかかる長い橋を渡り、及川と墨俣川の落ち合う地点から桑名までの船旅三里の行程を、その『宗長日記』に書いている。十七世紀、十八世紀に大がかりな堤防や堰き止め工事が完成するまで、津島の渡り、津島の湊は、水上交通の要所だった（小島廣次「津島と天王さま」）。

宵宮の車楽船（だんじりぶね）、朝祭の市江車（いちえぐるま）や大山船（おおやまぶね）などの川船が豪華絢爛と天王川に浮かぶ津島天王祭も、本来は、水辺の祭にほかならないことを示している。

今は天王川公園となっている元の川岸は、ジョギングをする人や乳母車を押して散歩する人がちらほら見られるだけだ。天王祭の宵宮、本祭の時には、ここは桟敷席（さじき）を予約しないと見物ができないほど、大勢の見物客が詰めかける。安藤広重の描いた津島天王祭の浮世絵の光景を想像しながら、暮れ始めた天王川のほとりを歩けば、風が肌に少し冷たかった。

社伝によると、津島の大神は欽明天皇の元年（五四〇年）、西海対馬から渡ってきた神であるという。対馬が転じて津島となったのである。だが、対馬にも津島と表記する仕方があり、対馬→津島というより、対馬（津島）→津島と考えるべきだろう。しかし、こうした社伝にも関わらず、延長五年（九二七年）の『延喜式諸国神明帳』の「尾張海部郡八座」のなかには、津島神社（津島天王社）と見られる社名は登載されていない。この八座は漆部神社、諸鍬神社、国玉神社、藤嶋神社、宇太志神社、由乃伎神社、伊久波神社、憶感神社であり、このうち諸鍬神社（諸桑）、藤嶋神社（佐織）、宇太志神社（八開）、由乃伎神社（佐屋）、伊久波神社（三宅）、憶感神社（神守）の六社は、その所在が明らかとなっているが、漆部神社と国玉神社の二社は、所在が不明のままだった。漆部神社は近年、甚目寺町の八大社に比定されたが、国玉神社は今も不明のままであり、これが津島神社ではないかという推測がなされているが、はっきりとした確証は見つかっていない（伊藤晃雄「津島神社の一考察」）。

津田正生は、その『尾張地名考』（文化十三年＝一八一六年）に、「正一位牛頭天王」を『延喜式』にある「海部郡国玉神社」として、「但し旧地は居森の宮地にして、本因は今弥五郎殿と呼宮則是なり」と書いている。

「［或人問曰］何をもて牛頭天王を式内の神社といふぞ」「［答曰］海の郡なる国玉神社は、東鑑に津島神社と出たる物にして、祭神大巳貴命一座なり。後に少彦名・須佐雄尊を配祀して三座とす。今居森の宮地に三社を建るは則その俤也（中略）国玉の神名は久しく廃れて、今は牛頭天王の称のみ申奉るなり」と、津田正生は、問答体で書いており、『延喜式』にある国玉神社を津島天王社に比定しているのである。

そして、弥五郎殿については「相伝曰」として「天王地主の神也」として、「正生謹考」として

津島天王祭（絵馬）

「大名持命にして、則柊の弥広矛なり、此宮国玉の神社なるがゆゑに、地主の神の名残あり」としている。

つまり、「弥五郎」といういかにも人名らしい社名は、「弥広矛」というご神体の名前の訛伝か、あるいは擬人化のようなものであり、伊勢神宮に神鏡、熱田神宮に神剣が祀られているように、この尾張の「国玉（魂）」の社には、神の矛が祀られていたと考えている。

「比比羅木（＝柊）の八尋の矛」といえば、日本武尊（ヤマトタケルノミコト）に父の景行天皇が東征の時に授けたものだ。『古事記』の造化三神の項で、天御中主命（アメノミナカヌシノミコト）が、いまだ混沌とした大海を掻き混ぜて国造りをした、その矛のことであり、本来ならば神鏡、神剣以上の神器といえるものだ（山本ひろ子の『中世神話』は、この秘められた〝神器〟をめぐる奇想天外な神話を追究している）。

日本武尊がその叔母の倭姫命から草薙の剣を与えられた（これはもともとはスサノヲが八岐大蛇

を退治した時に、その尾から見つけた天の叢雲の剣で、三種の神器の一つとして尾張の熱田神宮のご神体である。「尾張」の名は、この八岐大蛇の「尾」を「割った」ことから来ているという説がある）のだが、この「草薙の剣」にも匹敵すると思われる「八尋の矛」の行方については、その後、記紀神話は何も言及していない。日本武尊が受け取っていたのだから、（草薙の剣と同様に）尾張の国の「国玉」として、津島神社の摂社に祀られていたとしても不思議ではなく、伊勢と津島の深い関係性をもう一つ証明するものかもしれない。剣と矛との物語は、まだまだ奇々怪々に展開しそうである。

また、居森社については「里老曰」として「社人は下の宮とも呼は、御本社に対ていふ」とし、やはり「正生謹考」として「奉るに祭神少彦名神也。既にいふごとく、国玉の神社の旧跡なり。今三社双座といへども、唯北の一社を居森の神少彦名の命と為奉る。あとの二社は空社なり、昔の宮立をもて是を推ば、中央は大国霊の空社、南は須佐雄ノ尊の空社成べし」としている。「空社」というのは何だろうか。そして、「大国霊の空社」「須佐雄ノ尊の空社」とは、何を意味しているのだろうか。津島神社の謎は深まるばかりである。

牛頭天王が対馬から船で渡ってきたと考えると、居森の社は天王川の汀にあったと考えるべきだろう。天王の乗った神船が近づくのを見て、蘇民将来の末裔という老媼が、天王を迎えに出た。鳩のお告げによってそこに「居え奉った」ために「居森社」といったという口碑はすでに紹介した。蘇民社のあった姥ガ森といい、居森の老媼といい、牛頭天王の縁起に出てくる女性、老人、鳩といった要素が、散見されることは見逃すべきでないだろう。

こうした伝承は、明らかに『祇園牛頭天王縁起』や『簠簋内伝』の内容を参照した上で、語られたものといってよいだろう。もちろん、直接的にはそうした文書ではなく、口承された、その基になった神話や伝説であっても構わない。ただし、そこで意図されているのは、備後の国の疫隈社から始まり、京都の八坂神社でいったん〝上がり〟となる牛頭天王の旅程とは、また別系統のルートをたどっていることの強調である。対馬から津島へと、牛頭天王は渡ってきた。津島神社が八坂神社に対して主張しているのは、その渡来のルートの独自性であり、強いていえば、それは大本の起源の地であると考えられる朝鮮半島に、より近いルートをたどってきたという優位性の主張である。

それを検証するためには、私たちは次に対馬に飛ばなければならない。愛知県津島から、長崎県の対馬まで、昔ならば陸行何十日、水行何日間の遠い旅路なのである。

3　津島と対馬

対馬ルートによる渡来という伝承は、津島神社や地元の記録からではなく、むしろ対馬の側の記録や伝承によって裏付けされ、補強されるようだ。「津島神社の一考察」には、文化六年（一八〇九年）の平山東山の『津島紀事』からこんな文章を抜粋している。「祇園殿神社。祭ル所祭神一座、素盞烏尊神体一座。延喜式神名帳ニ載ル所ノ上県郡宇奴刀神社是ナリ」として、「欽明天皇ノ元年庚申、対馬ノ国進雄ノ神霊ヲ分ツテ、尾張国海部郡津島ニ祭ルト、是レ此ノ神ナリ。神祠、原ハ三根郷佐賀村ニ在リ。延徳三年辛亥六月十四日国府八幡宮之畔ニ遷シ、摂社ト為ス、祇園今ノ音ヲ用ル」とある。

ややこしいが、『津島紀事』の「津島」とは「対馬」のことであり、尾張の津島のことではない。対馬を「津島」と表記することは、前述した通り、珍しいことではなかった。

一九二八年（昭和三年）に対馬教育会によってまとめられた『対馬島誌』には、「村社宇奴刀神社所在八幡神社境内」として、「附言此神を尾張国津島に分霊のことに就て『津島紀事』には、欽明帝元年庚申対馬国進雄の神霊を分つて尾張国海部郡津島に祭るは則ち此神なりとあり。又『尾張名所図絵』には正一位津島牛頭天王社、孝霊天皇四十五年素尊の和魂、韓郷の島より帰朝津島に留り此処に年を経玉ひ欽明天皇巳未津島に光臨し玉ひ云々とあり、巳未は宣化天皇崩御欽明天皇即位の年なるが其年より翌年に亘りて分霊をなし、神社を建てしなるべし。但し『名所図絵』に拠るときは須佐男命を始めて対馬に祭りしは、孝霊天皇四十五年とあり、是れ豊村の島大国魂神社を祭りし時か」とある。

さらに「村社島大国魂神社」として「豊宇シレイに鎮座す」（「豊宇シレイ」とは地名のようだ）と場所を示し、その由緒を「祭神素盞烏尊由緒に云、島大国魂神社或は島首神社とも称す。此州北海の端にして州の頭なり、因て名とす。上古素盞烏神御子大巳貴命五十猛命を率ゐ韓地曾尸茂梨の処に渡り給ひし時の行宮の古跡たり。今に古の如く神籬磐境の古制あり。此内へ人の入ることを禁ず。故に海浜に遥拝所を置く。此州素盞烏神を祭る始の祠なり云々」とある。

対馬には、スサノオの神霊を尾張の津島に分祠したという伝承があり、津島には対馬から分霊されたという伝承があるのだから、その信憑性において何の問題もないようだが、それらを証明する記録があまりにも近世のものでありすぎることが気にかかる。木版の印刷術の発展と、書籍の流通ルートの展開は、近世において地方の情報や記録をいっきょに全国化していったといってよい。『津島紀事』を尾張の津島の文人が読み、『尾張名所図絵』を対馬の学者が繙くことがなかったとはいえない。いわば、対馬と津島の間で、キャッチボールのように、互いが互いの文章をその証拠として引用し、「国魂」の分霊、分社の伝承が往復したのではないかという疑念は否定できない。

それにしても、『対馬島誌』にある「島大国魂神社」は、古色を帯びていて、神社神道以前の自然神道の祭祀のやりかたを彷彿とさせるものだ。対馬の古社については、私もそのいくつかを廻ったことがあるが、天道信仰との関わりを思わせる天道の森や、朝鮮の城隍堂を思い起こさせる石積みの塔の信仰など、明らかに朝鮮から渡ってきたと考えられる自然崇拝の祭祀の跡があった。おそらく人の入ることを禁じている「島大国魂神社」の「神籬磐境」は、沖縄の御嶽（ウタキ）のように、自然石と神域だけがある、神さびた空間にほかならないのだろう。もっとも原始的で、原初の信仰がそこにはあり、そこが日本におけるスサノヲ信仰の発祥の地、いいかえれば牛頭天王信仰の発祥の地であったとしてもまったく不思議ではない。

ただし、対馬には、牛頭天王そのものについての伝承や信仰は残っていない。先にもあげた天道信仰の天道法師（天道様）は、アマテラス神話につながる太陽神信仰であると考えられるが、これは高句麗の朱蒙（チュモン）が日光によって感精して生まれた子供であるという日の神、太陽神の子供という神話とむすびついているものだろう（日の子、オオヒルメムチのヒルメやヒルコとの関連が語られる）。その意味では、対馬はまさに朝鮮半島と日本列島との信仰の中間地点といえるわけで、スサノヲや牛頭天王に限らず、多くの神々が、この〝津（湊、港）の島〟を媒介として渡ってきたのだ。

『対馬島誌』を繙（ひもと）いているうちに、私は何気ない一つの記事に目を引かれた。それは対馬の伝説の一つとして、「波自采女（はじうねめ）」という女性の故事が伝わっているというものだった。昔（皇紀一四二八年＝西暦七六八年）、上県郡に高橋連波自采女（たかはしのむらじはじのうねめ）という女性がいて、孝女としての評判が高く、公から租を免除されたというものだが、私が注目したのはその「波自采女」という名前そのものだった。「采女（うねめ）」は地方から朝廷に仕えるために送られた国の造の娘などの女官のことだが、この場合、ある程度の身分を持った女性と考えてよいだろう。この音読みで「ハジサイジョ」と読める女性名に、牛頭天王の妻女である「婆梨采女」を思い起こさずにはいられなかったのである。対馬では、牛頭天王はすっかりスサノヲの影に隠されている。そして婆梨采女は、単なる孝女としてその名前のみが、古老の口碑として残っていたのではないか。どんな来歴の、何をした人かという事績はまったく忘れ去られ、ただ

「ハジ（サイジョ、うねめ）」という名前だけが記憶されているのである。

牛頭天王が、対馬に足を留めた時、まだ「牛頭天王」という名前を獲得していなかったと思われる。それは武塔神に近いものであり、「北の海」から「南海」への旅の途中で〝津の島〟に停泊したのである。当時の言葉の使用例から見て、「北（の）海」が朝鮮半島を意味し、「南海」が日本を意味することは、自明だったと中村哲はその論文（「牛頭天王と平田篤胤」）のなかで明言している。武塔神は、朝鮮から日本へ対馬を経由して向かったのだが、この時にまだ「牛頭天王」と呼ばれていない神が、その名を対馬の地に残すはずがない。だが、婆梨采女と蘇民将来の名前はすでに確定していた。対馬における蘇民将来の記憶の発掘が待たれる。

対馬の北端の岬に立てば、海の向こうに韓国の釜山が見えるという。私がその岬にたたずんだ時は、天気が悪かったわけではないが、水平線の向こうは霞がかかったかのようにぼやけて、陸の影は見えなかった。北海から南海へと渡る途中で、牛頭天王（武塔神）は確実にこの島に足を留めたはずだ。そこはまたスサノヲが、息子のイソタケルとともに、舟を留めたはずのところだ。対馬の海岸や岬や湾のなかにある数多くの神社、社、祠、そして石を積み上げた塔のどれかに、あるいはそのすべてに、彼らはその身を隠している。それを再び見出す日が、いつかは来るだろうか。

私は、韓国の釜山（プサン）の海に浮かぶ影島（ヨンド）の太宗台（テジョンデ）から、韓国人が「テマド」と呼ぶ対馬を望んだことがある。水平線の向こうにごくかすかだが、島影を見たと思った。ここから多くの人々があの島影に向かって渡って行こうとした気持ちが、理解できたように思った。

4　伊勢と津島

対馬から離れて、今度はもっと近くの伊勢と津島との関わりを見ることにしよう。伊勢と津島の位置関係は微妙である。昔から、「伊勢と津島と、どちらが欠けても片詣り」といわれたほどの対の関係として考えられてきた。二見興玉神社の裏手にあたる音無山、昔は御塩山と呼ばれていた山に登ると展望台があり、太平洋と伊勢湾を展望できる。伊勢から津島へは船で海上を一直線で渡り着くことができるのである。

倭姫命は、二見浦で上陸し、五十鈴川を遡って、伊勢神宮の地を定めたのだが、そのまま船に乗って伊勢湾を渡り、尾張の津島の地に行くことも航路的には十分ありえたことなのだ。

倭姫命自身は、斎王として斎宮の地に留まったとされるのだが、それは伊勢神宮の立地したところから、津島寄りにあったといってもいい。伊勢と津島を結ぶ陸路としても、また伊勢の大湊から熱田へと渡り、熱田から津島へという水路としても、伊勢—津島間は、便利に開けていて、そこに倭姫命を媒介とした伊勢と津島の関係が仄見えるように思われるのだ。

私の空想はこうだ。昔は二見浦を含めた今の伊勢神宮の神域には、牛頭天王（まだ、牛頭天王という名称は定まっていなかったかもしれない。しかし、蘇民将来の名称はあった）を信仰する人々が住んでいた。中心となるのが「蘇民の森」の一帯であり、荒崎姫や佐見都姫、大田彦命などの土着神もまたそこには多かった。そこに武力とともに侵入してきたのが、アマテラスオオミカミを守護神とする倭姫命の一群（軍）であり、彼らは数々の戦を経て、この「常世の浪の重浪帰する国」「傍国の可怜し国」にたどり着いたのである。

征服戦争に明け暮れていた武装集団と、平和的な「蘇の民」たちの共同体との戦いの結末は、火を見るよりも明らかだった。素直に帰順した部族は徹底した破壊や殺戮から免れることができたが、反抗的だった部族は、徹底的に破壊され、その安住の地を追われた。しかし、アマテラスの神軍は、ただそれらの土着の神を殺戮し、追放しただけではない。それらの部族の神を自らの神話のなかに取り込むことによって、神々の帰順や服従を求めた。だが、なかでももっとも強力だった「蘇の民」たちの奉ずる神（原・牛頭天王）は、アマテラス中心の神話体系に取り入れることができず、行疫神の常として、船に乗せられて神祓えとして海に流されてしまった（その「王子」たちは、人質のように「伊勢」に留め置かれた）。

その疫神が漂着したのが、昔は海から直接に遡ってくることが可能だった津島の地だった。流され王としての行疫神（牛頭天王）は、「蘇民」の末裔である人々によってまず「居森」に祀られた。「居森」「姥ガ森」とも、津島の地に至るまでの天王の漂泊の履歴なのである（その元々の出航地は朝鮮半島にあり、そして対馬はその中継の湊だったと考えられる）。

しかし、こうした空想は、実は私一人のものではない。山本ひろ子が紹介している奥三河の花祭の『牛頭天王島渡り』祭文には、牛頭天王と天照大神との争闘を唱ったものがあり、それは牛頭天王に敵対する巨旦将来側に味方する釈迦や天照大神（アマテラスオオミカミ）をも「敵方」とするものだった。

アマテラスの子孫を祖とする天皇信仰に対抗する、もう一つのテンノウとしての（牛頭）天王信仰。天皇に敗北した天王。伊勢と津島にはこうした葛藤と抗争の歴史があり、それが互いに共存する道を探って、伊勢と津島に住み分けたというのが、私の仮説なのである。記紀神話のアマテラスとスサノヲの姉神と弟神の争いは、まさにこうした伊勢と津島の抗争をうまく説明するものにほかならない。

高天原でのスサノヲの乱暴狼藉や、それによる天の岩戸の事件、そして八百万の神々によるスサノヲの神逐いという物語が展開するのだが、そこに伊勢のアマテラスと、スサノヲと重ねられる牛頭天王の関係を透し見ることは可能だろう。信濃国分寺八日堂で頒布される蘇民将来の、上部が六角形の塔柱型のお守りが、蓑笠に包まれた、神逐いされた時のスサノヲの姿を摸しているといわれるのは、神逐いという記憶が、牛頭天王神話には根強いものとして残っていることを示しているのかもしれない。

もちろん、本来別個の神話伝承であったスサノヲと牛頭天王が習合したのは、記紀神話成立以後のことと思われ、伊勢と津島の対立という〝歴史的事実〟が、記紀神話に反映されていると考えることは本末転倒だろう。ただ、アマテラスという主神に対決する渡来神としてのスサノヲという性格が、牛頭天王と習合しやすいものを持っていたことも確かなのである。牛頭天王という名称が定着したのが中世以降であるのと同様に、牛頭天王がスサノヲと一心同体となってゆくのは、同時期であったと考えられる。

しかし、それは一部の神道家、絞り込んでいってみれば、伊勢外宮の度会神道による主張であったと思われる。陰陽道の教典『簠簋内伝』や津島神社に伝わる『牛頭天王講式』などには、正典としての記紀の創生神話とはまた別個の創世記が語られている。内宮優位の正統的な記紀神話に対する対抗心が、中世以降の新しい神道にはあり、それが『倭姫命世記』を含む神道五部書の作成にもつながるのだが、しかし、そこでも牛頭天王は〝隠された神〟として、表面に現れてくることはない。それを補うかのように、民間の修験者たち、津島御師たちの持ち運んだ祭文語りのなかに、牛頭天王と釈迦如来や、天照大神とが抗争する、神々の戦いの物語が盛り込まれてゆくのである。

5　鉾と矛の祭

京都の八坂神社の最大の祭礼が八坂祭ではなく祇園祭であるように、津島神社の祭礼は津島天王祭（津島祭）として全国的に知られている。「お天王さま」の夏祭として、その華麗さ、豪華さ、勇壮さにおいて比類のないものとして喧伝（けんでん）されているのである。祇園祭、天王祭のいずれにしても、その豪華絢爛ぶりは、日本の祭礼の代表的なものとして日本全国、いや世界的に知られているといっても過言ではないだろう。これは、祇園信仰、天王信仰が根っからの庶民や町衆に支えられたものであって、支配勢力、権力組織による上からの押しつけの信仰ではなかったことを物語るものだろう。

もちろん、長い歴史の間では、権力者の庇護や支援を受けないということはなかった。津島神社では、織田、豊臣、徳川の三代の武家政権が信徒として神社を盛り立ててくれたことを誇らしげにパンフレットに記している。尾張という土地柄もあって織田家が津島天王社を信奉していたというのは事実であろうし（織田信長の産土の神を「尾州津島牛頭天王なり」としている書物もある）、豊臣秀吉が楼門を寄進し、秀頼の寄進した金穀によって南門が建立されたというのも、明確な証文や記録はないものの、格別に疑う必要のない伝承だろう。本殿が、松平忠吉の妻女政子の寄進によるものであることは、慶長十年乙巳参月という日付のある棟札があることによって証明されるだろう。武家の信仰が厚かったのは、源氏の八幡信仰のように、伊勢の信仰のように直接的に天皇（皇室）と関わりのない、しかも武士にふさわしい猛々しく、荒々しい神格を「天王」が有していたからではないかと考えられる。

京都の祇園祭の山鉾巡幸の長刀鉾（なぎなたぼこ）といい、津島天王祭の布鉾（ぬのぼこ）といい、もともとは鉾（矛）という武器そのものが祭具として重要だった（「八尋の矛」のことが思い起こされる）。牛頭天王の図像が、剣や槍（鉾、矛）を持った姿で描かれるのは、不動明王や四天王などと同じく、武神であり、将軍神としての性格を持っているからだ。勇壮で、絢爛たる祇園祭や天王祭の絵巻には、刀剣や鉾や盾といった武具が描かれるほか、その山車には、平井保昌や山伏や船弁慶のような武将やそれに近い伝説上の人物、あるいは合戦の名前がつけられている。

戦う神としての牛頭天王の性格は、祇園社や天王社の縁起類よりも、修験者たちが太々神楽や湯立て神楽といっしょに持ち運んだと思われる祭文類において顕著になる。たとえば、牛頭天王祭文の一種である『牛頭天王島渡り』では、蘇民将来の善行の事績などはそっちのけで、もっぱら牛頭天王とその息子たちの八王子を初めとする眷属八万四千神と、かたや古端長者を守る釈迦と十六善神、五百羅漢たちの〝神々の闘争〟に焦点が当てられていると考えられる。

ギリシア神話やインドの『ラーマーヤナ』や『マハーバーラタ』のように、神々と巨人と英雄とが戦いあう神話物語。『牛頭天王島渡り』は、そうした神々の戦いの物語として発展してゆく可能性を持っていたといえる。こうした神々の闘争へと発展する祭文が、津島神社を根拠地とする津島御師と呼ばれる修験者たちを中心に広められていったことは興味深い。

奥三河の花祭に『牛頭天王島渡り』の祭文が残されていることを紹介した山本ひろ子は、この祭文の内容が津島神社の牛頭天王信仰と密接な関係があることを示唆している。それは祭文のなかに、「尾張国海西郡海道鹿津摩の庄・津島」という具体的な地名がはっきり示されていることにも明らかだが、何よりもそこには、〝追放〟され、〝隠された〟神としての牛頭天王の憤懣のようなものがはっきりと見て取れるということだろう。それは、いってみれば、伊勢のアマテラス信仰に対する対抗意識であり、アマテラスオオミカミを中心とする国家神道の八百万の神々に対する、牛頭天王一族、眷属八万四千神の陣営の果敢なる挑戦ともいえるのである。

もちろん、テキスト⑧として紹介した『牛頭天王島渡り』の祭文は、直接的にアマテラス軍を戦いの対象としたものではない。前述したように、それは古端長者を守護しようとする釈迦如来（しやかぶつ）の軍勢が相手なのであり、大般若経の講読で鉄壁のように守られた長者の屋敷に対する攻防戦なのである。『簠簋内伝』では、巨旦将来はたかだか陰陽道の「博士」の呪術によって守られているだけでしかなかったが、『牛頭天王島渡り』では、その戦うべき相手とは、本来は祇園精舎の守護神である牛頭天王にとって、守るべき「主」である釈迦如来その人にほかならないのである。

仏教の守護神が、その仏教の最高の神である釈迦如来に敵対し、あまつさえ、その「主神」の「左の指（ゆび）に取付」、「七日程なやませ」た上、さらに「十日に十の指をなやませ」「五臓六腑をせめ」て、それには「いかなる仏の御身とてたまり給ふべからす」、そして、ついには「二月十五日、けい（鶏）の初こへ（声）、あか月（暁）に御にうめつ（入滅）なり給ふ」という結果となるのである。牛頭天王はそれを一部始終眺め、「仏の御命をとるまでなり」とうそぶく。祟り神としての牛頭天王は、ついには釈迦如来までをも祟（たた）り殺すという、大逆この上ない結末を招き寄せる。

ここに、後に復古神道の廃仏毀釈のファナチックな運動につながる神道原理主義の表れを見ることもできるかもしれないが、それよりも、牛頭天王信仰に蓄積されてきたマグマとしての、権威を打破する無頼の精神力を見てもいいはずだ。無頼、無縁、無法の勢力こそ、牛の首を掲げて、騒擾を引き起こす「牛頭天王」を信奉する一統のものであって、それは不穏で血生臭い犠牲を必要とするものだったのである。

6　牛頭天王講式

『牛頭天王講式』という文書がある。次に掲げるのは、津島神社の神宮寺だった興禅寺に伝わる『牛頭天王講式』の一部である。「講式」とは、仏教儀式を記述したもので、この『牛頭天王講式』は、牛頭天王に関する儀式を述べたものだが、その神話伝承を仏教的に解釈したものと思われ、本地垂迹の考え方が一貫して取られている。

　内容については、その最初において「第一ニ本地ノ徳ヲ挙ゲ、第二ニ垂迹ノ利益ヲ讃エ、第三ニ八王子ノ利物ヲ嘆へ、第四ニ三国ノ化尊ヲ明ニシ、第五ニ廻向発願也」と書いてある通りのものである。引用したのは「第四ニ三国ノ化尊ヲ明ニシ」た部分の全文である。記紀の「国生み神話」を意識しながら、「葦の葉の老翁」を登場させ、津島天王祭のもっとも重要な儀式である「神葭放流」の起源を、「国生み神話」と関わらせて説明するもので、「伊勢＝天照大神」神話に対して、「津島＝牛頭天王神話」を対置させようとの意図を見て取るのも可能かもしれない。津島神社の第一の摂社、弥五郎殿の由緒となっているところも見逃せないだろう。文書の最後に「天文龍集庚子（九年）小春晦日津島興禅寺当住持秀峯書焉」という奥書があり、一五四〇年の春に筆写されたことがうかがえ、それ以前の成立にかかることは明らかである。

テキスト⑦『牛頭天王講式』

（前略）

第四ニ三国ノ化導ヲ明ムト云ハ、月氏ニテ北天竺九蔵国ノ吉祥苑ニ顕レ玉ヘリ。其レ従リ、祇薗精舎ニ出テ彼ノ鎮守ト示シ、釈尊一代説法ノ化儀ヲ助ケ玉フニ依テ、祇薗殿ト号シ奉ル。

爰ニ堅貪ノ者有リ巨丹ト名ク。彼等ガ末孫ヲバ治罰ス可シ。又慈悲ノ者有リ蘇民将来ト名ク、彼等ガ子孫ト名乗ランヲバ生々世々間守護ス可シトテ牛王ノ玉ヲ授ケ玉ヘリ。之ニ依テ七珍万宝ニ富メリ。大福長者ニ成ルコト、偏ニ牛王ノ宝珠ニ依ル。故ニ牛頭天王ト号シ奉ル也。

辰旦ニシテハ神農皇帝ト著ハレ、天下ノ耕作農業ヲ始ム。又毒・薬ヲ分チ医道ヲ初メ玉ヘリ。然後秦ノ始皇ノ代彼ノ形像ヲ象トッテ、牛頭天王ト崇メ奉ル也。

其ノ後我朝日域ニ来リ玉フ。仁王第七代ノ帝孝霊天皇御宇ニ西国ニ渡リ玉ヘリ。彼ノ対馬国従リ、又仁王三十代欽明天王ノ御宇ニ、東海道尾張国海部ノ郡門真荘津島ニ跡ヲ垂レ玉ヘリ。然ルニ此ノ在所ヲ鍵以ミレバ、左ニ大河流レタリ是レ自左青龍ナリ、右道有リ是レ白虎、前ノ池ハ即前朱雀、後ノ山ハ又後玄武、故ニ法天然トシテ而モ四神応ノ島ナレバ、実ニ以テ他ニ異ル霊地霊験也。中ニ付テ此国ヲ日本ト云モ、薬師ノ日光月光出世ニ昼夜ヲ昭シ玉フ徳也。

然間古ヘ天照太神ノ、浮橋ノ上ニシテ天ノ逆鉾ヲ以テ、大海原ヲ探リ玉フ時、老翁一人葦ノ葉ニ乗テ浮ビ出テ、我ハ是此ノ国ノ地主本地ハ薬師ト告依、此国ヲ礒馭盧島ト名ケシモ、今此ノ島ノ事ガ歟、其ノ故ハ彼ノ蘆ノ葉ハ島ト成リシヨリ国ト開ル、故ニ豊葦原国トモ号ス。此ノ葦ヲ以テ我国ノ地主ト敬フニ因テ、此ノ島ニ於テ弥五郎殿称ケ、地主ト崇メ奉処ナレバ其ノ本地モ亦仏法擁護ノ多門天也。之ニ依今モ六月十五ニハ御葦ヲ以テ天王ヲ仰ギ、御橋ノ上行幸成ナシ、大海原ヘ押宕ヘ奉ル。是ヲ古ヘ天ノ浮橋ノ下ヘ薬師ト葦ト出現シ玉儀式ナレバ、誠以テ是レ天地開闢政コト也。

尤隠密ス可崇敬ス可祭リ也。仍テ我朝出現ノ広恩ヲ報ンガ為ニ、伽陀ヲ唱テ礼拝ヲ行可。頌曰

具足神通力広修智方便十方諸国土無剎不現身

南無日本国中大小神祇哀愍納受心中所願皆令満足

津島天王祭でもっとも重要な神事とされるのが「神葭放流（みよしながし）」の神事である。この「神葭」に関する神事は、他の祭事とは異なって非公開とされており、その分だけきわめて重要なものと位置づけられていたことがわかる。『牛頭天王講式』は、従来の『牛頭天王縁起』では、その伝承のなかに出てこない「神葭放流」の神事を、神話世界のなかで位置づけるために、津島神社の内部で創作されたものと考えられる。

天竺（祇薗殿）、辰（震）旦（神農）、本朝（対馬から津島へ）と渡ってきた牛頭天王は、「東海道尾張国海部ノ郡門真荘津島」が「霊地」であるとして、そこに留まることにしたのだが、そこの地主神こそ、国生みの神話に関与する「葦の葉の老翁」にほかならなかった。これは、明らかに、記紀の造化三神の神話のヴァリエーションであり、アマテラスオオミカミが、浮橋の上から天の逆鉾を降ろして、大海原を探ろうとした時に、「葦の葉の老翁」を登場させたというのは、この「地主の神」がアマテラスより以前の根元の神であることを主張するためであり、「伊勢」に対する「津島」の対抗意識を強烈に示すものだった。

もちろん、記紀神話では天の逆鉾で海中を探り、その滴から国が生まれるというのはイザナギ・イザナミの神話なのだが、この場合は、日本神話の最高神であるアマテラスがその役割を担っているのである。国生みに使われたという「天の逆鉾」は、本来ならば、鏡・剣・玉という三種の神器に匹敵する（それに対抗する、あるいはそれ以上の）「神器」にほかならないはずなのだが、それは不思議にも伊勢神道からは抹殺されていたのである。ヤマトタケルに与えられた「八尋の矛」や、「八千矛（ヤチホコ）の神」といわれたオオクニヌシ、さらに「天之日矛（アメノヒボコ）（天日槍）」の神などが、記紀神話の中心から意図的に排除されているように、「矛、鉾」と「剣」とは、微妙に区別され、差別されていたのであり、津島の天王信仰は、その「鉾（矛）」を神話の根元にあるものとして、その重要性と正当性を主張していたといえるのである。天瓊矛については、江戸期の肥後熊本の国学者・井沢長秀が『神道天瓊矛記』を書いて、その「矛」中心の神道論を展開している。「矛（鉾）」を中心とした日本神話の読み替えは、まだこれからのことであると考えられるのである。

この『牛頭天王講式』の神話は、「神葭放流の神事」から、逆に発想されていると考えられる。その神事は、以下のような順序で執り行われる。

まず、祭の始まりの儀式として「神葭刈場選定の神事」が行われる。これは当年の「神葭」を刈り取る場所を選定し、そこを浄めるものだ。次に、「神葭刈神事」が行われる。これは、夜中の午前二時に、御幣と一夜酒を持った奉仕団が、天王川を船で渡って中一色の日光川畔に行き、午前八時から刈り取りを行う。すぐれた葭を選んで刈り、これを九束にたばね、神葭台に乗せて神社へと向かい、これを納める。

「神葭揃え」は、刈り取った葭のなかでもっとも立派なものを一本選び、「しん（真・芯）の神葭」として飾り付け、昨年度安置した「真の神葭」と取り替え、本殿内陣に安置する。他の葭は、葉付きのものやそうでないものなどに分けて飾り付けをし、外陣に安置する。この後、「斎竹立」、「人形作り」、「せんとうじ」、「児打ち廻し」、「星宮試楽」、「宵宮」、「大御饌調進祭」、「朝祭」、「神輿渡御」、などの一連の華やかで、荘厳な祭事が続いた後、「神葭放流」が行われる。やはり真夜中の午前一時に、真っ暗闇のなかで、古い「真の神葭」が運び出され、天王川へと向かう。境内では「つぶて払い」が行われ、「立神楽」が舞われる。この時、氏子たちはこの神事を見ないように早く就寝しなければならず、夜遅くまで起きていると胡瓜が家のなかに投げ込まれ、不幸が来ると伝えられる。これを「おねやれ（オービン）」と称する。御葭が川に流され、「神葭放流」は終了する。

翌日、神葭の漂着した地点を中心として〆縄を張り、〆竹を立てて飾り付ける。これを「神葭着岸祭・神葭祭」という。

「神葭放流」の八日目まで、この神葭は地元の町内会によって祀られ、八日目と九日目に、宮司以下の神官が天王川へ行き、川中に奉斎している神葭の前へ赤船に乗って赴き、船上でお神楽を奏して祭を執り行う。正装した神子二人が鈴を鳴らして船上で舞い、小鼓、大鼓が打ち鳴らされる。この神葭は、放流の二か月半後に天王川の小島、神葭島に納められることによって、すべての神事が終了するのである（樋田豊「津島祭について」）。

寛延年間にまとめられ、津島神社に伝わる『藤浪翁問答』では「殊に御葭放と申御事。表裏の神秘あり」として、この神事が、スサノヲ神が高天原から神逐いとなり、漂泊したことを「御葭を滄海に放奉る類。是表理一往の神故ぞかし」と説明している。「葦をもてする事。ふかきいはれ有て。年毎の六月十一日に。其斎場定里て。斎鎌もて苅初奉る数。其員数といひ。束制といひ。尤もあらはしがたし。むかしよりの苅場は二子といふ所なりしか。度々洪水のために洗れて。葦絶しかば。前賀須といふ所にしていまは苅取る事也」と、「神葭」の刈り場が変更となった事情を説明している。

また、「みよし踊り」の起源として、「彼御葭。津嶋川の曲輪に着岸し給ふ時は必有事にて。曲輪の外に着給ふ時ハなき事也。近里の踊は年毎に成れり。いかにとなれは。其れもと御葭放は。其縦跡とどめ給はぬための神事なれとも。水上風波のよすかによりて。立帰り着岸し給へは神慮を和め国家の安全神民無為の祈りとて。神職には。二夜三夜の神楽船上に奏し。祓し供僧は般若転読す。此事畢て。町家には。神慮和のためとて佳例の踊を催せり」と書いている。

この「神葭」が神の憑代であることは確かだが、もちろん、この神がどんな神であるかは明らかとはなっていない。この「神葭神事」を神話的に説明するために、『牛頭天王講式』の「第四節」の部分が書かれたのかもしれない。こうした天王川とその中州を中心とした水辺の祭として「津島天王祭」は始まり、「車楽船」が繰り出す豪華絢爛の祭礼絵巻の世界にまで発展していったのだが、しかし、こうした「神葭刈り」の神事自体は、同様のものが日本各地の神社で行われていて、必ずしもこの津島天王祭の影響を受けていない、他系統の神社でも重要な神事とされている。

たとえば、宇佐八幡宮では、その祖社（元社）とも伝えられる薦神社の三角池で取れる「真薦」を神輿の霊代の御枕にするという慣わしがあり、もともとそこは神事に使う「薦」を苅る場所だったと考えられている。薦の刈り取りからそれを枕にし、奉納し、海中に流すという一連の神事があり、八幡信仰においても、こうした神の憑代としての「薦」という観念が伝えられてきたことがわかる。

津島神社の神葭放流の神事は、各神社で夏越の祭として行われる茅の輪くぐりと同じく、疫神封じのための儀式である。それは葭自体が神なのではなく、もともと疫神を捕縛し、緊縛する「索」を意味していたと思われる。三輪俊介はその論文「陰陽信仰」のなかで、茅の輪くぐりの「茅の輪」について、それが後漢の王充撰『論衡』にある、門神としての神荼と鬱塁が、鬼神たちの人間社会への出入りを封じるために「葦の索（縄）」で縛り上げ、それを虎に食べさせるという『山海経』の伝説に着目している（現行の『山海経』には、この伝説はない）。

『論衡』の「訂鬼第六十五」には「上に二神人有り、一を神荼と曰ひ、一は鬱塁と曰ひ、萬鬼を閲領するを司る。悪害の鬼は、執ふるに葦索を以てして、以て虎に食はしむ。是に於て黄帝乃ち禮を作り、時を以て之を駆り、大桃人を立て、門戸に神荼・鬱塁と虎とを画き、葦索を懸け、以て凶魅を禦ぐ」というのである。中国で、正月に門神の絵や虎の絵を飾るのはそのためであり、こうした風習が日本へは「桃の木の符」や「葦の索」として輸入されたと考えられる（ただし、この茅の輪の形は、牛の角の根元を鉢巻状に綱で巻く「牛のツボ」から来ていると思われる。鼻輪ではなく、太い綱の輪を角に巻いて牛を牽引するのである。「牛頭」を制御するという信仰的な意味も考えられる）。

つまり、「茅の輪」はこの「葦の索」のように、鬼神（＝疫神）を縛り上げるものであり、そうした疫神を縛り上げた葦（茅）を疫神、悪霊そのものとして川や池などの水に流すという行事と考えることができるのだ。

たとえば、子供たちの伝承的な遊びとして「通りゃんせ」という遊戯（遊び唄）があるが、そこで「天神様の細道」を通ることができるのは、「この子の七つのお祝い」のためにお宮参り（お札納め）をする善男善女たちであって、オニ（鬼神や疫神）が、その子供たちの腕の「輪」をくぐろうとすると、それをストップさせるという神事を遊戯化したものなのだ。この場合の「天神」は、天満天神というより、「祇園天神（武塔天神）」のような疫神祓いの「天神様」であって、善男善女のふりをしてその輪を抜けようとする疫神や鬼神を防ぎ止める役割を果たしているといえよう。

御葭神事の「真の御葭」は、一年に一度、新しく、もっとも丈夫な疫神を繋縛する「葭の索」を選ぶ儀式であって、古い「御葭」が鄭重に扱われるのも、それが神として崇敬されるからではなく、葭によって縛られた疫神であっても、まだ崇りの〝危険〟は残っているために、それが流れ着いた場所で、その崇りを恐れて慎重かつ鄭重に扱うのであり、その危険性が消えるまで、祀り続けなければならないのである。

そうした起源が忘れられたまま、辟邪の効用のある水草の「葦」や「葭」（あるいは菖蒲）が神の憑り代とされ、その輪を身につける、あるいはその大きな輪をくぐることによって、疫神の害から逃れることができるという信仰が生まれてきた。つまり、茅の輪をくぐり抜けることは、自分が疫神ではない、あるいは疫神に憑かれていないことを証明することであって、それが疫神封じのお祓いの儀式となっていったのである。

大疫神である牛頭天王（武塔天神）の威力によって、疫病そのものを遠ざけようという「祇園神」の信仰は、「御葭神事」のなかに、まさに原型的に表現されている。

不動明王が持つ「索」のように、丈夫な葦や葭などで作られた聖なる「索」は、鬼神封じのための武器であって、それは鉾や剣が、やはり鬼神（敵）を脅し、それを退治する聖なる武具であることと同じである。「葦＝悪し」を追い払う「葭＝良し」の神事こそが、津島天王祭の最重要の祭事となるのは、当然のことといえる。

津島神社の「神葭神事」が「天王祭」にまで発展していったのは、東海道や木曾川の水路や海路、陸路を巧みに展開した御師やその手代たちの行商的な経済活動にあり（彼らはお札とともにお下がりと称してお茶や鯣やあらめなどを山間部の地域に供給していた）、水路、陸路の要衝としての地の利を活かしながら、水の神、山の神、野の神としての（もちろん、防疫の神としても）「日本総社津島牛頭天王」の名前を拡げていったのである。

テキスト⑧『牛頭天王島渡り』

この『牛頭天王島渡り』は、牛頭天王祭文の一種で、時代的にはそれほど古く遡ることはできないだろう。もともと、奥三河の花祭において唱えられていた祭文であり、牛頭天王信仰としては、津島天王社の系統のものと思われ、伊勢から津島へと、牛頭天王が〝島渡り〟する様相が、具体的に描かれている。津島御師が、天王信仰を伝えるために、津島から木曾川水系を遡るような形で奥三河の地域に入り込み、そこで湯立神楽などとともに、祭文として伝えたものであろう。

前出の信濃国分寺に伝わる古い形の『牛頭天王祭文』などと比べて、きわめて特徴性の高いもので、八番目の王子の「蛇毒気神」の登場の仕方や、こたん長者の屋敷の討ち入りと争闘の場面など、ドラマチックな物語性に富んでいる。ある意味では伝奇小説的といってもよいかもしれない。何しろ、こたん長者に味方するのは、何と釈迦如来（しやかぶつ）であり、牛頭天王は釈迦如来を敵側に回して果敢に闘争を試みる。

これは檀家制度がそなわり、仏教が国教的な役割を担っていた近代以前には考えられないストーリーであり、国学のナショナリズムの昂揚によって廃仏毀釈の気運が高まった幕末を時代背景として考えざるをえないのではないか。あるいは、牛頭天王が仏教神ではなく、釈迦を譏謗する反仏教的な存在であることをことさらに強調しているものか。何しろ、牛頭天王は「仏の御命迄とるまでなり」という暴言を吐いている。この過激さは何に由来するものだろうか。

本文は『日本庶民生活史料集成　第十七巻　民間芸能』に翻刻されたものを採用し、いくらか漢字を補った。もともとは早川孝太郎著の『花祭』に収録されたものであり（古真立集落の花祭で唱えられていたものである）、後に山本ひろ子が数種類の伝本を照合して、『異神』の中に収めたものと大筋においては変わりはない。不明、不詳の語句はそのままにした。

牛頭天王島渡り（古真立）

抑それ当来年月吉日。龍神せんじやうよりしゆぎの

それ善根はそふかひ（滄海）よりも深し
しんぐな（信心は）ぼんでん（梵天）よりも高し
かけまこよりもかたじけなく御まします
行疫神とあらわれつゝしみうやまつてまふす
きんぜい東方に牛頭天王八万四千の鬼神王かいらいりよざ
きんぜい南方に牛頭天王八万四千の鬼神王かいらいりよざ
きんぜい西方に牛頭天王八万四千の鬼神王かいらいりよざ
きんぜい北方に牛頭天王八万四千の鬼神王かいらいりよざ
きんぜい中央に牛頭天王八万四千の鬼神王かいらいりよざ
惣じて二千六百五拾余神等の行疫神とあらわれつゝしんでまふす
それ須彌の半ふく（腹）豊饒国と申国有
此国に王一人御まします
御名をとうむ天王と申
またさいたん国のあるじ女と申仏二人まします間
たがひに夫婦のかたらひをなし
大ばつ（跋提）大河の池の水すみて流るゝ風情して
五人の御子を御たん（誕）生なし給ふ
御名をは百鬼疫行那行とさじんはりさい女と申
其後王子貳人御たん生なし給ふ
御名をばびめい神。がけい神。しやうけい神

てんそう神。しやう吉神。さうせん神
太一神。天かう神。太えい神。からさう神
太吉神。ひんかう神と申て
其後王子一人御たん生なし給ふ。御名をば牛頭天王と申
その御たけは九尺二分に御まします
御頭には赤色の角七筋はへさせ給ふ
左の御手にはるり（瑠璃）の坪を持給ふ
右の御手には百しゆ（種）の三字をたもち給ふ
御本地は薬師如来の化身なり
牛頭天王とうむ天王にあい奉り
我は是龍宮に聞へたるちさんが池を見んとの給へば
安き程の御事なりとの給ば
只一時の悪風成て龍宮に渡り給へば
南の方に当て大海のそこに山一ッ見へ給ふ
此山の麓に立ちどまり見給へば
方八町に堀をほり四じやう（丈）の馬場をつき
白銀にてつきぢ（築地）をつきこがね（黄金）の門を立給ふ
其内に家一ッ見へ給ふが
三五（珊瑚）の王位（覆い）くうごのうつばりをんしやく（盤石）にてみがきたて
せんだん（栴檀）のにほひいかふくんじゆ（異香薫修）をびただし

天王御らん有て我日本行疫神にましします

此島に渡り給ふがいかなるものゝ家ぞととひ給へば

しやから龍王こたへて申

是は龍宮浄土と申て仏のすみかにてましします間

天王に宿をばまいらせまじきと申

天王聞し召されて誠仏のざひしよ（在所）にて有ならば

一夜の宿をかし給へとの給ふ

其時なんだ龍王ばつなんだ龍王しやから龍王

あなはつた龍王まなしき龍王こだつた龍王

此八人の龍王聞給へて

薬師仏にてましまさばるり（瑠璃）の坪（壺）を置給へ

一夜の宿をかしまいらせんとの給へば

安き程の御事なりとの給へて。其時一夜の宿をかし奉り

龍宮にしやから龍王と申ものゝびばか女と申て

あけ七歳に成り給ふ女子一人ましします

牛頭天王御心を寫し給ふて龍宮に七年ましします

其時の王子達御たん生なし給ふ

第一の王子相光天王第二の王子魔王天王

第三の王子ぐむら天王第四の王子とくだつじん天王

第五の王子らうし天王第六の王子たにか天王

第七の王子地神相光天王と申て
有時牛頭天王思し召れよふは
いざや日本の地へ渡らんとの給へて
桑の木て舟を作り立。よも（四方）のけんぞく（眷属）八万四千神を
舟に引のせて日本の地へ渡り給ふとき
ちくらが島のかた（方）よりも
頭には松紅葉を引植たるがごとく毒蛇は
くれなひ（紅）のした（舌）をさかまき日月とふ（燈）明のごとくなる眼を見だし
天王召れたる一葉の舟を見かけおよぐなり
牛頭天王御覧有てちさんがつるぎ（剣）を引ぬき
舟のへいたに上り浪にうかぶる毒蛇は
大龍王がつかひや小龍王が夫かや
我は是しやから龍王の聟牛頭天王といふものなり
しやかつた女と七人の王子を引つれ日本の地へ渡るなり
立たる波をもしづめ俄に波たて来る
毒蛇不思議なりとの給へば
蛇神こたへて申我は是天王の御子なり
七人の王子達は日本の地に渡り給ふが
我一人此島捨置給ふ程に御跡をおひ申て
是迄来り給ふは牛頭天王聞し召し

しやかつた女に此事かくとの給へば
しやかつた女聞し召し不思議なる事なり
舟のへいた（舳板）に上り波にうかぶる毒蛇は
我子と名のるはふしぎなり
天王龍宮に渡り七年御逗留有其内に
七人の王子を設け給ふが其王子達は
此内にましますが不思議なりとの給ふ
蛇身答て申愚なることの給ふものかな
龍宮に七年まします七人の王子御たん生有給ふ
其七度の後の者を龍宮にきこへたる
ちさんが池にしづめ置たる根元来て毒蛇となる
我も是父の躰に屋ど（宿）るものなり
天王の御子にてましますと申
しやかつた女は聞し召し。誠根元来て毒蛇となるか
我子となのる。是にて証拠あるべきとの給へて
さんごのむね（胸）をかきなで兩ち（乳）を合せ御覧ましませば
七人の王子の口にも蛇身の口にも
かんろう（甘露）のあじわひふろうふしん（不老不死）の薬となり
しやかつた女は疑ふ心なし本地をあらわせとの給へば
右より赤き毒蛇にてましますが

一尺四寸の十一面観音と現れ給ふて波の上に立給ふ
其時しやかつた女疑ふ心なしとて舟の内に引乗奉るなり
八番目の王子なれば八王子とも申なり
又はたくそう神天王とも申なり
又は虵毒気神とも申なり
合せて八人の王子を引つれ日本の地へわたり給ふ
さひはひ（再拝）さひはひとうやまつて申
　抑伊勢の国箱先（崎）の浦に舟を付
天王は舟より上り給へて我は是尾張の国
海道鹿津摩の庄津島と云在所有
社旦もなくして大石に身をかくす
神正月十六日に尋来り給へげんざん（見参）せんとの給へて
かきけすやうにうせ給ふ
八人の王子達は箱先の浦にて御年を召され給ふ
早々正月十六日が近くなり給へ
父母にげんざんとの給へて
第一の王子はとふびやう（病）つくらせ給ふ相光天王
第二の王子はうん病造らせ給ふ魔王天王
第三の王子は疫神造らせ給ふぐむら天王
第四の王子はかい病造らせ給ふとくだつ神天王

第五の王子は赤腹造らせ給ふうぢ天王
第六の王子は大病造らせ給ふたにか天王
第七の王子は水病造らせ給ふ地光相天王
第八の王子はいもはしか造らせ給ふたくそう神天王
かくのごとくいんげん（人間）の病を造立
じやうぶん（上分）の箱十六合にいれて
なめなる牛八疋に付尾張の国海西郡
海道鹿津摩の庄と尋ね。正月十六日に来り給ふ
牛頭天王御覧有て八人王子達は年首の御為に来り給ふ
百鬼疫行仰付頓て御前に捧げ奉り
箱の蓋を御覧じ給ふ
那行都佐神 即 箱をあけ名たひ（名代）の宝物を
一々にいろめて見給へば
目無神耳無神手無神足無神
躰無神鼻無神口無神 萬 のまどもきわもなし
牛頭天王御覧有て大きにゑみをふくませ給へ
青色の鬼神に成て時の引出者を取せ給へて
一々本地へ送り返し奉る
目無神には見る事あたへて本社に送り返し奉る
鼻無神にはかぐ事あたへて。耳無神には聞事あたへて

口無神には云事あたへて。手無神には取事あたへて
躰無神には五躰あたへて。足無神にはあゆむ事あたへて
青き神をば東方へ送り返し奉る
赤き神をば南方へ白き神をば西方へ
黒き神をば北方へ黄なる神をば中方へ
五色の神五方へ送り返し奉る
今残る神達まします目無神七万七千十社
鼻無神十万七千十社耳無神八万八千十社
口無神七万七千十社足無神六万六千十社神達まします
惣て躰無神五万三百三十社まします
いんげんの神をば天竺広き国へ送り給へば
一時の悪風と成て天竺にわたり給ふ
さいはひ（再拝）さいはひとうやまつて申す。
又天竺に渡り給へば大六山と申山有
此山の麓に立とどまり見給へば家一ッ見へ給ふ
是は天竺にならびなきこたん長者と申ものゝ家にてましますと申
天王聞し召しこたん長者の家ならば
一夜の宿をかせとの給へば
長者は答へて申。是はしやくそん（釈尊）の御身弟子
五百羅漢と申仏の御宿にて有間

他所にて宿をかり給へと申
天王聞し召し過去の心もふかとく（不可得）
現ざひの心もふかとく未来の心もふかとく
三世未来もふかとく心なるがゆへに
過去の有時神にも近き者ならば
仏の宿なりとも一夜の宿をかすべきか
過去に有時神をもあひせざる時なりとて
急ぎ其義を見せんとてたんち（弾指）の法をむすびかけ
うしとらの方へふみたる道行給へば
其内に家一ツ見へ給ふ天王御覧有て
是いかなるものゝ家ぞととひ給へば
是は天竺にかくれなき蘇民将来と申て
ひん（貧）なるものゝ家なりと答へ給ふ
牛頭天王聞し召し我は是日本行疫神なり
天竺を一見に渡り一夜の宿をかせとの給へば
蘇民将来承りそれにて少し御またせ給へ
一夜の宿をまひらせ奉らんと
木火土金水とて五人の男子せんじゆが野に出し
ちがや（茅）をかり寄新しきこも八枚あみたて
八人の王子達にしかせまいらせ奉る

残る神達はちがや一葉の上に一夜の宿をあかさせ奉る
其時天王百鬼疫行を近付て
急きこたんが家の内に能々見廻し給へと仰有ければ
長者さとりのはやきものなれば
其夜の夢に夫妻のもの
昔よりちがや七筋はへると夢に見て語り給ふ
しやくそん（釈尊）達聞給へて
それは長者ほろぶる夢なり
時急ぎ五百羅漢達は長者が中のでいに居ながれて
こんしんこんでい（金字金泥）の大般若を只一時に
一万五千部てん読し奉る般若十六善神達は
長者が廻りに立渡り給へて
くろ金にてつひぢ（築地）高さ十六丈につき給ふ
めうおん（妙音）菩薩は天に上りて
くろ金のあみ（網）をはりかきね（垣根）のまどをはり給ふ
疫神達も入べきよふはなし
天王聞し召し那行都佐神召されて御下知有
那行都佐神承り青色の鬼神と成り給へて
くもゐのすきより見たまへば
上八番目に当りて御年の比三十斗りなる

仏一人左の方にかいすりすかつて
居眠りをして文字を一字読おとす事有
是が即かきねのまどゝなり給ふ
其時百鬼疫行那行都佐神達
十二願を差遣し給へて
各ほこ（鉾）を捧げかきね（垣根）を破り給へば
一々に破れ四方へ散。天に張たるくろ金のあみも
八ツにきれて八方へさるなり
其時八万四千の疫神達は長者が達（館）に入乱れ
長者夫妻のものゝ頭を取て地に付
かんがう（金剛）に身をやつしのうらん（悩乱）させ
千人のものをなやませ給ふ事
或はにく（肉）をつかみ或は血姓をぬき
或は骨を砕き血をしぼり給ふ事
流転生死のこういん（業因）なり
蘇民是をつくみ給へて天王の御前にまいり給へて
こたんが内に少女一人ましますが
蘇民がためには娘也こたんが嫁にて候
譬長者をばつ（罰）し給ふ共
蘇民が少女たすけてたび給へと申させ給へば

牛頭天王聞し召し八万四千人のけんぞく達を引連れ
蘇民が少女すくはんとて
長者夫妻のものゝ湯とり水取りと定めて
千人の中に一人たすけ給ふは蘇民が少女の事なり
其時しやかぶつ（釈迦仏）聞し召しいかなる魔王鬼神にてましますぞ
仏の御弟子迄なやます事ふしぎなりとの給へば
御身には慈悲にんにく（忍辱）の衣を着し
慈悲じざひ（自在）のけさ（袈裟）をかけ。じつそうしんによ（実相真如）のくつをはき
百八ぼんの珠数を持。一ゆう三界のしゆじやう（撞杖）をつき
長者が達に渡り給へて
牛頭天王じきだん（直談）目と目を見合
いかなる神にてましますと其時とひ給ふ
天王聞し召し御身いかなるものぞととひ給へば
我は是天竺にかくれなきしやかぶつ（釈迦仏）といふものと答へ給ふ
天王聞し召し御身が父をばじやうぼん（浄飯）大王
母をばまやふじん（摩耶夫人）と申。人間躰にやどるもの也
我は是須彌の半腹豊饒国と云ところに
父をとうむ天王母をばはりさい女と申仏の子なり
三世の諸仏父母なり九海のくんるい（群類）は家なり
我前で仏と思はゞ御身一人がい（害）して

千人の旦那の命にかへ給へとの給ふ
しやかぶつは聞し召し其義にてましまさば
我一人がいして千人の旦那をすくわんとて
しやうへい（承平）元年きのへとら（甲寅）の二月朔日に
左りのゆび（指）に取付若（もし）一日若二日若三日
若四日若七日程なやませ給へば
只当病（たゞたうびやう）と見へ給ふか十日に十の指をなやませ給ふ
五臓六腑せめ給へばいかなる仏の御身とて
たまり給ふべからす二月十五日
けい（鶏）の初こへ（声）あか月（暁）に御にうめつ（入滅）なり給ふ
其時五十二類のけだものも五百羅漢達も
しやかぶつに御名ごり給ふ
其時しやか仏は末期の一句（く）との給へて
躰はう（失）すると云共命は有
四月八日とらの一天に其義みゑんとの給へて
百千段（梅檀）の木の下でくわそう（火葬）し給へば
煙は天にあがりてしうん（紫雲）たなびき霞となる
かゝる処は草木とげん（現）じ
しやう〳〵の花のいろ〳〵咲給ふ
四骨は二十五の菩薩となる

何れの衆生(しゆじやう)をもらさずたすけ給はんための
御にうめつなるとき牛頭天王御覧有て
仏の御命迄取迄なりとの給へて
いざや日本の地に帰らんとて
八万四千のけんぞく達を引つれ帰り給ふ
蘇民将来も御供申千じゆが原迄参り
天王御覧有て。それ蘇民にてましますか
早々帰らせ給へと仰有
蘇民将来は子孫三ケ国において
疫病の苦患(くげん)をたすけまじきと御判たび給はれとの給へば
やすき程の事とて大ぼん（梵）天に下り給ふ
大岩の上に腰をかけ墨摺りながし筆をそめ
八万四千神達聞給へ。蘇民将来の家子孫において
行疫神のいましめ有べからずと
前なる柳を切わりて御判をたまわる
百鬼疫行那行都佐神たさい神の
今こそゆるし給ふとも。さきの世に有時
主親(しゆしん)を殺し子をがいし七堂伽藍に火をかけ
神仏を焼払ひ十悪五逆の者生れきて有ならば
御たすけ有べからずと能々過去の因果をしるすなり

たとへ蘇民が子孫なりとも
じんてがうてん（神田耕田）作仏神三宝供養せざるものにおいては
御ゆるし有べからすとの給ふなり
彼一々の者共は今現在に生れたりとも
ひんなるものに生れべし
是うたがふ心はすべかせずとの給ふ也
今日只今しん〲の大旦那　専　天王宝号の一ツたり
百二十年のじゆ（寿）命をさすけ給へと
色々のはくたひの花のへいそく（幣帛）をかざり
百味の御食だんこくのもりものそなへて
本地本座に祭り返し奉る
只今速に御祈念申きゝ入のうぢう（納受）をたれ給ふ
又善根くどく（功徳）をつくるともこたんが子孫においては
ばつし給ふべきなり我日本の地へ帰らん程は
唐土天竺我朝　に至迄蘇民将来の子孫の家において
疫病の苦患をさずけまじきとの給へて
八万四千六百五十余神等のけんぞくを引連れ
日本の地へ立帰り給ふ
さいはひ（再拝）さいはひとうやまつてまふ（申）す

この『牛頭天王島渡り』祭文の特徴は、蛇毒気神天王と、それを含めた八王子神の験効の強調だろう。牛頭天王は龍宮城においてしやから＝薩迦女（びばか＝妃婆迦女ともある）との間に生まれた七人の王子を伴って、日本の地へ渡ろうとする。その時に、天王一党の乗った船の水脈を追って、「頭には松紅葉を引き植たるごとく毒蛇、紅のしたをさかまき、日月とふ明のごとくなる眼を見だし」て泳ぎ、追いつこうとする。

天王は船の舳先に立って、剣を抜き、この異様で怪奇な化け物に対して、何者かと問い詰めると、毒蛇は意外なことを打ち明ける。自分は天王の息子であり、置き去りにされるのが嫌で、七人の兄弟とともに日本に連れて行ってもらいたくて追いかけてきたというのだ。不審に思った天王は、妻を問い糺すが、妻も身に覚えがないという。すると、毒蛇は、七人の兄弟神を産んだ時の胞衣（後産としての胎盤）を「ちさんが池」に沈めたため、それが根源となって、自分が産まれたと打ち明ける（しかし、「ちさんが池」とは何だろうか。「後産」あるいは「血産」というのではあまりにも即物的すぎるようだし、その後の「ちさんが剣」の意味が解けない）。

では、その証拠にと、しやか女が胸を開いて乳房を出し、七人の息子と蛇毒気神に母乳を絞って飲ませる。『古事記』のオオクニヌシが木の俣に挟まれて殺された時の挿話にあるように、実母の母乳は、その実子にとって不老不死の薬となるが、本当の母子でなければそれは薬効を持たない。七人の王子にも、王子を名乗る蛇毒気神にも、それは甘露の味と受け取られ、蛇毒気神が天王の実子であることが証明されたのである。

この蛇毒気神の物語は、『牛頭天王島渡り』の祭文独自のものだ。縁起や他の祭文にも八王子神やそのなかの有力な一柱の神としての蛇毒気神は登場してくるが、こうしたいわば別個の誕生譚を持ち、別の神話物語として展開してゆく可能性を持ったものは、これ以外にはないと思われる。

これは、牛頭天王の神話とは別に、そこから派生した「八王子神」の神話、物語として成立していて、改めて『島渡り祭文』のなかでそれが融合されたとも考えられる。『二十二社註式』が記録された時代には、祇園感神院の信仰が、すでに牛頭天王だけではなく、少将井や蛇毒気神、八王子神、大将軍（『簠簋内伝』では八王子神の一人とされる）の信仰が、牛頭天王の信仰と並行して存在したことが明らかとなっている。いわば、八王子たちは、父親からは自立、独立して、霊験（れいげん）あらたかな神々としての信仰を獲得したといってよい（八王子神信仰の広汎さは、八王子町や八王子市という町名の広範さに比例するだろう）。

それは、時代の要請が唯一、絶対の最高神だけではなく、いわば効用ごとに別々の神がそれを担当するといった、集団的な神祇に対する信仰へとシフトさせていったという過程があったのかもしれない。八王子神の名前は伝承によって区々であり、蛇毒気神や大将軍のようにそのグループから独立して、いわばソロとして活躍するようになる神も出てくる。あるいは、これはもともと独立していた神が、八王子神のなかに編入されたということも考えられる。

いずれにしても、牛頭天王とは別に、蛇毒気神の信仰を別個に考えなければならないのであり、それはその名前のおどろおどろしさ、毒々しさのように、行疫神（ぎょうえきしん）や厄神（やくじん）の原初的な恐ろしさを体現した鬼神、魔神なのであり、牛頭天王の異形さを見慣れてしまった信仰者たちに対して、〝異化効果〟としての「異神」の登場だった。

八王子神が、別個の物語を紡ぎ始めたということは、彼らが「尾張国海西郡海道鹿津摩の庄・津島」に、父王の牛頭天王といっしょに移っていったのではなく、日本に着いて最初に「伊勢の国箱先（崎）の浦」に留（とど）まっていたということである（この「箱先（崎）」に比定できる地名は「伊勢国」には存在しない）。八王子神は、父の牛頭天王のところへ年始の挨拶に出かけたのだが、その土産物として、八頭の牛に曳かせた十六の箱に入っていたのは、「目無神・耳無神・手無神・足無き神・躰無神・鼻無神・口無神」というそれぞれに身体に欠陥や障害のある神々であり、牛頭天王はそれを「御覧あつて大きに笑みをふくませ給ひ、青色の鬼神になりて時の引出物を取らせ給ひて、一々本地（本社）へ送り返し奉」ったのである。引出物として、「目無き神には見る事」、すなわちその障害を癒(いや)して送り返させたのである。

この時の本社（本地）とはいったいどこだろう。八王子神それぞれに本社（本地）があり、そこに送り返したとも考えられるが、少なくとも祭文のストーリーの流れのなかでは、彼らは「伊勢の国箱先（崎）の浦」に留まっていたはずである。また、この不具の神々は七神しかおらず、八王子神の数と対応しないのである（蛇毒気神が特別扱いとなっていると推測される）。

八王子神は、八将軍神ともいわれ、陰陽道の五行と方位が当てはめられ、大将軍八神社のように、都の方位を守護する役割を担っている。星では、火星、水星、木星、金星、土星、羅光星(らこうせい)、計斗星(けいとせい)に当てはめられ、陰陽道の神としての性格が強められた。このうち蛇毒気神は、八将軍神の豹尾神(ひょうび)とされ、本地弥勒菩薩、星は羅光星とされる。しかし、八王子・八将軍に対して七つの星しかなく、ここでも数が合わないのだ。これは、『牛頭天王島渡り』の祭文にあるように、当初七人だった王子が一人増えたという事情があり、いろいろなところで数や方位や星の整合性が取れなくなってしまったと考えられる。

蛇毒気神の異常出生の神話は、この神が八王子神のなかでも特別な神であったことを意味する。いわば、異常出産（死産、流産、奇形など）という穢れがこの神を生んだのであり、記紀神話ではヒルコ（蛭子）に該当する神といえるだろう。しかし、その出生の異常性こそが、彼に特別な力を与えたというべきなのだ。

この霊験のある蛇毒気神は、いったいどこにいるのだろうか。蛇毒気神を祭神として祀っているのは、京都の大将軍神社、龍尾神社、山口県長門市仙崎の八阪神社などで、八王子神、御子神の一人としてではなく、単独で祭神として名前を出しているところは少ないのだ。尾張の津島神社では、スサノヲの荒魂として「蛇毒神」が摂社として祀られている。水の神としての龍神信仰がその背景となっていると思われるが、津島神社としては牛頭天王の名前を出すのにはばかりがあり、そのかわりに蛇毒神の社を造ったのかもしれない。

蛇毒気神がその父天王といっしょに津島の地に行かなかったとしたら、彼（彼女？）はいまだ「伊勢」に留まっているということになる。父や母からはいったんは疎まれ、否定された龍体の蛇毒気神。ここで思い出すのは、アマテラスオオミカミが龍体であり、龍神としての性格を持っているという「秘密」の伝承である。『二十二社註式』の記述では、蛇毒気神は龍王の娘であり、明らかに女性神である。伊勢に祀られているはずの龍体の女性神は、いったいどこに姿を隠したのか。私の空想はとどまるところなく、広がってゆくのである。

第三部　近江から物部村へ

第一章　牛尾山曼荼羅

1　河原由来書

ここにまた、全然別個の牛頭天王の神話があり、牛頭天王の信仰がある。それは直接的には、津島神社の牛頭天王の信仰と関わるものではないが、京都や伊勢という国家神道の中心地とは別個の地方において、さまざまな牛頭天王の神話のヴァリエーションが成立することの一つの標本のような役割を果たすのかもしれない。

それがテキスト⑨として掲げた『河原由来書』における牛頭天王の物語である。牛頭天王の神話が、その縁起や祭文において、『備後風土記』の逸文をもっとも古形として、それにさまざまな要素が加わり、筋立ても複雑怪奇なものとなり、ラヴクラフトのクー・リトル・リトル神話のような一大神話群に発展していった。そのプロセスをある程度たどってゆくことは可能であると思われる。

しかし、『河原由来書』に記された牛頭天王の物語は、それまでの縁起、祭文に示されたものとは、大きく違っている。そこには牛頭天王が、龍宮城に婆梨采女を娶りに行くという物語の発端がなく、また、蘇民将来にお札や茅の輪のお守りを与えるという、牛頭天王・蘇民将来信仰の肝心の結末も欠けている。いわば備後から始まる八坂系の神話とも、対馬から始まる津島系ともその伝承の系統を異にしているのだ。

まず、そのテキストを読んでみよう。

テキスト⑨『河原由来書』

（前略）

一、かの縁太羅王子、日本穐津嶋に我手指七つ切り投げ給ひ、近江国志賀浦に流れ留まり、人の願となり候。その名を粟舎利と申すなり。その時、巨旦長者と申す者あり、賢貪第一の者に候間、【祇園】牛頭天王【天竺より】飛び来り給ひ、かの長者に罪を当て給ふとき、かの粟舎利の子に蘇民将来と申す者あり、かの者の内に奉公仕り候。天王かの蘇民将来【の命】ばかり除き給ふなり。【長者親子一門二百余人、頓病を病み終て候。その時頓病の】病処に蘇民将来と云ふ札を立て置き【給ふ】。【その時の病】、平安になり候は、この謂はれなり。

一、牛頭天王の御供に粟飯を備へ奉る。幡州弘峯天王の御百膳の御儀に粟飯を備へ申す事、この謂はれなり。粟舎利ならびに蘇民将来親子は志賀浦に住み給ひ候へば、河原の先祖なり。粟舎利は志賀明神と祝ひ給ふなり。弘峯殿・尼才殿を崇め申し候なり。蘇民将来は谷冠者と崇め申し候。【近江国山王・京の祇園殿・播州弘峯殿、これ細工人民神なり】。山王二十一社の内、唐崎明神【は】三条河原彦次良を祝ひ給ふなり。毎年御儀祭幸は一夜御輿を居ゑ、舞遊び給ふなり。

一、垂仁天皇の御時、内裏の柱成就仕らず、御門御捜し遊ばされ候時、【かの蘇民将来、柱を立て申され候。その後日本六十六ヶ国の内国分寺、同日時に】蘇民将来と云ふ札を門に立て給ふ。すなはち御橋平安に成り給ふなり。

（後略）

これは、『簠簋内伝』と同じく、『日本古典偽書叢刊第三巻・兵法秘術一巻書・簠簋内伝金烏玉兎集・職人由来書』に収録されたテキストで、間瀬久美子が翻刻、注釈を施したものだ（【 】内は、注釈者が異本によって補った本文）。「河原由来書」は、その標題でわかる通り、近世の被差別部落民の由来を書き留めたものである。河原巻物ともいい、「職人由来書」として、被差別部落民が就いている職業ごとの由来を書いたものの一種と考えることができる。「偽書」という言葉のついた叢書に収録されているように、これらの文書は、これまで歴史上の史料とはならない「偽書」とされてきた。木地師の文書や穢多・非人といわれる人々の起源を語る文書のように、惟喬親王（文徳天皇の第一皇子）の子孫とか、小栗判官や信徳丸の末裔とか、歴史的には荒唐無稽といってよい主張がそこではなされていたからである。

しかし、別な側面から見れば、これらの「偽書」は、貴重な精神的記録といってよい。人間の社会のなかにどのように差別が生起し、それを差別された人々はどのようなものとして受け止めたのか。そこに社会的、経済的な人間関係があると同時に、宗教的、信仰的な淵源がある。社会的な関係だけには還元できない、きわめて繊細で、微妙な精神の構図がそこに見えてくるはずである。

引用したテキストは、牛頭天王、および蘇民将来に関係した部分だけなので、少し注釈が必要かもしれない。「縁太羅王子」とは天竺（インド）の王子であって、日本の被差別部落民の祖先となったという神話的人物である。日蓮が自らの出自を「安房の国、海辺の栴陀羅の子なり」といった言葉が有名だが、この「栴陀羅」は、もともとはインドの言葉で、奴隷階級以下のアウトカーストの人たちを表すものだったという。インドには古くからカースト制度があり、上はバラモンから下は奴隷階級のシュードラ、さらにその下のチャンダラ（栴陀羅の原語）まで、身分、職業（ジャーティー）によって細かく社会的な階級、階層が決定されていることはよく知られているが、「栴陀羅」はこうしたインドの最下層の身分を表す言葉が、漢訳仏典を通じて日本へ入ってきたのである。

「縁太羅王子」とは、この「栴陀羅」の訛伝（かでん）だろう。身分の呼称が固有名とされ、「セン」が「エン」に変化したのである。この「縁太羅王子」はやがてもっと日本的な名前として「円太郎（えんたら）王子」と変化してゆく。河原巻物が元来文字化されたものではなく、口承によって伝えられていたことを、このことは物語っている。といって、この神話の話者たちが、文字による文献や記録をまったく使用することがなかったと考えることも、また早計だろう。後に述べるように、この神話の話者は文書化された牛頭天王の縁起の物語を十分に意識したうえで、あえて異端の説を唱えているという自覚があるように思われるからだ。

2　縁太羅王子の子孫

さて、縁太羅王子は、自分の手の指七本を切って、穐津嶋（あきつしま）と呼ばれた日本に投げ落とした（ここに、「日本」を地球上の一地域として相対化する視点があると思われる。また、七つの指は、北斗七星の七つの星信仰につながる）。その指は、近江国志賀浦に流れ着き、人間の姿となった。その名を粟舎利といった。粟舎利の子が蘇民将来であり、やはり天竺から飛んできた牛頭天王は、慳貪（けんどん）な長者である巨旦に罰を与え、そこに仕えていた蘇民将来は命を助けてやり、疫病の時には「蘇民将来」という札を立てることになった。

牛頭天王には粟の飯を供えるようになった。播磨の弘（廣）峯社で百膳の儀式の際に天王に粟飯を供えるのはこのためである。粟舎利と蘇民将来は志賀の浦に住んだので、「河原」（河原民＝被差別民）の先祖となった。粟舎利は志賀明神として祀られ、弘峯殿、尼才殿（これは、現在は広峯神社の摂社としてある天祖父神社のことと思われる。京都祇園社が所蔵している文書に「尼さい阿弥陀仏所領譲状」というのがあり、「嫡子蔵人」に「丹波の国」にある田畑を譲るという譲状があり、「尼さい」を名乗る人物がいたことがわかる）を崇拝している。

蘇民将来は谷冠者として崇拝されている。近江国の山王、京の祇園殿、播州の弘峯殿は、細工人民（やはり、被差別民）の神である。山王二十一社のうち、唐崎明神は、三条河原彦次良を信奉したものである。毎年、祭儀の時には一晩、神輿をすえて、その前で舞い遊びをする。

垂仁天皇の時に、内裏の柱が立てられないということがあった。あれこれと捜し廻っているうちに、蘇民将来が、その柱を立てた。その後、日本六十六か国の国分寺は、同日時に「蘇民将来」という札を門に立てることになった。この六十六本の柱は、最初の祇園祭の六十六本の鉾とつながるのだろう。

ここで蘇民将来の親の名前が「粟舎利」であったことがわかる。これは、婆梨采女の一名である粟佐梨（女）の「サリ」が「シャリ」へと変化したものと考えられる。ゆえに、粟舎利は蘇民将来の母親だったということになる。しかし、「粟」が蘇民将来信仰に必須のアイテムであり、「舎利」が仏の骨や爪といった遺骸の一部を指す一般名詞であることを思えば、これが人名と考えずに、「縁太羅王子」の指（の骨、爪）ということから発想したものであると推測するのも可能だろう。粟舎利と蘇民将来の母子が志賀の浦に住み、粟舎利が志賀明神となったというのは、志賀明神の縁起といえるだろう。後に述べるように志賀明神は、磯良という女性神であるという説もあるから、粟舎利が母親（女性）であっても矛盾はない。

一般的に志賀明神は、渡来系（新羅系）の神とされており、被差別民の先祖となったというのは、被差別部落民の発生が、渡来系の人々への差別から始まったことを示唆するのかもしれない。京都の祇園社や播磨の弘峯の神（祇園神、牛頭天王）では「細工人民の神」というのは、竹細工や藤細工の職人たちの祀るのが、これらの神であったことを意味しているのだろう。唐崎明神も、河原民と関係の深い神であることも、ここでは述べている。神輿をすえて、その前で舞い遊びをするというのは、現在では四月に行われる山王祭の神輿の行列と渡御のことをいうのだろう。

内裏の柱云々という話は、あまりその内容が判然としないが、長野の国分寺の八日堂や陸奥の国分寺の七日堂（薬師堂）で現在まで蘇民将来のお守りを頒布していることと何かつながりがあるエピソードであるかもしれない。蘇民将来の信仰が、全国の国分寺を通じて広がったという現実があったのかもしれない。

志賀明神、唐崎明神とも、近江の国の高名な神であり、その縁起のなかに渡来系と思わせる伝承があることでも共通しているが、牛頭天王信仰と見逃せない共通項があるように思える。

まず、志賀明神だが、謡曲『志賀』では大伴黒主とされるこの祭神は、一般的には磯良とされており、安曇磯良丸とも呼ばれる海の神である（大伴黒主は、六歌仙のなかでは百人一首に取られていない歌人で、その名前のせいか江戸時代の歌舞伎狂言では、専ら腹黒い悪人、謀反人の役とされている）。

八幡宮の祭神でも神功皇后がいわゆる〝三韓征伐〟のために海を渡る時、綿津見の神（海の神）を勢揃いさせようとして一人だけ姿を現さなかったのがこの磯良である。顔に牡蠣や藤壺などが付着していて醜いというのがその顔を現さない理由で、女らしい恥ずかしがり屋の神として知られている。

しかし、大伴黒主にしても、磯良にしても、そのままでは蘇民将来の母親である粟舎利とのむすびつきは見えてこない。志賀の浦に住み着いた「河原（＝被差別民）」の先祖ということだから、漁民か海民ということになるだろう。潮干る玉と潮満つ玉という宝物を持つ磯良とは、海行の安全を司る航海神ということでつながりが見出せそうだ。なお、八幡神は神功皇后とその子の応神天皇の母子神だとされているから、粟舎利・蘇民将来の母子関係と重なるものといえる。

唐崎明神については、もっと興味深い伝承がある。そもそも唐崎明神は「ささなみの志賀が辛崎幸くあれど大宮人の舟待ちかねつ」という柿本人麻呂の和歌や、「辛崎の松は花より朧にて」という芭蕉の句で有名であるように、唐崎明神や唐崎神社そのものよりも、近江八景の一景ともなっている「唐崎の松」が歌枕として有名である。

その松にまつわる伝承として、社務を司る祝部の先祖に琴御館宇志丸宿禰という人物がいた。コトノミタチウシマロノスクネと読む。一般的には略して宇志丸、ウシマロという。元は常州鹿嶋郡の出身だが、江州志賀郡三津浜に住んでいた。そこを唐崎と呼び、庭に松を植えて、軒端の松と名づけたのである。舒明天皇五年（六三三年）に大明神は宇志丸に社殿を建立するように申しつけた。そして天智天皇の白鳳二年（六七三年）三月、大明神は大津の大崎・八柳浜に臨幸し、田中恒世を召して船を出させ、船頭二人とともに、唐崎の松の浜辺の宇志丸の亭（「コトノミタチ」というのは、この宇志丸の舘の美称だろう。鹿島に住んでいた時、敵の来襲を、部屋にあった琴が音をたてて知らせたという伝説もある）まで連れてゆくように命じたのである。

この時に田中恒世は、明神に粟飯を差し上げ、大明神が大層それを喜んだので、唐崎神社ではお祭りの時に粟飯をお供えするようになったのだという伝承がある。この唐崎の明神は、大比叡大明神であり、また大己貴尊、また大国事尊、また大国咋尊、また顕国玉尊という日吉大社（山王社）の

日吉神社（西本宮）

神だったのである。

この間のことを、『日吉山王利生記』は、こう書いている。

> 山王大津の八柳にあまくだり御ける時、田中の恒世扁舟に棹して。湖水の汀に侍ける。金色の浪すじたてて。一切界生悉有仏性。如来常住無有変易と聞ければたゝ事にあらず。此浪の源を見んとて。明神もろともに北をさしてこがせ給けるに。唐崎の琴御舘宇志丸が許にこぎつかせ給。この時恒世粟の御料をたてまつる。このゆへに祭礼のとき唐崎の御ゆきには。粟の御供を備事いまにたへず。猶此浪の音やまざりければ。尋行御けるに。三津河をのぼりて。大宮の橋殿の程までぞ有ける。水上は比叡より流れたりければ。釈尊の遺法ひろまるべき所なりとて。山王こゝに留らせ給ひたりとぞ恒世は田中の明神と成給。生得神人が先祖なり。宇志丸は敵のためにおそはれて。兄弟一類ひきぐして。常陸国よりきたりて。唐崎のまつの本

に移住なりけるを。汝が本姓鴨県主（かものあがたぬし）をあらためて。祝部といふべし。子孫まで可仕云々。山王明神と申すなり。其御末祀官として今に絶ず。

唐崎神社が日吉大社（ひよしたいしゃ）の摂社であるように、唐崎明神と唐崎神社は、比叡山延暦寺の守護神の日吉大社（日枝大社（ひえたいしゃ）ともいう）、すなわち日吉山王社との縁がとても深いのだ。前述した伝承も、日吉神社に伝わる『日吉山王利生記』や、山王神道の教義書『日吉社神道秘密記』などに書かれたものなのである。唐崎明神と日吉明神（大比叡明神）とは一身同体の神と考えてよい。

3　牛尾山（うしおざん）の謎

だが、唐崎神社の祭神そのものは、日吉の山王社の地主の神様、大山咋命（オオヤマクヒノミコト――この神はスサノオの孫とされる）ではなく、女別当命、読みはワケスキヒメノミコトという女性神だ。この女神は神社を建立した琴御館宇志丸宿禰の妻で、「女別当（わけまさひめ）」という名があるところから見て、神社の社務を司っていた女性のことであると考えることは当然だろう。つまり、夫の仕事を手助けしていた女性の神官という意味である。しかし、この時に夫の宇志丸が傍役（わきやく）で、女別当命が主役の主祭神であるということは面白い。女性優位が、日本の神社界でも昔、ありえたということだろうか。

これまでの記述で読者もすでに気がついておられるだろうが、唐崎神社の祭神の一人である琴御館宇志丸宿禰の「ウシマロ」（山王神道の教義書としてはもっとも古いとされる『耀天記（ようてんき）』では「牛丸」とも表記されている）という名前、そして唐崎明神が巡幸する旅の途中で粟飯を提供したという挿話が、牛頭天王神話との共通項となっているのだ。ウシマロとその妻の神の関係は、牛頭天王と婆梨采女との夫婦関係を思い起こさせる。神話の伝承のなかで、大きな役割を持たない女別当命が夫のウシマロを差し置いて、主祭神となっているのは、彼女がパリ公主のような巫女であり、彼女に神自身が降臨してきたからだと思われる。つまり、シャーマンとしての「女別当」だったのである（『簠簋内伝』では、牛頭天王が蘇民将来の家を訪ねる前に、松林で出会った松葉を拾う女性がいたことを思い出す必要があるだろう。それは、いわば松の精霊の化身だったのであり、松という植物の聖性が語られていた）。

実は『日吉社神道秘密記』には、こんな伝承もある。大明神が、唐崎から比叡の辻に石占井まで来ると、占いをする女人がいた。大明神が、その女人に問うていった。私が鎮座するための良い地（勝地）はどこにあるか、と。女人は占っていった。ここより下の当山に良い地があります、そこを尋ねていって住まわれるといいでしょう、と。その井戸の水で大明神の御足を洗った。これを石占井と名づけた。この女性は祝部の神となり、石占井大明神と名づけられた。

婆梨采女が、「少将井」として井戸の神様として祀られるようになったという八坂神社の少将井信仰と重なるものが感じられる伝承である。「勝地」を占って示したということだから、この女人、石占井大明神がやはり巫女、シャーマンであったことは間違いない。そして、これは日吉社の伝承だから、唐崎神社の主祭神であるワケスキヒメノミコトという名前は出てこないが、明神として祀られたということから見ても、同一の巫女の神であると考えられる。

つまり、巫女としての女性が聖地としての社地を占卜によって定め、そこに夫の「ウシマロ」が神を勧請して祀ったのが、唐崎神社の起源であり、また日吉大社の縁起ともつながってゆくのである。

山王信仰の神々は、山王七社（二十一社ともいう）といって、七つの社に七柱の神々が祀られている。大宮、二宮、聖真子（これを「三聖」という）、八王子、客人、十禅師、そして三宮である。それぞれ本地仏が決まっていて、本宮は釈迦如来、二宮は薬師如来、聖真子は阿弥陀如来、八王子は千手観音、客人は十一面観音、十禅師は地蔵菩薩、三宮は普賢菩薩となっている（伝承によって若干の異同がある）。

また、本宮は三輪神社の神（オオナムチ）、聖真子は宇佐神宮の神（八幡神）、客人は白山神社の神（白山比咩）というように、日本の各地の神仏とも習合しているのである。こうした複雑さは、山王神道がさまざまな神社や祭神の神話や縁起を取り入れ、煩瑣で複雑な神学を作り上げてしまったためだろう。仏教や神道のあれこれを継ぎはぎした、いかにもモザイク的な牽強付会な説や伝承が多いのである。

だが、山王七社でもっとも重要視されているのは、大宮（大比叡明神）や二宮（小比叡明神）ではなく、むしろ八王子社であり、摂社の一つである牛尾神社であると思われる。現実の日吉大社の境内のなかの各社の配置を見てもそうだし、山王社の社寺と神仏の配置を描いた『山王宮曼荼羅』を見てもそうなのだが、その中心となっているのは、西本宮（大比叡）や東本宮（小比叡）ではなく、曼荼羅図の真ん中に描かれた八王子山（牛尾山）と呼ばれるもっとも高い峰に位置する牛尾宮（牛尾神社）と三宮の二社である。さらにそこには、もっとも古い御神体と思われる金剛岩（金大巌）がある。

そこへ上る急峻な山道の参詣道の石段の下には牛尾宮、三宮への遥拝所があって、本来の山王社の地主神である大山咋命は、八王子山頂に祀られているのであり、後に三輪神社から大己貴命を勧請してきた東本宮はもちろんのこと、麓で大山咋命を祀っている西本宮も、いわば山頂の牛尾宮・三宮を下から見上げなければならない位置にあるといわざるをえない。

牛尾宮も三宮も、社格としては本宮に対する摂社にしかすぎない。だが、牛尾宮の祭神は、主祭神

金大巌（左・三宮、右・牛尾宮）

の大山咋命の荒魂（あらみたま）とされており、いわば西本宮（大宮）の主祭神で、三輪山から勧請してきた（いわば借り物の神であり、雇われ社長のような立場の）大已貴命よりも、そして二宮（東本宮）に祀られている地主神の大山咋命よりも、上位にある神格といわざるをえない。

神磐（かみくら）としての金剛岩を守るように、牛尾宮と向かい合うように並んでいる三宮の祭神は、玉依姫命のやはり荒魂とされている。タマヨリヒメという神は、その名前から神の魂を我が身に寄りつかせる巫女の神、シャーマン起源の神だといわれている（柳田国男「玉依姫考」）。日吉大社の山王信仰に、女別当命や石占井神のような巫女が深く関わっていることを考えれば、牛尾宮と三宮に祀られているのが、宇志丸と女別当命のような夫婦神であり、その妻は神に仕える巫女としての性格を持っていたと考えても牽強附会とはいわれないはずだ。

『延暦寺護国縁起』（巻上）では、「八王子宮」を「第二皇子国狭槌尊」として、「十代仁皇崇神元年」に「近江国滋賀郡小比叡東山金大巌傍天降」してきた神だという。「八人皇子引率」の故に「八王子」と号したということだから、この神は八人の王子の親神であって、八人の王子たちそのものではない。また、「従レ空来ニ紫雲一女人形来」として、やはり「金大巌金傍天降」して、「手持ニ法花経一降」から、「三宮権現」として大師が崇めたとあるから、「三宮」はまさに「八王子宮」とは対であり、「金大巌」に天降(あまくだ)りしてきた天神夫婦ということになる。

日吉山王社のもっとも大きな祭である山王祭は、牛尾宮と三宮の二社からまず神輿が出ることから始められ、西本宮、東本宮と廻ってゆくという順序をたどる。この過程で、牛尾宮と三宮の夫婦神が和合するという「尻繫(しりつな)ぎの神事」が行われる（まさに、牛の交尾である）。里に降りた神輿は、唐崎神社からは神船に乗せ、湖上を渡御するのだが、これは田中恒世の船による行路の逆コースということになるだろう。祭の在り方を見ても、「八王子宮」と「三宮」が、山王信仰の根元神と考えざるをえない。

4　牛御子とは誰か

牛尾と牛頭。牛尾山とは牛頭山、あるいは牛首山と対置される命名であり、それは「牛頭」という名前を覆い隠しながら、しかし、その痕跡を示すというものなのではないのか。

ウシマロと粟飯。そして牛尾神社の祭神としての八王子神。

牛尾神社のなかには、末社としての、まさに牛御子社(うしみこしゃ)という社がある。一般的には土公神とされ、八王子山の大岩がご神体とされているが、その名称からして、牽牛と織姫の伝説に結びつけられていて、牛御子が牽牛(けんぎゅう)で三宮が織女(しょくじょ)というのは、「天台の口決（秘伝）」といわれているが、ここで彦星(ひこぼし)・

織姫のロマンチックな神話が語られる必要性はない。これは文字通り、「牛の御子」が祭神であり、それは牛頭天王そのものか、その「御子神」を代表する蛇毒気神しか比定することができないだろう。

末社の一つとして名前を上げられているだけだから見逃しやすいのだが、山王曼荼羅のもっとも中心的な部分に〝秘められている〟こと自体が、山王信仰全体のなかで、この神の社の重要性を浮かび上がらせていると考えられる。

奈良国立博物館所蔵の『山王宮曼荼羅』（南北朝時代）は、八王子山を中心とした社殿が七星として配置されているのを描いたものだが、その図面の上部に、山王二十一社の祭神の、梵字の種子の円相と本地仏の名前と、垂迹した神が絵姿として描かれている。そのなかで、一人だけ真っ黒に塗り潰された神がいて、それが牛御子である。本来、神の姿が描かれるべき場所が黒く塗られ、その手前に、牛の寝そべった絵が描かれている。それが牛御子の肖像の代わりなのだが、それ以外の神々が、神形、あるいは僧形で描かれているのに比して、それはあまりにも異様といわざるをえない。

牛御子は姿を見せない神ということなのだろうか（明王は、その姿を描かず、剣によって象徴されているが、これは黒く塗られているのとはわけが違うだろう）。牛尾山の牛尾神社に相殿として祀られた「牛御子」の姿を示すことができない、どんな理由があるというのだろうか。「牛御子」は、『梁塵秘抄』に収録されている今様、「神の御前の現ずるは　さう九よ山長行事の高の御子　牛の御子王城響がいたうめる鬢頬結ひ」と歌われていたから、山王の社神のなかでも三社、七社に次ぐ、存在感を持った神であったことは間違いない。むしろ、霊験のある神として重んじられていた。

播磨の国飾磨郡にある牛堂山国分寺の縁起として、『播州牛堂山国分寺縁起』がある。それによると、神功皇后の「三韓征伐」の時に海中から現れた霊牛を本尊としていることを述べた文章があり、その霊牛が大威徳明王であり、本地は薬師如来であることを述べて、さらにこういう。「爾後聖徳太子鑑此ノ霊地創精舎、依彼霊牛之因縁、于今幼童彼牛子名寿命長遠也」と。これは仮名書きの縁起の方では、こうなっている。「上宮太子此ノ地ニ一伽藍ヲ造営シ……傍ニ小堂ヲ構エ、牛ノ形ヲ作リ、牛堂ト名ケ置カセ玉フ、願ヒアル人ハ必ス詣ス……殊ニ亦又幼童ヲ牛ノ子ニ名クレハ、易スク疱瘡諸疾ヲ除キ、専ラ齢ヲ得セシメン」とするものだというのだ。また、『牛堂山国分寺略記』では、こうなっている。「垂迹牛ノ像ニ付、古ヘヨリ童男童女彼霊牛尊像ノ壇下シテ潜ラシメテ、疱瘡軽安ノ立願ヲナシ、疱瘡ノ守護神ト名ク」と。

こうした伝承を縁起として持つ、この牛堂山国分寺が、牛頭天王信仰のメッカである広峯神社から西北方向二里の場所に位置していることは、単なる偶然に帰するわけにはゆかない。このあたり一帯には、伝説的な仙人としての法道仙人が開基したと伝えられる寺院が多いが、そのなかの雄岡山最明寺、近江山近江寺の縁起には、法道仙人が黄牛（あめ）に乗った老翁に出会い、開山の基になる場所を教えて貰ったとされる伝承がある。そして、その地主神である老翁こそ、牛頭天王と名乗ったとされている。いわば、この一帯は、黄牛に乗った牛頭天王（これは牛頭天王の「反身（はんしん）」である大威徳明王のスタイルである）が、歩き回るテリトリーであって、その圏内に「牛ノ子」という疱瘡を防ぐ神が存在していたのである。

もちろん、これは山王二十一社のうちの「牛御子」の神と直接に関係があるものではない。しかし、私たちに十分に連想と類推の働きを刺激してくれるものではないだろうか。『山王宮曼荼羅』において「牛御子」の肖像が描かれなかったのは、それが幼童神であり、他の神々と比べ、いかにも威厳に欠けていたからか、あるいは牛頭天王の異形な肖像を描かなければならなかったからであり、それが「牛御子」の鎮座する場所を黒く塗り潰さなければならなかった理由ではないだろうか。

あるいは「牛御子」の伝承が途絶えてしまい、山王大社の神官や社僧たちにも、すでにそれがどんな神なのかわからなくなっていたという可能性もある。後述するが、山王七社の一つである「客人（まろうど）社」が「詮なき小社」として取り壊されそうになった例もある。田舎の温泉旅館のように継ぎ足し、継ぎ足していった社殿や祭神のなかには、あまりにも厳重に秘匿（ひとく）することによって、誰もその本姿を見たことがなくなり、由来も由緒もわからなくなった例も少なくないのだ。牛御子の肖像が失われたのにも、そうした事情が考えられる。

ただし、これまでの私の見解に対し、牛尾山は、本来は「主穂山（ぬしほ）」であり、「八王子山」も「初穂（はつほ）山」ではなかったかという志賀剛の説による反論はありえるだろう。この説によれば、「牛尾」も「八王子」も単なる宛字にしかすぎないということになり、私の論議も崩壊する。だが、「宇志（牛）丸」―「牛尾」―（「牛頭天王」）―「八王子」という連関が明らかである以上、あえて「ぬしほ」―「はつほ」が転訛したものとする説得力は、微弱であるといわざるをえないだろう。

さらに山王信仰と牛頭天王信仰（祇園信仰、八王子信仰）とが結びついてゆく状況証拠を重ねてみよう。八王子社とは別に、下八王子といわれる八柱社もあり、八王子信仰が、異様なほどに有力であること。祇園天王、すなわちスサノヲを祀る八坂社もあり、摂社の一つである大物忌（おおものいみ）神社の祭神・大年神は、牛頭天王の御子神である八王子神の一人、歳徳（としとく）神の別名であると考えられること（歳徳神は、婆梨采女ともされる）。また、日吉大社には大将軍神社もあり、これが祇園感神院に祇園天王や八王子神といっしょに合祀されていた行疫神であるらしいことを付け加えておいてもいいだろう。『簠簋内伝』では、大将軍もまた牛頭天王の八王子の一人に数え上げられている。さらに西本宮の参詣道の真ん中に「祇園石」という石が朱塗りの柵で囲われており、牛頭天王の岩境（いわさか）として、特に目の病気に霊

祇園石

験があるとして、「目洗石」の別名で信仰されている。この石の信仰は先にあげた知恩院前の「瓜生石」とつながるものである。

八王子神というのは、牛頭天王と婆梨采女との間の八人の王子神を表すということに例外はほとんどなく、八王子山（牛尾山）と名づけられた山に祀られた男女の夫婦神が、先にあげた『延暦寺護国縁起』にあったように、彼らの父母の神であることは当然であり、むしろそれ以外の神であるということが面妖なのだ。つまり、八王子山＝牛尾山に祀られている夫婦神とは、牛頭天王とその妻神の婆梨采女＝少将井でなければならない。

さらに、日吉山王社の摂社である唐崎神社が、朝廷の重要な行事として行われていた「七瀬之祓」の一所として、夏越しの祓えとしての「茅の輪くぐり」の神事を行い、茅の輪のお守りを出しているということも忘れることはできない。もちろんこれは、日吉山王社と唐崎神社が、さまざまな神々、さまざまな神社の信仰や儀礼や祭礼を取り込んだ混淆の結果の一つともいえるかもしれないが、少なくとも牛頭天王信仰を意識して、茅の輪くぐりを取り入れたのであり、そしてその信仰の表面から「牛頭（天王）」という名前を隠蔽しようとしてきたことも確かなのである。

また、山王七社の一つの「客人社」には、興味深い話が伝わっている。客人社の祭神は、白山妙理大権現、すなわち白山比咩だが、この権現が青龍となって薬珠の雨を降らし、雪山において忍草によって白牛を飼って、その乳で醍醐（乳製品）を造り、施すというのだ（『渓嵐拾葉集』巻第八）。別段、牛が出てこなければならないところでもないのに、わざわざ「白い牛」が出てくるには、それなりの隠された理由があるのだろうと考えざるをえない。

韓国のムーダン・クッとの関係でいえば、「客人」という名前は、「ソンニムクッ」の「ソンニム」と同じであり、白山神が渡来系の神であることを思えば、そのつながりも偶然のこととは思われない。田中恒世が神を船に乗せたというのも、「ソンニムクッ」のソンニム神（客人神、疱瘡神）と川渡しの船頭とのやりとりという挿話を思い出させるものといえる。ソンニム神の神話が、パリ公主神話よりもやや時代が下って成立したものと考えれば、山王社神話は、より時代の近いソンニムクッの神話をその縁起のなかの一部に取り入れたと想像することができる。

『続古事談』には、日吉大社の「客人社」について、慶命座主（座主在任期間、一〇二八～一〇三八）が「指させる証拠無ければ、詮無き小社なり」として撤去しようとしたという逸話が載っている。「又御座すべくは、不思議を示さるべし」というと、翌朝、社の屋根に白雪が降っていたという（七月の話とされている）。座主には白雪が見えたのに、周りの人にはそれが見えなかった。そのためこの社は撤去を免れたという。白山神ということだけで、その謂われも由緒も、早いうちに忘れ去られてしまっていたことを、これは告げる逸話だろう。身分の低い神官の一人の広秀が「私」に祀った神だともいう。山王社には、こうした由緒や謂われが、不明であったり、秘密にされているような社が少なくないのだ。なお、備後三大祇園の一つ、甲奴町小童（ひち）の須佐神社の末社にも「客人（まろうど）神社」がある。「ソンニムクッ」と祇園信仰、山王信仰とのつながりを思わせるものだ。

　つまり、山王信仰（山王神道）とは、牛頭天王信仰を芯として、それに三輪信仰、八幡信仰、白山信仰を綯（な）い交ぜにしながら、さらに天台の密教（さらに東照宮まで）を練り合わせた、奇怪千万な混合体の信仰体系なのであり、その芯にある牛頭天王だけは決して表に出そうとはしない信仰なのである。そのことが山王社の「秘密」にほかならなかった（それは、日吉山王社や比叡山延暦寺が、常に時の王権と結びついていたということと無関係ではないだろう）。煩瑣となり、複雑となってゆく天台教学も、山王神道も、先に述べた「牛頭法門要纂」や、後に述べる「玄旨帰命壇（げんしきみょうだん）」のような秘法や秘儀があり、その底には呪力による加持祈祷の実践があった。そして、その秘法は隠されることによって、秘法としての価値を持ち続けるものにほかならなかったのである。

第二章　八王子神群像

1　蛇毒気神の孤独

これまで、牛頭天皇と婆梨采女の間に生まれたという八王子神のことを、やや粗略に扱ってきたようだが、この八柱の神々が、牛頭天皇信仰のなかでも重要な位置を占めることは、これまでにもしばしば語ってきた通りである。

しかし、東京都下に八王子市があるように、その名前はよく知られているのに、内実はあまりよく知られていないのが現状である。そもそも八王子神とは、いったい誰なのか。京都に大将軍神社や大将軍八神社という八王子、八将軍を祭神とした神社があるが、そこで祀られているのは、太歳神、大将軍、太陰神、歳刑神、歳破神、歳殺神、黄幡神、豹尾神の八神であり、この陰陽道的な神名は、八将軍信仰の系統のものであり、各方位を守る守護神としての役割を持っている。大将軍八神社の社伝では延暦十三年（七九四年）に内裏の北西角を守るために建てられた神社で、しばらくは大将軍神社と名乗っていたらしい。とすると、八王子神の一人として、あるいは単独で強力な防疫神として信仰されている大将軍が、本来の祭神であり、後の七人は、八将軍、八王子という名称に合わせて、合祀されたとも考えられる。

大将軍は魔王天王ともいい、中国の宇宙創生神である盤古大王にも比定されているぐらいだから、十分に独立して祀られるだけの地位はあるはずだが、八王子というグループ神の一柱となっているのは、その神様としての性格がはっきりせず、縁起や由来が「大将軍」という一般名詞的な名称のおかげで曖昧になってしまったということがありそうだ。

八王子神という場合は、神名としては「天王」を名乗る。牛頭天王の第一の王子の総光天王（相光天王）を筆頭として、魔王天王（暦王天王）、倶摩羅天王、得達（徳達神）天王、良侍（羅侍）天王、侍神相（侍神相）天王、宅神相（宅相神勝）天王、蛇（虵）毒気神天王である。

八王子神自体が、八皇子、八将軍、御子神などという異称を持っているのだから、個々の八王子神のそれぞれも、縁起や祭文によって名前が異なっているのは仕方のないことかもしれないが、しかし、それぞれに分担する方位や季節は決まっている。『簠簋内伝』の牛頭天王神話に関わる部分で、先に引用をしなかった部分には、こうある。

> 右、八将軍とは牛頭天王の子なり。春夏秋冬四土用の行疫神なり。大歳神は厥歳その方なり。この方を以て、諸余の七神を知るべきなり。
>
> 第一大歳神は惣光天王、本地薬師如来の垂迹なり。造作に吉、この方に向きて木を裁らず。
>
> 第二大将軍は魔王天王、盤牛王の化身と申すなり。三歳宛々塞がり、万事に凶。
>
> 第三大陰神は倶摩羅天王、本地は観自在菩薩なり。この方に向き家造、鍬入また嫁娵は大凶。
>
> 第四歳刑神は得達神天王、本地は毘沙門天王なり。この方に向きて兵具を納むるは吉、犯土に凶、種を蒔くべからざるなり。
>
> 第五歳破神は良侍天王、本地は龍樹菩薩なり。海川を渡らず、衣裳を洗はず、沐浴をなさざるなり。

第六歳殺神は侍神相天王、本地は千手観音なり。この方に向きて太刀を始めず、遊魚をなさざるなり。

第七黄幡神は相天王、本地は勝軍地蔵なり。この方に向きて太刀を納めず、幡を開くに大吉。然りといへども、松を迎へるは大凶。

第八豹尾神は蛇毒気神、本地は三宝荒神なり。この方に向きて大小便を致さず、六畜を入るべからず。この分、よくよく意得（こころえ）るべきものなりと云々。

ここでそれぞれの伝承によって八王子神の名前、別名、星、本地などをまとめてみると、次頁の表のようになる。

星や方位や方角や季節も八王子にそれぞれ当てはめられているのだが、それも伝承によって区々（まちまち）であることは、表が示す通りである。火星、水星、木星、金星、土星まではいいが、三つの余りが出る。羅候星（らこうせい）（「らごうせい」ともいう。日蝕、月蝕のことという説もある）、計都星（けいとせい）（彗星の意味という説もある）の架空の星二つを入れても余りが出るのだ（そのため土星に二神を当てる）。よくいえば融通無碍（ゆうずうむげ）だが、悪くいえば十把ひとからげで、それぞれの神の個別性がもともとないのだ。ただし、大将軍と蛇毒気神は、八王子神から独立して、それぞれ独自の信仰圏を持っていたことは、やはりしばしば指摘してきた通りである。

特に、蛇毒気神が、『牛頭天王島渡り』の祭文において、奇怪な伝説の主となっていることに目を惹かれる。そもそも、この祭文では、「とうむ（武塔）天王」は、最初に五人の子供、百鬼・疫行・那行・とさじん（都佐神）・はりさい（婆梨采）女をもうけ、次に十二人の子供、がけい神・しやうけい神・てんそう神・しやう吉神・さうせん神・太一神・天かう神・太えい神・からさう神・太吉神・

ひんかう神をもうけ、最後に牛頭天王が生まれるのだ。その牛頭天王に七人の王子が生まれ、天王一族が日本へ行くために乗っている船の後を必死で追いかけてくるのが、八番目の子供、蛇毒気神である。

多くの兄弟の末弟として生まれるというのは、日本の神話において、重要な意味を持っている。スサノヲの神は、アマテラス、ツクヨミの三人兄弟の末弟であり、オオクニヌシも、意地悪な異父、異

八王子神(八将神)表

	『祇園縁起』	『神道集』(本地)	『簠簋内伝』	『祭文』	『島渡り祭文』	『縁起(津島神社)』
1	相光	相光 太歳神(普賢)	惣光	生広	相光	惣光 大歳神(薬師)
2	ま王 (魔王)	魔王 大将軍(文殊)	魔王	魔王	魔王	魔王 大将軍(盤牛)
3	くもら (倶魔羅)	倶魔羅 歳刑神(観音)	倶魔羅	倶魔羅	倶魔羅	倶魔羅 太陰神(観音)
4	とくたつ神 (徳達)	徳達 歳破神(勢至)	得達	達迦	徳達	得達神 歳刑神(毘沙門)
5	らじ (羅持)	良侍 歳殺神(日光)	良持	蘭子	良持	良侍 歳破神(龍樹)
6	たつにかん (達尼漢)	達尼漢 黄幡神(月光)	侍神相	徳達	達尼漢	侍神相 歳殺神(千手)
7	ちじんさう (侍神相)	侍信相 豹尾神(地持)	宅神天	神形	地神相光	相光 黄幡(勝軍)
8	宅相神せう	宅相神 太陰神(龍樹)	蛇毒気神	三頭	宅相 蛇毒気神	蛇毒気神 豹尾神(三宝荒神)

母兄弟の末っ子として、兄神たちからことごとく難題や苦難を押しつけられ、最後に殺されてしまうような目に遭っている（生母の乳汁から作った霊薬によって蘇るのだが）。

そう考えてみると、牛頭天王自身が、五人の御子、十二人の王子の下に、末弟として生まれたという設定には何らかの意味があり、蛇毒気神が、ある意味では恵まれず、両親からも見棄てられ、遺棄されようとした御子神であって、母親の胞衣と経血から生まれたという異常な出自も、この神の神通力の強さと、霊験のあらたかさを物語っているものといえよう。

彼（彼女？）は、南海龍王の娘としての婆梨采女（妃婆迦女）の「龍神」としての性格（外形も）をもっとも濃厚に引き継いでいるし（「頭には松紅葉を引植たるごとく毒蛇、くれなひの舌をさかまき、日月とふ明のごとくなる眼を見だし」とある）、それは八大龍王（難陀龍王・跋難陀龍王・沙伽羅龍王・和修吉龍王・徳叉伽龍王・阿難婆達多龍王・摩那斯龍王・優婆羅龍王）の子孫として、他の兄弟とは、まったく違った運命を持たなければならなかったと思われる（牛頭天王と重ねられる朝鮮の行疫神・処容も、東海龍王の七番目の息子である。パリ公主が七公主と呼ばれていたことを思い出してもいいだろう）。

『二十二社註式』の祇園の祭神によれば、蛇毒気神は、沙伽羅龍王の娘であり、牛頭天王の妻（今御前）である。もともと、出産や生理の穢れ、すなわち「赤不浄」から生まれてきた蛇毒気神は、穢れの多い存在であり、『法華経』の「龍女成仏」の伝承によれば、彼女は成仏するために、女性であることと、畜生であることの二つの〝障り〟をクリアしなければならなかった。蛇毒気神という神名そのものが、幾重にも〝穢れ〟と〝障り〟に押し込められてきたこの神の来歴を語るものだった。

蛇毒気神という名前の由来については、定説というものはないが、『孔雀呪法経』に孔雀尾が蛇毒（天竺＝インドでは、コブラの毒のことである）の毒消しに効用があるとされている。そうした経文にある「蛇毒」と、前述した「異土の毒気」が合わせられて、「蛇毒気神」という名称が生まれてきたのではないだろうか。平安時代の流行神として有名な志多羅神（「しだらしん」ともいう）が、熱狂した人々が「しだら」を叩いて（手を叩いて）踊り狂ったから、そうした名前となったように、神名には、案外単純な命名法によるものも少なくないようだ。

しかし、そうした単純性、直接的な名前であり、しかも女性神だからこそ、この神の聖性は強まり、他の七人の王子たちには不可能な神通力を身につけ、人々の崇敬を集めることになったと思われる。祇園社の信仰は、祇園女御や、白拍子の祇王・祇女のように「女」の信仰として崇拝されてきた。少将井（婆梨采女）や蛇毒気神は、穢れと障りの多い女性であっても、「龍女成仏」の物語や「女人往生」の例として語り続けられ、信仰されてきたのではないか。

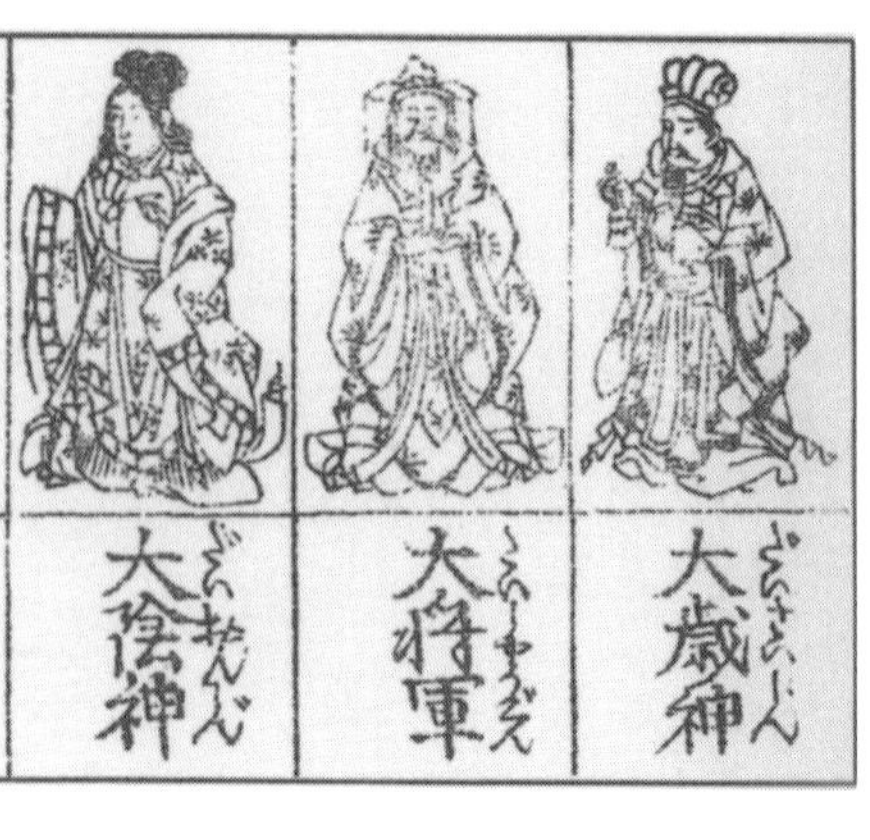

蛇毒気神については、祇園感神院に、その像があったということは、焼亡してしまったという記事によって逆に明らかだが、それが再製されたかどうかははっきりしていない。前に書いたように、この神の像を復元することにはクレームがついたからである。現在の八坂神社に蛇毒気神像が伝わっていないところを見ると、焼けたら焼けっぱなしで造り直さなかった可能性もある。何にしても崇りの強そうな神で、まさに〝触らぬ神〟のままにしておこうと人々は考えたのかもしれない。仏像図画といったものにも、蛇毒気神が描かれてい

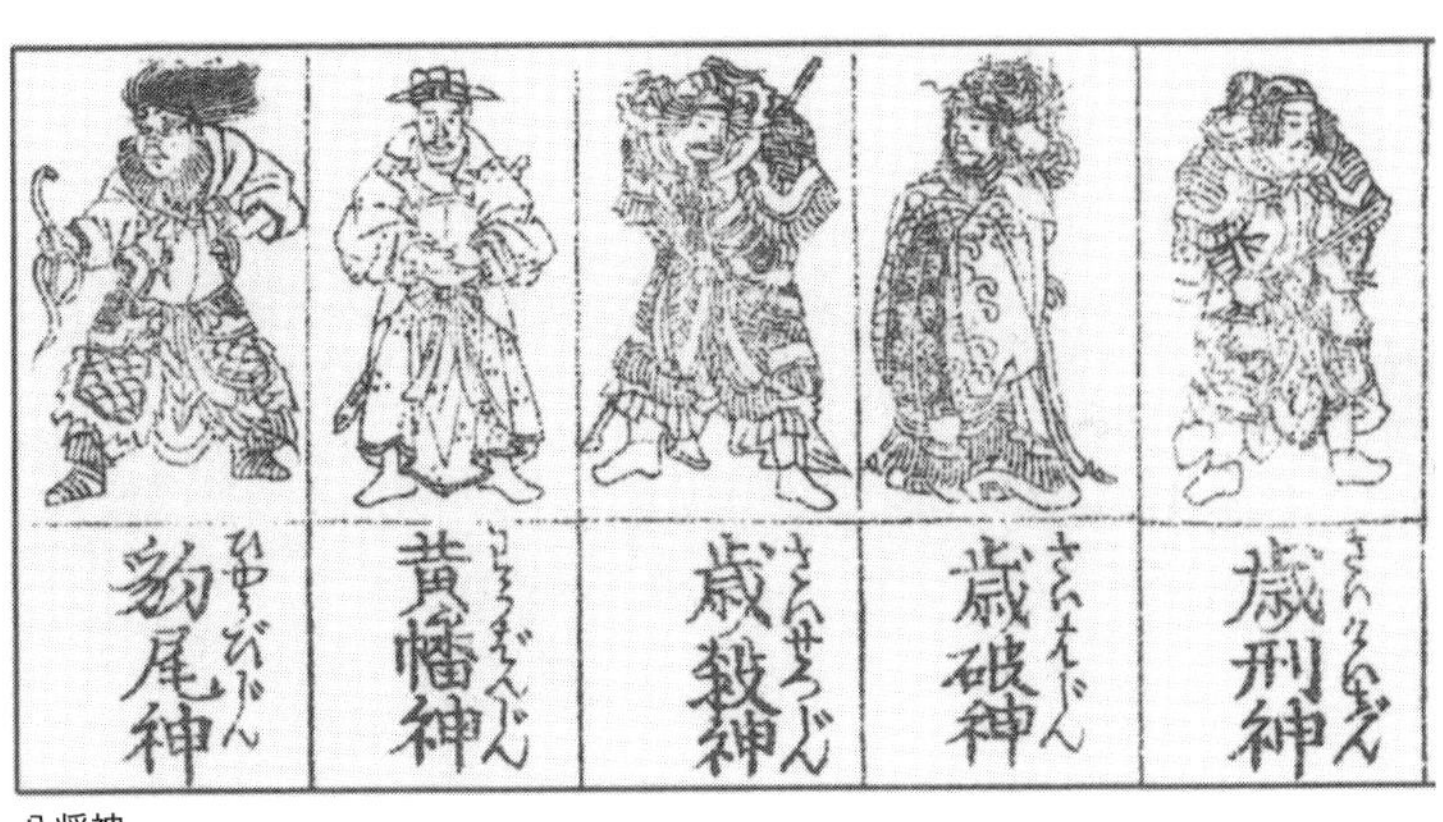

八将神

る例はめったにない。あっても、八王子の一人として、八人のなかに紛れているので、それほどの特徴があるとは見えない。

ただ、『九曜秘暦』として、九曜星神を描いたものはあり、そのなかで豹尾星、すなわち蛇毒気神とされている星神を描いたものがある（海外に流失し、現在はニューヨーク市立博物館蔵）。それは、龍に乗った三面六臂の異様な姿の神であり、体中に蛇を巻き付け、口からも蛇が鎌首を出し、ドクロを数珠繋ぎにしたヘアバンド、首飾り、瓔珞をしているという、気味の悪いファッションである。二本の手には、鳥のいる日輪と、桂兎のいる月輪を持ち、次の二本の手には、ぐったりした兎の耳と、人間の頭の髪の毛を握って、それぞれぶら下げている。もう一組の手には如意棒のような棒を持っている。

確かに、この神に向かって大小便なんかしたら、いかにも激しく祟られそうな神である。ギリシア神話に出てくるメデューサのように、その顔を見たら、恐怖の余り石になってしまうかもしれない。図像や彫像がないのは、そのためだろうか。魔王天王である大将軍が神社の祭神になれても、蛇毒気神がなれないのは、ひとえに群を抜いた、その姿のあまりの恐ろしさにあるのではないか。

なお、『覚禅鈔』という、中世に作られた一種の仏教百科事典（東密系の覚禅が編纂した）には、「蘘虞梨童女」という仏教神が載っている。常求利毒女とも、常利毒女ともいわれ、「ジョウクリ」の宛て字ということになるだろう。この神様は容貌は端厳なのに、鹿皮の衣を着て、体中に黒い毒蛇を瓔珞のようにまといつかせている。身の回りにも毒虫やうわばみ、蛇の類が眷属として仕えているのである。「ジャドクケ（キ）シン」と「ジョウクリドウジョ」ではあまり似ていないようにも思えるが、蛇毒を消し、体の悪瘡（疔）を癒し、諸毒を消すという霊験は蛇毒気神と共通する。ヒンドゥー教のドゥルガー神（シヴァ神の妃神）に比定されているようだが、根拠となる『蘘虞梨童女経』などは、日本製の偽経のようだ。関連するお経として「析死毒蛇気分呪経」とか「蛇気蘇生呪印真言経」といったのがあるから、そこから「蛇毒気」の名前はいつでも拾ってくることができそうだ。蛇毒気神に対応する仏神と考えてよいだろう。

2　毘沙門天王とその眷属

蛇毒気神以外の八王子神については、縁起や祭文でも、あまり語られることがない。前にも述べたように、牛頭天王信仰から、八王子神への信仰が独立的に分離してきたには、陰陽道、宿曜道、修験道の修行者たちの関与があった。そして、その理論的な根拠は、天台密教や山王神道にあったと見られる。

先に、牛頭天王と毘沙門（＝多聞天）との関わりに触れた時に、『阿娑縛抄』の毘沙門天王巻には、「双身曼荼羅抄六云」として、「十一牛頭毘沙門変化」があったことを語った。毘沙門天自身が、「牛頭」であったという証明である。このことを指摘した三浦良周はその「中世神祇思想の一側面」のなかで、この「双身曼荼羅抄」というのが、金剛智訳の『吽迦陀野儀軌』の抄本であることを突き止め、そのなかに次のような本文があることを見付け出している（『大正新修大蔵経』に収録されている）。

すなわち、その双身の毘沙門天（双身というのは、毘沙門天二体が背中合わせに合体した変化相のことだ。二面、四臂、四肢ということになる）の曼荼羅を観ると、中央に主神の「都鉢多聞天王」がいて（繰り返すが、多聞天と毘沙門天は同じ神である）、東方の正面は牛頭があり、いかにも恐ろしい。頂上には十一面があり、これも恐ろしい表情をしている。それぞれが牛の角を持ち、荘厳である……（「次観証入曼荼羅世界。中央主都鉢主多聞天王。……東方牛頭有。正面可甚怖畏。頂上十一面怖畏形。各牛角出為其荘厳」）。

これが『阿娑縛抄』の典拠となった文章だが、続けてこの「双身曼荼羅抄六」は、毘沙門天の左右に金剛蔵王神と天神王主が控え、妻とされる吉祥天も側に仕えていることを記している。そして、さらに毘沙門天を取り囲む天神として「良侍天」「赴須王天」「達尼漢天」「侍相天」「渇都天王」「達相光天」「魔王天」「倶魔羅王」「徳達天王」「宅神攝天」などの名前を列挙してゆくのである（普通は八天のはずなのに、ここでは十神の名前があがっている）。

襄虞梨童女

つまり、牛頭天王と婆梨采女との間に生まれた八王子神とは、もともと毘沙門天王の眷属としての天王・天神たちなのであり、その主神である毘沙門天王が「牛頭天王」に変化してしまうと、彼らはそれぞれに王子神となったのである。思うに、延久二年（一〇七〇年）の祇園感神院の火災の時に焼けたというのは、毘沙門天の祇園天神と、その連れ合いの吉祥天、そして八天としての八王子神であり、その時は蛇毒気神と大将軍は、八王子神のなかには入っていなかったのである。

牛頭天王の〝本地〟が、毘沙門天であることの証拠は別にもある。十四世紀の天台密教の仏書『渓嵐拾葉集』の巻第八十五には「牛王法事」という章があり、その法事には「重々ナル義」があるという。「牛宿ト者二十八宿ノ随一。東北方ニ住ム宿也。帝都自リ比叡山ハ東北方牛宿ノ方ニ当テ立スル山カ故ニ牛宿ト号ス。之ニ依テ殊ニ牛王法ヲ修スル霊場也。又多聞天東北方牛宿ニ住ム天衆ナルカ故ニ。牛王ノ法ノ本尊ト為ル也」というのである。さらにだめ押しをするように「之ヲ以テ天台ハ牛王ノ法ノ本尊ニ多聞天ヲ用フル也。之ニ依リ山家所謂天下護持ノ本尊ニ安置ル多聞天也。年始ニ必殊牛王法ヲ修スル。今ノ中堂ノ毘沙門是也。口伝云々」としているのである。

辞書的にいえば、「牛王」にはいくつかの意味があるが、この場合、牛のなかの一番立派な牛という意味の「牛（の）王」でもなければ、「牛玉法印」の意味でもなく、明らかに「牛頭天王」の略としての「牛王」である。それは二十八宿の牛宿に比定されていることや、艮（丑寅）、東北方に位置していることからも明白だ。つまり、天台の重々な法事のなかに牛頭天王を祀る「牛王法事」があり、多聞天＝毘沙門天を本尊としていることは、これをもって明らかとなるのである。

少なくとも、これによって天台密教のなかでの牛頭天王と八王子の出自については明瞭となっただろう。毘沙門だけではなく、本地としての薬師如来と牛頭天王の関わりも深く、薬師を守護する十二神のうち、「丑位丁丑従神」は「牛頭人身」であり、手に槌を持っている姿として形象される（『延暦寺護国縁起』では「八王子宮」は「国狭槌尊（クニサツチノミコト）」である）。これら十二の「薬（や）（夜）叉（しゃ）将軍」がそれぞれに七千の薬叉を率い、合計八万四千の薬叉となり、それは八万四千の鬼病となり、八万四千の煩悩となって人間を苦しめるのである（牛頭天王の八万四千の眷属の数字的な根拠はここにあるのだ）。

だが、ここで八王子神の出自は示されたが、やはりその一人一人の個性は弱く、毘沙門天の周囲で、方位や方角、季節や時刻を八つに分けて分割して守護するグループ神にしか過ぎない。しかも、四や六、十二といった数字を基本とする時間や方位では、「八」は割り切れずに、余ったり、足りない場合も少なくない。だから、時には八将軍ではなく、十二将軍になったり、名前や役所が入れ替わったり、一人二役や、二人一役となったりして、整合性に欠ける場合も少なくない。

肝腎の防疫神の王子として、彼らはそれぞれの病や障害について、それぞれに病院の診療科のように分業しているだけにすぎない。たとえば、『牛頭天王島渡り』の祭文では、「首（カシラ）五体ノ病（ヤマイ）ハ武荅天神ニ申し給（タモ）ウ可（ベ）シ」、同じように「口ノ病ハ婆梨細女ニ」、「足ノ病ハ大良（タロウ）ノ王子ニ」、「腹ノ病ハ次良ノ王子ニ」、「喉ノ病ハ三良ノ王子ニ」、「胸ノ病ハ四良ノ王子ニ」、「手ノ病ハ五良ノ王子ニ」、「腰ノ病ハ六良ノ王子ニ」、「モモ（腿）ノ病ハ七良ノ王子ニ」、「膝ノ病ハ八良ノ王子ニ」に「申し給ウ可シ」なのである。

津島神社に伝わる『牛頭天王縁起』は、一般的な縁起の異文として扱うには、内容に他のものと異なったところが多く、牛頭天王が四十年の間に五徳を具足するとか、武天神王という別の名を持つとか、他の縁起にはない要素があり、霊鳩の言葉によって南海龍王の娘を妻問いに行こうとするところは、他の縁起と同様だが、娘の名前が「薩迦陀（サカダ）女」というのは、ハリサイ系統とは異なっている。一番の大きな特徴は、蘇民将来の名前が出てこないことだが、これは縁起として完結していないためで、失われた（あるいは省かれた）後半部に登場してくるのかもしれない。「巨舟将来」は、「巨旦将来」の誤記だろうが、ここだけではまだ牛頭天王に宿を貸すとも貸さないとも結論を出していないのだが、牛頭天王と八王子は、その巨舟将来に、宿を貸してくれたら、これこれのことを約束しようという報恩を条件として出す。それが、他の伝承とは大きく異なっており、また、八王子の性格をとらえるのに役立つものだろう。その後半の部分を引用する。

天王入テ若汝田畠作虫食損、吾名ヲ九十返唱奉ラバ食損セズ。第四王子誓願テ曰ク、若汝宅ノ婦女等乳汁出ツルコト夭ラムニ、吾名百返唱奉ラバ、泉ノ如ク之ヲ出サム。第五王子誓願シテ曰ク、若シ汝夜道ヲ行ムト欲セバ、吾名ヲ百返唱奉ラハ、現千万ノ刑ヲ守護令シム。第六王子誓願シテ曰ク若シ汝カ家ニ腹頭病ト人之レ有バ、吾名ヲ百返唱奉ラハ、件ノ病消滅セム。第七王誓願シテ曰ク、若シ汝カ家ノ内ニ牛馬六畜病ニ死亡之レ有バ、吾名ヲ百返唱奉ラハ、千万億之レ養生令メム。第八王子誓願シテ曰ク、若シ汝が家ノ内ノ人、腹ノ内ノ虫満テ長病之レ在ラバ、吾名百返唱奉、彼ノ病消滅セムト云。而ルニ天王大誓願ヲ仰ヒデ、八王子誓ニ任セテ、供祭シ奉ハ、吾必ズ万悪ヲ払ヒ、長寿得令メムト宣シメ、小松十二本、以テ四本ノ正ノ御棚トシテ、高サ五尺、広サ三尺、幣二本五尺、八王子八本、四尺五寸、粟ノ供四盛、八王子ニ八ツ盛、米ノ供四ツ盛、八王子ニ八ツ盛、菓子等、粟ノ酒散供之ヲ祭ル。始メシ人ハ西天竺希血是也。

最後の文章は、牛頭天王と八王子に供える祭壇の作り方を述べているようだが、将来に対して、それぞれ報恩を約束するところが興味深い。もっとも、その誓願も、第四王子から始まっているのは、第一から第三の王子までが欠落したものか。それにしても、牛頭天王や八王子の誓願は非常に具体的で、当時の信仰者が、これらの神にどんな霊験（利益）を期待していたかがよくわかる。田畑の虫の害や、頭痛や腹痛、さらに母乳の出を気にしたり、寄生虫に悩まされたりしていた当時の人々の心情が、ここでは手に取るようにはっきりと理解できる。

いつの時代にも、庶民の神信心に伴うものは現世利益なのであり、八王子神は、仏教の守護神の三不動や四天王、六観音よりも数が多いだけに、そうした信仰者たちの細かい、具体的な祈願に対しても、手を差し延べてくれるように思われたのではないだろうか。『簠簋内伝』の方位の吉凶もそうだが、これらの八王子、八将軍の伝承は、具体性に富み、現実の生活のなかに役立つ（そうでもない場合もあろうが）知識としてである。八王子神の信仰が、庶民の生活に浸透していったのも、こうした具体的な生活の指針となっていたからであると思われる。これらは、暦の迷信や、家相、墓相として今でも私たちの暮らしの中に生き残っている。

なお、山王大社二宮の「第三王子者、悪王子事也」と『耀天記』には書かれている。本地が愛染明王とされるこの「悪王子」の名前は、人目を惹きやすい。しかし、「阿志王子」「愛志王子」とも書かれるこの王子の本名は「あし王子」かもしれず、名前の「悪」の文字からイメージされるような神格は持たないようだ。二上山の悪王子社には俵藤太が、その悪王子の正体である大蛇、あるいは大蜘蛛を退治したという伝説があるが、やはり「悪」の字に引きずられた空想の産物だろう。「あし王子」ならば、むしろ津島神社の「御葭放流」の神事に使う御神体としての「葦（葭）」を思い出すべきではないか。

3　縁太羅王子の系譜

『河原由来書』からずいぶん遠くへ来てしまったようだが、元の話に戻すと、「唐崎明神【は】三条河原彦次良を祝ひ給ふなり」というのは、日吉大社の山王祭に、粟の御膳を供えるという大津の粟津神社の祭神の一人である彦坐王（ヒコイマスオウ）のことをいっているのではないかと思われる。日吉大社よりももっと古い由緒を持つと思われるこの神社は現在は小社であるが、近江の地元では有力な産土の神であると考えられている。主祭神としての大国主命はあまりに一般的だが、他の祭神として大導寺田端介、そして田中恒世、彦坐王と並んでいるのは、いかにも異色である。田中恒世が、唐崎明神＝日吉大社・山王神に粟飯を提供した人物であることはいうまでもない。社名の粟津もその故事に基づくものであるだろう（もちろん、粟舎利の名ともつながる）。それにしても、実在の人名と思われる田中恒世、大導寺田端介といった神名は、異色というよりも異様かもしれない。それは「蘇民将来」という人名がいつまでも忘却されずに伝わってきたことと、どこかでつながっている心性を感じさせるものといえる。

私見では、『山王利生記』に書かれている、田中恒世が「田中の明神」となったというのは、滋賀県安曇川町にある田中神社の祭神になったということではないかと考えているが（日吉大社内にも田中神社はある）、それはその一帯に田中氏が住む田中郷があり、田中城址があって、また近くには彦主人（ヒコウシ）王の御陵などもあるからだ。彦主人王は、継体天皇の父といわれているが、彦坐王や宇志丸に名前が似ていることも気にかかる。この田中神社（神仏分離以前は、若林天王社といった）には、『牛頭天王之（ごずてんのうの）意趣（いしゅ）』という、ちょっと変わった趣の牛頭天王の縁起が伝わっていて、近江国を中心とした山王信仰と祇園信仰とを結びつける細い糸の役割をしているのかもしれない。それは、こんな縁起である（今堀太逸『本地垂迹信仰と念仏』から再引用した）。

一牛頭天王之意趣
夫（ソレ）牛頭天王ト申タテマツルハ、日本ニ於（テ）地神最初ノ神天照太神宮ノ弟、常ニ御心猛神ニテマシマスニヨリテ、妹ノ勅命ヲ背（ソムキ）、国土ニナヤミヲカケタマフニヨリテ、父伊弉諾尊ノ勅命ニシタカイテ、ステニ根ノ国ト云所へ流罪シタマフ。其後ニ御心柔和ナルニヨリテ、御勘気ヲユルサレ、此国土エ還御（カンギョ）ナリタレトモ、心底ハトケサルニヨリテ不信心ノ人ニハトリツキタマフ。其人ニ災難ヲカクルカ、大病ヲヤマスルカ、女ナラハ縁ヲ悪エントナスカ、難産ノ患ヲナスカ、小児ナラハ疱疹ノ夭死（ワカジニ）ヲナスカ、俄ノ虫腹驚風癲癇ヲユリ痢ヲヤマスルカ、火事、牛馬ノ疫死アルモ、此御神ノ遺恨ニテアリ。人ニ八万四千ノ毛穴アリ。此毛穴コトニ眷属ヲツケテ、夜昼ノ喧嘩過ヲナスサセント方便シ給フ。田畠ノ干損モ此神ノ態ナリ。サルホ（ト）ニ毎朝ニ手水行水（ノ）ミキリニハ、南無祇園牛頭天王本地薬師如来ト唱テ、田蚕倍信成、六畜生金ヲマネキ、宅入テ高貴ニシテ、妻子安穏ノ祈、守護シ給ヘト祈念スヘシ。

延宝四年（一六七七年）の奥書があるから、それ以前に成立したものということがわかる。神主の伊藤兵庫範次代が書写したものだ。ここではスサノヲノミコトとしての牛頭天王は、悪神のままで、人々に害悪をなす邪悪な神にほかならない。大病を引き起こさせるほか、女性をして縁遠くさせたり、難産に陥れたり、火事を起こし、家畜を殺し、子供には疱瘡を伝染させて死なせたり、疳（かん）の虫を引き起こして夜泣きをさせたりと、ありとあらゆる悪事はすべて牛頭天王が引き起こしているもので、まさに人間にとって疫病神にほかならない。

だからこそ、「南無祇園牛頭天王本地薬師如来」と唱えて、「田蚕倍信成、六畜生金ヲマウトキ、宅入テ高貴ニシテ、妻子安穏」を祈れといわれても、それはあまり説得力を持たない。もっとマシな神様、たとえばこんな荒ぶる弟神を抑える姉神様でも信仰したくなるのではないだろうか。

それはさておき、すべての悪行や悪難を一人の神（スサノヲ、あるいは牛頭天王）に責任を押しつけることによって、その難を逃れようとすることもまたありがちなことだ。汚れ、穢れ、天つ罪、国つ罪を一身に担って天界を追われたスサノヲ神（＝牛頭天王）。そういう意味では、彼こそが、聖性を帯びることによって、逆にこの世の穢れをも一身に引き受けなければならなかった被差別民たちの祖先神といわれるべき神だったのである。

『河原由来書』は、こうした記紀神話の伝承や、志賀明神や唐崎明神、そしてそれを巻き込んでの山王社の信仰や比叡山の密教、さらに祇園の牛頭天王信仰までも、自分たちの先祖の〝由来〟として取り込もうとした、気宇壮大な偽書、偽史伝であったというべきだろう。なお、蘇民将来が「谷冠者」として崇拝されているという『河原由来書』の記述は、日吉山王社にある冠者殿神社の祭神のことを想定していると思われる。冠者殿神社の祭神は、三津首百枝という、これは比叡山の開祖である伝教大師最澄の父親に当たる人で、近江の国坂本一帯は、もともと三津一族の勢力圏だったようだ。唐島神社の祭神である琴御館宇志丸宿禰（ウシマロ）が、志賀の三津浜に住んでいたという伝承とも、当然関わりのある地名であり、氏名であることは確かだろう。仏教の崇敬に篤い人で、最澄の求道にはこの父親の影響が大きかったといわれている。比叡山＝山王大社の一種の地主神ということになるだろうか。

　いずれにしても、この『河原由来書』の語り手が、牛頭天王神話の伝承についてや、日吉山王社（比叡山についても）の事情に詳しい人物であることは間違いないだろう。日吉山王社の縁起のなかに、牛頭天王の神話が隠されていること、八王子社や冠者殿神社の存在や、神に粟飯を供えることや茅の輪くぐりの神事のことも知っていたと考えるほうが自然である。そこに社僧たちに圧迫されていた社家の人々、神人、後には犬神人などと呼ばれるようになった被差別者たちの関与を考えることもできるかもしれない。彼らはまさに「神の人」の零落した姿にほかならなかった。『河原由来書』の蘇民将来の神話は、牛頭天王や蘇民将来、そして粟舎利という神々を「河原」の先祖として、無理矢理にでも自分たちの信仰圏域に取り込もうという姿勢が濃厚である。こうした河原由来書版の牛頭天王神話、蘇民将来神話が、古形や古伝承を保つものではなく、『備後風土記』の逸文はおろか、『簠簋内伝』や多くの縁起、祭文よりも遥かに後世に下るものであることは明らかだろう。また、この神話内容が、近江の国志賀の浦というローカリティーを持つことも、また明らかである。この由来書の話者は、牛頭天王や蘇民将来の由来を語りながら、志賀明神や唐崎明神が、自分たちの神様であることも語ろうとしている。つまり、「縁太羅王子」の係累として粟舎利や蘇民将来を取り込み、さらに山王信仰や祇園信仰、さらに白山信仰や比叡山の密教までも取り入れ、自分たちの存在と信仰との正統性と正当性を主張しようとしている。

もちろん、このことはこれまで見てきた牛頭天王信仰や蘇民将来信仰においては、逸脱であり、牽強附会の作為性の目立つものであって、偽史、偽書として一蹴されかねないものだ（少なくとも八坂神社や津島神社がこれらの神話伝承を認めるとは考えにくい）。だが、『河原由来書』が、牛頭天王や蘇民将来にかこつけて、こうした神話を、いわばでっちあげたことの意味を私たちは考えるべきだ。牛頭天王が、屠畜をすることによって、まさに人間としての皮を剝がれ、人間としての肉を引き裂かれるような苦難と苦痛に喘ぐ被差別民のいわば心の拠り所となるような性質を持っていると『河原由来書』の話者たちは考えたのではないか。それは獣（牛）を屠ることが穢れを身につけることではなく、むしろ神への犠牲を捧げるという意味で、聖なる作業であった時代の記憶を蘇らせるようなものとしてあった。被差別に苦しむ人々にとって、まさに牛頭天王は自分たちの神だったのであり、それを取り入れるために「縁太羅王子」から始まる偽りの神統譜を作り上げたのである。

もう一つ、それは渡来してきたことによって、異族として差別されてきた人々を救済する神でもあった。牛頭天王や蘇民将来が、日本離れした神の名前であり、「異神」「番神」として海を渡ってきた神であることは明らかだった。「漢神（からかみ）」「韓神（からかみ）」を祀る人々が、時の権力に常に弾圧と圧迫を受け続けてきたことは明白である。そうした差別から救済される夢を託すことのできるのも、「異神」としての牛頭天王であり、蘇民将来だったのである。『河原由来書』の異本である「野口家文書」として伝わる『河原相伝之巻写』では「尚又（ナホマタ）、右之蘇民将来ト申人、妙々之得レ術候民之病死仕候者ヲモ、一度ハ蘇ラセシ人故、世ニ蘇民ト云」とあり、再生（蘇生）の夢もまた彼に託されていたことがわかる。

異民族、異人種として差別され、はじき出される人々。被差別部落のことを「特殊部落」と呼ぶことに対して、差別されている人々の側から強い反撥が出されているが、それは「特殊＝特種」であって、被差別民を「人種の異なった」、異人種であるという考え方に当人たちが強く反撥しているという事情があったと語られている。逆にいうと、同一民族のなかで、被差別部落民として差別を受けることのほうが、まだ耐えやすかったということがあったのかもしれない。天竺の「縁太羅王子」の子の粟舎利の子の蘇民将来。二重三重に異族であり、異神であり、異類でもあった蘇民将来・牛頭天王に、被差別部落民が託したものは、何だったろうか。それはおそらく、アマテラス―ニニギノミコト―歴代天皇という万世一系の天皇神話に対するアンチ・テーゼにほかならず、天王（天皇）を自称する牛頭天王こそ、その反抗者たちの象徴としてもっともふさわしい存在だと思われていたのである。

第三章　物部村の陰陽師たち

1　いざなぎ流祭文の世界

牛頭天王祭文のヴァリエーションといえば、もう一つ、見逃すことができないのは、高知県香美郡物部村に伝わる、いざなぎ流神道の「天刑星の祭文」である。天刑星はすでに牛頭天王の本地であり、もともと防疫神としての天刑星が牛頭天王を調伏する役割だったのに、いつの間にか、食われる者が食う側へと変身していったという過程があったことはすでに述べた。いざなぎ流には、現在までに二十種類ほどの祭文が伝承されているといわれるが、そのなかでも「山の神祭文」と並んで、病人回復、病鬼退散のためにこの「天刑星の祭文」を読誦することが重要視されているという。それはこれが、牛頭天王の祭文と同じように、行疫神の退散に効果があると認められているからだ。

いざなぎ流の神道が、注目されるようになったのは、古くからこの地方に現地調査として入り込み、フィールドワークを行ってきた小松和彦の一連の報告に拠るところが大きい。いわば日本の最後の辺境ともいえる、高知県と徳島県との県境のこの山深い隠れ里のような地に、平安時代そのままに陰陽師が式神を使って、呪詛の儀式を行っているという報告には、宗教民俗学の研究者のみならず、国文学や神道学、歴史学の広い分野の研究者が驚倒したのである。

しかも、そこには天中姫といざなぎ様による、いざなぎ流神道の始祖神話を含めた、二十種類もの祭文が古形を残したまま語り継がれており、それは仏教僧や神職などの専門家の手を経ない、まさに民間の陰陽師、祈禱師としての宗教者によって、日常的な生活の場において、実践されてきた宗教活動の一環として、〝活きている〟神語りにほかならなかった。

もちろん、これは近世、近代になって急速に衰えていった修験道などの民間宗教者たちの生き残りであり、前述した静岡県の龍爪山や宮城県の篦峯（こんぼう）山、さらに防長地方や、物部村の近所ともいえる本山町に、つい最近まで残っていた「呪術師（陰陽師、修験者）」たちの、最後の奇蹟ともいっていい文化遺産だった。テレビやパソコンの普及と同時に、古代、中世の陰陽道、修験道が生きながらえているのが、近代日本の本当の姿であったのだ。

斎藤英喜の『いざなぎ流祭文と儀礼』に記録された「天刑星の祭文」についての記述を下敷きにしながら、この祭文の粗筋（あらすじ）をたどってみよう。

①天下小（てんげしょう）（＝天刑星（てんぎょうしょう）のこと）は、ぎをん（祇園）大明神と夫婦となって、天竺の「さいば」の国を巡行していた途中で一人の子が生まれ、二人で育てていた。天下小は、三年先に地上に降り、頭、手肩、腰、「ちんば」、脚気（かっけ）などの病や、厄年（やくどし）を作り出した。

②三年後に地上に降りてきたぎをん大明神と再び夫婦となり、南方々を巡り歩いていたが、日が暮れたので、地鎮屋堅（じちんやがた）めのお祝いをしていた東方々こたん（巨端）長者のもとに宿を貸してくれるように依頼した。

③こたん長者は、天下小の妻（ぎをん大明神）が妊娠していて、今夜にも「お産の紐がとけ」（分娩が近いということ）そうになっているのを見て、宿泊を断る。

④怒った天下小は西方々「しょみん（蘇民）」のもとに行き、宿を貸してくれるように頼む。貧しいしょみんだったが、出産間近の天下小の妻のため、産湯を沸かし、いろいろと世話をして、歓待してくれた。

⑤一方、こたん長者の家では、家の者が先祖代々の宝物が補陀落世界・八幡地獄へ落ちてゆく夢を見た。天竺熊野々権現様にその夢を占ってもらったところ、こたん長者の一族の寿命が尽き、すべてが焼尽するという見立てだった。

⑥こたん長者は災厄を逃れるために、坊主千人、太夫（いざなぎ流陰陽師のこと）千人、出家千人を雇って、八重の注連縄を張り巡らせ、地鎮屋堅めの祈禱を始めた。つけいる隙がなかったが、盲目の僧の一人が、楊枝の代わりに注連の足をちぎったので、その隙間から獅子蜂に変身した天下小は潜り込み、こたん長者一族を滅ぼした。

⑦こたん長者の家には「しょみん」の娘が嫁いでいたが、「しょみん」の妻は娘は諦めるが、孫の一人も助からなかったことを嘆いた。これを知った天下小は「おいのべかずら」を使った呪術で、孫を生き返らせた。

⑧しかし、親がいないので孫は道端に据え置かれた。通りかかった熊野の僧侶たちが、子供を柿の木にひっかけて、「きむら（猿のこと）のわごう」と名づけた。人間の作った作物を盗み食いするので、その肝を取り、四百四病・八百八病の薬にすることを決めた。これが猿の肝が薬となる因縁なのである。

中尾計佐清太夫という宗教者（太夫）＝祈禱師＝「ハカショ（博士）」が伝える「天下小際ノ祭文」の要約である。「天下小」は、「天刑星」、「天形星（てんぎょうせい、てんぎょうしょう）」の訛伝である。

いざなぎ流では、「天ゲ小」「天行正」「天藝正」などと表記する。

一読して明らかな通り、牛頭天王・蘇民将来伝承の異文ともいっていいほど物語の内容は似ている。ただし、大きく異なったところもあり、何といっても「天刑星」と「ぎをん大明神」が夫婦であるということは、「ぎをん大明神」は女性神であるということだ。これは、天下小＝天刑星＝牛頭天王だとしたら、「ぎをん大明神」＝婆梨采女という関係式に置き換えることができる。天刑星＝牛頭天王という説は、すでに『簠簋内伝』が唱えているから、別段驚くことはないが、夫婦神としての天下小・ぎをん大明神も、牛頭天王と婆梨采女という関係、特に祇園感神院において、邪毒気神や少将井などの女性神こそ、祇園社の本来の祭神ではあったのでないかという説を思い浮かべれば、あながち奇異な設定ではないと思われる。

大きく違っているのは「こたん長者」が夫婦に宿を貸さなかった理由だろう。原文ではこうなっているという。「一夜の宿はかしてしんでる［進ぜる］事にわならんさあ、客僧人(きゃくそう)のつれさせ給うた妻のきさき［后］は身もちがいたいと見えまいらする、こいさ［今夜］の夜中に御産のひぼ［紐］がとけるであろぞ」。さらに、別の陰陽師（守安宮春太夫）の「天藝正祭文」では、もっとはっきりと「大事な座敷をけがすによりて一夜の借ことできん」と語っている。

つまり、こたん長者は、自分の家で出産があることは、不浄になるから泊めるわけにはゆかないと断っているのだ。これはいわゆる産血の「赤不浄」に対する忌避の観念が働いているわけだが、この祭文を伝えた、いざなぎ流の「太夫」たちが、産褥(さんじょく)の呪術にも関わり、そして妊娠、出産にまつわる女性たちや子供たちの病変や事故が昔は多かったということを物語っているものだろう（男性の太夫が、直接に産室、産褥に立ち会ったのではなく、谷崎潤一郎の処女作である戯曲『誕生』で描かれているように、別室で悪魔祓いの加持祈禱(かじきとう)や弓立て、破魔矢(はまや)などの呪術を行っていたのだろう。また、これは呪術によって出産を助けるのではなく、無事な出産を障碍しようとする悪霊や呪詛を押し返し、調伏する呪いなのである)。

いわば、こたん長者は、当時の観念からすれば、当然の理由で宿泊を断っているのだ。「屋堅め」の地鎮祭をしている時に、「産血の穢れ」を持ち込まれることを拒否するのは、誰も当然と思うはずである。

だから、「天下小の祭文」において、「こたん長者」は絶対的な悪人ではなく、むしろ星の巡り合わせによって「運」から見離された哀れな被害者という立場とも見えないことはない。「こたん長者」に復讐しようと、「天刑星」が「見やじんづ」と「きくやじんづ」(見る神通力、聞く神通力の意味だろう)を派遣して、長者宅を探索させたところ、こんな様子が浮かび上がってくる。

我等(＝こたん長者の一族)はふわるき夢を見たよのうとわ申して、夢や合せ申して御座れば、東々方こたん(巨端)が長者の親十代ヨリ伝われ申した玉手箱か八ッに割れてくだらく(補陀落)世界へさかしに落(を)ちたを夢に見た、我等わ親十代より、伝わり申した肌のの守り緒(を)か切れてくだらく世界へ、あ(落)ちた夢に見た、我等おぢのくれたるちよばんの鏡が七ツに割れて八幡(万)地国(じごく)へさかしに落ちたを夢に見たよのうとわ申して、天地久(竺)熊野々権現様へ占い判じに天や上らせ給ふて、占い判じて見まいらすれば、親十代より伝われ申した玉や手箱が八ツに割れてくだらく世界へさかしに落ちる夢に見たのは、東こたんのしゆてい子孫がたえ行くたとへであろうぞ、親十代よりわたりたる肌のまぶりの緒が切れてくだらく世界へあちたを夢に見たのは、こたんが里の三十人寿命が切れいくたとへであろうぞ、おぢのくれたちよばん鏡が八ツに割れて八幡地国へと(飛)うだを夢に見たのは、こたんが御家の四方のすみどに火焰に燃えゆくたとへであろうぞ、急いて天や下りて、地鎮家堅め、命乞いの御祈禱めされよと申して御座れば……

（『いざなぎ流祭文と儀礼』より再引用。表記を読みやすさのため若干変えた）

星回りが悪く、悪運に巡り合わせたために、「こたん長者」の一族は、滅亡に瀕することになってしまったのである。これは牛頭天王・蘇民将来伝承が、「こたん長者（将来、大王）」の心がけが良くなく、邪慳で、慳貪だったから、その因果応報として神罰を受けるという展開とは、かなり異なったものといえる。これは、病気や悪運は何ものかによる「呪詛」の結果と考える、いざなぎ流の独自の宗教意識によるものかもしれない。この「呪詛」は人間によるものだけとは限らない。神仏や神霊、自然物もまた人間に「呪詛」をかけるからである。病気は、まさに行疫神による、人間への「呪詛」にほかならない。

疫病神としての「天刑星（天下小）」に「呪詛」をかけられた「こたん長者」は、「坊主千人、太夫千人、出家千人」を雇って、「呪詛返し」の祈禱を始めさせるのだが、愚かな坊主の一人が、楊枝として使おうと注連縄の注連の足を千切ったために、そこから「獅子蜂」に変身した「天刑星」によって侵入されてしまう。注連やミテグラは、いざなぎ流にとって、「人京（人形）」と同じように、「悪魔」の呪いを封じ込める大事な祭具であり、それを疎かにすることは、ただちに報いを受けるような重大事だった。「こたん長者」は、愚かな坊主一人の何気ない失策のために、全員、滅びてしまったのである。

なお、⑧の生き返って、取り残された孫が道端に据え置かれたという話は、高木啓夫が「土佐の民俗と生活」のなかで紹介している、「病弱な子を捨て子形式にする〝辻売り〟」の風習とつながるものであろう。いったん捨てられた子が、拾われることによって、また別の運勢（星の下）に支配されるようになるのである。

その文章のなかで高木啓夫が「産育では県下一円に箒神信仰があり、丸い石をオブの石といって拾って神棚に祀る風もある。かつては座産が多く、助産婦をトリアゲバアサンといって村の器用な女の人がこれに当たった」といった記述は、こうした「天下小の祭文」の理解に、必要な前提的な知識となるだろう（「オブ」の石は、「姥」の石だろう。また、次の節の「トリアゲバアサン」の活躍など、物部村というより、土佐地方の特徴に基づくものも多いはずである）。

2　もう一つの「天刑星の祭文」

いざなぎ流の「天刑星の祭文」は、一種類ではない。伝承者（太夫）ごとにその伝えられている祭文は、大きく違っている場合のほうが多い。石川純一郎が「いざなぎ流神道の祭文——〝天刑星祭文〟の背景と行疫神説話の展開」という論文のなかで紹介しているのは、次のようなストーリーだ（小松キクジ太夫本に拠るという）。

天刑星は荒神八代龍王の姫君を后として四百四病八百八病の子をもうけた。産の紐を解くにあたって蘇民将来の姥を取り上げ婆に雇った。眷属神たちを産み終えた後、天刑星は日本の悪い人を絶やさんがために発とうとする。姥は天刑星をひとまずおしとどめ、先に帰って巨旦長者に攘疫のために祈念祈禱を実修せよと勧める。そこへ天刑星が魔神眷属を率いて天下り、巨旦長者屋形を訪れるが結界がなされていて侵入できない。そこで天刑星・破梨采女・牛頭大明神の一行は貧しい蘇民将来屋形に一夜の宿を求める。姥が朝の糧を長者のもとに借りに行くと、米の代わりに粟を貸してくれる。天刑星は姥の親切心を賞でる一方巨旦長者の所業を憎み、彼の家族を殲滅しようとする。姥は長者のもとに嫁いでいるわが娘と孫との命請いをして、呪符を授かり、体につけさせる。

長者屋形では祈念祈禱に加わっている盲坊主が不注意にも注連の足をちぎった。そこから魔神たちはシシ蜂に変化して侵入し、金槌金箱崩しの法でことごとく殺してしまった。やがて天刑星は祇園牛頭天王大明神、破梨采女は歳徳神と鎮まり、京はじめ日本国中から崇められるようになった。


「天下小ノ祭文」と似てはいるが、取り上げ婆としての姥の存在や、姥の娘や孫が正面に出てきて、蘇民将来の影が薄くなっているということが出来る。いわば、「取り上げ婆」としての姥が、蘇民将来の役回りに取って代わってしまっているのだ。これは朝鮮の「ソンニムクッ」におけるノゴ老媼の隔世遺伝のような存在なのかもしれない。もちろん、これは、いざなぎ流の宗教者たちがもっとも専門的に行ったのが「病人平癒の祈禱」であり、妊娠や出産、とりわけ流産や異常出産などが彼らの「祈禱」のテリトリーに入るものであったことを示しているのかもしれない。

出産、分娩が、母体と生まれてくる子供にとって、きわめて危険で、重大な事態であることは、現在においてもあまり変わってはいないと思うが、昔は今よりも想像以上に危険なことであり、母子ともに生命の危険すら冒しかねないものだったことを、私たちは忘れてしまっている。祈禱師や呪い師、巫女や僧侶たちが、活躍する余地は広かったといわざるをえない。

興味深いのは、「天下小ノ祭文」で、「こたん長者」たちが見る凶夢のなかの「くだらく世界」や「八幡地国(はちまんじごく)」といったいい方だろう。「くだらく」が補陀落(ふだらく)で、一般的には観音信仰の憧れの浄土であり、「八幡」が八幡信仰であることはいうまでもないが、こうした観音信仰、八幡信仰にいざなぎ流の祈禱師たちは、マイナスのイメージを付与しているのだ。逆に熊野信仰に信頼を寄せていることは、熊野の権現様や熊野の僧侶がプラスの意味で登場してくることからも明らかだろう。つまり、いざなぎ流の祈禱師たちは、一般的な仏教僧や八幡社の神官や神道家たちよりも、地獄・極楽図を持って廻ってくる熊野比丘尼（くまのびくに）のような宗教者たちに共感と信頼を抱いていたということを意味していると考えられる。いざなぎ流神道は、陰陽道、修験道、天台密教をミックスした民間神道として知られているが、その始祖神とされる天中姫は、天竺に上り、いざなぎ様に病気平癒の祈禱法を学び、地上に降りて弘めたものとされている。その天中姫は、「綾の小笠」をかぶり「負いの玉箱」を肩に担ぐというスタイルをしている。それはまさに中世の歩き巫女や熊野比丘尼の巡礼姿を摸していると考えられており、そうした巫女信仰が、いざなぎ流神道の起源にあると考えられる。

　その時に、単純に統計的にいえば、病人の半数を占めるはずの女性たちが陥（おちい）る「血の池地獄」の恐ろしさが、熊野の比丘尼たちによって語られ、出産、分娩の危険性の背景として、経血、産血の「穢れ」が強調されることはなかっただろうか。

「天刑星の祭文」に、出産の不浄観や「取り上げ婆＝産婆」としての「姥」に異人性が見られるのは、『牛頭天王島渡り』祭文で、蛇毒気神の、産血、胞衣（えな）からの誕生という異常性が強調して語られることと同じく、民間の宗教者としての陰陽師、修験者たちが、日常的にどんな「病気」や「病人」に対応していたのかを垣間見せる（かいまみせる）ものとなっているのではないだろうか。

　ところで、「天刑星の祭文」では、蘇民将来と巨端将来との善悪の対比がはっきりとしておらず、その結果、蘇民将来の善行に対して与えられる「蘇民将来之子孫也」という護符の存在が希薄化し、呪符の起源としての神話という意味を持たなくなる。だから、病気直しは、あくまでも陰陽師たちの「病気」を祓う祈禱に求められるのであり、それは「中はずし」や「取り分け」といわれる祈禱師自身の即興による悪魔祓いの詞章に委ねられる。「御家の見ちがえでわないかよ、門（かど）のとりやちがえではないかよ、しょみん（蘇民）が孫のとりちがえでわないかよ」と、祈禱者は祈禱を続ける。天刑星＝病魔（疫神）が、家違い、人違いによって「呪詛」をかけているのではないかというのである。

蘇民将来の子孫には病魔はとりつかないという「先約束」は、いざなぎ流の世界でも有効である。だから、祈禱師たちは、〝間違って〟、そこにやってきた天刑星を、本来の場所、「東々方こたんがしやが国」「へいらく国」「たいらん国」「やしや国」の「おとひめじよろ（乙姫女郎）」の待つ国へ早く帰ることを促すことによって、病魔＝疫神を退散させようとする。牛頭天王や鍾馗や天刑星のような強い神通力によって、悪魔を調伏し、滅亡させてしまうのではなく、あくまでも祈禱の詞章、言葉の力によって退散を願う（最終的には、ただ祈る）こと。神ならぬ人の出来ることは、今も昔もあまり変わってはいないのである。

3　産屋の「借地文」

「天下小の祭文」や「天刑星祭文」に、「赤不浄」のことや「取り上げ婆（産婆）」のことが、祭文の物語のなかで大きな意味と役割を持っていることに、もっと注目してもよいだろう。『牛頭天皇島渡り』祭文でも見たように、昔から「胞衣」には、不可思議な力が秘められていると考えられてきた。それが、経血、産血を不浄視する「赤不浄」観を、一層強めたことは間違いないだろうが。

一九七六年（昭和五十一年）に平城京の「右京五条四坊三坪」の遺跡から、不思議な壺が出土した。なかには水がたまっていたが、そこに文字側を上にした四枚の和銅開珎、骨片、布片、筆筒といった品物が入っていた。それだけでは、この壺が何を意味しているか分からないが、『玉蘂』などの文献と照らし合わせることで、鮮やかに解明することができたのである。「銭五文を白瓷の瓶子に入れる。

銭文を上にして用いる欤。次に胞衣を銭の上に入れる。次に新しき筆一管、胞衣を銭の上に入れる。次に瓶の蓋を覆う」というのが、その記事で、つまり、それは胞衣の不思議な力を壺に封じ込め、建物の柱の根元に埋めておくという呪術的な意味を持っていたのである。

　このことを「古代のまじない——攘災・招福・呪詛」（『神と人—古代信仰の源流』）という文章で紹介している水野正好は、この建物が「産屋」ではなかったかと推測している。胞衣は、家の出入り口に埋めるという伝承がつい最近まで伝わっていたように、これは人の足で踏み付けることによって（「返閇」のように）、胞衣の力を抑え、それがまさに「地鎮屋堅」の呪法となるということを意味していたと思われる。

　とすると、こたん長者が、ぎをん大明神の「お産の紐がとけ」そうなので、宿泊を断るというのは、単に長者の「邪慳」さや「冷酷」さを語るのではなく、「産屋」の用意されていない出産や、すでに「地鎮屋堅」を行っている最中の出産が、歓迎されないものであったことは、明らかだったのである。逆にいうと、それだけ妊娠、破水、分娩、胞衣の始末といった一連の出産の過程が重大なことであり、きわめて慎重に、用意周到に行われなければならないほど、禁忌に満ちたものであったことを物語っている。

「取り上げ婆」の姥が、「天刑星祭文」で、本来の主人公である天刑星や、牛頭天皇、蘇民将来の役を〝喰って〟しまうほどの活躍ぶりを発揮するのは、彼女が、まさに人間の生き死にを左右するような霊的、呪的能力の持ち主だったからである。

　水野正好は、前出の文章でさらに興味深い史料を紹介している。それは『山槐記』という本にあるもので、治承二年（一一七八年）十月一日に「中宮」が産気づいたので「御産所（産屋）」に入り、その産屋に「借地文」を押し貼ったというものだ。この「借地文」とは何か。それは平安時代に丹波康頼が著した『医心方』にあるとして、その巻二十三にある「産婦借地法第四」として、次のような文章を引用している。

子母秘録云体玄子法為産婦借地法百無所忌借地文、東借十歩西借十歩南借十歩北借十歩、上借十歩下借十歩壁方之中卅余歩、産婦借地恐有穢汚、或有東海神王或有西海神王或有南海神王或有北海神王或有日遊将軍、白虎夫人横去十丈、軒轅紹揺挙高十丈、天狗地軸入地十丈、急々如律令

というようなものである。つまり、「借地文」とは、産月の一日にこの借地文を、産室の北壁に押し貼るという呪札である。それはまさに土地を借りるという借用書そのものだ。東西南北上下の各十歩分の距離の土地（空間）を借り、東海、西海、南海、北海の各神王と日遊将軍と白虎夫人などの各方位の神々を勧請し、その加護によって産婦と産児の安産と安全を祈願するものなのである。

この時に、私たちは牛頭天皇（武塔天王）が「北海神王」であり、婆梨采女が「南海龍王」の娘だったことを思い出さずにはいられない。彼らが天上界から地上界へ天下りしてきたのは、まさに「取り上げ婆」としての姥の仲介によって、「産屋」の安全と、その穢れを他所に及ぼさないための結界を守るために勧請されてきたのにほかならないのである。

もちろん、いざなぎ流神道の陰陽師たちが、こうした胞衣を壺に納め、柱の根元に埋める儀式や、明らかに中国の道教世界から伝わってきて、都の貴族たちの間で行われていた「借地文」の呪法を、そのまま実践していたといっているのではない。ただ、古代から伝わるこうした「産屋」にまつわる儀礼や呪法が、その祭文の物語には痕跡として残っているのであり、それは「ぎをん大明神」が女性神（＝婆梨采女、蛇毒気神）であり、出産と産室に大きく関係する神であることを、神話や伝承の無意

識層から掘り起こしてくる役割を果たしていることをいいたいだけだ。

これは奥三河の花祭に伝わる『牛頭天王島渡り』の祭文が、まだ不徹底であり、無自覚的であった、牛頭天王・蘇民将来伝承の、女性の立場からの〝読み替え〟の実践であり、女性版の牛頭天王（「ぎをん大明神」＝婆梨采女）信仰であることを指摘しておいてもいいだろう。祇園神は、四国の山奥に来て、初めてその女性神としての本質を明らかにしたのである。

第四部　みちのくの蘇民たち

第一章　蘇民祭と妙見信仰

1　蘇民祭の分布

かなり以前のことだ。東北本線の列車に乗っていた時のことだったと思うが、車窓から「蘇民祭」という幟（のぼり）を見たことがあった。二十年ほども前のことだろうか。その頃は、蘇民将来や牛頭天王について、さほどの関心や興味を持っていたわけではなく、ましてや調査や研究をしてみようというつもりもなかったので、そのまま見過ごしたのだが、「蘇民祭」とは不思議な名前の祭があるものだと思った。もちろん、『備後風土記』逸文の蘇民将来の説話については知っていたが、蘇民祭の「蘇民」が蘇民将来と同じものだという確信は持っていなかった。

車窓に流れてゆく蘇民祭の三文字が書かれたいくつもの幟旗（のぼりばた）。東北に伝わる奇祭の一つ。やがてそうした知識は断片的なものとして私にも入ってきたのだが、まだそれが蘇民将来信仰の流れの一つの有力な支流とは気がつかなかった。だから、NHK教育テレビの取材の仕事で篦岳山篦峰寺（こんぼうじ）に行った時も、門口に貼られた「蘇民将来子孫門戸」というお札を見ても、へえーっ、こんなところにもあるんだというぐらいの関心しか持たなかった。神仏混淆の修験（しゅげん）、山伏（やまぶし）の世界に、さまざまな異神、いろいろな番神や民間信仰的なものがあることは当たり前で、そんなことに一々驚くほど私はナイーヴではなくなっていたのである。

今から思えば、蘇民祭の幟旗は、水沢の黒石寺の旧暦一月に行われる蘇民祭のものだったと思う。地元でひっそりと行われていた黒石寺蘇民祭が、日本の奇祭としてテレビや雑誌や本などで紹介され、一躍、有名になってゆく、そのきっかけの頃のことだった。

だから、私が蘇民祭というものを認識したのは、かなり早い時期のこととなるが、実際にその蘇民祭が行われている寺社を訪れたのは、それから二十年近くも経ってからということになる。

不思議なことに、蘇民祭が行われている、あるいは行われていたという寺社は、岩手県、それも盛岡以南の地域に集中している。現在でも蘇民祭を実施しているのは、北からあげれば、早池峰神社蘇民祭（大迫）、光勝寺五大尊蘇民祭（石鳥谷）、胡四王神社蘇民祭（花巻）、観音寺永岡蘇民祭（水沢）、鎮守府八幡宮加勢蘇民祭（水沢）、熊野神社蘇民除夜祭（水沢）、黒石寺蘇民祭（水沢）、興田神社蘇民祭（大東）、毛越寺二十日夜祭蘇民祭（平泉）、長徳寺蘇民祭（藤沢）の十か所である（『黒石寺蘇民祭』に拠る）。

このうち、早池峰神社の蘇民祭はごく近年に始められたもので、もともと蘇民将来の信仰はあったのだが、蘇民祭という形で行われていたわけではなかった。黒石寺や胡四王神社の蘇民祭が有名になったので、そのやり方を取り入れて蘇民祭として行うようになったというのが真相のようだ。早池峰神社は、神仏分離の前には早池峰山妙泉寺と称した修験場であり、豊山長谷寺を本山とした真言宗の寺院だった（一六七七年に天台宗から真言宗に改宗したという）。もともとは、十一面観音を本尊としていたようだが、神社になった時に瀬織津姫を祭神とし、郷土に伝わる古い伝承を基にして、中央の早池峰山を瀬織津姫、左右の六角牛、石上の二つの山がその妹神であるという早池峰三山の三女神の信仰としたのである。

この早池峰神社（妙泉寺）に古くから大出神楽、いわゆる早池峰神楽が伝わっていて、その式外八番に「牛頭天王」の舞があり、法印が京都から伝えたもので、出羽三山（月山・湯殿山・羽黒山）に伝わった神楽とほぼ同時代に入ってきたものだという。この舞は当然、牛頭天王や蘇民将来の信仰を前提とするもので、早池峰神社が蘇民祭を〝復活〟させたのには、それなりの根拠があったのだ。この「牛頭天王」の舞の詞章については後述する。

蘇民祭が行われていたが、今は廃れてしまったところもある。これも北からあげると、花巻の羽山神社の蘇民祭、北上の浅間神社の蘇民祭、金ヶ崎の熊野神社の蘇民祭、前沢の八雲神社の蘇民祭、東山の新山神社の蘇民祭、平泉の西光寺の蘇民祭、一関の菅原神社の蘇民祭などである。廃れた理由や原因はそれぞれに違いはあるだろうが、過疎化による氏子や檀家の数の減少や、逆に市街化することによって、伝統的な行事が滅んだという例もあるだろう。後述のように、蘇民祭が裸祭、男の祭であるといった周辺の偏見も、廃止に踏み切らせた要因の一つになるかもしれない。

仏教寺院と神社のどちらでも蘇民祭が行われていたということは、これらの寺社が、神仏分離の前は神仏混淆の修験系の寺あるいは神社であったことを物語っている。また、祇園社系、天王社系の神社に限らず、八幡、熊野、浅間などの神社でも蘇民祭が行われていたということは、主たる祭神に関わらず、疫病退散の牛頭天王・蘇民将来信仰が、それらの氏子や信徒の間で、いわば正式な教義や信仰とは関係なく支持されていて、それが神楽や祭として表現されたと考えてもいい。蘇民祭を廃絶してしまった寺社が少なくないというのも、本質的には、そうした祭礼を支える信徒たちのエネルギーが減衰してしまったからと見ることができる。

蘇民祭のなかでも、もっともよく知られている黒石寺の蘇民祭も、一時は祭の催行自体が危ぶまれるような時期があったようだ。もともと檀家の少ない黒石寺では、祭にかかる費用や手間暇の負担も大変で、無住職にもなりかけたという寺では、祭の伝統を絶やさないことにも懸命の努力が必要だっ

黒石寺本堂(薬師堂)

たのだ。現在では幸いに、東北の奇祭の一つ、男たちが裸で蘇民袋という縁起物の袋を奪い合う、勇壮で、荒々しい祭典として全国区となり、一大観光行事ともなっていて、盛況を呈しているが、その分だけ、本来の地元民だけの蘇民祭というカラーが薄れているということは否めない。

もう一つは、これは黒石寺の蘇民祭についてもそうなのだが、その由来や由緒がほとんど不明であるということだ。薬師如来を本尊とする天台宗の仏教寺院が、なぜ、蘇民将来あるいは牛頭天王という〝神様〟を祀り、その神祭を行うのか。数度の火災で文書や記録が焼亡してしまったとはいえ、その起源をたどる手がかりもほとんど残されていない。

起源のわかる胡四王(こしおう)神社の蘇民祭にしても、一八六五年(慶応元年)に、無病息災や家内安全を祈願して始められたということだけで、蘇民将来の信仰が、いつ頃から、どのような形であったのか、これらの寺社の記録は何も語っていないのだ。早池峰神社の大出神楽の「牛頭天王」の舞すらも、これらの寺社には残っておらず、せいぜい蘇民祭の祭礼の次第が記録されている程度なのだ。もちろん、そこには祭の起源や由緒については、まったく書かれていないのである。

2 薬師と妙見

私が黒石寺を訪れたのは、まだ雪の融け残っている三月の半ばだった。北上川（日高見川）が蛇行するその畔の小高い土地の上に、妙見山黒石寺は建っていた。

寺歴によれば、延暦二十一年（八〇二年）、征夷大将軍の坂上田村麻呂が蝦夷の征伐にここまでやってきて、鎮守府として胆沢城を築き、その城内に鎮守府八幡宮、城輪に石手堰神社を建立し、その神宮寺として建てられたという。だが、別の伝承では、聖武天皇の天平元年（七二九年）、行基がここにやってきて、薬師如来を手刻安置した一堂宇を造ったのが、東光山薬師寺としての黒石寺の始まりであり、行基の法相宗から天台宗に変わり、妙見山黒石寺と寺名を変えたという。しかし、行基作とされる本尊の薬師如来坐像には、内側を刳り貫いた像内に貞観四年（八六二年）の墨書銘があり、七三〇年の行基による建立は、伝説にしかすぎないということになる。

杉林のなかに、薬師如来という扁額を掲げた本堂、薬師堂があり、頭部が小さい鋳物製の阿吽の狛犬がその堂前を守っている。このあたりは南部氏が支配していたこともあったのだから、南部鉄の狛犬ということだろうか（鋳工は及川重右エ門、明治元年に寄進される）。正面の張り出した屋根を支える柱の上の向拝には、名匠といわれた花巻の二代目高橋勘次郎が彫った龍の彫り物があって見事だ。明治十四年の大火で焼失した本堂が十七年に再建された時に彫られたものだ。薬師堂のなかには、本尊の薬師如来坐像があり、脇侍として日光・月光菩薩の立像がある。その周囲を持国天、増長天、広目天、多聞天の四天王が守っている。

薬師如来はもともとその名前の通り、人間の病気や怪我、身体の障害を薬効や医術によって取り除いてくれる仏様であり、そのため疫病退治の牛頭天王の本地仏とされることが多い。だから、牛頭天王信仰や蘇民将来信仰とまったく無関係なわけではなく、蘇民祭が行われているということも不思議ではない。

しかし、私が興味を抱いたのは、本堂の横の石段を上がったところに、妙見堂があることだった。もちろんそれは、妙見菩薩、北極星の信仰に起源を持つ道教・陰陽道的な神を基とした本地仏を本尊とする堂なのである。妙見菩薩は、玄武（亀と蛇とが合体したような想像上の動物。方角では北を示す）に乗って、右手に剣を立てて持っている。唐服を着た武将姿で、両脇にいる北斗七星を意味する北斗菩薩もそれぞれ武器を手にしている。ちなみに北辰一刀流は、まさにこの北辰菩薩＝妙見菩薩に武運長久を願って、千葉周作によって編み出された剣術である。

一八七四年（明治七年）頃の黒石寺の境内を鳥瞰した絵図を見ると、本堂薬師堂とほぼ同じ大きさの観音堂があり、その二つの堂の真ん中の石段を登った所に妙見堂が描かれている。これを見ていると、本堂の薬師堂よりも妙見堂のほうが、黒石寺にとっては重要な意味を持っているように思われる。観音堂は、今は新築された釈迦観音堂として、金色の釈迦三尊と千手観音が祀られているが、もともとは奥州観音巡礼の二十五番の札所、あるいは江刺観音七番札所として、観音信仰が盛んだったという往事があった。このことは、黒石寺が昔から薬師如来を本尊とする薬師信仰の寺ではなく、観音信仰や妙見信仰が、むしろ中心ではなかったのかと考えさせるきっかけとなるものだ。

寺伝によると、行基が東光山薬師寺を建立したのは天平二年（七三〇年）、それを妙見山黒石寺と改称したのは、嘉祥二年（八四九年）に天台宗の三世座主・慈覚大師円仁がやって来た時だという。しかし、寺名の順序とは逆に、妙見信仰のほうが古いもので、薬師信仰はその後に持ち込まれたものなのではないか。あるいは、妙見信仰―観音信仰―薬師信仰といった順序ではなかったのか。現在も妙見山と名乗り、妙見奥院と妙見堂が、薬師堂や観音堂の〝上〟にあるという堂宇の配置は、妙見信仰のほうが古く、かつ重要であったことを意味していると思われる。

妙見信仰は、記紀神話がアマテラスオオミカミを最高神とする太陽信仰を基にしているのに対して、北極星を最高神とする道教を基とする星神信仰である。それは昼と夜のように、まったく対立する信仰の在り方だといってよい。天地自然の万物を神とする日本神話（記紀神話）においても、星の神様は異常と思われるほどに少ない。太陽神と形式上は対等のはずの月の神（月読命（ツクヨミノミコト））も、現実の神話の物語のなかではまったく影が薄く、ほとんど名前ばかりの神格なのだ。それに比べて、道教や陰陽道、宿曜道では星の神様は数多く出てくる。『簠簋内伝』で、牛頭天王は実は「天形星（天刑星）」であり、地上に降りて牛頭天王となったとあるが（いざなぎ流神道では、この「天刑星」が主人公となっていることを、すでに見た）、陰陽道、宿曜道自体が暦法による方位占いなど、西洋の占星術にも似た「星占い」を行っていたことは確かであり、牛頭天王信仰は、星神信仰の一部といっても過言ではない。

『簠簋内伝』の「文殊宿曜経（もんじゅすくようきょう）」のなかには、こんな一節がある。

昔、此の宿を除かざる時、天下に病疫す。漢王、博士に命せて占を問ふ。士、卜を察して曰ふ、「天に天形星あり。地に下りて、牛頭天王と曰ふ。二十八宿の内に、牛宿これなり。則ち疫神の主領たるのみ。霊験新なるが故に、世間皆な、好悪の時日を論ぜず、分補するが故に、八万四千の疫鬼を放ちて、長安城の内、日に八万四千の人の命を留る」と。故に帝、哀傷して、天形星の法を勤む。天王、現じ給ひ、託して曰ふ、「我が主る所の牛宿、雑乱たるが故に、衆人を滅す。若し此の宿を取りて、毎日に、卓午の辰に当つる、大疫あるべからず」と。帝王、歓喜して、牛宿を午の時に当つるものなりと。

これは他の文献には見られない牛頭天王神話の一つのヴァリエーションである。牛頭天王は天形星であり、二十八宿の一つ、牛宿を司(つかさど)っている。宿というのは、月がおよそ二十七日、あるいは二十八日で黄道を西から東へと一周するのだが、その一日ごとに月が宿る星座のことをいうのであり、宿曜道ではもっとも重要な概念である。疫神の牛頭天王が牛宿を主領しているから、その宿には病疫が多い。人々の命が失われることを悩んだ中国の皇帝の前に牛頭天王が現れ、その宿を午の時に当てて、午の時を〝飛びこえて〟しまうことにしようという誓約を行った(「牛宿を午の時に当つるものなり」ということの意味が、宿曜道の教義に暗い私には判然とはしないが)。

いずれにせよ、「文殊宿曜経」に「七魂とは、天の七星なり。下々来々して、人身に通じて七魄と成る」とあるように、星と人、天と人の命とは、まさに天命として密接に結びついているものである。人間の運命と星座(天宮)とを結びつける占星術が、夜の空を眺めることの多い中央アジアの草原の遊牧民たちから生まれてきたといわれているように、星神の信仰は、大陸から牧畜や養蚕などの技術を持ってきた渡来人に担われてきたというのが通説である。

行基が黒石寺の前身である東光山薬師寺を建てた十九年後には、百済王敬福(くだらおうけいふく)が奥州で見つかった黄金を献上することによって、奈良東大寺の大仏は金箔によって飾られ、開眼供養(完成)まで漕ぎ着けることができた。明らかに当時の「みちのく」まで渡来人たちはやって来ていたのであり、伝説上で行基とされている黒石寺の創建者とされている人物は、妙見信仰を持った渡来系の人だと考えられる。

3　北斗の星神

妙見信仰、北極星や北斗七星に対する信仰について、もう一ついっておかなければならないことは、江戸時代において、星の信仰は叛逆や謀反の象徴であったことだ。

国のみだれはこの身の本懐。しからば五星をわが名に呼び、今より暁星五郎（あけぼしごろう）と改名して、富家の家々大小名、宝詮議は差し当る、山名の館に乱入の、今より賊の張本人。宝取得て塩冶（えんや）の家国、引き興さんは目のあたり。あらく〳〵喜ばしやナア

と、七五調で、物騒なセリフを吐いているのは、四世鶴屋南北（つるやなんぼく）が書いた『菊宴月白浪（きくのえんつきのしらなみ）』という歌舞伎劇の主人公・暁星五郎こと、忠臣蔵劇の悪役で知られる斧定九郎（おのさだくろう）なのだ。斧定九郎という名前のままでも十分に悪党であり、悪役である彼が、わざわざ〝暁星五郎〟と名前を変えたのは、「星」の名前を持つことこそ、反逆者、謀反人であるという俗説が江戸時代にはあり、彼は悪名の本名を棄て、〝暁の星〟（明けの明星、すなわち金星のことである）と名乗ることにしたのである。もちろん、忠臣蔵劇での仇役、大星由良之助（おおぼしゆらのすけ）（大石内蔵助の劇中での役名）の「大星」に対抗した名前でもあるのだが、大星という名前自体が、時の御政道を批判して、禁止された敵討（かたきう）ちの騒擾（そうじょう）を引き起こす謀反人の名前にほかならない。

盗人や辻斬（つじぎ）りといった犯罪が、お天道様が見ている真っ昼間に、真っ当な人間にできるはずはない。それは月もなく、せいぜいが星の光がまばらな闇の夜に行われることであり、押し込み、強盗、家尻（やじり）切り（土蔵破り）も、墨を塗ったような晩に、人目を忍んで行われるべきことなのだ。星はそうしたまがまがしい犯罪をこっそりと見ている存在にほかならず、いわば犯罪者の味方であり、その影の支援者なのだ（その証拠に、犯罪の実行者のことを〝犯人（ホシ）〟というではないか！）。

五星とは歳星（火星）、熒惑星（火星）、鎮星（土星）、太白星（金星）、辰星（水星）の五つの星のことだが、この五星の組み合わせと太陽と月が加わり、七曜となる。五星占いは中国で展開されたものだが、七曜、二十八宿などはインド起源で中国に入ってきたもののようだ。妙見信仰はこうした陰陽道、宿曜道から生まれてきたもので、「北辰尊星王」としての北極星、妙見さまを信奉するものである。天台、真言の密教では妙見菩薩として星供養を行うが、もともと道教、陰陽道、宿曜道起源のものとして、異端視されていたようだ。村山修一の『日本陰陽道史話』では、奈良時代にすでに北辰を祀る〝星祭り〟が風俗を乱すものとして禁令を受けたことが『続日本紀』には書かれていると指摘している。

妙見神（『千葉妙見大縁起絵巻』より）

星祭りがなぜ風俗壊乱になるのか、よ

くわからないが、そうした信仰を持ち込んだのが、朝鮮半島から渡来した馬飼い集団であり、これら高句麗、新羅から渡ってきた騎馬民族としての渡来人が住み着いたのが河内国で、ここにまず妙見信仰のメッカが生まれた。次いで、北関東に移住し、その末裔たちが牧場を開き、馬飼いを業とした(群馬や相馬といった「馬」の字が着く地名はここから生まれてきた)。妙見信仰が北関東をホーム・グランドとしているのは、こうした歴史が積み重なっているからだ。

妙見信仰が、叛逆、謀反のシンボルとなった理由は、こうした北関東に散らばった渡来系の牧民集団を背景とした武装勢力の台頭にあったというべきだろう。むろん、その最大の〝新星〟が平将門(たいらのまさかど)である。「東の将門、西の純友」と呼びならわされた逆賊の代表としての彼は、京都を中心とした天皇政権に真っ向から叛旗を飜(ひるがえ)した逆賊であり、朝敵だった。将門と、その叔父であり、古代千葉氏の始祖と伝えられる平良文(たいらのよしぶみ)の連合軍が、都から派遣された平国香(たいらのくにか)の軍と対戦して窮地に陥った時、雲中から童子の姿で現れたのが「羊(よう)妙見菩薩」で、この神の守護によって将門・良文の連合軍は辛うじて勝利を得ることができたという伝承が『千学集抄』にあると、伊藤一男『妙見信仰と千葉氏』はいう。

「羊妙見」というのは、良文の根拠地である古代関東が、渡来系の馬飼集団「羊」一族の開拓した土地であることと関係があると見られているが、以来、千葉氏が妙見菩薩を一族の守護神としたのは当然のことであり、今でも千葉県に妙見神社や妙見堂などの妙見信仰の寺社が多いのは、このためである。

もちろん、逆賊・朝敵の平将門に味方した「羊妙見」は、万世一系の天皇家の支配する日本ゆえ、その神仏自体が逆賊であり、逆臣の守護神であり、氏神であって、朝廷としては好ましからぬ信仰にほかならなかった。東日本の「新皇」、すなわち新天皇を名乗った平将門は、アマテラスからの皇統をないがしろにする大逆を犯した大叛逆者であり、承平の乱で、藤原秀郷（ふじわらのひでさと）・平貞盛（たいらのさだもり）の朝廷派遣軍にようやく滅ぼされ、彼は首を取られ、樽に塩漬けにされて、京都まで運ばれた。しかし、首実検され、晒し首になった時に、天地震動し、稲妻鳴り響き、「俺の胴はどこだ！」と叫んだ将門の首は、大声を上げて笑いながら自らの胴を求めて空中を飛び、関東に舞い戻ってきたという伝説がある。いったん首が降りた場所が今の大手町のビル街の中間にある首塚として知られる将門塚であり、最終的に首が留まったのが、現在の神田明神の地だった。

平将門は祟り（たた）神である。東京大手町のビル街の一角に、いかにも場違いな首塚が今も残っているのは、その塚を動かしたり、潰そうとしたりすると、必ず関係者に祟りがあると信じられてきたからである。将門を祀る神田明神の神田祭が、派手で豪勢な祭礼であるのも、祭神のこうした〝祟り〟の力の強さに見合ったものといわざるをえない。祇園祭も天王祭も、まさに、祟りや災厄の強い神であればあるほど、そのお祓いを大規模に、豪勢に行わなければならないという心性が働いたからではないだろうか。神田明神（神田神社）の境内には、江戸神社（江戸牛頭天王）、大伝馬町八雲神社（大伝馬町天王）、小舟町八雲神社（小舟町天王）の、いわゆる三天王が祀られている。江戸は「天皇」に敵対する「天王」信仰のメッカだったのである。

妙見信仰が、薬師如来を本地仏として、病気治し、防疫、無病息災の祈願をもっぱらに受け入れるということは、妙見菩薩自体が、牛頭天皇のような行疫神の性格を持っていたからであり、生・老・病・死の四苦を抱えた人間にとっては恐ろしい、畏怖すべき対象だった。

歴史家・網野善彦のいわゆる東日本・西日本にそれぞれ別々の政権が成立していたという日本の二国分割史観によれば、平将門はまさに東日本王国の〝新皇〟にほかならなかった。

西日本王国の国教が、天皇家の祖先神である太陽神・アマテラスオオミカミを中心とした伊勢神道

（と、国家鎮護を最大の目的とする比叡山や高野山の仏教）だとしたら、東日本王国にふさわしいのは、まさに北の空の北極星、すなわち「北辰尊星王」を戴（いただ）く北辰の信仰、妙見信仰にほかならないのである。

さらに古く遡れば、常陸の国を根城に、「まつろわぬ」神として最後まで高天原から遣わされた神に抵抗していた甕星（みかぼし）、香々背男（カガセオ）もまた、星の神として、反逆者の汚名を着せられて、アマテラス側、すなわちタケミカヅチ・フツヌシたちに討ち破られた神である。

「其の不服（うべな）はぬ者は、唯星の神香香背男のみ」と『日本書紀』に書かれ、「天に悪しき神有り。名を天津甕星（アマツミカボシ）と曰ふ。亦の名を天香香背男（アメノカガセオ）」とも書かれるこの神は、その名前の通り、天にカガやく「暁（あけ）の明星」、すなわち金星を神格化したものであり、まさに「暁星五郎（あけぼしごろう）」の遠い先祖に当たる悪役のスターだったのである。だから、彼は、彼を討ち取ったとされるシトリガミタケハヅチ（倭文神建葉槌）などよりもずっと人気は高く、星神社として彼を祀る神社は、敵役のシトリガミよりも数多く存在するのである（甕星は、また妙見神とも習合する）。

牛頭天皇もまた「星」である。二十八宿のうちの牛宿であり（七星の破軍星でもあり）、天形星である彼（もともとは、天形星に食われる立場の邪鬼だったが）は、地上にまがまがしい疫病をはびこらす行疫神であり、中国の皇帝の必死の祈願、祈禱によって、ようやく牛宿を午の時に当てて、〝飛びこえる〟ことによって大疫を防止することを約束した。妙見信仰がいわば王権にたてつき、権威に歯向かうところの宗教的情熱であり、牛頭天皇の信仰とほぼそのスタイルを同じくすることが、ここでは明らかとなってきたのではないだろうか。

黒石寺の蘇民祭をはじめ、みちのくの蘇民祭は、真夜中に行われる例が多い（元来は夜の祭だったが、現在では朝や昼に行う場合もある。観光のために伝統を枉げたのである）。黒石寺では、夜になって山門の前に集まった裸姿の蘇民祭の参加者たちは、寺の境内の前の道を渡った瑠璃壺川の水垢離場（本来は山内川というが、黒石寺の前の水垢離場の川岸だけを瑠璃壺川という。雪と氷の浮いた冷たい川水だ）で身を清め、梵鐘の合図とともに、柴燈木登りと称して、庫裏から本堂、妙見堂へと松明を持って廻る。鬼子上りという、二人の稚児が鬼の面を逆さに担いで本堂へ入る儀式がある、それが済むと、男たちがここを先途とばかりに、蘇民袋と称する袋を手に入れるために、本堂にどっと雪崩れ込むのである。褌一丁姿、昔はまさに真っ裸の男たちが、怒号と喊声をあげて犇めき合う。まだ、暁暗の午前五時である。

それはまさに、「権威」や「権力」という目に見えないものに向かって、それを奪い合おうとする男たちの「戦い」そのものの縮図にほかならない。花笠に飾られた花をめぐって、それを奪い合う白山長瀧神社の「花奪祭」、出羽三山の羽黒山神社では、つつが虫という疫虫を作った稲藁の注連縄を放り投げるのを、見物客たちが奪い合って受け止めていた。二人が同時に受け止めると、相撲になる。もちろん、勝ったほうがその縁起物の稲藁を受け取るのだ。

こうした何かを奪い合う祭の行事は、戦争や合戦の記憶をどこかで曳きずっているといえる。人間だけが戦うのではない。神々もまた戦っている。羊妙見が平将門軍に味方したように、神々も二手に分かれて、人間たちのように戦っている。東西や上下や紅白にわかれた二つの勢力が、一年の豊作や安全や成功を賭けて、戦い合うのである。蘇民祭は、牛頭天皇のような強力な呪力を獲得するために、百鬼夜行が往来するような漆黒の闇のなかで行われていた。それはやはり牛頭天皇の信仰と近親性を持つと思われる、摩多羅神の祭礼においても、同様であった。次章では、牛頭天王から少し離れて、この天台密教の異神・摩多羅神について、考えてみることにしよう。

第二章　摩多羅神の夜

1　広隆寺牛祭

摩多羅神（「まだらじん」ともいう）の祭は、京都太秦の広隆寺で十月十日の夜に行われる。国宝第一号といわれる弥勒菩薩の半跏思惟像があることで有名な寺だ。常住堂から赤鬼・青鬼の先導によって牛に乗って出てきた摩多羅神は、白装束に面を被り、頭巾には北斗七星が付いている。薬師堂の前の祭壇で祭文を称えながら薬師堂を三周して、称え終るとすぐに薬師堂のなかへ駆け込むように入る。この時、周りで見物していた村人たちは、摩多羅神が残した祭文を奪い合うために押し合いへし合いを行う。

これが真夜中に行われる摩多羅神の「牛祭」である。もともとは太秦の大酒神社で行われていたものが、同じ土地に住む渡来系の秦一族と縁の深い広隆寺で行われるようになったのだという。もともとは、延暦寺の三世座主・円仁（慈覚大師）が中国から帰朝する時に船のなかに現れた神ということで、赤山明神、泰山府君と同神であり、仏教というよりは道教系の神であり、星神でもあることは、何よりも頭巾の北斗七星が物語っている。円仁が、比叡山の常行三昧堂で祀ったので、各寺でも常行（住）堂に祀られることが多い。

摩多羅神と牛頭天皇の関係は明らかとなっていないが、牛に乗った星神であり、その由緒、由来が判然としていないということは、比叡山（山王社）の信仰で〝隠されている〟牛頭天皇との類縁性を感じないわけにはゆかない。『神道集』の「赤山明神事」には赤山明神は「其本地ノ名尋ヌレバ武塔天神王也、此牛頭天王ト一体応迹ノ変作也」とあって、摩多羅神＝赤山明神であれば、赤山明神＝武塔天神＝牛頭天王となり、摩多羅神＝牛頭天王となるのはわかりやすい等式である。また、『祇園御本地』では、「素戔嗚尊。唐には、牛頭天王といふ。また武塔天神といふなり。天竺には。金比羅神といふ。また摩訶羅神といふ。或亦盤古王に比す」とあり、この「摩訶羅神」は「摩訶迦羅神」のことであり、ヒンドゥー教のマハーカーラ（摩訶迦羅天）、すなわち大黒天のことであり、「摩多羅神」と同一の神であると混同して考えられた。

摩多羅神が「障礙神」であることは、天台密教の仏書『渓嵐拾葉集』のなかで、円仁が唐から帰朝する船中に現れて、自ら摩多羅神であり、障礙神であると名乗っていることからも明らかだが、この障碍神としての性質が、逆に念仏の守護神として阿弥陀堂、念仏堂の本尊の奥にある後戸に祀られ、いわゆる「後戸の神」として、仏教守護の役割を果たしてゆくこととなる。高取正男がその「後戸の護法神」で書いているように、密教では玄旨帰命壇という灌頂道場の本尊として祀られ、顕教では常行堂の念仏の守護神として「後戸ニ安置」されているのである。

摩多羅神祭は、京都の三奇祭などといわれるので、何か奇怪な秘祭のような感じを与えるのだが、面にしても奇妙で滑稽なものだし、その祭文も支離滅裂で、周囲の者から盛んに野次が飛んだものだったという。摩多羅神は、祭文を読んだ後、堂内にあわてて駆け込み、残した祭文を見物人たちが奪い合おうと揉みあうという。後に語る蘇民祭の蘇民袋の争奪戦の原型ともいえるのではないか。元来は、天台宗の常行堂を根城として活躍した猿楽芸人が行ったものではないかと推測されていて、滑稽味のあった祭だったようだ（後戸は、いわば猿楽芸人たちの楽屋のようなものだったのだろう）。

この時に誦まれる『太秦広隆寺牛祭々文』の例を次に掲げる。

夫以。性を乾坤の気にうけ。徳を陰陽の間に保ち。信を専にして仏につかへ。慎をいたして神を敬ふ。天尊地卑の礼を知り。是非得失の品を弁ふる。是偏に神明の広恩なり。玆に因り単微の幣帛をささげ敬して。摩吒羅神に奏上す。豈神の恩を蒙ざるべけんや。是によつて四番の大衆等。一心懇切を抽て。十抄の儀式をまなび。万人の逸興を催すを以て。おのづから神明の法楽に備へ。諸衆の感嘆をなすを以て。暗に神の納受をしらんと也。然る間。さいづち頭に木冠を戴き。くはひら足に。旧鼻高をからげつけ。からめ牛に鞍を置。大閘をすりむいて。かなしむもあり。やせ馬に鈴をつけて。おどるもあり。はねるもあり。偏に百鬼夜行に異ならず。是の如く等の振舞を以て。摩吒羅神を敬祭し奉る事。ひとへに天下安泰のためなり。因て永く遠く。払ひ退くべきもの也。先は。三面の僧坊の中にしのび入て。物取る銭盗人め。奇怪すはいふはいやふ童ども。木々のなり物とならんとて。あかり障子打破る。骨なき法師頭も。危くぞ覚ゆる。堵は。あだ一腹。頓病。すはぶき。疔瘡。ようせう。閪風。ここには尻瘡。虫かさ。うみかさ。あふみ瘡。冬に向へる大あかがり。并にひひいかひ病。鼻たり。おこり。心地具つちさはり。伝屍病。しかのみならず。鐘樓法華堂のかはづるみ。讒言仲人。いさかひ合の。中間言。貧苦界の入たけり。無能女の隣ありき。又は堂塔の。檜皮喰ひぬく大鳥小鳥め。聖教やぶる大鼠小鼠め。田の疇うがつ。うごろもち。此の如くの奴原に於て。永く遠く。根の国そこの国まで。はらひしりぞくべきものなり。敬白謹上再拝。

真面目に聞いていると、だんだん滑稽味を増し、支離滅裂となり、病疫退散どころか、病気に罹っ

比叡山常行堂

た人間を罵るような文句となってくる。後の方では、馬鹿な女が近所にあることないことを触れ回ったり、仲人が悪口をいったり、鼠がお経の本をかじったり、烏が屋根をほじくったり、もぐらが田圃の畦（あぜ）を壊したりするのを、怒るとも、嘆くとも、笑うともしれない祭文を唱え続ける。

厳粛なものを滑稽化し、真面目なものを茶化してしまおうというのは、人間が持っている本能の発揮といってもいいだろう。日頃、いえないような悪口や鬱憤（うっぷん）をぶちまけ、それを笑いとばし、笑い流すことによって、心のなかをリフレッシュしようとするのは、古今東西にその例を見ないことがないようにあるように、西洋にもエイプリル・フールがあるように、古今東西にその例を見ないことがない。ハメをはずし、不真面目で、不謹慎なこと、嘘をつくことをその日だけ公認することによって、その他の平凡で、退屈な日常を耐えてゆくことを人々は受け入れるのである。

文字通りの祝祭空間としての摩多羅神の祭。それは『渓嵐捨葉集』に書かれた、比叡山の常行堂（法華堂と渡り廊下でつながり、弁慶の「にない（担い）堂」として現存する）で、夏の終わり頃に行われていた「天狗怖シ」という行事に原点を持っていたものかもしれない。行事といっても正式なものではなく、常行堂衆たちが大念仏を行う時に、仏前ではしかつめらしく声を引き延ばして経を読んでいるが、後の方では「ハ子ヲトリ」をしているのだ。これは「跳ね踊り」と普通には読まれている（広隆寺牛祭祭文の「おどるもあり、はねるもあり」を思い出させる――参照・田中貴子『「渓嵐捨葉集」の世界』）が、さらに「前無く後無く、経を読む也」と続いている。

つまり、仏前では恭しく念仏を行っているが、後では騒ぎまくり、経文をデタラメに読んで巫山戯ているというのだ。「ハ子ヲトリケニヤサハナム、ヲウタフ（跳ね踊り、現にや娑婆なむ）」などと囃し立てて騒いでいたというのである。

こうした「天狗怖シ」について、筆者の光宗は「私ニ云フ。此ノ事ヲ案ズルニ、如法如説修行ヲバ、必ズ天魔障礙ス。（中略）是ハ還リテ天狗ヲ怖ヲナス義カ」と注釈している。わざと突拍子もないことをして、念仏修行の邪魔をしようとしている天狗を逆に面喰らわせようというのだ。生真面目に考えれば、そんな意味づけをしなければならないのかもしれないが、長い修行生活で飽き飽きした坊主たちが、「これが現実だ（現にや娑婆なむ）」とばかりに、ハメを外して乱痴気騒ぎをしているとしか、私には読めない。

もちろん、普段の時にそんなことをしたら、師や兄弟子たちの叱責どころではすまないだろうが（まさに天狗に魅入られたとして、仏罰が下るだろう）、この「天狗怖シ」の日だけはまさに無礼講であり、そうしたハチャメチャが許されていた。一夏を真面目に修行してきた反動から、夏の末にそうした無秩序の世界が一瞬に現出する。それを『渓嵐捨葉集』の作者は「恠異」と呼んだのである。ここには、まだ摩多羅神は出てこないが、猿楽法師ぐらいは出てきてもおかしくない。いや、後戸から、摩多羅神は二人の童子とともに、こっそりと首ぐらい伸ばして、覗いているのかもしれない。

2　毛越寺の摩多羅神祭

この摩多羅神を祭る数少ない摩多羅神祭が、平泉の毛越寺でも正月に行われていて（二十日夜祭）、同時に蘇民祭が行われているということは、摩多羅神信仰と牛頭天王信仰との習合性を暗示するものといえよう。毛越寺の常行堂の秘仏とされている（三十三年に一度公開される）摩多羅神は、正月二十日の夜に厄払いと無病息災の祈願を受ける。常行堂の扉が開かれ、本尊の阿弥陀如来が拝観できるが、その奥の堂に摩多羅神は鎮座している。その一連の二十日夜祭のうちで、信徒たちによる献膳行列が蘇民祭といわれるもので、褌一丁と鉢巻姿の男たちが松明を持って常行堂前まで練り歩く火祭である。

もっとも、蘇民祭と呼ばれるものは、二十日夜祭に合わせて明治十五年頃から始められたもので、それが混乱のもとになるので中止し、献膳行事に変えたと毛越寺では説明している。祭のクライマックスは堂内で舞われる延年の舞であり、藤原三代の繁栄と栄華を伝える毛越寺の歴史と伝統の深さをしっかりと感じさせるものなのだ（明治以前に蘇民祭が行われていたという証拠はない。しかし、摩多羅神祭と蘇民祭とは、地元の人々の集合的無意識として、その記憶のなかで結びついていたのではないか）。

この摩多羅神祭は、一年のなかで、この日だけ、他人の悪口が解禁される日であるという住民たちの認識は、太秦広隆寺の牛祭（摩多羅神祭）の伝承をそのまま活かしたものといえるだろう。蘇民祭が、裸になって肉弾戦を交わす祭だったとしたら、摩多羅神祭は、心を素っ裸にして、互いに悪口をいいあう祭である。「天狗怖シ」や「牛祭」のアナーキーな伝統は、はるか「みちのく」の寺で受け継がれている。

菅江真澄が『かすむ駒形』に記録した一七八六年（天明六年）の摩多羅神祭の行事は、現在とはかなり違っていて、正月二十日の真夜中から明け方まで延々と行われるもので、きわめて、芸能色の強かったもののようだ。

「けふは磐井の郡平泉の郷なる常行堂に摩多羅神の祭見ンとて、宿の良道なンどにいざなはれて徳岡の上野を出て、はや外は春めきたりなンど語らひもて行く。（中略）

しかして摩陀羅神ノ御堂に入りぬ。宝冠の阿弥陀仏ませり、此みほとけの後裡の方に此御神を秘斎奉れり。摩多羅神は比叡の山にも座り、まことは天台の金比羅権現の御事をまをし、また素盞烏尊ともまをし奉る也。また太秦の牛祭とて王の鼻の仮面をかゝふり、たかうななどをいたたき牛に乗り、手火炬うちふりて摩吒羅神の御前をはしる。また弘法大師の祭文あり、此事都名所図会につばら（詳ら）か也」と書き、菅江真澄は、現実に見た毛越寺の摩多羅神祭を描写してゆく。

それによると、まず、篠掛衣を着た優婆塞（山伏、修験者）が出てきて、「八雲たつ出雲八重垣つまごめにやへがきつくるその八重垣を」と、スサノヲが詠ったといわれる歌を詠う。太鼓を打ち鳴らし、法螺貝を吹き鳴らしながら、観客との間で野次やら冷やかしやらのやりとりを行った後に退場すると、次に、田楽法師たちが現れ、腰鼓を打ちながら、高足踊りなどの芸能を披露して、歌い、舞う。山伏やら烏帽子姿の都人やら、老女の仮面や若い女の仮面をかぶった者たちの滑稽なしぐさとやりとり。演者と観客とが一体となった場面が続く。

黒い仮面をかぶった若い衆徒が猿楽の踊りを踊れば、白い衣装を着た鼻の高い面をかぶった神人（これは天狗かもしれない）も現れ、と思うと老女の面が姥踊りをすれば、産婦の真似をした滑稽な物真似芸が出てくる。小坊主が稚児衣装で「王母がむかしの花の友、桃花の酒をやゝすらむ、さうまん是を伝へて、今が我に至るまで、栄花の袖をひる返す」と、扇をかざしながら声高くけなげに歌い、舞う。

京殿というのが出てきて、「吾は都堀川の辺りに住む左少弁富任とはわが事也」と名乗りをあげ、太鼓の小撥のようなものを左右の手に持って舞う。「みやこをいでて街道はる〴〵と、日数経て、あづまの旅にも成りぬれば、京をしのぶのすりごろも、松山越えて衣河、そのごむぜむ（御前）こそ恋しけれ」と、東下りの悲哀を述べ、女と酒を恋しがるしぐさで見物客をどっと湧かせるのだ。

その従者たちをまじえ、さらに法師たちもまじって「延年」の詠曲が始まり、「をみなへし」、「姨捨山」、「とどめ鳥」、「そとわ小町」などの舞を舞う。老翁と老媼が登場し、死んだ娘を悼むのが「をみなへし」であり、「いと〳〵恐ろしく、むくつけき男の仮面かけ、髪ひげわゝけたる」が出てきて、「またおなじさまに女の仮面に、髪は、おとろと乱れたる狂女の姿」をしたのが出てくる。女は、「旅の人に、ものとひまゐらせたくさふらふ」といい、それに答えて男は「いかにさふらふぞ」。女「原部山にかゝりて善光寺へは、いづくをまいりさふらふ」。男「あら多の人や、なにのもの見か、さふらふぞ」。女「あのわらはべなにを申す。なに、あの男、ものぐるひの女こそ、幼少五つのとし親におくれ、伯母に養育せられて人と成りさふらひしが、女がとかう憎むよて、八旬に余る老母を腹部山へ捨置き、やかん（野干）の食となすによて、その怨霊にて、かやうにくるふなれ」。男も女も、ものに狂っているのだ。男「姨捨山とはさふらふらむ、おもひもよらぬはらべやまかな」。これが「姨捨山」である。

菅江真澄は、この夜の感想を「夜もすから聞くも尊しこゑ〴〵にうたふも舞ふもののりのためしを」と和歌にして歌い、「千葉氏の家に帰り来てしばしとてふしぬれば、ひましらみたり」と、その日の記録を締めくくっている。

まるで、芸能大会であり、娯楽に乏しい地方の住人や修行中の小僧や寺僧にとって、年に一回の無礼講のような楽しい行事ではなかったのか。都から来た者にとっては、東下りの悲哀を滑稽さに紛らわせ、都を知らぬ者にとっては、憧れや見くびりや気疎さが奇妙に混じり合って、華やかさや美しさが幻のように浮かびあがって見えただろう。「延年」の舞は、薬師如来の前で行われるのにふさわしく、病やもの狂いを主題としたものが、特に選ばれて演じられたのかもしれない。

松平斉光はその『祭』に収録された「蘇民将来に関聯する祭礼」という文章で、昭和十年代の黒石寺の蘇民祭と毛越寺の蘇民祭、そして延年の舞を見物したことを書き留めている。境内にうどん屋やおでんの屋台が出ている黒石寺の祭の実際の様子や、菅江真澄の文章を引いて、自分の実見した延年を説明、紹介している。

現在でこそ、古典芸能として演じられ、論じられる「延年」の舞だが、昔は猿楽芸人たちの舞であり、さらには修験僧の呪法であり、雨乞いの儀式としても行われることもあったという伝承もある。『修験道辞典』には「一山をほめ、寺の守護神をたたえて民衆の千秋万歳を祈ったもの」とあるから、まさに後戸の摩多羅神のために、呪法師たちがその目の前で舞ったのが原型だろう。毛越寺延年史料の「正月常行堂出仕朝晩合行次第書立」には、一番唐拍子として「摩多羅神ハ（三反）時ヤヲ加フ仏カナマイレハ（バ）ネカ（ガ）イミテ給フ」というリフレーンがある。

飯田道夫の『田楽考』には「『延年』は日光でもおこなわれた。それに関し、『日光山志』は、天台の慈覚大師円仁が唐より将来された秘曲の舞で、当山には嘉祥年中（八四八－五一）に伝えられ、摩多羅神の神事としての修正会でおこなう天下泰平の舞である、とする」としている。円仁が「延年」という秘曲の舞を将来したというのは初耳だが、もともと摩多羅神と「延年」の関係が深かったことは、この証言によって明らかだ。

日光山延年史料の「常行堂修正故実双紙」には、その式次第の三日目初夜に「マタラ神ノ御躰ヲ出シタテ今夜ヲハ摩多羅神ノ御コシ（輿）ムカ（迎）ヘト号スル也」として、「アルイハ三日ノ後夜ニワタ（渡）シタテマツル事ニアレ共今夜ハヨキナクシテ摩多羅神ハ行疫神也法躰ハ本山ノ人ニシ（知）

摩多羅神と二童子

ラスヘカラスアサマニスレハ必々ハチ（罰）ノアタル也」としている。舞台の図の四隅には伝教とか慈覚と書いてあり、右上には別の枠があり「摩」と書いてあるのは、摩多羅神の画像、あるいは祭壇が、そこに置かれることを示しているのだろう。それをはっきりとは見せないのが秘仏たるゆえんで、それを「マサマ（真様）」に見せれば、必ず罰が当たるという。「摩タラ神ノモトヘナケヤルトテハラ〱ヒラ〱ナントイウテマケヤル也」という言葉もあり、摩多羅神をめぐる秘儀的な行事次第があることがわかる。

常行堂の法師たちは「呪法師」であり、「呪師」であって、山伏、修験者などに近く、猿楽を演ずる法体の芸人たちとも近かった。彼らは「宿神」を祀り、やがて「宿（夙）の者」として、千秋万歳を専業的に行う者も出てくる。

菅江真澄の記録では、猿楽能や狂言のようなものであったとも思わせるものがあり、決して優雅で幽玄なものだけだったとは思われない。しかし、見逃してはならないのは、真澄のその記録のなかでは、蘇民祭はもちろんのこと、蘇民将来について触れられていないことだ（松平斉光の文章では触れられている）。菅江真澄が黒石寺の蘇民祭を実見していることは、やはりその紀行文によって明らかであり、夜通し松明を焚いて行われる、「みちのく」の祭については、深い印象を抱いていたはずだ。摩多羅神祭に何らかの形で蘇民将来や牛頭天王が登場すれば、それを書き落とすことはなかったはずだと思われる。それはやはり毛越寺の「蘇民祭」が、明治からだけの、さしたる伝統や伝承を持っていないことを表すのだろうか。摩多羅神祭と蘇民祭。それは秘められた真夜中の、正体不明の神の祭でありながら、近年においてはまだ、交わることなく続けられて来たのだろうか。

あるいは、本来は同じ神が、その信仰を支える集団の違い、つまり、修験者たちと田楽・猿楽の芸能民という差違によって、その神の肖像や祭の行われ方が違って来たものなのだろうか。蘇民祭では、本来、祀られるべき牛頭天皇は祭のなかに登場してこない。また、摩多羅神祭でも、その神は常行堂の阿弥陀如来の背後の奥堂に隠れたまま姿を現さない（三十三年に、たったのいっぺんだけだ！）。隠された神と、隠れている神とが、この二つの「みちのく」の祭の主役なのである。このことは何を物語っているだろうか。祀られるべき神の不在。祀られるものと、祀るものとの、複雑で、時には侵犯し合う闘争、抗争の関わりがそこには伏在しているのではないだろうか。

3　玄旨帰命壇灌頂

徳川家康を祀る比叡山東照宮（日吉東照宮）の祭神三座のうちの一座が、この摩多羅神であることはよく知られているが、これは山王一実神道を唱えた天海僧正が、家光の時代に比叡山麓に東照宮を建立した時に勧請したものだ。もともと、摩多羅神は、円仁が入唐し、帰国した時に現れた神で、比叡山の天台教学とは縁が深かったことはすでに述べた。中世には、天台の玄旨帰命壇で行う玄旨灌頂の本尊として、きわめて重要視されてきた神なのである。

平安中期に始まる日本天台の教学は、恵心僧都源信から始まる恵心流と、覚運僧正に始まる檀那流の二系統があるが、この檀那流で行われていた玄旨灌頂の時に、摩多羅神の神前で、阿闍梨になるというういわば天台の教えの免許皆伝を貰うための宣誓を行う儀式があった（灌頂とは、頭を水で濡らすというのが本来の意味だから、洗礼というべきか）。

『玄旨壇秘鈔』に収められている「玄旨灌頂入壇日記」によれば、灌頂を受ける僧は、十七日前から花を供えたり、法華経を読経したり、飲酒や辛味の強い食べ物を断って準備をし、灌頂道場に入る。四角い部屋の角には八本の幡を懸け、中央に壇（灌頂壇）を立て、そこに法華経一部と、釈迦、

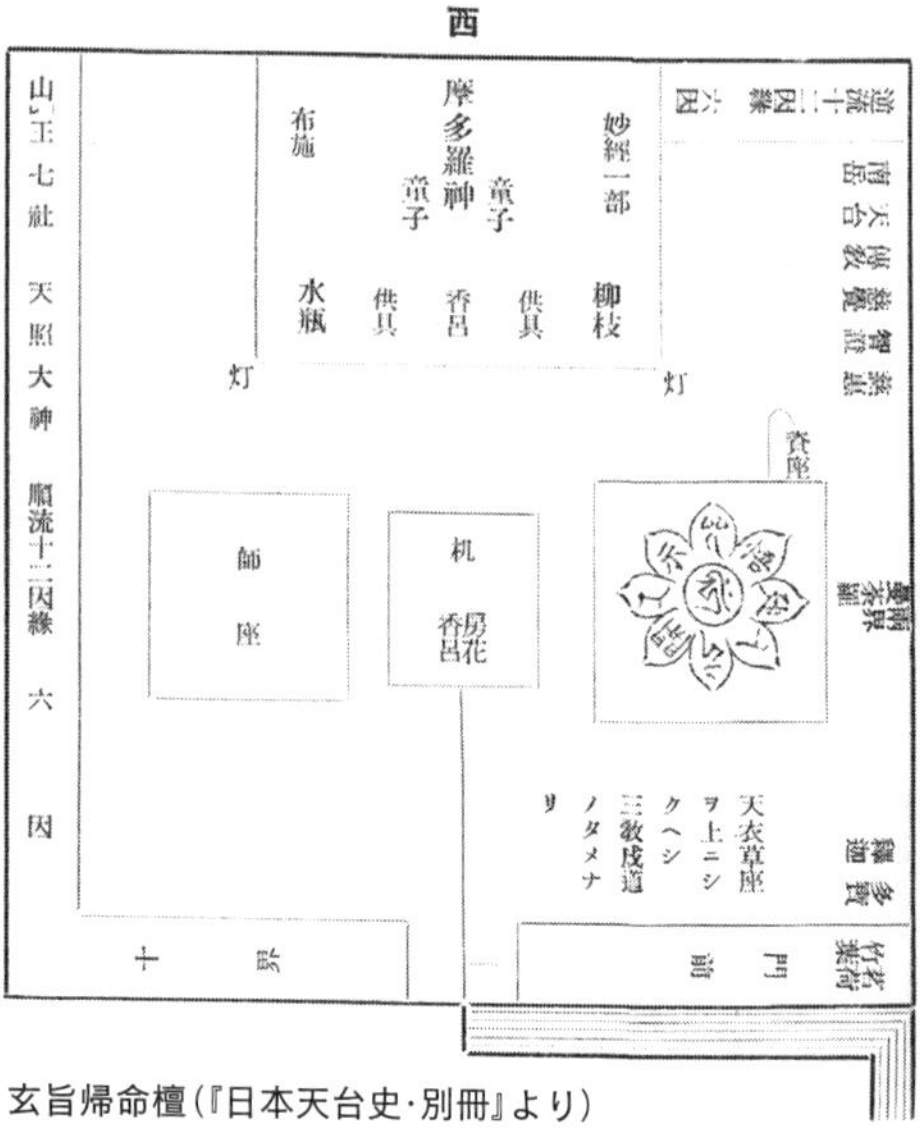

阿弥陀像を立てて置く。東の壁には十界の名号、南には垂迹の名号、西壁には本尊の摩多羅神を懸け、左に、丁禮多（茗荷を持つ）、右に、爾子多（笹竹を持つ）の二童子が描かれている。北壁には仏菩薩の名号を書いた紙が懸けられてある。

玄旨灌頂は、それを授ける師と資（選ばれた弟子）だけで行う秘儀であり、口外したり、記録したりしてはいけないものなのだが、その一部をその灌頂を受けた者たちが秘伝として伝えている。それは「日記」とか「私記」という形で、密かに指導的な僧たちの間に伝わってきたのである。

「玄旨灌頂入壇私記」では、師と弟子とは、灌頂道場に入る前に沐浴し、師は法服を着て、灌頂を受ける弟子は七条の袈裟を着ると書いてある。門前に綺麗な水を入れた容器を用意し、師はその水に晒した茗荷を弟子の左手に、竹の枝を右手に持たせる。笏八枚を師は壇の四方に置き、残りの四枚を弟子の腰に差す。入堂してからは無言のまま、茗荷と竹を摩多羅神の左右の花立てに立てる。右が竹、左が茗荷である。この入堂の時は師が先行し、弟子は後に入る。最初に壇に向かって三返礼拝を繰り返し、次に仏像礼、大師礼、山王礼をして、摩多羅神に礼拝し、十六王子礼、八方作礼、

玄旨帰命檀（『日本天台史・別冊』より）

最後に十二因縁礼を行う。

玄旨灌頂を受ける弟子は、摩多羅神の前で、こんな歌を歌わなければならない。「摩多羅神ハ神カトヨ歩ヲハコブ皆人ノネガイヲミテヌコトゾナカリキ」と。そして、「摩多羅神ノハヤシ」という神語をいう。「シッシリシニシッシリシササラサニササラサト」という。

これでは何のことかわからないが、『玄旨壇秘鈔』に収められている別の文書（「玄旨重大事口決私書」）には、これを解説しているものがある。摩多羅神の左右の二童子（爾子多童子と丁禮多童子）は、「三道三毒生死輪廻転生狂乱振舞」を表していて、歌を歌い、舞を舞うのだが、その時、左の童子が「シシリシニシシリシ」と歌い、右の童子が「ソソロソニソソロソ」と歌う。これを男の子と女の子の子供が歌い、舞うように行う。「シシリ」は「大便道ノ尻ヲ歌フ歌」であり、「ソソ」の方は「小便道ノソソ」を歌っている。「生死煩悩ノ至極ヲ行ズル跡事ヲ舞歌也」として「所以シリソソヲ為々スル其ノ便道ヲ為ス欲熾盛処也、可秘之、不可口外ス、秘々中深秘ノ口決也、鏡像円融ノ口決ハ以心伝心ノ故ニ不載紙面重也、此歌ノ言ヲ世人伝之来テ、男女ノ持物ノ名ヲ呼ブ也」と説明している。

三大秘法の一つとして、西方摩多羅神の前に詣で、この尊を本尊として檀那一流の奥旨(おうし)を究竟(きゅうきょう)ずる旨を説くというのだが、こうした「秘々中深秘ノ口決」を読むと、確かにかなりいかがわしく思える。

この時の摩多羅神は、後世の画像だが、和様の狩衣(かりぎぬ)に唐制の冠を頂き、左手には鼓を持って、右手で打たんとしている様子を表している。頭上には北斗七星が描かれ、星神であることが示される。脇(わき)侍(じ)として、爾子多童子と丁禮多童子がいて、それぞれ笹(ささ)と茗荷を持って（これは男根＝筍(たけのこ)と女陰＝茗荷の象徴だろうか）、烏帽子(えぼし)姿で、前出の卑猥な歌を歌い、舞を舞っている（これも卑猥な仕草をしているのだろう。摩多羅神が、まるで〝笑うせえるすまん〟のような、目尻を下げた笑いを浮かべているのは、そんな歌舞を眺めているからだろう――菅江真澄の記録で、稚児衣裳の小坊主が舞を行うのは、この二童子にあやかってのことだろう）。

この摩多羅神と童子神の三尊が、最澄が口伝として説いたという、いわゆる「一心三観」の天台の教義を示しているものとして崇められた。ただし、今日的な眼から見れば、それぞれに「中道観」「俗観」「空観」の三観を表した深奥な図像とは思えず、摩多羅神と童子たちが、楽しく鼓を打ち、舞を舞っている光景にしか見えない。猿楽師や稚児たちが参加するというのも、こうした宗教的エクスタシーが、芸能的な享楽に結びつくということであったと思われる。

この秘法としての檀那流の玄旨帰命灌頂が、やがて真言立川流の影響などを受け、性愛の秘儀のようにとらえられてゆくのである。やはり『玄旨壇秘抄』に収められた「持経本尊口伝」には、こんな一節がある。

「父母交懐シテ赤白ノ一滴下ス時、本命玄神ノ二星父母ノ肩ニ下シ、七日ヲ経テ耳ニ入リ、一月ヲ経テ、赤白二水ト成リ、男女ノ赤白合シテ根門ニ浮ブ、其ノ量七分ノ円形也、此ノ円形次第々々長テ、我等衆生ト成也、此故ニ衆生皆七星ノ変作ニテ有ル也」といった論理を展開し始めるのである。説明するまでもないだろうが、赤白二滴とは、母の経血、父の精液であり、これが混じり合って我等衆生の誕生となるのだ。

こうして鎌倉時代から始まったと思われる玄旨帰命壇灌頂などというものが、煩悩即菩提、即身成仏の教えを誤解、曲解して淫猥な秘法、愛欲成就の秘儀に堕していったというのが、近世に入ってからの天台の教学の改革派である安楽派が主張するところだった。玄旨帰命壇灌頂などといういかがわしい儀式は、何の「軌式」にも「経論」にも見えない牽強附会なものであり、杜撰極まりないことは、弁論せずとも明らかであると、霊空和尚光謙が、「闢邪篇」を著し、敢然と批判した。元禄二年（一六八九年）のことである。

ただし、光謙の「闢邪篇」は、摩多羅神そのものを否定しているわけではないが、光謙などの安楽律を唱える主流派の安楽派は、「摩多羅神の名体は未だ異朝に聞かず、是を伝教の凛承に有ることを知らぬ、須く末学の邪伝なるべし」と、「後戸の守護神」の摩多羅神そのものの正統性を疑ったのである（曽根原理「禁じられた信仰」）。

そうした光謙の主張は、公弁法親王などの応援もあって主流派となり、天台の恵光房流の祖である澄豪の「玄旨帰命壇法」などによって正統の教義として中心に据えられていた玄旨帰命壇は、その後、その姿を消してしまう。玄旨帰命壇とともに、摩多羅神の信仰も、いずこともしれなく雲散霧消してしまったことはいうまでもない（ただし、近世において必ずしも霧消してしまったとはいえないというのが、曽根原論文の本来の趣旨である）。

4　「牛頭」へ帰れ

もともと、摩多羅神は、玄旨灌頂壇には、登場していなかったという説がある。澄豪などの書き残した灌頂の秘法である「紅葉書」には、摩多羅神は、どこにも登場せず、台密の百科事典といわれる『渓嵐拾葉集』にも、摩多羅神は慈覚大師が唐から勧請した念仏の守護神（障碍神でもある）であるとしか書かれていない。

「玄旨灌頂より戒灌頂へ」という論文を書いた野本覚成は、玄吽という僧が、玄旨灌頂の本尊として摩多羅神を持ち込んだのではないかと、推測している。玄吽と対立的な立場にあったと思われる什覚が、「一吽ノ玄吽ト云遁世ノ者有之」として、「受職灌頂トテ、常行堂ノ舞ノ本尊ヲ当流ノ灌頂ノ相承リ本尊也トテ、処々に令伝授事有之」と非難しているからだ。もちろん、玄吽という「遁世ノ者」

一人が、勝手に玄旨灌頂壇の本尊として摩多羅神をでっちあげたということではないだろう。口伝、口決を重要視する天台教学の流れのなかで、まさに玄旨灌頂の本尊は「秘々中深秘ノ口決」とされてきたのであり、書き残されたもののなかにないからといって、それが秘法として伝わっていなかったことと同じではないのだ。

　玄旨壇、帰命壇などの灌頂儀式が秘密めいた儀式として整えられ、複雑化するにつれ、秘教的な色合いを強めてゆき、むしろ念仏修行の邪魔となり、障碍（しょうがい）となる「天狗」を脅かすために、それといわば同類の摩多羅神を、灌頂壇の本尊として引き入れることにしたのではないか。

　しかし、「天狗」はやはり「天狗」でしかなかったのだろう。竹と茗荷を手に持って舞、鼓を打って楽しむ摩多羅神と二人の童子の歌舞は、天台本覚論が持つ最大の弱点、すなわち単なる「現実肯定」や「欲望肯定」の論理を認めさせることにしかならなかった（それは山門で行われていた稚児道（＝男色）との関連を思い起こさせる）。

　摩多羅神と牛頭天王の共通性とは、それが禁じられ、邪教として抹殺されようとした神であるということだ。本来、天台の檀那流で重要視されてきた摩多羅神は、近世になって、天台教学の改革派から邪教視され、邪神扱いされるようになる。これにはたとえば、日光の東照宮や江戸の寛永寺など、徳川幕府という時の政治権力と結びついた宗教者、宗教組織と無関係ではなかった。東照宮や寛永寺では、摩多羅神が重要視されていたのだが、それは天台の教学が秘法として独占する玄旨帰命壇灌頂などに固執するものではなかった。そこには、また別の摩多羅神への信仰の意味が見出されていったのである。

　もちろん、牛頭天王信仰、八幡信仰にも、同じように時の政治的権力との結びつきがあった。しかし、これらの神と摩多羅神との違いは、その信仰が、庶民的基盤を持っていたのか、いなかったかの違いによるもののように思える。牛頭天王信仰には、御霊会から祇園祭に続く、圧倒的な京の町衆や庶民の支持があったし、八幡信仰はシャーマニズム的な巫女による託宣が、その時代時代の節目において、権力側だけではなく、社会的に広汎に支持を受けてきた。

摩多羅神は、逆に天台教学の玄旨帰命壇などに祀られることによって、一般的な信仰者の目からは、見えないように遮(さえぎ)られてしまった。だから、それは天台のなかの教義的な闘争、改革によって、いっきょに信仰神としての地盤を失ってしまったのだ。しかし、それは、また政治的な意味を担って復活する場合もある。たとえば、次のような変遷を経て。

十八世紀の半ばに、寛永寺にいた真如院覚深によって「摩多羅神私考」が書かれた。それは摩多羅神を、もう一度復権させ、それを擁護しようとしたものととらえることができる。その骨子は、「忙怛哩天ノ首書ニ摩多羅神此云二ト行疫人一アレバ、摩怛哩即チ摩怛羅ナリ」というものだった。つまり、摩多羅神は、『大日経疏(だいにちきょうそ)』にある「忙怛哩天(マタリテン)」であり、それは「七母女天」（大黒天の眷属であり、閻魔天の姉妹神）であるから、正統的な出自を持った神ということになり、「摩多羅神ハ行疫神ニシテ、一切ノ人ノ為ニ大疫ヲ作スニ、此ノ神ヲ以三所ノ内ニ勧請シ玉フ事如何ト思フニ、其深秘ハ測リ難ケレドモ、天下泰平子孫繁盛ヲ祈ルニハ此ノ神ニシクハアルベカラズ」と、覚深は主張したのである。

この覚深の「摩多羅神私考」を紹介している曽根原理の「禁じられた信仰――近世前半期の摩多羅神」（『論集・日本人の生活と信仰』）では、忙怛哩神、すなわち七母女天について「問、七母供スル則疾疫速ニ止ム、其故如何。答、一ニハ鬼モ亦恩ヲ知ル故、二ニハ彼自在力有リ、疫ヲ作亦能ク之ヲ息」という「摩怛利神記」を引用している（「摩多羅神私考」と「摩怛利神記」はいずれも上杉文秀『日本天台史・別冊』の「玄旨帰命壇秘録集」に収録されている）。つまり、七母女天は、牛頭天王と同じ行疫神なのであり、それだからこそ、疫病を引き起こすことも、それを終熄させることも可能な自在の力を持っている。こうした有力な神は、その呪力によって、朝敵を調伏し、夷狄を征伐する国家守護の神として祀られるべきである、と覚深は論を進めてゆく。

いかにも、征夷大将軍家である徳川家御用達の守護神論といわざるをえないが、摩多羅神信仰を持っていたと伝えられている徳川家康は、まさにそうした摩多羅神の効用を認めていたからこそ、天海が東照宮や東叡山に摩多羅神を祭神として祀ることを許したのかもしれない（もちろん、家康の遺志として明示されていたわけではないだろうが）。

こうして摩多羅神は、近世の天台教学のなかで、摩怛利天、七母女天と習合して、国家の守護神としての新たな地位を獲得してゆくかに見えた。しかし、それは徳川幕府の菩提寺である寛永寺や、徳川家康を祭神として仰ぐ東照宮だけにおいてであり、また中世天台の教学における玄旨帰命壇の本尊としての摩多羅神ではなく、あくまでも国家守護、鎮護の神としての摩多羅神への密かなる転身なのである。

しかもそれは、摩多羅神という神が「牽強付会」ではなく、経典に存在する神だという論拠でしかない。それならば、まだ「シシリ」と「ソソ」の歌や舞を行う摩多羅神の方が、民衆にはウケがよかったというべきかもしれない。

つまり、それは現在でも、広隆寺や毛越寺で行われているような、いわば芸能の神としての摩多羅神の祭などではない。体制擁護のための、呪力、験力のあらたかな神の要請でしかなかった。しかも、その先には、牛頭天王の場合と同じように、権力体制の転換に伴う権威の失墜が、すぐ間近に迫っていた。もとより、摩多羅神の運命は、牛頭天王にとっても、必らずしも無縁なものではなかった。明治の初めの神仏分離が、牛頭天王の信仰の息の根を止めようとした国家神道の原理主義者たちによって画策されたことは、再々語ってきた。そしてそれは成功して、牛頭天王は、摩多羅神同様に

〝見えない神〟となってしまった。生き残るためには、国家鎮護の護国の神として、政治体制と結びついてゆくしかなかった摩多羅神は、さらにもう一度、徳川体制の崩壊と、王政復古による神仏分離の大波のなかに飲み込まれてゆかざるをえなかった。そして、今度はほとんど復活の余地もなく、みちのくの毛越寺の常行堂の奥にいる後戸の秘仏として、三十三年に一度だけの〝晴れの日（ご開帳）〟を待って眠っている。

しかし、ここに、玄旨帰命壇を完成させ、その思想的な基盤である「即身成仏」の説を強く主張した澄豪の「紅葉山影響奥密記」なる著作がある。この文書の最後の部分に法華経の「譬喩品」の即身成仏の話が出ていて、このように締め括られている。

「羅什所訳云ク、牛頭天王ハ是レ薬師如来ナリ、頂上ノ牛頭ハ妙法蓮花ノ大白牛也、薬師如来頂上ノ牛頭ハ妙法蓮花大白牛也、薬師尚敬テ頂戴大白牛ナリ」（傍点引用者）と。

天台密教の教義書に「牛頭天王」が直接に出てくる例は珍しいが、ここでは「即身成仏」というもっとも秘儀的な教義を締め括る場所で牛頭天王が突如として登場してくるのである。澄豪は、明らかに『法華経』の「譬喩品」の「大白牛」の話を、牛頭天王のこととして読んでいるのであり、薬師如来、あるいは『法華経』そのものとして牛頭天王を崇敬していたことに間違いはないのである。『法華経』の「譬喩品」には、釈迦が楽しげな牛車などを用意して、子供たちを火宅から救い出すという〝譬喩〟が語られている。この牛車の大白牛こそが、牛頭天王であり、薬師如来であるというのだ（また、『法華経』そのものでもある）。

これは、明らかに『天台牛頭法門要纂』の「第十即身成仏」の最後にある「これ諸仏の内証なり。一心の宝車に乗じて、三界に遊戯し、まさに即身成仏して、十方に自在なるべし」という教義と呼応しているというべきだろう。さらにそこには、こんな言葉もある。「諸法とは三諦一諦にして、三にあらず一にあらず、諸教の中においては、直道を説かず、ただこの経の中でのみ、即身成仏す」と。

先に『玄旨壇秘鈔』にある文書を摘記しながら、玄旨灌頂壇を紹介したが、その活字本（『信仰叢書』）を編集した編纂者の三田村玄龍は、次のような「緒言」を書いている。

元禄の初、霊空律師弾呵の文を著し、的指すらく是れ外道の説なりと、論弁重々或は達磨単伝に及びて厭はず、他年寺門法明院敬光和尚の台宗学則を作るや、伝教大師四個伝法の一は則ち牛頭の禅要なるを闡説せる所以も亦た爰に存ぜる歟、されば公弁法親王の嘉奨せらるゝありて、霊空律師の所執のまゝに、永く玄旨帰命壇の灌頂を停めさせ給ふ（傍点引用者）。

もちろん、ここでの「牛頭」が、牛頭法門であり、「牛頭決」のことであるのを認識しながらいうのだが、これは牽強附会な説と思われるだろうが、杜撰な密儀・密教から「牛頭天王」の信仰へ帰れという声に聞こえてはこないだろうか。台密や山王神道は、牛頭天王信仰のような、素朴で、原初的な信仰の本義を見失ってしまった。摩多羅神の卑猥で滑稽な歌と舞を「秘々中深秘ノ口決」として、民衆や庶民から、わざわざ遠退けるようなことばかりを、学者僧たちは行ってきた。摩多羅神が牛に乗って悠然とやってくるように、牛に乗ることによって即身成仏の道を歩むことができる。「牛頭へ帰れ」とは、そうした信仰者の〝玄旨〟へ帰ることの謂いなのかもしれない。

5　摩多羅神と牛頭天王の変身

摩多羅神の二重性――いわゆるその顕教性と密教性の顔について語ってきたのだが、牛頭天王にも、もちろんこうした二重性はある。というより、『神道集』の「第十三赤山大明神事」では、赤山大明神と武答天王と牛頭天王とは「一体垂迹ノ変作也」としていて、また牛頭天王には三称の名前があり、一者は牛頭天王、二者は武答天王、三者は薬寶賢明王というと書いてある。この三称は、まさに「三諦一諦（さんだいいったい）」の教えのように、「三非一非（三にあらず、一にあらず）」の法門なのだ。

さらに、『神道集』の「赤山大明神事」では、牛頭天王には十種の変身があるといっている。一者は武答天王、二者は牛頭天王、三者は倶摩羅（グマラ）天王、四者は蛇毒気（ジャドクケ）神（シン）王、五者は摩耶（マヤ）天王、六者は都嵐（トラン）天王、七者は梵天、八者は玉女、九者は薬寶賢（ヤクホウケン）明王、十者は疫病神王であり、これらの十種の身は実は一体なのだと語っている。つまり、八王子神の一部は、牛頭天王自身の変身だったのだ。

この『神道集』の「赤山大明神事」は、奇妙な章で、最初に赤山大明神、本地は地蔵菩薩、武答天王と牛頭天王と「一体」だと書いているだけで、後は牛頭天王と武答天王のことばかりを書いている。赤山大明神はすっかり忘れられているようなのだ。

武答天王の頭の上には十一面があり、面ごとに白い牙を出している……四面には八角があり、毛髪は赤く、忿怒（ふんぬ）の相である……武答天王の娘は十人で「甲乙丙丁戊巳庚申壬癸」である……また武答天王には、八王子と五帝龍王の眷属がいる……。

それならばいっそ「武答天王事」と章題を変えたほうがいいようにも思えるのだが、『神道集』の語り手には、何か違った意味があったのだろうか。ここで注意を惹くのは、武答天王が「是ヨリ遠カラズ、北方ニ国有リ、都跋国トイフ、其ノ国ニ武答天王ハ在(オワシマ)ス云々」という記述だ。「都跋国」が「兜伐(トバツ)国」と通音であることは明かであり、「トバツ国」に住むのは毘沙門天であるのだから、武答天王＝毘沙門天王となり、さらに牛頭天王とも一体であるという結論が導き出される。

こうした誰々の神は誰々の神の変身であり、何々の仏は実は何々の仏であるといったいい方は、天台密教や山王神道だけではなく、中世神話の世界ではお得意の「秘義」「秘教」ということになるのだが、縁なき衆生には、それが一体何だ、といいたくなるような「秘密」でしかない場合が多い。

たとえば、摩多羅神には、後戸の猿楽法師たちが拝む、顕教的な神格と、玄旨灌頂壇での密教的な神格があると述べたが、実はもう一つの神格がある。

「聖真子(しょうしんじ)垂迹トイフハ当社第一秘訣也。口宣スベカラズ」と重々しく書き出しているのは、『山家要略記』の「聖真子為地神第二事」という文章である。山王神道では山王七社が重要な意味を持っているが、そのなかでも大宮、二宮、聖真子を特に「山王三社」として重大視している。しかし、この「聖真子」という神は、山王が宇佐から勧請してきた八幡神であり、法体の仏教の守護神であるとされているのだが、実のところは由緒のよくわからない、いってしまえば得体の知れない神である。だから、この神の「垂迹」が、「当社」（日枝大社のことである）の「第一秘訣」であり、簡単に口外してはならないことなのだ。

これに続けて、「聖真子権現対慈覚大師御託宣曰、諸有能受持妙法等経者。捨於清浄土愍衆故生」と書いている。慈覚大師・円仁が衆生を憐れみ、正しい教えを保つために「聖真子」を勧請してきたのであり、その又の名を「摩多羅神」と種明かしをするのである。聖真子＝摩多羅神というのが「当社第一秘訣」だったのだ（『山家要略記』の引用は、野本覚成論文に拠る）。

山王神道の信奉者でなければ、どうでもいいような「秘訣(ひけつ)」にほかならないが、このように様々に姿を変える、謎の神としての摩多羅神のような存在が、密教には必要だったということだ。本質的なことをいえば、摩多羅神や牛頭天王だけが〝謎〟の神様ということではない。阿弥陀や観音にしても、アマテラスにしろスサノヲにしろ、それを、われわれが〝知っている〟ということこそが、不敬なのであり、不信なのである。単に見慣れ、聞き慣れているということだけで、「祇園神」のように、本当は何も知っていないのと同然なのだ。

　摩多羅神の〝謎〟は、なお続いている。『山門記録聞書』には、こうある。「此ノ穢那天神ト者ハ、摩多羅神ノ御事也。謂ク黒夜天神ノ迹也。仍摩多羅神ノ法トテ、大黒ノ法之有リ。則、今、摩多羅天神ノ御事也」と。よくわからないもの、あやしげなもの、それをとりあえず「摩多羅神」とか「摩多羅神の法」などと「秘訣」めかして書いて見たというふうにしか読めない。これが摩多羅神の「正体」なのである。

　しかし、摩多羅神がいいかげん使い廻されて、使い古されてしまった時には、どうなるのか。その時には、また別の謎めいた神が生まれくるだろう。たとえば、「宿神」が、それだ。『渓嵐拾葉集』巻第八には、こんな文章がある。

「顕密内証義ニ云ク。天ニ在テ尊星王ト名ク。地ニ在テ法宿明神ト名ク」と。「大宮権現本地尊星王云事」として、こう書いてあるのだが、山王の大宮の本地が尊星王であり、それが「法宿明神」であるといっているのだ。この「法宿明神」がいわゆる「宿神」であることはいうまでもないだろう。

　さらに、この文章にはこんな続きがある。「山王七社北斗七星云事厳神霊応辛云ク。陽ハ七星宿ニ在リ。陰ハ七明神ト名クニ在リ。宿者ハ平地ノ異訓字也。宿者ハ三光天・十七星・九曜・二十八宿皆是レ山王也。当流秘口決習子細有リ」と。これも「子細有る秘口決」なのだが、山王信仰が陰陽道、宿曜道の影響をもろに受けていることを〝秘密〟にしているのである。三輪神であり、オオヤマツミであり、オオナムチである「大宮」は、実は……と、語られているのであり、それは山王信仰が、こうした「秘訣」や「秘口決」の体系によって成り立っているものであることを示している。これではまるで日吉の猿のラッキョウの皮剝きではないかと、冗談の一つもいいたくなる。また、山王信仰が「宿神」信仰へと結びついてゆく時、『河原由来書』の「近江国山王……これ細工人民神なり」という言葉の意味が再び浮かび上がってくるのを感じざるをえない。

こうした秘密や謎を解いてゆくことは、よく出来たミステリーを読み解いてゆくように面白い。だが、そうした観念のアクロバットのような遊戯と、言葉の戯れとが、どんな人間的な悟りと救済に結びついてゆくかということを度外視してしまった形では、所詮、野狐禅的な独りよがりや言語ゲームに終わってしまう。牛頭天王が変身し、変化身を持つのは、衆生をあらゆる面において、救おうとして、その救済の要求に臨機応変に対応するためだった。千手観音が千の手を持つのも、十一面観音が、あらゆる方向を向いた顔を持っているのも、どこかにいる、救いを求める衆生を見逃さないためである。

そうした要求に応える必要も、責任も感じないところでは、千本の手も、十一の顔も、十種の変身も必要がないのである。牛頭天王の変身には意味があった。それはまた、次のような「奥義」があったからである。『渓嵐拾葉集』巻第六十七「魔界経論証拠事」には、こうある。

「大日経云ク。魔界ヲ仏界ト為ス皆阿字門入ル云々。理趣経云ク。一切諸魔壊不能云々。秘密行者ハ諸魔為不被侵故也ト云々。却蘊神呪経ニハ七鬼神ト見タリ。又五鬼神云々。陰陽道ニハ牛頭天王ト云。内法ニハ八智如来也云々。明眼論云。聖徳太子焼香一切鬼神等香煙ヲ聞。死門ニ趣ク如ク思フ也。是香ノ徳也云々取意」。

魔界即仏界であり、鬼神こそ仏であり、牛頭天王のような疫神こそ、防疫神ということになるという超論理にほかならない。これが煩悩即菩提、即身成仏という考え方につながってゆくことを否定する必要はないだろう。仏法の奥義とは、こうした多即一、一即多の論理にほかならず、牛頭天王の魔界の王としての位置も、また無限の変身の有り様も、ただこの苦の世界から救われることを望む人間の心が作り出した神にほかならない。『春雨物語』を書いた上田秋成は、人間の心について、「心納むれば仏心、放てば妖魔」と喝破(かっぱ)した。牛頭天王は、まさに仏心即妖魔、妖魔即仏心の神だったのである。

テキスト⑩『式外八番牛頭天皇』

みちのく（東北地方）の蘇民祭には、牛頭天王の信仰の痕跡はほとんどないと記した。その例外中の例外が、早池峰神社（妙泉寺）に伝わっている大出神楽のなかに「牛頭天王」という詞章があることだ。「式外八番」という番号のついたこの神楽の台本は、代々、神楽を伝えてきた修験系の信徒の家に伝わっていたものだ。

五来重編『山岳宗教史研究叢書14　修験道の美術・芸能・文学（1）』に収められた類家栄一郎の論文「大出神楽について」のなかに翻刻されたものをテキストとした。もともとは、早池峰神社の神仏分離前の前身である妙泉寺に伝わっていた大出神楽の台本であり、牛頭天王と蘇民将来の掛け合いの形となっている。蘇民将来が宿を貸したという話はなく、巨旦が宿を貸さなかったので征伐するという話だけが残っている。婆梨采女の名前もなく、「生しさい女」となっており、何かの誤伝か訛伝であると思われる。

牛頭天皇

装束　かぶと　ぬぎたれ　千草　袴　面

持物　扇　鈴　木剣

蘇民将来

装束　かぶと　ぬぎたれ　たすき　袴　面

持物　太刀　扇

雲張り（扇）

出し楽屋　〽われ　頼む人に災難あるならば　小野の神と人は呼ばれじ（舞手出る）

楽屋　〽おゝ其れに見へ候は如何なる者にて候ぞよのふ

楽屋　〽おゝ我は是蘇民将来と申す者にて候　それにましますは如何なる神にて候　いずこに渡らせ給ふぞよのふ

楽屋　〽おゝ我は是牛頭天皇なり　我おもかげは頭に黄牛を頂き　両角となるが故に　黄牛今になし　然れども内には慈悲こふたいを施し　外には朝夕祭事を怠らざるにより　五日の風吹けども枝をならさず　十日雨降れども土くれを動さず　五穀は蒔かざるに生じ　七陳は求めざるに来り　国家豊饒にして　民安楽のところに遊ぶなり　この故を以て天帝より南海龍王の乙姫を我に賜ふに依りて南海へ渡り申すぞよのふ

楽屋　〽オオサン候　南海へは其道法（みちのり）八万里なり　君いまだ三万里にも及ばず　南海人は海上にて車馬の行路なし　さらばせつなに数万里をはしる宝船を君に奉らん

牛頭　〽さらば所望申にて候

楽屋　〽それにましますあまたの御神は如何なる神にて渡らせ給ふぞよのふ

牛頭　〽是なるは　生しさい女の生る八将神は我子なり　その神此所を通りし時　此の国名づけて巨旦（こたん）といふ臣下みなつみもふりやの類なり　外我一宿を乞ふとも入れず　かえってたんかする故に　此度巨旦をふみつぶすなり　然れども汝が志めでべきにより　汝やとれり　これによりて汝が娘巨旦家の一人といへ共　桃の木の枝に秘文を書き　なげ入らば助け得さすべきのふ

楽屋　〽おゝその儀なら巨旦を退し給ふべきのふ

胴前　〽謹請再拝々々　と伺い神えみ給へ　カンコンソンリンケン　払い給へ清めし給へと神の戦をはじめたり

楽屋　〽悪魔巨旦つみもふりも静めたり　今より後は汝国の主たるべし　我末代きようやくしもんとなりて八将神ともうともに諸国に入る内には当分の礼を給わめ外には五節の祭礼を行ない　蘇民将来が子孫とならば　ちかって疫病災難除いてとらすべし

胴前　〽おゝその儀ならば千代の御神楽奏すべし

（舞って幕入り）

謡曲の『祇園』（後出）も、基本的にはこの神楽と同じように、牛頭天王と蘇民将来が、それぞれシテとワキになって、舞台が展開する。物語はきわめて簡略化されており、『牛頭天王島渡り』が、神々の雄渾な叙事詩に発展する可能性を示しているのに対し、神話の細部をあっさりと削ぎ落とし、まさに骨格だけの内容しかないのである。これは、牛頭天王と蘇民将来が直接的な話者となっているという対話劇（ダイアローグ・ドラマ）の本質にも関わるものだろう。

両者は自らの体験や行動を語るのだが、それは直接的な現在ではなく、過去か未来のことに限られている。たとえば、牛頭天王は巨旦を「ふみつぶ」そうとしているのだが、それは意志を述べているだけであって、戦いそのものを語っているものではない。また、蘇民将来は、「数万里をはしる宝船」を牛頭天王に奉ろうというのだが、もちろんそれも約束であって、現在の出来事として語るものではないのだ。すべて終わっている、あるいはまだ始まっていない。ここには時間の止まった「現在」があるだけなのだ。

この神楽や謡曲の詞章を読んで感じることは、登場人物、すなわち牛頭天王と蘇民将来の間に何の葛藤もなく、対立も抗争も起こらず、いかにも平和的に会話が進んでゆくということだろう。もちろん、この登場人物が牛頭天王と巨丹将来であり、巨丹と蘇民という兄弟であったら、これほど悠長で悠然としたものにはならないだろう。そこには抗争・闘争のドラマツルギーが発生せずにはいられないからだ。逆にいうと、そうした闘争のドラマツルギーを否定することが、神に捧げる神楽であり、一種の鎮魂の儀式としての能楽だった。

この会話劇のなかでこれまでの牛頭天王と蘇民将来の神話を語った縁起や祭文とまったく異なったところは、蘇民将来が牛頭天王のために「数万里をはしる宝船」を提供しようと持ちかけることだろう。それまでの縁起や祭文において、蘇民将来はあくまでも人間だった。貧に苦しめられ、病に悩む人間そのものであって、決して「数万里をはしる宝船」を牛頭天王に提供できるような超人的な神通力を持った神仙のような人物ではなかったはずだ（『簠簋内伝』でも、そうした神仙化の傾向が見られたが）。粟の筵を寝具として提供し、粟の飯を捧げるという、貧乏ながらも心の籠もった、精一杯のもてなしをしたから牛頭天王は、蘇民将来のその慈悲の心に感じたのであり、打出の小槌からひょういと宝船を取り出すような超能力を彼が持っていたとしたら、物語はまったく別のものとして展開せざるをえなくなるはずだ。

つまり、神楽の『牛頭天王』においては、神としての牛頭天王と、無力な人間としての蘇民将来という組み合わせではなく、両方とも神であり、神仙であり、疫病や貧困に悩まされるような人間世界を超越した存在なのである。そもそも蘇民将来は「われ頼む人に災難あるならば小野の神と人は呼ばれじ」と舞戸（まいど）に登場する。ここではすでに「神」となった蘇民将来が出て来るのであり、装束においても彼は、牛頭天王とほぼ同格なのであり、両者は神同士としての優雅な会話を交わし、互いに祝言を述べながら別れるのである。

ここでは牛頭天王も、疫病を流行らせ、悪者の巨丹将来を「ふみつぶす」ような畏怖すべき神ではなく、「我おもかげは頭に黄牛を頂き両角となるが故に黄牛今になし　然れども内には慈悲こふたいを施し外には朝夕祭事を怠らざるにより五日の風吹けども枝をならさず十日雨降れども土くれを動さず五穀は蒔かざるに生じ七陳は求めざるに来り国家豊饒にして民安楽のところに遊ぶなり」という「善神」にすっかり変化しているのであり、その「異神」としての面影をまったくといっていいほど失っている。

こうした変化はどこから生じたものだろうか。一つは、それが信仰としてのエネルギーを失い、様式化し、儀式化することによって、原初の「悪」のバイタリティーを喪失したものととらえることができる。いいかえれば、牛頭天王は本来は兄弟である蘇民将来と巨旦将来を、自らの権力に従順なものと、不従順、すなわち反抗的なものとして分け、従順なものには保護と繁栄を、反抗するものには殺戮と滅亡を約束することによって、「蘇民」たちを支配し、統治しようとした。しかも、そうした神々の戦闘は、もはや終焉したものであり、神楽の舞が始まる前に、すでに〝終わってしまった〟神話的な大過去の物語にほかならないのだ。

牛頭天王と蘇民将来は、和気藹々と「千代の御神楽」を舞って、目出度いままに退場する。そこには牛頭天王が人々に与えた恐怖の痕跡もなく、蘇民将来が担っていた小心で、弱々しい人間たちが抱いていたささやかな願望（病気になりませんように、なっても軽く本復しますように、といった）すら見当たらない。どこかに大きな戦いの記憶の痕跡は残っているかもしれないが、それは大本教の出口なおに降臨してきた「艮の金神」のように、地下に埋められて姿を見ることができないのである。

なお、いわゆる民間神楽には大出神楽の「牛頭天王」のように、牛頭天王－蘇民将来の神話・伝説をベースとする詞章がいくつか存在する。たとえば岳神楽の社風神楽本には「天王舞　巨旦」として牛頭天王と蘇民将来とのやりとりがある同様の詞章があるし、『江刺御神楽記』にも「天王舞」として同様のものがある。これは「蘇民祭」の蘇民信仰が、早池峰や出羽三山の山伏（修験者）によって東北地方にもたらされたことを明瞭に物語っている。

第三章　悪路王の末裔たち

1　胡四王の山

胡四王（こしおう）神社は、花巻温泉から東北新幹線の新花巻駅に向かって進んでゆく途中にある胡四王山の山頂にある神社だ。タクシーで連れてゆかれた私は、胡四王神社と刻まれた石碑のある場所で降ろされた。木造の社務所や集会所があり、地元の人たちが蘇民祭の実行について打ち合わせをする場所なのだろう。そこで何かの相談をしている村の人に挨拶をして、私は鳥居を潜り、表参道の石段を上り始めた。とたんに、私はタクシーの運転手が、昨日の雪がまだ残っているかもしれないな、と不安そうに呟いていたことの意味がわかった。石段は、半ば昨夜の雪に埋もれ、半ば昼間の日の光に融けて、滑りやすく、危険な状態だったのである。ただでさえ、糖尿病のせいで右足が浮腫（むく）み、歩くのにさえ苦労している私が、見上げると、山のてっぺんまで何百段とあるかしれない石段の道を上がらなければならないのである。私は尻込みし、麓から神社に向かって手を合わせるだけでお茶を濁そうかと真剣に考えたのだが、せっかくここまで来て、神社に詣らずに帰るのはあまりに情けないと思い返し、狭い踊り場に着くたびに、息の切れる体と強ばる足をだますようにしながら、よたよたと上り続けたのである。

背後の景色を眺める余裕すらなく、上へ上へと上り続けた私は、ようやく本殿の見える頂上にたどり着いた。海抜百八十三メートルの小高く開けた山頂には、山の北側にある表参道とは違って日光が当たるらしく、杉の大木などが覆い茂った参詣道よりも、昨夜の雪は少なかった。案内板があり、石柱があり、本殿はこぢんまりとした古びた木造の社だった。梁の龍の彫り物が素晴らしく（高橋勘次郎の作）、規模は小さいながらも、堂々として均整の取れた美しい建物である。事務所のような建物がその隣にあったが、無人のようだった。本殿だけが（拝殿もあったが）、林の間を屈折してくる日の光に当たって、輝いて見える。

大きな木の根元に腰を下ろし、私はようやく汗を拭った。ハンカチを取り出して、使う余裕すらなかったのだ。一息入れて立ち上がると、私はそこが花巻平野を一望に見渡すことのできる、眺望にすぐれた場所であることを発見した。さっきタクシーで走ってきた道路が見え、光って流れる北上川の流域は、宮澤賢治がイギリス海岸と名づけた川岸一帯にほかならなかった。新幹線の高架が見え、それとクロスするように釜石線の線路が走っている。神社の入り口には、その踏切があった。まだ春の手入れを待っている田畑が、青くどこまでも広がっている。岩手山や東松山、黒森山も、薄くかすんで見えているはずだ（どれがどの山かはわからなかったのだけれど）。

それにしても、胡四王山（こしおうやま）というのは不思議な名前だ。私は、宮澤賢治が好んでこの周辺の山々を山歩きしたことが書かれていた看板を思い出した。私は迂闊なことに、この胡四王山が賢治の〝心象スケッチ〟の山歩きの舞台であり、彼が「怒りし、唾（つばき）し、ゆききし」ていた山歩き（というより、山中彷徨といったほうがいいかもしれない）の場所であったことに、この現場に来るまで気がついていなかったのだ。

胡四王山があり、旧天王山があり、観音山がある。賢治のいた時代に蘇民祭がどのような形で行われていたかはわからないが（胡四王神社の蘇民祭は慶応元年に始められたということだから、賢治の

胡四王神社

時代にも行われていたはずだ。ただし、地元の人だけの狭い範囲での、ごくささやかな祭だったかもしれない)、彼は蘇民将来や牛頭天王に興味や関心を持っていただろうか。管見の限りでは、日蓮宗の熱心な信徒であり、法華経の絶対的な信奉者であった宮澤賢治が、この異教的な響きのある(仏教的ではあるかもしれないが)神々に関心を寄せた痕跡はなく、書き遺した詩や童話のなかにも、一切登場してこない(創作メモのなかに、「蘇民祭」を見に行く登場人物が出てくるので、まったく無関心ではなかったようだが)。

しかし、彼が日課のように山歩きしていたという胡四王山、胡四王神社に、まったく関心を向けなかったということが、言葉やものの名前に敏感すぎるほど敏感だった詩人・宮澤賢治に、本当にあり得たことなのだろうかという疑問は(前夜の春の雪のように)私には解けないのである。

胡四王神社の起源は、大同二年(八〇七年)、坂上田村麻呂が薬師如来を奉納し、安置したことから始まり、天台宗医王山胡四王寺として創建されたと伝えられている。神仏混淆の修験の山として中世には稗貫(ひえぬき)氏、近世には南部氏の庇護を受けて栄えたが、一時は衰微し、文化十五年(一八一八年)には地元の地名である矢沢を取って矢沢神社と名前を変えて神社となったが、一九五四年(昭和二十九年)に改めて胡四王神社となったという。

大同二年というのは、東北地方には寺社の起源の年としてよく出てくる年号で、坂上田村麻呂が起源というのも、前出の黒石寺もそうであるように、あまりにも多くの寺社縁起としてありすぎて、信頼性のあるものとは思えない。胡四王とは不思議な名前だが、秋田、山形、岩手、福島の東北地方には「胡四王」「古四王」「高志王」「巨四王」といった表記で、同じ〝コシオウ〟神社という名前は少なくなく、元来は「越王」、すなわち「越の王」という意味ではないかと推測されている。もちろん、この場合の「越」は、越前、越中、越後にまたがる「越の国」だ。花巻の胡四王神社の祭神はオオナムチとスクナヒコナとなっているが、一般的な〝コシオウ〟神社の祭神は、阿倍比羅夫(あべのひらふ)の征夷軍に伴った大彦命となっている。阿倍比羅夫といい、坂上田村麻呂といい、蝦夷を征伐する武将が、みちのく(東北地方)に寺社仏閣を建立したというのは、それなりの意味があると見なければならない。「越の王」、越王は京都にあった中央政府にとって見れば、明らかに夷(えびす)の王であり、蝦夷(えみし)の一族だった。〝コシオウ〟の音を当てるのにわざわざ「胡」の字を使ったことの意図も考えてみるべきだろう。

阿倍比羅夫や坂上田村麻呂は、「越の王」たち、辺境のまつろわぬ者たち、未だ王化に染(したが)わない者たちを征伐し、征服しなければならなかった。その征服した「越王」たちを祀ったのが、コシオウ神社であり、コシオウ寺ではなかったか。被征服者を祀るというのは、一見不可解なようだが、宇佐八幡宮の創建の縁起の一つに、やはり〝まつろわぬ〟隼人(はやと)の反乱をあまりにも過酷に鎮圧しすぎたということがあった。その殺戮のむごたらしさに、殺戮者たち自身が恐れ、それが宇佐八幡宮の重要な行事である放生会(ほうじょうえ)(魚や鳥などの生き物を放ち、生命を助けること)の起源になったというのである。菅原道真を北野天神として祀り、牛頭天王を祇園感神院に祀ったのも、怨霊や行疫神の祟りを恐れたわけで、非業の死を遂げただろう「越王」を祀り、その荒ぶる魂を鎮魂しようとすることは、十分にありえたと思われる。

2　修羅と悪路王

胡四王神社から宮澤賢治の記念館に抜ける道があった。こちらは、わずかに起伏はあるが平坦な舗装道路で、急斜面の石段を上る北側の表参道とはまったく違った気楽な参道となっていた。何のための難行苦行だったのか。私は、表参道の下でタクシーを降ろさせた運転手のことを罵り、唾し、歯軋(はぎし)りして呪ったのである。

宮澤賢治は、『春と修羅』に収録した「原体剣舞連(はらたいけんばいれん)」という詩のなかで、こんな詩句を書いている。

Ｈｏ！Ｈｏ！Ｈｏ！
　むかし達谷(たった)の悪路王(あくろおう)
　まつくらくらの二里の洞(ほら)
　わたるは夢と黒夜神(こくやじん)
　首は刻まれ漬けられ
アンドロメダもかがりにゆすれ
　青い仮面(めん)のこけおどし
　太刀を浴びてはいつぷかぷ

夜風の底の蜘蛛をどり
胃袋はいてぎつたぎた
dah—dah—dah—dah—dah—sko—dah—dah

伊手という村でそこの少年たちの踊る剣舞を見た時の印象を、詩として書いたものだというが、少年たちと戦う「青い仮面」の悪路王とは、蝦夷のまつろわぬ民たちの王の名前だ。坂上田村麻呂が蝦夷征服戦争の時に達谷窟に追いつめ、そこで首を取ったという伝説のある「悪路王」である。もっとも、実際にこういう名前の蝦夷の首領（酋長）がいたわけではなく、蝦夷征服軍に頑強に抵抗したアテルイ（阿弖流為）やモレ（母礼）、大武丸や高丸といったエミシの指導者をイメージしたものだといわれている。

しかし、宮澤賢治が実際に見た「剣舞」は、坂上田村麻呂と悪路王との戦いを摸したものではなく、目連尊者の地獄廻りや藤原三代の悲劇の死をテーマとしたものであって、賢治の解釈は間違いだという説がある。だが、宮沢賢治がこの剣舞に見たのは、こうした表層の歴史の下層にある、いわば語られない、目に見えない残虐な戦いのドラマにほかならなかっただろう。みちのくに伝わる剣舞や蘇民祭の背後や深層にそうした「戦い」の記憶を見ることが、単なる実証的な反論によって否定されるとは、私には到底思えないのである。

宮澤賢治は自分の心のなかに修羅を抱えていた。修羅とは、生きとし生けるものが、輪廻転生する六道のなかで、戦い続け、争い続けることを運命づけられた者たちの世界だ。互いに傷つけ合い、攻め合いながら、彼らはその戦いを止めることができない。一見、穏やかな「デクノボー」のような賢治の内面には、こうした「修羅」たちが住んでいた。

彼らは奇声を発し、刀刃を振りかざし、血を流し、肉や骨を切らせて、その血や肉を啜り合うのである。それは賢治の心の闇のなかから登場する怨念と呪詛に満ちた死者たちであり、賢治は少年たちと「青い仮面」の剣舞のなかに、歴史の闇のなかに潜んでいた「悪路王」たちの悲鳴と呻きを聞き、その躍動を見たのである。

宮澤賢治が征服者としての少年たちの側に立っていて、「青い仮面」、すなわち悪路王の側に立っていないとする解釈があるが、それは文字は読んでも、中味を読んでいない読み手ということにほかならないだろう。「打つも果てるも一つの命」と賢治は歌った。修羅の世界の記憶を、自らの故郷であるみちのくの風土から浮かび上がらせた賢治にとって、征服者も被征服者（侵略者も被侵略者）も、まさに同じ「修羅」の世界に生きるものにほかならなかったのであり、「悪路王」は賢治自身の修羅の姿に重なるものだった。

日蓮が自らを「栴陀羅の子」として自覚していたように、宮澤賢治は「修羅の子」であることを深く自覚していた。それは父親が熱心な浄土真宗の門徒であり、それは日蓮の教えに帰依する賢治にとって「念仏無間」（南無阿弥陀仏の念仏を唱える浄土系の教えを信じる者は、無間地獄に堕ちる）」の邪宗との戦いにほかならなかった。日蓮宗のなかでももっともファナチックな集団である「国柱会」に身を投じた賢治は、「法華の行者」となるために、自分の心を鬼にも修羅にもしなければならないと思い定めていた。

その時に、賢治の深層の欲望のなかから浮かび上がってきたのが、「ｄａｈ―ｄａｈ―ｄａｈ―ｄａｈ―ｓｋｏ―ｄａｈ―ｄａｈ」という地の底から響いてくるような太鼓のリズムに合わせ、刃を振るう鬼神、魔神の群れだった。それはまさしく、賢治の心のなかの修羅たちの群れであり、謗法するような法華経の敵に対しての満腔の怒りと敵愾心、暴力的な攻撃心の衝動にほかならなかった。それが、「悪路王」と「黒夜神」として姿を現したところに、東北人としての宮澤賢治の心のなかの「みちのく」があったのである。

3　胆沢城址の夏草

胡四王神社から花巻駅へ戻り、水沢駅で新幹線の水沢江刺駅に乗り換えようと思った私は、列車までの時間が小一時間ほど余っていることに気がついた。私は、水沢駅からあまり遠くないと思われる鎮守府八幡宮まで往復してみることにした。といっても、のんびり歩いてゆくような余裕はない。車で一めぐり。私は所用時間を観光案内所で聞いて、タクシーに乗り込んだ。運転手は比較的若い人で、あまり町の歴史などには詳しくないだろうと思ったのだが、観光客向けの研修といったものを受けたらしく、八幡宮が胆沢城の城址に建てられたもので、近くにはその遺跡から出た遺物を展示する埋蔵文化財調査センターがあることなどを教えてくれた。確かに八幡宮の大きな石標と赤い鳥居が立っている入り口は、史跡・胆沢城址の入り口でもあった。

梨畑という地名にふさわしく、林檎や梨の果樹園が広がる北上川の川岸の一帯は、遺跡ということで建物の建築や改築も制限されているらしく、古い城跡であり、エミシと征夷大将軍の軍隊との古戦場であった地の面影を今に伝えているのである。「なあんにもありませんよ。なんにも」。確かにその通りで、鎮守府八幡宮は何の変哲もない、田舎の神社だったし、胆沢城城址ときたら、ただの川岸の小高い原っぱだった。

ただ、蘇民祭が行われるという八幡宮の本殿の梁の上には、奉納相撲の優勝者の額が掲げられており、勇壮な蘇民祭の揉み合いが、相撲に通じるものであって、力自慢、技自慢の素人力士たちの活躍

鎮守府八幡（水沢）

する場所だったことに思い至った。〝戦う蘇民祭〟、そんな言葉が思わず私の口から零れ出たのである。

胆沢城は坂上田村麻呂が、延暦二十一年（八〇二年）に築地を巡らせた城柵を築いたことから始まり、大同三年（八〇八年）には国府多賀城から分離して鎮守府が置かれ、対エミシの軍事、防衛の拠点として、百数十年の間睨みを効かせていた。鎮守府八幡宮は、もちろん征夷大将軍の名を引き継いだ源頼朝などの源氏の武士が篤く信仰した八幡神を、征夷大将軍ゆかりの地に勧請したものだろう。まさに「鎮守府」にふさわしい神社である。

しかし、私は胆沢城址はもともとアテルイなどのエミシ側の根拠地があったところであり、そこを侵入者としての坂上田村麻呂の軍勢が占拠したのだと思う。『日本記略』には、エミシの王アテルイの率いるエミシ軍と、紀古佐美の率いる朝廷軍との壮絶な戦闘が描かれているが、アテルイた

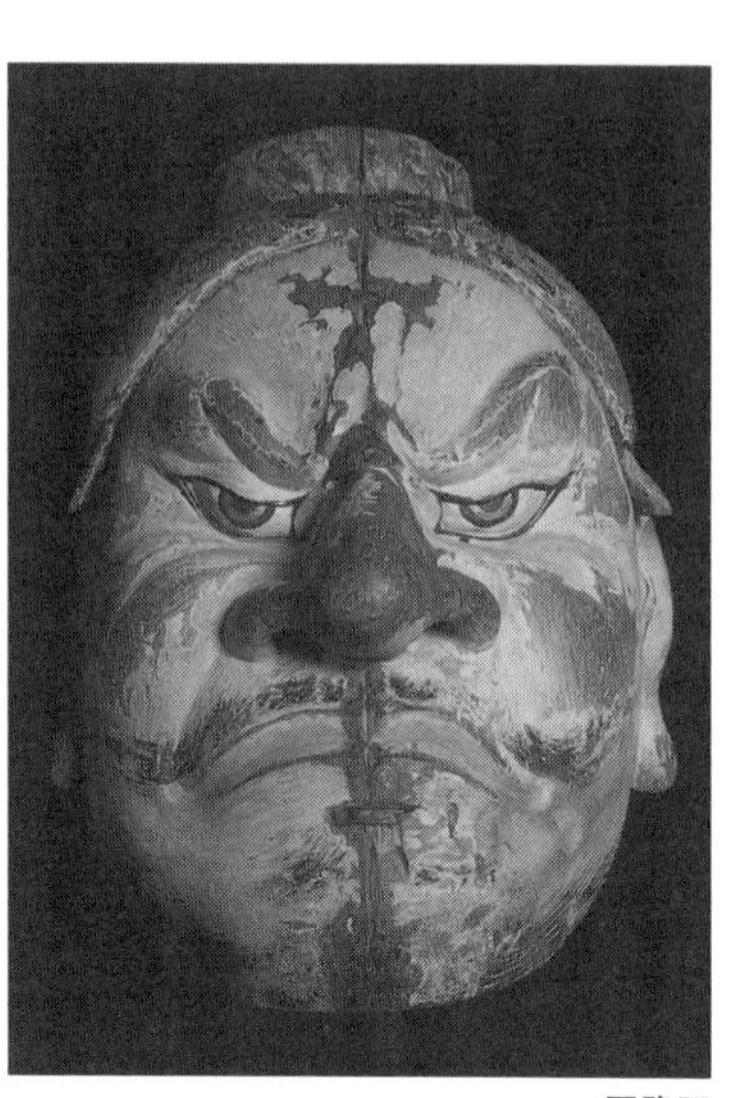
悪路王

ちが日高見川流域の胆沢の地を根拠地にしていたことは確かで、多勢に無勢のエミシ軍が朝廷軍を破ったのも、アテルイの軍事指導力の卓抜さと、地の利を知り尽くしていたこと、そして何よりもエミシ軍が自らの土地と生活を守る防衛戦争に対する戦意そのものの高さにあったと思うのだ。

田村麻呂は、この紀古佐美の敗北を受けてエミシ征伐軍に最初は副官として、そして次には征夷大将軍として遠征し、勝利を収め、胆沢城を築いた。エミシの側からすれば、坂上田村麻呂こそ、侵略者であり、軍事占領者であって、彼は敵側の拠点であり、根城であった場所に胆沢城を造築し、その一角に鎮守の神としての八幡神を祀る八幡宮を建立したのだ（もちろん、今の社殿が建てられたのは遥か後世のことであり、もともとはそこには小さな祠すらなかったのかもしれない）。

坂上田村麻呂は、自分が滅ぼしたエミシたちに対して鎮魂の気持ちを抱いて、八幡宮を勧請したのかもしれない。前述したように、宇佐八幡宮は、敵対した隼人の軍勢をあまりにも多く殺戮したために、その隼人の霊を慰めるために放生会を始めたという伝承がある。古代の武人たちは、怨霊や鬼神を恐れた。

坂上田村麻呂には、エミシたちの怒りと怨念を恐れる理由があった。彼は降伏したとされるエミシの首領のアテルイとモレを京都へ引き具し、服従を誓わせながら、都の貴族たちの意見によって彼らを死刑としなければならなかったからだ（アテルイの首は、空を飛んでみちのくの故郷に帰ったという、将門伝説と同じような首塚伝承がある。鹿島神宮にある首塚がそうであるという）。

清水の舞台やお水取りで有名な清水寺は、アテルイやモレの霊を祀るために田村麻呂が創建したとも伝えられている。彼は、あまりにも多くの人を殺しすぎた。侵略した土地では、人家に火を放ち、牛馬を殺し、田畑を蹂躙し、抵抗する者も、抵抗しない者も、ほとんど無差別に殺戮した。彼らは王化に染わない夷狄であり、エミシであり、毛人であり、獣同然の生き物たちであったからだ（スサノヲが、高天原で行った乱暴狼藉は、その象徴的表現だった）。

伝説では、坂上田村麻呂は、胆沢城の一角に八幡宮を建立し、城輪に石手堰神社を建立し、その神宮寺として黒石寺が建てられたと伝えられている。今では、兵どもの夢の跡さえ見出せない胆沢城址の草原と、史跡保護のために改変を禁じられ、果樹園として広がる一帯の、その一角の神さびた空間にひっそりとたたずんでいる八幡宮の社殿しかない。石手堰神社に至っては、日高見川（北上川）の畔に、社名を示す標識もなく、無人の古社として道端に捨て置かれているような有り様だ。

坂上田村麻呂が創建したと伝えられている八幡宮や黒石寺に一年に一度集まってくる蘇民将来の末裔たち。この「蘇民」たちは、侵略者・坂上田村麻呂といっしょに都からはるばるとみちのくにやってきた武士たちの子孫ではなく、占領され、支配され、同化させられていったエミシの末裔だったと思われる。もちろん、田村麻呂に率いられた兵士たちも、土着し、混血し、代を重ねてやがてエミシと変わらない「みちのく」の民となっていったと思われるのだ。

4 「ねぶた」の跳梁

東北の短い夏は、祭で彩られる。青森、弘前のねぶた祭、秋田の竿燈祭、仙台の七夕祭などは、神の信仰とは関わりなく、観光客と地元商店街のイベントとしてすっかり定着している。正月の冬祭としての「蘇民祭」が、やはり観光のイベントとして、急速にその神祭としての意味を失ってゆくように。

昔からそうだったのだろうか。それとも、その祭を見る私たちの側が変わってしまったのだろうか。私は自分が青森で最初に見た「ねぶた祭」のことを思い出した。学生の時のことで、北海道に帰省する途中に、ねぶた祭でにぎわう青森に途中下車したのだ。恐山の大祭、青森駅前の仮設会場で行われていた御詠歌(ごえいか)大会。いずれも、腹の底から苦いものがこみ上げてくるような思いで(しかし、それは祖母の懐のように、温かく、懐かしかった)、私は、私の見知らぬ〝もう一つの別な日本〟に出会ったような気がした。

道幅いっぱいの山車の上に、厚い和紙で造られたねぶた人形が乗って、中の電球の灯りによって、極彩色の武者や武将や英雄や鬼神たちが、夏の夜を練り歩く。「ラッセ、ラッセ、ラッセ！」の掛け声を上げながら、狂ったように、闇のなかに影になって飛び跳ねる「ハネト」たち。短い一夏の情熱をいっきょに燃やし尽くしてしまおうというような、この北国の祭に私は圧倒された。

押し寄せてくるねぶた人形が、そして群衆が、私には恐ろしかったのだ。むくむくと肩や腕の筋肉を誇示するようにしてすごむねぶた人形に、私は自分に向かって襲いかかってくる、巨大な怪物のような恐ろしさを感じていたのだ。ゆらゆらと揺れ動く小山のような人形。それは、エミシならずとも、恐怖と畏怖に圧倒される体験だった。

坂上田村麻呂が、エミシ征伐を祈念して始めたというねぶた祭。しかし、それはそんな人形など見たことのない未開のエミシたちに、恐怖と恐懼(きょうく)を与えるための戦術であって、隼人たちが、宇佐八幡宮の武人たちが拵え上げたという人形に恐れおののいて潰滅(かいめつ)したという伝説のように（あるいは新羅の奈勿王(ナコツ)が、何百というカカシの兵士を立てて、攻め寄せる倭寇(わこう)たちを追い払ったという伝説や、鬱(ウル)陵島(ルンド)の島人を、朝鮮本土からの攻撃軍が、木製の獅子を作って海岸に並べて驚かしたという伝説のように）、幼稚で蒙昧な輩(やから)を、そうした奇策、策略によって敗北させることは、都の武将たちにとっては、当然ともいえる戦法だった。

ねぶた祭の喧噪のなかで、私は自分が、こうしたねぶた人形に圧倒され、逃げ回るエミシたちの末裔であることを自覚した（私の父方の祖父は青森出身である。その先は不明だ）。

恐れ、逃げまどうエミシ、そして「蘇民」のなかに私の祖先はいて、それが遥か後世の子孫である私にも、こんな畏怖を生じさせるのだと思わざるをえなかった。

もっとも、ねぶた人形が現在のもののように大型化し、豪壮なものとなったのは近年のことにすぎず、それまでは弘前の扇型のねぶたや、せいぜいが大きな提灯程度のねぶたにすぎなかったというのは、昔の祭礼絵図を見ても明らかな通りだ。秋田の竿燈祭や仙台の七夕祭のように、小さな提灯を並べて飾るようなお祭が、マンモスの牙のように大型化していったというのが、ねぶた人形の進化の真相である。しかし、侵略者・坂上田村麻呂の軍勢が、矛や剣のような自らの武器や、武勇、武力を誇示して行列したのが、これらのみちのくの夏祭の起源だったように私には思えるのであり（祇園祭で長刀鉾(なぎなたぼこ)が先頭となり、祭礼の行列が行われるというのもそのためだろう）、それは征服戦争の名残りというべきものだった。

その時に、坂上田村麻呂のような「大将軍」に、「牛頭天王」のような、荒々しい、畏怖すべき「恐怖の王」を「みちのく」の人々（エミシと呼ばれる土着の人々）が見たとしても不思議ではないだろう。大将軍とその眷属たちは、殺戮と破壊と搾取という災厄と不幸を招き寄せる元凶だった。一夜の宿を貸さなかったという些細な理由だけで、「コタン」（この言葉がアイヌの言葉で集落、村であることをもう一度想起しなければならない）の一族を全滅させてしまうような、理不尽な破壊力を発揮する、侵略者の集団にほかならなかった。

通り過ぎる村を、町を、国を滅亡させ、自分の心にそぐわない者はすべて〝ふみつぶ〟して顧みない荒魂。まさにそれは百鬼夜行に出会うことであり、〝魔群の通過〟にほかならないのだ。中村哲は、牛頭天王の一行について、それは大陸から騎馬でやってきた征服王朝のように、残虐で、果敢で、無慈悲な征服と占領、そして破滅をもたらしたのではないかと書いている（「牛頭天王と平田篤胤」）。ちょうど中央アジアや、ヨーロッパの人々に「蒙古」の軍隊がそう見えたであろうように。

悪路王の首の面というものがある。顴骨の突き出た、鼻の高い異相の面である。眉間から顎にかけて真っ直ぐに太刀傷があり、それは忿怒の形相を表している。坂上田村麻呂に征伐され、降伏したとも、和解工作のために京都に行ったものの、謀られて殺されてしまったともいわれるエミシの首領のアテルイの首を摸したものといわれる。神武や日本武尊の〝東征〟の神話にあるような「英雄時代」は、都の人々にはもう遠い古代の出来事にしかすぎなかった。だから、彼らはこうした異相のエミシの王に出会い、恐怖し、恐懼して、彼を殺してしまうことを征夷大将軍の坂上田村麻呂に命じたのである。田村麻呂の没後にも、都人のエミシたちに対する認識は、少しも変わらなかった。

空海は、小野朝臣岑守が陸奥の守に任ぜられて任地へ赴く時に送った送別の詩に、「エミシ」について、こう書いている。

「老鴉の目、猪鹿の裘。髻の中には骨毒の箭を挿み著けたり、手の上には毎に刀と矛とを執れり。田つくらず、衣おらず、麋鹿を逐ふ。晦とも靡く、明とも靡く、山谷に遊ぶ。羅刹の流にして人の儔に非ず。時時、人の村里に来往して千万の人と牛を殺食す。馬を走らしめ、刀を弄ぶこと、電の撃つが如し。弓を彎き箭を飛ばす、誰か敢へて囚へむ」と（「野陸州に送る歌」）。

しかし、エミシの側から見れば、坂上田村麻呂の一行が、こうした異民族の異習を持ち込んだ魔神や鬼神のように見えていたことは、むろん気がつく由もなかった。

エミシたちにとっては、坂上田村麻呂の軍勢が、そして都人にとっては、アテルイやモレのような「悪路王」の軍勢が、それぞれ災厄と災害をもらす「牛頭天王」の悪鬼の眷属たちのように見えたに違いない。魑魅魍魎たちの跳梁。『清水寺縁起絵巻』には、化け物、妖怪、鬼畜じみたエミシの姿が描かれていたが、逆に見れば、坂上田村麻呂の一群もそうした魔軍の侵略であり、〝摩群の通過〟として見えていたはずだ。

そういう意味では、牛頭天王の姿は、自分たちの修羅の心が鏡に映った自己の写像にほかならない。「みちのく」には「蘇民」はいても、「牛頭天王」がいないのは、何故か。いや、牛頭天王は、いつも、そこにいた。阿倍比羅夫、坂上田村麻呂、そして次々と平和なコタンに押し寄せてくる数々の〝征夷大将軍〟として、蘇民（韓国語では「小民」もまた、ソミンだ）の上に君臨し続けていた。そうした牛頭天王の権威や権力を生み出すのは、私たち、「蘇民」たちが抱える恐怖であり、恐懼であって、それはとても長い時間が経っても、そう容易には変わりえない集合的な無意識の心情なのである。

ねぶた祭は、エミシの悪路王たちを退治し、攻め滅ぼした坂上田村麻呂を祀った祭といわれる。ねぶた人形の主役は、スサノヲノミコトの八岐大蛇退治、ヤマトタケルノミコトの熊襲・隼人退治、あるいは桃太郎や金太郎、さらに源頼光や俵藤太（藤原秀郷）や、時には牛若丸や弁慶、木曾義仲や楠木正成といった武将、英雄たちで、彼らは鬼やエミシたち、化け物や怪物・怪獣を退治することによって、人々の尊崇を集めた。だが、人々はそうした武将や英雄たちが征服し、退治した相手たちについても、その怨念の強さ、非業の死について恐れを抱き、祀り上げることを忘れなかった。

八岐大蛇を神としたと伝えられる蛇毒気神や、那須の玉藻前稲荷神社に祀られている玉藻の前（金毛九尾の妖狐）は、退治される側にありながら、神として祀られている。ねぶた祭の主役も、武将や英雄や豪傑の足元に踏み付けられている鬼や怪物や妖怪たちなどであって、その無念こそが、ねぶた祭が本当に祀り棄てなければならないものなのではないか。ねぶた祭や蘇民祭がエミシたちの祭であり、「悪路王」たちの怨霊が跳梁跋扈する祭典であるとは、このような意味なのであり、宮澤賢治が『原体剣舞連』の詩で書こうとしていたのも、そうした悪鬼たちの乱舞する群像の祭への共感だった。まさに、そこでは祀るものと祀られるもの、滅ぼすものと滅ぼされるものとの「打つも果てるも一つの命」にほかならないのである。

5　東湖天王社縁起

「みちのく」には蘇民たちはいても、牛頭天王は現れてこないと私は書いた。しかし、大出神楽（早池峰神楽）の『式外八番牛頭天皇』のように、痕跡として残っているものはある。次に紹介するのも、東北地方に残っている牛頭天王信仰の稀少な例の一つだろう。しかも、これはエミシの〝征伐〟に関する神社創建の縁起を語っており、その意味でも珍しいものといえよう。秋田県南秋田郡天王町にある東湖天王社の『牛頭天王神社縁起』である。

（前略）ソモソモ当国鎮座ハ神武帝ヨリ五十代桓武天皇御宇延暦十八巳卯年田村将軍利仁公小野政清公夷征伐奥羽両国ヘ発向ノ時出雲国ニ到リ大社ニ詣デ曰ク此度我等夷征伐ノ為奥羽ヘ降ル。不日両国平治セバ牛頭天王神社ノ祠ヲ立テ永ク尊ヒ奉ルベシト一七日初願アリテ大社ノ司国造ヨリ素戔嗚尊勧請ノ御箱ヲ乞ヒ受ケ同十九庚辰年卯月奥州ヘハ小野政清公、羽州ヘハ田村将軍利仁公下向アッテ悉ク夷ヲ退治シ玉フ。是ニ由テ延暦二十辛巳今北野原東湖宮ト云所ヘ祠ヲ立テ先年出雲ノ国造ヨリ乞受シ御箱ヲ安置シ一天泰平四海静謐悪魔降伏五穀成就厄難消除人民守護ノ神社ト奉祀ス。（後略）

奥書に康平六年癸卯年六月という年月があるから、これは一〇六三年に、この東湖八坂神社の神主によって書かれたもので、慶安四年（一六五一年）に古くなった文書を新しく書写したとしている。ただし、慶安四年はともかく、康平六年というのは少しあやしい。京都の感神院の祭神として牛頭天王の名前がはっきりと出てくるのは『本朝世紀』の久安四年（一一四八年）三月二十九日の項の「牛頭天皇御足焼損」という記事であり、これ以前には「祇園天神」や「天神」とはあっても、牛頭天王は出てこないといわれており、それよりも前に都から遠く離れた秋田に牛頭天王が勧請されているということは奇異に思える。しかも、この縁起の製作者は、牛頭天王とスサノヲが習合されることを十分に承知しており、このことが定説化してゆくのは、十六世紀以降と考えられており、その意味でも康平六年は、かなりあやしいものとなってくる。

ただし、蘇民祭がかなり古くから「みちのく」で行われていたことは確かであり、当然、蘇民将来の信仰と同時に牛頭天王信仰も入っていたわけで、この東湖八坂神社の縁起は、やはり東北版の牛頭天王信仰もあったことを明らかに示している。

この『牛頭天王縁起』を紹介している大野為田は、さらにこの東湖八坂神社の天王祭の祭祀儀礼を紹介し、それが津島天王祭の儀礼を取り入れたものであることを述べている（「東湖八坂神社神事」『日本祭祀研究集成第三巻祭りの諸形態Ⅰ』）。

神輿渡御のクライマックスを初めとして、御神輿担ぎ、蝶舞船、巫女船、御神幸、大幣引きなどの行事は、津島天王祭に倣ったものであり、それがこの地方独特の味付けがほどこされ（御味噌煮の式などは、まさにそうだろう）、伝統的な祭として伝わってきたのである。

「かつての船越川（馬場月川陟水路）が八郎潟干拓工事によって一層広やかな護岸をもって大洋に繋がる、景観のすばらしくて明るい水郷を舞台として、チヨマンと呼ばれる怪奇な装束をした神人が、潟舟の舷上高く二本の大綱の上で反転々くりかえすのが『古事記』のいわゆる八岐の大蛇（おろち）であり、これと対峙する天王川端に扣えた里牛に跨がる大弓を背負った巨人、これを又児を真黒に塗り頭に長髪のカヅラを冠り、全く五感を失って数名の附添に支えられている神人これぞ祭神素戔嗚尊であるという」と、大野為田は語っている。

この縁起でいう田村将軍とは、謡曲の『田村』や室町小説集の『たむらのさうし』のように、本来、坂上田村麻呂のことを意味するが、伝説上では同時代の藤原利仁（ふじわらのとしひと）（芥川龍之介の『芋粥』の登場人物。新羅征伐などの伝説の主人公となる）と混同されて同一人物視されることも多く、ここで「田村将軍利仁」となっているのは、まさにこうした伝説上の人物として田村将軍がとらえられていることがわかる。延暦二十年には坂上田村麻呂は確かに征夷大将軍として〝蝦夷征伐〟を行っているが、その前に出雲大社に祈願に行ったとか、「素戔嗚尊勧請ノ御箱」を乞い受けたというのは、まったくの創作でしかない。出雲大社と牛頭天王信仰との直接的な関わりは見出しがたく、八岐大蛇とエミシを結びつける神話的根拠も乏しい。

しかし、東国のエミシの〝征伐〟に、牛頭天王（スサノヲ）の加護や助力を求めるというのは、どんな信仰によって来たるものだろうか。それは、牛頭天王が悪鬼や邪鬼、疫神を降伏させる神だから、当然、〝悪鬼〟や〝悪魔〟の如き、エミシの大将である「悪路王」たちを「けころし」、あるいは「肉を摑み、或は血脈を切り、或は骨を砕き、血を絞り給ふ」というように「ついばつ」することを神は、諒（りょう）とし、それの神助が期待できると考えたからだろう。エミシ退治に効果があるとしたら、隼人退治に功績があり、鎌倉時代からの征夷大将軍のための軍神ともいうべき八幡神であって、「田村将軍」の行き先は、出雲ではなく、宇佐か男山へ詣でるべきではなかっただろうか。

もともと「異国神」として知られる牛頭天王は、果たして異人としてのエミシたちを征伐するということに対して、本当に自分たちの味方となってくれるのだろうか。

早池峰神楽の『牛頭天王』で見たように、「みちのく」へやって来た牛頭天王は、口では「こたん」を「ふみつぶす」とはいっているものの、その本質は「内には慈悲こふたいを施し外には朝夕祭事を怠らざるにより五日の風吹けども枝をならさず十日雨降れども土くれを動さず五穀は蒔かざるに生じ七陳は求めざるに来り国家豊饒にして民安楽のところに遊ぶなり」といった、お目出度く、平和的な福の神へと変貌している。強烈な荒神としての牛頭天王は、少なくとも田村将軍の時代はともかく、征夷大将軍によって平定された「みちのく」には、あまり必要のない神だったのではないか。

それよりも、問題は農業の不作であり、虫害や冷害や水害による飢饉や餓死などの心配であった。蘇民祭が、農作の吉凶を占う儀礼となり、蘇民袋のなかに護符といっしょに穀物が入っているというのは、蘇民将来（牛頭天王）の信仰が、防疫といったことから収穫祭や豊作祈念、あるいは飢饉回避や餓死を免れるということに、その祈りの目的が変わっていったからではないか。東湖天王祭が、エミシ征伐祈願をその縁起にあげながら、祭礼には「味噌煮の式」「箸かきの式」「神酒口切りの式」「ひえもの式」といった飲食にまつわる儀式が多いというのも、これが豊作、豊饒祈願の祭として長く続けられてきたことを物語ってはいないだろうか。

「みちのく」の蘇民祭が、牛頭天王を忘れてしまったのは、もうそこには鬼や悪魔が存在しなくなったからであり、そうした荒ぶる悪鬼たち（エミシ）たちは平定されてしまったからだ。むしろ、そうした滅ぼされた者たちの魂こそ、祀らねばならない「荒魂（あらみたま）」だった。だから、牛頭天王は縁起のなかの古記録にその姿を留めてはいても、蘇民祭の表舞台からもその「身（みみ）を隠したまひき」となったのである。国土創生という仕事を終えた造化三神のように。

テキスト⑪謡曲『祇園』

謡曲の『祇園』は、『神道集』などの牛頭天王・蘇民将来伝承を基にして、能楽に仕立てたもの。現在では、ほとんど演じられることもなく、『謡曲集』として活字化されることも少ない。牛頭天王と蘇民将来のやりとりには、特に謡曲としての工夫や演出らしきものもなく、祇園の縁起を能楽化しただけのものと感じられる。「巨旦将来」への報復もあっさりしたもので、畏怖すべき行疫神の面影よりも、慈悲深く、有り難い神としての牛頭天王＝祇園神のイメージが強く打ち出されている。「蘇民将来之子孫也」の護符よりも、「茅の輪潜り」の神事の方に重点が置かれていて、夏越の祓えの祭が各神社で定着して行われるようになってからの成立だろう。「天地の、開けし国のゆたかにて、人の世となる、嬉しさよ」という謡曲の最初の決まり文句が、ぴったりする内容で、牛頭天王の伝承の持つ異形さや異様さは、すっかり姿を消している。太平楽を寿祝する謡曲にふさわしい、牛頭天王伝承の解釈であり、改作である。

内容的にはさほど見るべきところはないが、復刻されることの少ないものなので、参考作品として掲げることにした。芳賀矢一と佐々木信綱が校訂した一九一四年（大正三年）刊の『校註謡曲叢書』の第一巻の本文をテキストとして、行替えを施した。

シテ　武塔天神
後ジテ　牛頭天王
ツレ　鬼神
ワキ　蘇民将来。

シテ一声「天地の、開けし国のゆたかにて、人の世となる、嬉しさよ。

サシ「抑是は、武塔天神とは我事なり。吾芦原の守となりて、人を憐む志、千花の雨露の如くにて、朝は穢土の塵にまじはり、夕は武塔天神と、
地「光を放ち威を増して、〱、国を守るも人間の、無量の願ひを救はんと、誓ひあらたに照る月の、日の本猶も、目出度しや、〱。

シテ詞「我日本を守るといへども、病難人間の歎にて、我一人の力叶はず。爰に天竺の北に国あり。九相国と名づく。彼国に渡り病災をまぬかれん符を呪し来らんと思ひ、只今南海に赴く所に、早日の暮れて候へば、巨旦将来と云ふ者の宿をかり候へども、情なく宿を貸さず候。彼が兄蘇民将来が庵へ立ち寄り、一寝乞はゞやと存じ候。如何に此庵の内へ案内申し候はん。

ワキサシ「初春を風音信れて叩く戸に、人の声する不思議さよ。

詞「案内とはいかなる人ぞ。
シテ「是は行き暮れたる者にて候。一夜の宿をかし給へ。
ワキ「あら痛はしや。さりながら御覧候へ。初春の寿（ことぶき）もせぬ我庵の、朝な夕なの営みもなく、さも浅ましき此庵に、いかでか明し給ふべき。あの向ひに見えたるこそ、某（それがし）が弟にて其身富貴（ふうき）の者なれば、あの巨旦が許（もと）へ行かせ給へ。
シテ「さればこそ巨旦やらんには、最前（さいぜん）宿をかり候へども、情なく宿貸し給はず候よ。
ワキ「扨（さて）も邪見の巨旦かな、いぶせけれども此庵へ、
シテ「扉（とぼそ）を開く梅が香を、
ワキ「春来るぞとて告げて鳴く、鳥の塒（ねぐら）も軒端（のきば）にて、
シテ「自（おのず）からなる松の戸に、
ワキ「はや此方（こなた）へと、
シテ「夕月の、
地「朧（おぼろ）々と影見えて、〱、灯（ともしび）幽かに一間なる、菅筵（すがむしろ）敷きたへの、錦と覚し召されよ。さるにても痛はしや。飢に臨ませ給ふらんと、粟の飯（いひ）を取り持ちて、供へけるこそ譁（やさ）しけれ。
曲「かたじけなしや人心。真（まこと）を照らす神の代の、直（すぐ）なる人に逢ひ竹の、一夜（ひとよ）の宿のえにしさへ、一方（ひとかた）ならぬ御事の、まして與ふる粟飯（あわいひ）の、むすぶやいつか我れ人の、同じ世をふる神体と、祝ふ人なれば、常ならぬこそ理（ことわり）や。
シテ「松の二葉のはらからと、
地「生まれながらも様々の、巨旦は辛く邪見にて宿さへかさぬ小夜衣（さよごろも）、敷寝（しきね）の床の夜も更けて、早明け渡る村烏、なく音に夢や覚めぬらん、〱。

ワキ「如何に旅人夜の明けて候。御立ちあらうずるにて候。

シテ「やあ如何に蘇民将来。我を誰とか思ふ。芦原にては素戔嗚の尊、又は武塔天神と顕はれ、国家の守りをなす所に、人民救難の歎き故、南海に赴き、符を呪して来らんと思ふなり。今年水無月には、疫神人を害すべし。汝は慈悲第一にして、殊に今宵宿かす事、なんぼう浅からず思ふなり。彼病をまぬかれん呪を伝ふべし。水無月十五日にならば、茅にて輪を作り、其輪の中を越すべきなり。彼の茅の輪を越す人をば、影身を離れず我守りて、疫神を速に追ひ払はん。必ず疑ふ事なかれと、

地「宣ふ御声いちじるく、〳〵、気色変りて忽ちに、白雲左右にたなびきて、庵を出てさせ給ふかと、見れば俄に吹く風の、南の海に行く雲の、中に飛行の御姿、行方も知らずなり給ふ、〳〵。

ワキ「誠に有難き御事かなと、御跡を礼し奉る。されば光陰うつり行き、水無月中の五日になれば、神の教へに任せつゝ、

地「廣野に出でて茅を切り、〳〵、身を幾度か清めつゝ、彼のかやの輪を越えみれば、心の底も晴れやかに、齢を延ぶる祭事、有難かりし教へかな、〳〵。

鬼「抑是は、芦原の国の人を悩ます、飛乱破の鬼神なり。

地「我邪の道を弘めんと思ふ所に、日本は神国心に叶はず。殊には人間神力を頼む故、今は人民の命魂たゝん疫神となつて、人を悩まし取殺す事、其数幾億の限もなし。されども神の教への如く、茅の輪を越えし人々には、恐れて近づく様ぞなし。不思議や南海の方よりも、〳〵。白雲たなびくと見えけるが、武塔天神光を放ち顕はれ給ふぞ有難や。

後シテ「扨も我芦原を去つて、九相の吉祥国に城して牛頭天王と顕はれ、娑伽羅龍王の娘波利女を妻として、八王子を儲け、八万四千六百五十余の眷属を引具し、山城の国愛宕の郡、八坂の郷と云ふ所に飛んで、鬼神の難を払ふなり。

地「神体顕はれ出で給へば、〱、悪鬼は通力自在も失せて、逃げむとするを。神力微妙の縄に手足をからめられて、立居も叶はず、起きつまろびつ走り出づるを、神体鬼神の首をふまへ、利剣をふりあげずたく〱に切放し、此後又も霊鬼を残し、病難をなすとも、彼の茅の輪を越す人は、我立隔たり守るべしとて、あらたに神託を残し給ひ、〱て、祇園の神体となり給ふ。

ここでシテの武塔天神は、最初から病難の人間を助けようという善神であり、泰平の神国の守護神として登場している。符を取りにゆこうとする「九相国」とは、『九相詩絵』にある「九相」のことで、死者が亡骸となって腐敗し、犬などに喰われ、白骨化するまでの「九相」を観想する「九想」から思いついたものだろう（『伊呂波字類抄』十巻本の「祇園」の縁起に出てくる）。もっとも、この場合は、グロテスクなリアリズムに満ちた『九相詩絵』とは関係なく、死者が死んだ後に訪れるという浄土としての天竺をイメージしたものだろう。「九相の吉祥国」というい方も、そうしたイメージを前提にしていると考えざるをえない。「飛乱破の鬼神」というのは、十羅刹の一人、毘藍婆のことだろう。もともとは羅刹女だが、ここでは普通の鬼神のようだ。

世阿弥・観阿弥を継ぐ金春禅竹の能楽の理論書『明宿集』には「又、深義ニ云、面ニ眼・耳・鼻・舌ノ七ノアナ（穴）アリ。スナワチ七星ニテマシマス也。コレヲ山王上七社ト申セバ、山王権現トモアガメ申ベキ也。イワウ（医王）ゼンセイ（善逝）薬師仏王ノ儀、シカレバ、山王ハ三輪ノ明神ニテマシマスナレバ、三輪ロ（漏）山スナワチ翁三番ノカタチ（形）トアガ（崇）ムベシ」と書いている。

猿楽＝申楽＝能楽の神が「宿神」（翁神）であり、それが星宿の神であり、山王神道の信仰と結びついているならば（それは「猿」との関わりにおいても、結びついている。神は示ヘンに申と書くのである）、猿楽の後戸の神としての摩多羅神や、山王信仰の隠された神としての牛頭天皇についての言及があってもよさそうに思えるが、そうした展開は見られず、また謡曲の『祇園』も、見ての通り、各神社で行われている「茅の輪潜り」の神事を、ただ絵解きしたような内容にとどまっている。

禅竹の『明宿集』は、ほとんどすべての神仏を、能楽の神である「翁面」と習合させ、「宿神」とする特異な神学を孕んだ理論書だが、天王（牛頭天王）信仰、祇園信仰には触れていない。星宿神や住吉神、春日神、天満天神、聖徳太子から秦河勝（はたのかわかつ）、十一面観音や龍女成仏なども翁神との関わりについて触れているのに、祇園神について言及していないことがかえって不自然に思えるほどだ。

それは逆にいえば、山王神自体が「宿神」であるということから、すべては解き明かされてゆくことだから、祇園神や牛頭天王のことを、わざわざ言い立てる必要もなかったということかもしれない。祇園信仰が、猿楽などの芸能者たちの間においても、一般的だったからこそ、禅竹はあえてそれを秘義として語る必要がないと考えたのではないか。『明宿集』では秦河勝（はたのかわかつ）が、「宿神」の祖であり、翁として猿楽の祖であることを主張している。それは当然のように秦寺としての広隆寺の常住堂の後戸にひそむ摩多羅神を呼び起こさずにはおかないだろう。山王神道、あるいは天台密教の教学が秘密とした摩多羅神や牛頭天王が登場し、活躍するような能舞台――しかし、それは太平楽を寿（ことほ）ぐ、為政者側、権力者側に立ってしまった能楽には、所詮求めるべき筋合いのものではないのかもしれない。

テキスト⑫『備後東城荒神神楽能本集　祇園の能』

次のは備後の東城荒神神楽能で演じられる、森中島家蔵の「祇園の能」である。スサノヲ、クシナダ姫、それにヤマタノオロチの蛇毒鬼神が、和合して祇園三社の祭神となることを物語る。牛頭天王も、蘇民将来も出てこず、スサノヲのオロチ退治の神楽の一ヴァージョンといえるが、『二十二社註式』の祇園三神を忠実に神楽化しているところに、むしろ『簠簋内伝』以前の古い伝承を残しているのかもしれない。

一　誠なるかな神無月〳〵　底ねの国や時雨るらん

一　抑是ハいさなきの四郎そさのおの尊とハ　某か事なり

一　凡うたに六儀有　是六道の街に詠じ　千早振昔し歌ハ文字の員も定りなし　我出雲国日野河上やたが迫にて　山田（八岐）の大蛇おころしつゝ　手なつち　足な槌が娘　櫛いなた姫を妻とり　八雲立出雲八重垣と詠じより　五句の配三十一字の和歌の風　六義の道ハ末の代もかわらぬ故　大和うた和国のふうと成りて候

一　扨又此剱ハ大蛇呑て候剱なれハ　おろちのあらまさと申なり　是を天照大神へ指申　我ハまた王城の近所に宮柱立ばやと存じ候

一　妻を尋て行く道の〳〵　都の方へいそくらん

一　是ハ出雲国手摩槌足摩槌が娘くレ井な田姫ニて候

一　扨も吾妻　素盞鳴尊　八雲立出雲八重垣と詠じ給ふより　此歌余りニ心ふかき故当座の返歌不仕　日数重り候程ニ　跡をしたひ都に登り八雲立の返歌お致さばやとおもひ候

一　のふ〳〵それ成ルハやつかみのみつの尊にてましますか

一　はなめつらしの言葉や　蓬おに候へし紅ひの　何とて見紛可申　名乗らん　先キそなたのをこそ　稲田姫とハ見申て候

一　のふ〳〵それにて八雲立の哥を吟じて御初りと候へ

一　八雲立出雲八重垣妻籠に八重垣造るその八重垣を

一　おもしろヤ候　一日も□（不明）ぬさくさめ【としはをとじよ】　曇ぬ御代に我をまよわすな

一　あら面白や　此所ハ四条八坂の里　感神院と申山しよふしやうと申いとのまのあたりニて候　此所に社を定め　きおん天王と現れ我夫婦諸共に住するニて候

一　あゝ念力岩お通すとかや　此時節お相伴候ひて仕言神通をくらへ申さん

一　心得申候　いなた姫諸共に防（ふせキ）候へ

一　劔ハ此方へ奪ひ取て有そ　さあ何者そ名のり候へ

一　あら勝立ヤ候　我ハ山田【八岐】の大蛇が霊魂（れいこん）　わすれニやらぬ　真意（しんい）のうらみまたこそ現出て候

一　さらは汝お邪毒鬼神と号し　我か眷属に入中の社ハ素盞嗚尊　左井奈田姫　右ハ社蛇毒鬼神　祇園三社と仰（あおかせ）申さん　此方（こなた）へ来り候へ

○あら難有候

一　実（げ）ににんにくの心はへ〱　末の世迄厄（やく）神はらいの祇園三社となりけり

終章

1　牛頭天王と牛御前

私の牛頭天王を廻る探究の旅は、「道の奥」、すなわち、ここより先に道はないという「みちのく」（東北地方）という場所で、とりあえずは終わりを告げる。備後の国、江隈里から始まった旅は、播磨や京都や尾張を経て（時には、朝鮮や対馬までも足を伸ばしたが）、私の祖先の地でもある「みちのく」によって、それ以上の北進を阻まれることになった。だが、牛頭天王の旅を導く「北辰尊星王」の星、北極星はまだ彼方の北の空に輝いている。北斗七星の蛇身はうねり、アンドロメダは、声を上げて救いを求めている。しかし、これ以上の探究は、「銀河鉄道」に乗っての旅以外にはあるまいと思う。だが、（残念ながら、あるいは幸いに？）、私は、まだその切符を手にしてはいないのである。

私の最寄りの駅はJR常磐快速線の天王台駅である。「天王」とあるからには、近くのどこかに「天王社」があったか、天王信仰にまつわる何かがあったに違いない。しかし、灯台もと暗しとはこのことで、地元にはそんな伝承があったという記録も記憶もまったく消えている。何のことはない。〝消えた牛頭天王〟を探しに旅に出たはずの私は、自分の家の周辺に〝消えた牛頭天王〟が浮かばれ切れずに漂っていることに気がついたのだ。チルチルミチルの青い鳥を探す旅ではないけれど、旅というほどの範囲ではなく、むしろ散歩といったほうがいい道筋の範囲に、私の目的の場所がいくつもあるこ

牛嶋神社

とを知ったのである。

東北の旅から帰ってきた私には、通勤線でもある常磐快速線に乗って家に帰る前に、もう一か所、立ち寄らねばならないところがあった。それは東北新幹線の終着駅の上野駅で降り、そこから地下道をくぐって都営浅草線に乗り換えて、「本所吾妻駅」で下車すれば、徒歩十分ほどのところにある隅田公園の一角に位置する牛嶋神社である。

地名の「牛嶋」から名づけられたその神社には、万病に効くという「撫で牛」の銅像などがあるが、「牛」に関連するだけで、牛頭天王とは、あまり関係があるとは思われない。「牛」を見れば、「牛頭天王」と反射的に応ずるのは、一種の職業病ではあるまいか。そんな反省も湧かないことはないのだが、まず境内を一巡することにする。しかし、格別なものもなく、祭殿で私は、柏手を打ち、わずかな賽銭を上げた。

この神社が私の関心を惹いたのは、神社そのものというより、その由緒縁起にあった。次に掲げるのは、その本所向島（牛島）にある牛嶋神社の縁起、『本所総鎮守牛御前王子権現略縁起』である。

そもそも、武蔵国の葛飾郡本所牛嶋の惣鎮守である牛御前は、人王五十六代清和天皇の時代、貞観二年（庚辰）九月中旬、慈覚大師が勧請した神霊である。

大師が当国に弘法（仏法を弘めること）のみぎりに、此の場所において、日が既に暮れてしまった。森の中に一つの草屋があり、立ち寄ってみると、位官の高そうな老翁が優然と座していた。大師は扉にたたずみ、一晩の宿を乞うと、翁は悦んで応じた。大師が翁に問うたのは、如何なる高貴の御方でございましょうか、こんな辺鄙な所にお住まいとは不審に思えるのですが、と尋ねると、翁が答えていうには、「我は是れ素戔烏尊なり」と。「東国に跡を垂、国家を守護せんと思へども、未だ人を得ず。幸い今、師に逢り。我形を写して師に与へん。我がために一宇の神社を建立せよ。我影像に心を留めて」と。位官の影像を自画して大師にあたえると、老翁は忽然と姿を消してしまった。

今、牛御前の垂跡の神躰として、此の尊像を崇めている。大師はその言葉を肝に銘じ、すなわち、神の告の通りに、地元の人に勧めて一宇の堂を造立し、牛頭を戴いて守護して下さるという誓願に従って、牛御前という神号を奉った。それに依って、此の嶋の惣名を牛嶋と申し伝えるのである。大師の随身の御弟子である良本阿闍梨をそこに留めて、「汝、尊像を守り奉れ」として、一宇を護らせ、そしてまた牛御前の本地仏である大日如来を造立して本尊となされた。今の本地仏がこれである。

一読して、これが「牛頭天王縁起」のヴァリエーションであり、牛頭天王という名前こそ出てはいないが、牛頭天王信仰と起源を同一にするものであることは明白であろう（これは八王子市の地名の起源となった『華厳菩薩記』の伝承と類似している）。この縁起を伝える牛嶋神社は、神仏分離以前は

「牛御前社」という社名で、本所の最宝寺が別当寺として管理していたが、神仏分離・廃仏毀釈の時に神社として独立し、牛嶋神社と名乗るようになった。「牛の御前」というのが、仏教的であり、創立者が慈覚大師であるといった仏教色を早く拭い去らねばならないという事情も存在していたのだろう。

「牛の御前」は、そもそも『牛御前の本地』によれば、大江山の酒呑童子を退治したという源頼光の弟で、その母親が北野天神が胎内に宿るという胎夢を見て、三年三月という長い妊娠の末に生んだ子供だという。

丑の年の丑の月の丑の日に生まれたので「牛御前」と呼ばれたが、生まれた時から二本の牙が生え、髪は四方に伸び、両眼が朝日のように輝くという異相の持ち主であり、鬼神として人々、ことに父親から疎まれて、成長してからは東国に追放され、そこでも乱暴狼藉を働き、都から派遣された武将たちに攻撃され、ついに主従二人となり、もはやこれまでと観念した彼は、川に入って十丈の牛に姿を変え、都の軍勢を溺死させた。しかし、それでも牛御前の怨念は消えず、長雨を降らせては人々を悩ませるので、時の帝が神として祀れという命を出し、「牛御前社」が建てられたというのが、古浄瑠璃が伝える『牛御前の本地』なのである。

縁起と本地では、伝承がかなり違うが、縁起が牛頭天王の伝承を（それも『備後風土記』逸文を）下敷きにしたものであることを思えば、『牛御前の本地』の方が、よりオリジナルなものに近い、古い伝承ではないか。この牛御前の姿形からすれば、牛頭天王というよりは、民話や伝説に登場する「牛鬼」の起源のように思われる。牛鬼にはさまざまな伝承があるが、牛の頭（面）に鬼の体、鬼の頭に牛の胴体、牛と鬼の混じったような頭に、蜘蛛の胴体と脚がつくといった奇態なものもあるが、いずれも龍やキメラのような、体のパーツがそれぞれに混合された空想上の動物（人間）である。

異常出生によって生まれた牛御前が、牛と鬼の形態をそなえているのは、明らかに「牛鬼」の伝承につながっており、源頼光の弟というのは、頼光の宿世のライバルである酒呑童子のような「異人」や「化け物」であることを示している。退治（征伐）されるものと、退治（征伐）するものとは、往々にして、その超人性や異常性において〝同じ穴のムジナ〟なのである。

牛嶋神社には、また別にいい伝えられた縁起もある。それによると、貞観二年（八六〇年）に慈覚大師がスサノヲノミコトを産土の神として迎えたのが始まりというのは同じだが、平安末期に伊豆での旗揚げに失敗した源頼朝が、治承四年（一一八〇年）九月、再び房州の千葉から大軍を率いて挙兵したことがあった。しかし、江戸に攻め入ろうと、隅田川を渡ろうとした時、折から大雨の後で水かさが増しており、容易に渡ることができなかった。その時に、臣下の武将の千葉常胤（ちばつねたね）が近くにあった神社に祈願したところ、水が引き、頼朝軍は無事に川を渡ることができたという。この神慮に感謝して、頼朝は神社に多大な土地を寄進し、その後も鎌倉幕府の執権北条氏からも寄進が続いた。江戸時代に入ってからも、江戸城の鬼門としての艮（東北）の方位の守護神社として幕府から手厚い庇護を受け、本所の総鎮守ともなった。

同じ源氏でも、頼光と頼朝では、かなり世代が違うが、同じような源氏の頭領ということで、混同されたのかもしれない。伝説としては、同じタイプの伝承といえるだろう。いずれも、牛と水にまつわる奇譚であり、水神、龍神を支配下におく牛頭天王の奇蹟譚と考えてもいい。牛頭天王が牛御前に変えられているのだが、源氏や鎌倉幕府公認の八幡神信仰に少々遠慮したのかもしれない。八幡神信仰と牛頭天王信仰は、基本的に並び立たない。八幡信仰は、武将の守護神として発展してゆくが、牛頭天王信仰は、あくまでも町衆や庶民の信仰として展開してゆく（祇園祭の担い手のように）。江戸において、牛頭天王はやはり、表面に出ることを嫌われたのである。

なお、江戸時代の神社のほとんどは寺の附属機関とされており、管理や運営は隣接する別当寺の別当が取り仕切った。牛御前社の場合は、本所の最宝寺が別当寺だったが、明治の神仏分離の時に最宝寺から独立して、牛嶋神社となった。

2　小塚天王社

四国地方に多いのだが、牛鬼が現れるという〝牛鬼淵〟伝説は、人里離れた滝や淵で牛鬼に出会うというパターンであり、これは龍爪山の章で見たように、犠牲としての牛の首を川の淵に沈めて雨乞い、あるいは逆に長雨の止むのを祈ったという呪術的な儀式の記憶と関連したものかもしれない。その場所での、遠い、奇怪な儀式の記憶が人々の頭のなかに残っていて、それが牛鬼の伝説として蘇ってきたものと考えられる。

牛鬼伝説のなかには、牛頭天王の伝承の転訛（てんか）と思われるものもなくはないが、牛鬼伝説と牛頭天王の伝承は一応、別のものと考えた方がいいようだ。宇和島の牛鬼祭は、近年に盛んになったものだが、牛頭天王との接点はあまりない。むしろ、八幡信仰と関わりのある牛転（まろ）びの石に出てくる牛の怪物こそが、牛鬼のオリジンなのかもしれない。しばしば、牛鬼と、磯女（いそおんな）という龍体の海辺の妖怪が、民話上でペアになっているのは、八幡神の神話上に出てくる牛と磯良の組み合わせが基になっているようにも思われるし、牛頭天王と龍神の娘である婆梨采女との組み合わせが、遠いイメージ上の連鎖を作り上げているのかもしれない。

牛御前と長雨の災厄、「あさくさ川（隅田川）」の氾濫との関連は、やはり牛首による犠牲の儀式が、この伝説のもっとも根底的なところにあることを思わせるが、それは牛頭天王信仰と起源を同じくするものではあっても、それと直接的に結びつくことを示唆するものではないだろう。むしろ、「牛御前縁起」が、無理に牛頭天王縁起を参照し、神社としての独立性を誇示するために、「我是素戔烏尊也」と神自身に名乗らせたと考えられるのだ。

牛頭天王と牛御前を比較すれば、そこに何が浮かび上がってくるだろうか。一つは、牛頭天王の荒神としての荒々しい力強さに対して、牛御前が弱々しく感じられることだ。東国の武将としても都の軍隊に追いつめられ、主従二人きりとなってしまうというのも、どこか、幼名として牛若丸と呼ばれた源義経の落魄ぶりを思い出させる。悲劇の、敗残の英雄伝説なのである。

もう一つは、牛頭天王がその渡御した場所に鎮座して、その土地の産土（うぶすな）の神として尊崇されるようになるという経緯に比して、牛御前は「国土に悩乱あらば、首に牛頭を戴（いただ）き、悪魔降伏の形相を現して天下安全の守護たらん」といっているところからわかるように、「国家守護」を最終的な目標としており、その意味では「国家主義」的なのである。これは、江戸が幕府のお膝元となり、単に「江戸」という町のことだけではなく、「一国」の首都としての役割を担うようになったということだ。そのために、牛御前も単に「本所」や「浅草」近辺の産土の神としての役割だけではなく、小なりといえども「天下国家」の守護神としての役目を負わねばならなくなったのだ（そうした自覚を持たなければならなかった）。

いわば、神仏分離という「国家神道」の政策によって潰されて（消されて）しまった牛頭天王の信仰の代わりに、牛御前は、「国家守護」の役回りを押しつけられたのだが、もともと「異人（異神）」として「東下り」、すなわち東国に追放された彼にとって、そんな役目は心外であり、そもそも彼の手に負えることではなかった（牛頭天王ほどの霊力、神通力があれば違うのだろうが）。

牛御前は、牛頭天王の身代わりたりえなかった。かといって、牛や馬が重要な役畜としての役割を担っていた近世、近代までの農村と違って、江戸という都市では、産土の神として「牛」にまつわる

素盞嗚神社（茅の輪くぐり）

神が信仰されるということも、難しかったのではないか。それは「牛島」や「牛込」といった地名として残されたとしても、人々の生きた尊崇を獲ちえることはできなかった。せいぜい、「撫で牛」として、体の一部の病を癒してくれる効能程度しか期待できない（牛嶋神社には、自分の体の悪い部分を、銅像の牛の体を撫でて癒してもらうという「撫で牛」があることは前述した。駒込のとげ抜き地蔵と類似した信仰である）。

私は家に帰る前のもう一つの寄り道として、南千住の駅で電車を降りた。いつも通勤のたびに素通りしていたものの、南千住の駅で降りることは、めったになかった。北千住では、地下鉄の乗り換えや、知人と待ち合わせて下町っぽい居酒屋に立ち寄ったことがあるが、山谷や吉原という「悪場所」が今でも生き残っている南千住には、足を向けたことがほとんどなかった。

そこに旧小塚天王社と呼ばれていた素盞嗚神社があったのだ。いつも通勤の往復の時に、知らぬこととはいえ、牛頭天王の社の前を何十、何百回と素通りしていたのである。南千住駅から南千住通りを日光街道にぶつかるまで歩く。すると交番の横に大きな鳥居が立っている。

大きな銀杏の木が目印の神社。もちろん、平日の昼間にビル街の一角にある神社にお詣りしようという酔狂な人間は私一人しかいなかった。いたのは上半身裸で体操をしている老人と、ベンチに腰掛けている近所の老女たちだけだった。境内には「蘇民将来之子孫也」の大小の幟旗が立てられ、拝殿前には夏越しの茅の輪がしつらえられていた。私は左回り二回、右回り一回の茅の輪くぐりをして、境内を散策した。

この神社には、瑞光石の霊験が語り伝えられている。石が光を放つという奇蹟が、ここで見られ、人々はそれを小塚天王社として崇め、祀ったのである。それは、高天原から見た地上の中つ国の光景に似ている。草木がものをいい、石や岩が言葉を語るという、アナーキーで妖しげな世界なのだ。ピカピカと鬼の目のように光る蛍火が、無数にその暗闇の世界を飛び交っていたのである。この石も日吉大社の祇園石や知恩院の瓜生石のように天王信仰と石神信仰をむすびつけるものだろう。

ここは、昔の小塚っ原。このすぐ近くに昔、罪人たちの処刑場があったということも今は昔のことだ。牛の首ならぬ人間の首が晒されていた時代も遥かな昔のことになった。しかし、やはりこの南千住の近くには小菅の東京拘置所があり、そこでは今も首に縄を巻き付けて絞首刑の執行が行われている。獄門晒し首とまではいかないが、梟首に近い蛮行は、二十一世紀においても、まだ止んではいないのである。江戸の都に、「みちのく（奥州街道）」の方向から悪い風が吹いてくるのを、留めるのがこの天王社だったのだろうか。あるいは都から災厄を追い払うのがこの神社の役割だったのか。

牛頭天王も、蘇民将来も、婆梨采姫も、そして蛇毒気神を始めとした八王子神たちも、またどこかへ船に乗って行ってしまったのだろうか。たぶん、ここなら隅田川を下って。彼らの一党眷属の乗った船は、宝船のように華やかなものだろうか。いや、大層、不気味なものだろうと、私はそんなラチもないことを考えながら、家路についたのである。

3　蘇民将来札

牛頭天王という実体的なものが消えてしまった後に残ったものは何か。そうした恐ろしい神の遠い記憶と、蘇民将来のお守り（護符、お札）だった。蘇民将来はもちろん、牛頭天王という神名を祭神として明らかとしたり、神社名にそれを用いるところは、ほとんどまったくといっていいほどない。しかし、何気ないところで、思いがけないところで、私たちは「蘇民将来」の札や護符を見かけることになる。

たとえば、昔一度だけ訪れたことのある箟峯寺は、宮城県の県南にあり、石巻線涌谷（わくや）駅から東に六キロの地点にある、標高二百三十二メートルの箟峯山にある。現在まで修験道場の「坊」が集まった山岳信仰の一つのメッカなのだが、ここでは大正の中期頃までは箟岳の祭の際に、「蘇民将来子孫門戸」の文字と梵字のベイ（薬師如来を表す種子）を書いた六角形の木製（カツの木＝ヌルデ）の守り札（塔柱型）が売られていたという。今ではこの「蘇民将来子孫門戸」はなくなり、代わりに紙にその文字を書いて門口に貼っておくという習慣としてわずかに残っている。

こうした蘇民将来の札を修験者たち、いわゆる山伏（やまぶし）たちが持ち運んでいたことは、十八世紀半ばにまとめられた谷川士清（たにがわことすが）の『和訓栞（わくんのしおり）』に、「そみかくだ　山伏をいふ」という記述によって明らかである。「蘇民将来札の義、蘇民将来之子孫、繁盛などの符を人にあたへ、門戸に掛けしむるをもて名とせるなるべし」とある。蘇民将来札が、修験者たちの代名詞とされていたのである。『奥義抄』には「しらかしのしらぬ山路のそみかくたたかねのつづきふみやならせる」という歌が載せられている。
筧峯寺やその末社や仏閣にも牛頭天王や蘇民将来を想起させるものはなく、ただ、実相坊にその守り神のご本尊と称するものが残されていて、それは自然石で、昔は赤い御堂のなかに安置されていたという。実相坊からは「疱瘡軽安石札」「奉修大六天疱瘡安全守護」という守り札が出されていたが、天然痘が絶滅することによって、疱瘡の安全祈願も下火となってしまった。炒った豆を持参して、坊の土台石のところに埋めておくと疱瘡にかからないという信仰もあって、そうした呪いを頼みにくる信者たちもいたというが、現在ではそれもなくなった。蘇民将来の守り札は、他の守り札といっしょに子供たちが腰にぶら下げていた。

同じような「蘇民将来」の札は、仙台の陸奥国分寺の木の下薬師でも正月七日の修正会に出しており、その薬師堂が七日堂ともいう蘇民将来信仰の拠点となっている。十返舎一九の『奥羽一覧道中膝栗毛』に「蘇民将来の守、木にて八角に作りたるものに片仮名でソミンシヨウライオンヤトと書きたり。それ人みなうけて疱瘡前の小児の肩にさげおくなり」と書かれている。天然痘の流行った江戸時代には、子供のお守りとして、欠かせないものであったことが想起される。現在では、このお守りは「ソミンソーライ」とか「ショミンショライ」とか書かれており、東北弁として訛(なま)ったものとなっているところが愉快だ。しかし、その形態はもっとも古くて、素朴な「蘇民将来」の形を留めているものと思われる。

信濃国分寺の八日堂の「蘇民将来」の塔柱型のお守りは、こうしたタイプのなかでもっともよく知られたものである。正月八日の縁日に、蘇民講の人たちに造られ、奉納され、頒布されるこのお守りは、遠くから毎年需(もと)めに来る人々がいるほど、お守りとしても、民芸品としても人気が高く、有名である。材料となる木を切り倒し、木挽きをし、形を整え、彩色し、「大福／蘇民／将来／子孫也卌」の文字を書くまで、すべて手細工であり手書きである、この「蘇民将来」の信仰は、寺僧によるものではなく、信者たち自身によって行われてきた。もちろん、「蘇民切り」の時の加持祈禱や文字入れなど僧侶の関与する部分もあるのだが、この信仰を支えてきたのが、専門の宗教家たちではなかったことは、「蘇民祭」の実行主体が地元民だったことと共通している。なお国分寺の蘇民将来符では「蘇」の字を「蘓」と書くことになっている。魚が左の偏に来るのを嫌ったためだろうか。

しかし、雪深いこの信濃の国分寺にこうした蘇民将来の信仰の伝統が残ったのは、「牛に曳かれて善光寺参り」のように、この地方に独特の「牛」や「病気直し」の信仰が背景にあったからとも考えられる。善光寺の縁起そのものが、月蓋（がっがい）長者の娘の如是姫（にょぜひめ）の病を治すための阿弥陀如来の信仰から始まっていることは、広く疫病神の退散という呪術的信仰（それはまさに牛頭天王信仰の本質である）との関連を思わせるものであるし、「牛」が布引観音（ぬのびきかんのん）の化身として、老媼を善光寺の信仰へと導くという伝説は、聖獣としての「牛」の信仰の痕跡を物語るものにほかならないだろう（「月蓋（げっがい）」は「月の蓋（かさ）」であり、また「月の瘡（かさ）」であるかもしれない）。

信濃からさらに北へ行くと、三面川（みおもて）の河口近くにある岩船に着く。『蘓民将来子孫也』と記されたお札は、正月に岩船の最明寺から年始に配られていたお札である」と、地元の民話の語り部、矢部キヨは書いている。また、「永禄年中（一五六〇頃）の『色部氏年中行事』には、正月七日に色部氏館では蘓民将来のお札を作り、翌八日最明寺始め僧侶等が集まり、疫病の侵入を防ぐ『御守蘓民の儀』が執り行われたことが記されている」とも書いている（『村上商工会議所ニュース』一九九九年一月）。

『色部年中行事』という文書の正月八日の項に、こんな記述がある。

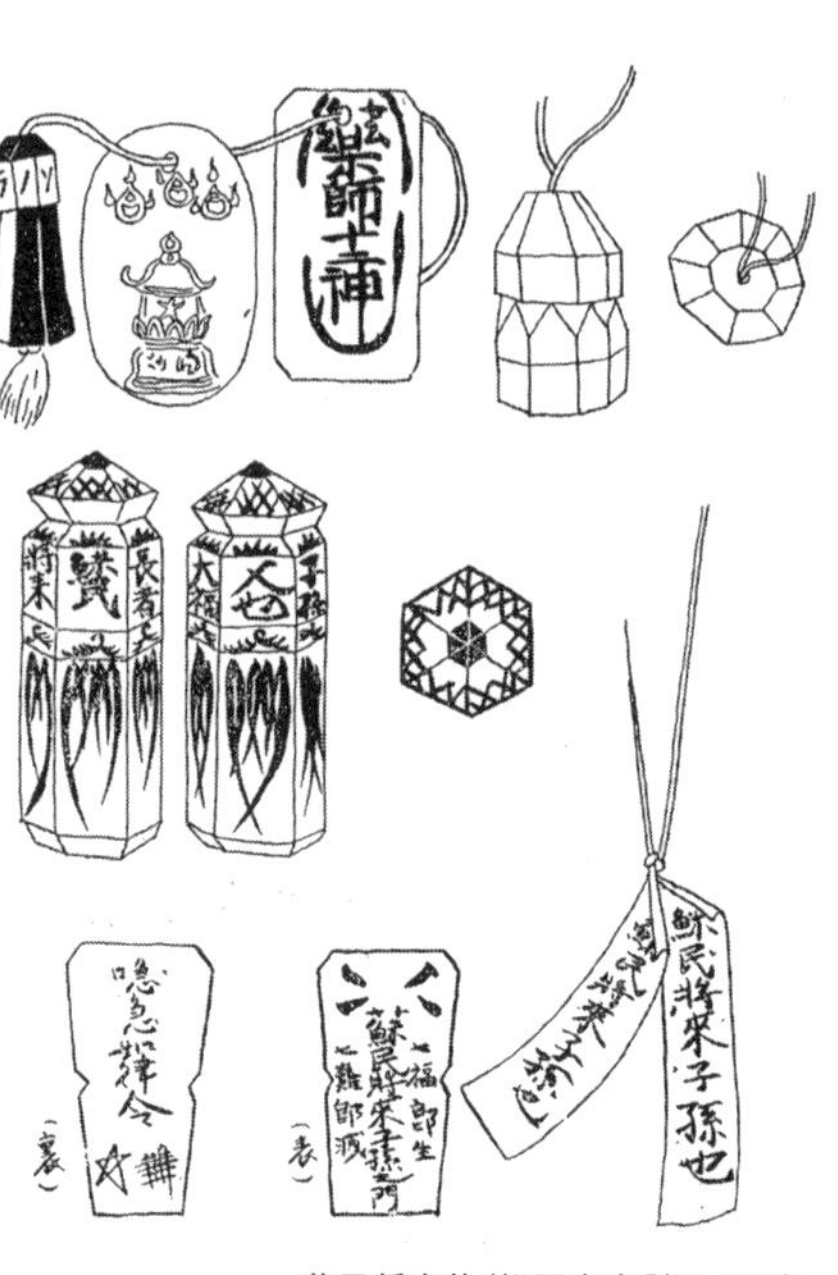

蘇民将来札（松平斉光『祭』より）

一、八日御出仕之事、青龍寺・最明寺を始め、其外衆徒御出之時、御食被進候、朝ハ先まき昆布・蕨・ひしき・大豆、是を御肴ニ被成、冷酒参候て、其後守蘓民被遊、直ニ御相伴ニ候、其後あつき（の）もち何へも被進候、出合次第蘓民のなかばニも参申候、直ニ御相伴なく候。（後略）

正月八日の行事である。朝には先ず、昆布巻、蕨、ひじき、大豆を肴として冷酒が出され、「御守蘓民」の儀が執り行われる。この日は修正会の結願日にあたり、色部氏の祈願寺である青龍寺が色部氏の舘で修正会を執り行っており、青龍寺や最明寺などの他、領内の寺家衆が色部氏の舘に参上し、その寺家衆にも祝儀のもちなどの御食が振る舞われる。「御守蘓民」は、もちろん疫癘を防ぐための「蘇民将来」のお守り札であり、それを仁王経、般若心経を誦みながら作成し、暮れ時には、それを「巻数板つり」（注連縄に呪符などを吊すこと）の儀を執行するのである。

この蘇民将来のお札が、信濃の国分寺八日堂のものと同系統であるのは、正月八日に配られることと、「蘓民将来」と表記することなどで証明することができるだろう（長野県千曲市八幡の東條遺跡で発掘された最も古い蘇民将来の板碑にも「蘓」の字が使われていた）。

中村忠一の『岩樟舟夜話』という村上地方の口碑を集めた本には、こんな伝承が収録されている。岩船神社の祭神である岩船明神は、岩の船に乗ってやってきた神であり、浜辺から藤の蔓につかまって崖をよじ登り、丘の上の巨旦将来と蘇民将来の住む村に着き、一夜の宿を借りようとした。しかし、富裕な巨旦将来の家では鮭の酢漬けを作る作業で忙しく、けんもほろろに断った。神は次に貧しい蘇民将来家に行った。蘇民将来は、妻が産後で火が穢れているがと断った上で、粟の飯、菅の薦で神をもてなした。翌朝、神は南方へと旅立ち、遺された岩の船が「岩船明神」として祀られるようになった。その後、蘇民将来の家は幸福に暮らした。そして、このためにこの地方では産後の火を厭わず、また、鮭の酢漬けを作ることを禁忌としていたというのである。

矢部キヨは、八月十四日の「天王様」のお祭についても、懐かしくお守りと杉の葉をいただき、杉の葉は、「疫病神が入らないように、家の入り口の大戸の上におおさめした」と書いている。牛頭天王という名前は忘れられても、蘇民将来と「天王様」は岩船の人たちにも忘れられてはいないのだ。

さらに、海を渡った佐渡にも、「蘇民将来子孫門戸也」のお札を貼る風習を持つ地域がある。相川町の石花地区で、蘇民将来神社がある。もともとは牛頭天王社と呼んでいたが、明治四年（一八七一年）に素戔嗚神社と変え、さらに現在の社名となったという。改称の理由は、石花川の河口付近に朝鮮人の「蘇民族」が住んでいたからだというのだが、意味がよくわからない。神仏分離令でいやいやスサノヲ神社にしたが、蘇民将来が本来の祭神なので、そうしたというのだろうか。佐渡民謡「そうめんさん節」の「ソウメン」とは「蘇民」であるという説もあるが、もとより確証はない。しかし、「蘇民将来」が海を渡った島のなかでも、確実に生き延びていたことは確かである。

京都の祇園祭も、津島の天王祭も、もともとは夏祭である。初夏を越え、梅雨の時期を迎え、高温多湿の夏を迎えると、疫病が発生しやすい。水あたりや食あたりも、この頃のものだ。関東、北陸、東北において、蘇民将来のお札やお守り、注連飾りや茅の輪のお守りを授ける神社仏閣は少なくなく、それらのものが蘇民将来信仰や牛頭天王信仰に基づいていることは、もちろんいうまでもない。しかし、そんな信仰の起源を忘れたところで、多くの神社で行われているのが、茅の輪神事であり、これは、夏越大祓、夏越祭、大祓祭といった名前で、本来は蘇民将来の説話に起源を持つ。門前や社前に大きな茅の輪を作り、そのなかを潜るという神事を行っている。

これは各地の八坂神社、スサノヲ神社、津島神社だけではなく、ほとんどの神社が行っていて、神社神道に普遍的な行事であるかのようだ。春日大社や鶴岡八幡宮、湯島天神、三嶋神宮、笠間稲荷など、実に有名無名の無数といっていいほどの神社が実行している（高知では「輪抜けさま」という面白い名前で呼んでいる）。またの名を水無月祭（みなつきさい）という名前で六月、あるいは初夏に夏の祓えの儀礼、祭礼として行っている神社も数多い。

さらに、祇園祭の郭公山や芦刈山、南観音山のように山鉾の組合が、氏子たち独自で蘇民将来のお守りを出すところもある。粽（ちまき）に「蘇民将来子孫也」の護符をつけて、山鉾巡行の際に、見物客に投げ与えるのである。蘇民将来のお札は、もはや社寺の手を離れているのだ。横手のカマクラ行事も蘇民将来の神事から来たものだという説もある。「団子天王」というあだ名で知られる笹団子は、蔵前の須賀神社の名物となっているが、これらは江戸における天王信仰にちなむもので、牛頭天王と粟飯、粟餅の伝承と関わるものだろう。浅草橋の須賀町は明治以前までは天王町だったが、天王社が須賀神社に変わるのと同時に町名までも変わってしまった。天王の名残は団子に残るだけになってしまったのである。

四谷の須賀神社も、江戸・東京における「天王信仰」の根拠地の一つで、私は昔、まったくそんなことを知らないまま、この神社の祭の行列に、学生アルバイトとして白装束で加わったことがある。榊（さかき）を担いだり、太鼓台を引っ張って歩くだけの役目で、道々、御旅所に着くたびに、御神酒（おみき）をいただけるのが、楽しみだったことだけを覚えている。元は四谷山王社といい、日本橋伝馬町の天王社と稲荷社が合祀されたものである。だから、祭神はスサノヲとウカノミタマの神が並んでいる。四谷の総鎮守としての地元の人々の信仰は篤い。

こうした例から見ても、牛頭天王や蘇民将来が完全に忘れられたわけではない。しかし、神社本庁が管轄する祭神や由緒において、表面上は彼らの痕跡すら消そうという意志は継続されており、国家神道の時代とさほど変わらないほどに神々のヒエラルキーは維持されているといわざるをえない。何よりも、さまざまな意味において、牛頭天王という神格が、両義的なものであるということを忘れることはできない。破壊者であると同時に守護者。行疫神である同時に防疫神。殺戮と破壊を実行する魔神であると同時に、人々の生命と健康と繁栄を守る福神でもあるのだ。

4　七天王塚巡り

私の牛頭天王と蘇民将来を巡る旅も、ようやく最終章に近づいてきたようだ。今回の私の行き先は、地元も地元、千葉県の県庁所在地の千葉市である。千葉市や千葉県という地名の基となったのは、この地を長く支配していた千葉氏であり、その千葉氏が妙見信仰を持っていたことはすでに語ったが、この妙見信仰は牛頭天王信仰と習合していて、千葉氏の勢力圏内では牛頭天王を祀る社や堂が多く存在していた。

『千葉の牛頭天王』という冊子がある。千葉市の教育委員会の要請で大谷克己がまとめたもので、後述する七天王塚を中心として、千葉の宗教的な文化遺産として、牛頭天王を祀る社寺や石碑、石塚などを調査したものだ。これまでの神社巡りでも大体見当がついているように、牛頭天王を祀る神社や寺は、それを隠すようにして、そして隠したまま、すっかりそうした伝承を忘れてしまった例が多い。昔、祇園社や天王社であったことを否認しようとする神社さえ少なくない。それもこれも、明治における、神道の国教化というより、神道の国家神道化に原因があるといわざるをえない。記紀神話以外の神々を抹殺し、隠蔽し、追放したのが、本居宣長、平田篤胤を強力なイデオローグとした「国学」であり、神仏分離令であり、寺社統合だった。

私は成田線に乗り、成田まで出て、成田・総武本線に乗り換えて千葉駅に向かった。千葉神社、県立図書館、七天王塚、郷土博物館と、きわめて欲張ったコースである。千葉駅東口に出て、駅前大通りを真っ直ぐに歩く。途中、モノレールの高架線のアーチを潜り、さらに歩いてゆき、少し左に入ると鮮かな朱色の門と建物が見える。下総妙見として知られる千葉神社であり、かつては真言宗の北斗山金剛授寺尊光院という寺だった。明治二年の神仏分離令によって、「妙見様」の信仰を守るために、千葉神社に変えたのだ。摂社として千葉天神社があり、学問の神様として入学祈願のPRをしていたが、本当は天王社であったのかもしれない。

千葉氏の菩提寺であったのに、平将門の叛逆精神や、妙見菩薩の反骨精神は、境内のどこにも残っていそうにはなかった。市の建築賞を受けたという二階建ての朱塗りの神殿は、やけにけばけばしく、古社にはふさわしくない（古寺ではあっても、古社ではなかったが）雰囲気だった。もっとも、昔から稲荷や八幡は目立ちたがりの神様で、伏見稲荷の山いっぱいの朱色の鳥居は、派手とかけばけばしさというのを通り越えて、異様な感銘を与えるものではあったけれど。

郷土博物館と県立図書館で、予め妙見信仰と天王信仰の予習をしてから、七天王塚に向かうことにする。天守閣を摸した郷土博物館は、昔の千葉氏の居城である亥鼻城址に建てられたとされているが、中世城であった亥鼻城には、天守閣などないはずで、歴史的にはかなり怪しげな建物である。ただし、千葉氏と妙見信仰の展示は充実していて、妙見堂の縁起や妙見菩薩像の多様な実物や模像、写真の展示は妙見信仰に関する知見を深めてくれる。

七天王塚は、もちろん七つあり、千葉大学医学部構内に五つ、二つが構外にある。大木の根元に置かれた石の祠には「牛頭天王」もしくは「七天王」と書いた小さな石碑が立てられている。塚のそばには、千葉市教育委員会が立てた案内板があって、こう書かれてあった。

> 千葉大附属病院裏に散在するこの七つの古塚は「七天王塚」と呼ばれ、痘瘡、災害を除く神として崇められている。塚の上の石碑に刻まれる「牛頭天王」は千学集に記される千葉の守護神は曽場鷹大明神、堀内牛頭天王などに相当てられる。亥鼻城の大手口にてこの塚を千葉氏の崇敬する北斗七星の形に配し、牛頭天

七天王塚（一号塚）

王を祀り、一族の繁栄を祈ったものであろう。また一説に、千葉氏の七人の兄弟を葬った墓とか、平将門の「七騎武者の墓」とも伝えられるが定かでない。

「堀内牛頭天王」と呼ばれていたというのは、千葉氏の居城の堀の内にあったということらしい。『千学集抄』には、教育委員会の案内板にもあった通り、「千葉の守護神は曽場鷹（そばたか）大明神、堀内牛頭天王、結城の神明、御達報の稲荷大明神、千葉寺の龍蔵権現これ也。弓箭神と申すは妙見、八幡、摩利支天大菩薩これ也」とあり、四方八方を霊験のありそうな強い神々を集めて、しっかりと守ってもらっていたのである。

千葉大学の教授だった山田安彦は、『古代の方位信仰と地域計画』という本のなかで、「北辰信仰と猪鼻居館集落計画の理念」という章を立て、猪鼻館（亥鼻城）がその四方位を、北は北斗山金剛授寺（千葉神社）と妙見神社、東を七天王塚と堀内妙見社（後述）、南を御達報稲荷大明神、西を神明神社、そして鬼門の艮（うしとら）（東北）の方角を曽場鷹大明神が守っているという「猪鼻居館と守護神勧請配置図」という地図を掲げて、昔の城廓が方位を重視して構築されているという自説を論証している。

さて、七天王塚だが、これを北斗七星に見立てると、当然、北極星としての「北辰尊星王」が近くに祀られていなければならぬ。古文献と七天王塚の配置から考えて、山田安彦は、現在の千葉大学医学部の正門の松の樹のところが、それに当たると推定した。そこには昔、松の古樹があったが、枯れてしまったので小さな松に植え替えられてしまったという。今でも近所の古老たちは、そこが聖地であり、不浄の水など捨ててはいけないところだと言い伝えられている。山田安彦は、地元の大学教師だけあってフィールドワークも欠かしていないようだ。これが文献に見える「妙見の屋形御堀内に在せし時」とか「御堀内に妙見の在せし時」といわれる「堀内妙見社」ではないかと考証している。

邪悪な外敵や悪鬼や疫病を防ぐという防疫神である妙見様と天王様が、医学部と付属病院のある大学の敷地内にあるというのは、偶然にしてもうまく出来すぎている。ひょっとすると、何かヤバイものが、こっそりと埋められたということはないだろうか。こんな祟りのありそうな土地を掘り返す人も、まずはあるまいと思われるから。

一号塚と二号塚には、ヒナ壇のような石垣が作られ、そこに「七天王塚」という名称が刻まれているが、他の塚は祠と碑だけだったり、根が絡み合って幹をなしているようなタブの古木やクスノキを中心に、小さな森のようになっているところに碑や祠があった。七天王塚巡りは、やはり、一号塚から回るのが、正式ルートというべきだろうか。もっとも、この塚の番号がどうして付けられたのかは判然とはしない。『千葉の牛頭天王』に記された通りの番号としたのだが、単に地元で古くからそう言い伝えられていたとしかいいようがない。まず一号塚を決め、同じ道沿いの一番近いのを二号、そして三号、四号、五号、六号、七号とつなげていったのだろう。

一号塚は、千葉大学医学部の正門を通るバス通りの道路脇にあり、小高く盛り上がった土地の樹下に安置されていた。市の教育委員会が立てた大きな案内板があり、左右と後を民家に囲まれている。二号塚はバス停に近く、塚脇公園という小さな公園がその奥に通じている。絡み合った二股や三股の大樹の根元に、石の祠はちょこんと置かれるように鎮座していた。踏み石が置かれ、そこまで上がれるようにはなっているが、足許は危なかった。

一、二号塚が、きちんと整地されていて、案内板も他のと較べて立派なのは、市が管理しているからだろう。三号塚から七号塚までは、千葉大学のキャンパス内にあって大学の管理だから、壊しこそしないが、ただそのまま放置しているという感じである。ただし、そのおかげで昔の森の面影がかなり残っている。

三号塚は、道を隔てて、ほぼその正面の「真菌医学センター」入り口のすぐ右にあった。四号塚は駐車場の一部にあり、狭いながらも鬱蒼と茂ったビロウ樹のような葉に隠された藪のなかにあった。五号塚だけに鉄柵があり、鉄門があったが、別段、鍵がかけられて入られないわけではなかった。大学の構内としてはもっとも奥まった所にあり、いかにも伝統のある医学部らしい、医薬品の匂いの染みついた実験室のような古びた建物（それは、蔦（つた）が絡まり、半ば森と化した建物だった）の傍らにあった。この五号塚は、学生用寄宿舎を建設する時に、壊されそうになったが、『千葉の牛頭天王』の著者であり、当時千葉大医学部の解剖学者だった大谷克己氏らの意見によって、危ういところで取り壊しを免れた。祟（たた）りがあるからと、工事関係者が壊すことをためらったからという理由もあった。鉄柵が設けられたのは、学生がそこに入って祟りでも受けたらいけないという学校側と工事関係者の配慮だという。

六号塚はもっとも広い森のなかの空き地にあり、木立はキャンパスに続く森の奥に広がっていた。仕事帰りの清掃員のおばさんが、ちょっとお詣りしてゆこうかねと、二人しゃべりながら入ってきた。七号塚は、そこから小道を渡った建物や門寄りにあり、平地に石碑、祠、ビンなどが捨てられたように置かれていた。

一号塚から七号塚まで、大学のキャンパスに入ったり、出たりしながら回ってみたのだが、果たしてそれが北斗七星の形をしていたかと、頭のなかで地図を描いてみるが、なかなか平面の上の点（星）となり、それを線で結ぶと柄杓（ひしゃく）の形になる、とうまい具合にはなってくれないのだ。

七天王塚というが、石碑に刻まれた年号は、それぞれ区々（まちまち）である。安永二年（一七七三年）のものが一番古く、昭和五十三年（一九七八年）のものがもっとも新しい。これは、学生寮建設を請け負った大林組が寄進したもので、由緒のわかっているのはこれだけで、後は、文化十二年（一八一五年）、

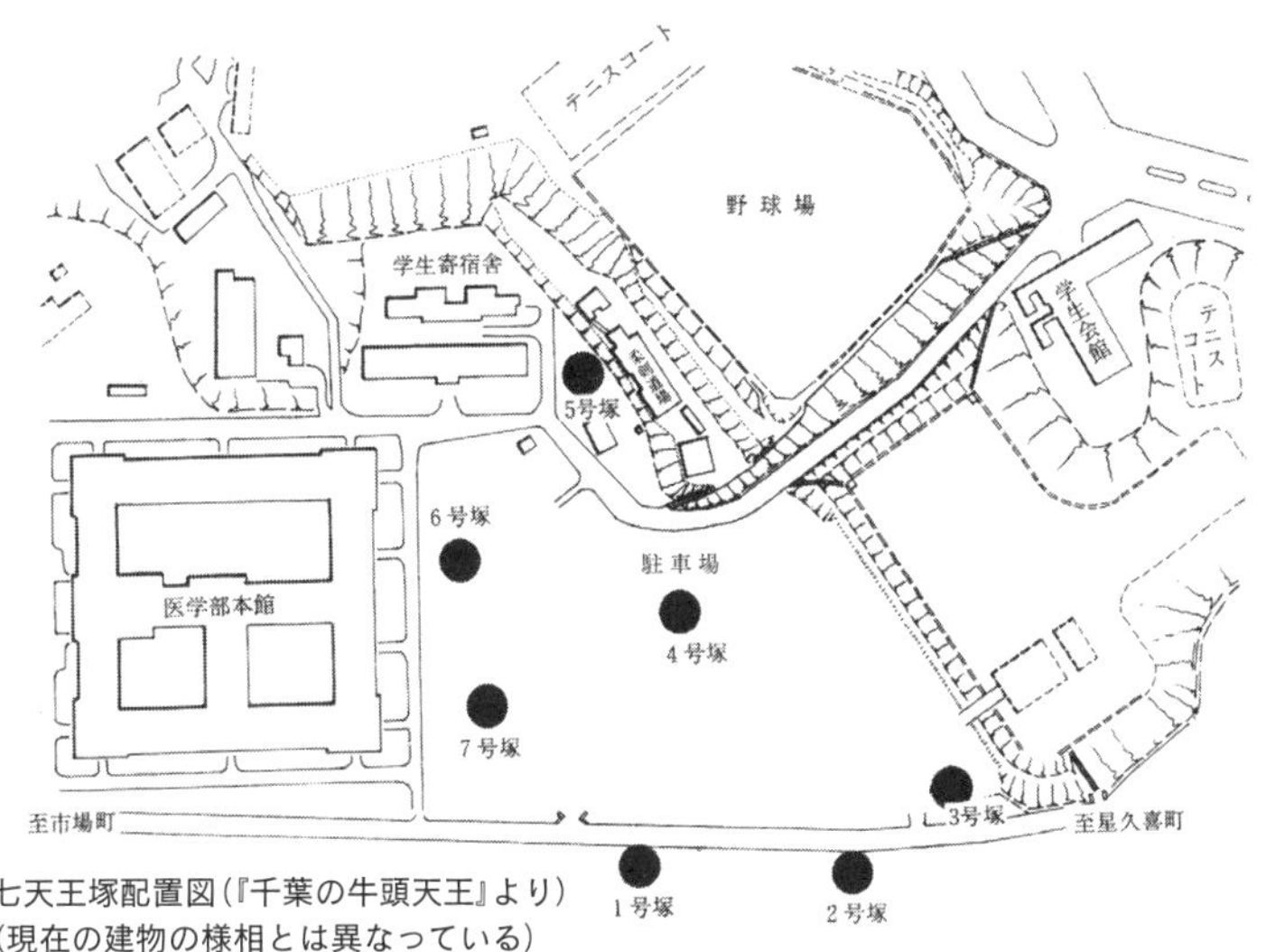

七天王塚配置図（『千葉の牛頭天王』より）
（現在の建物の様相とは異なっている）

文政十一年（一八二八年）、慶応三年（一八六七年）、明治十年（一八七七年）、昭和十九年（一九四四年）と記念年銘があるものがあり、一つだけ「明治」とだけは読めるが、数字の部分が摩滅して読み取れない碑がある。表の面には「堀内牛天王」「牛頭天王」「奉納七天王」「奉納」「七天王」などの碑銘が読める。施主の名前のあるものもあり、平常重代、石屋きな、富原市郎左衛門、石川屋喜助、岩井新重郎、徳田誠などの名前が読める。いずれも地元の篤信家だろう。

碑銘が十八世紀までしか遡れないからといって、七天王塚がその頃造られたとするのは早計だろう。前述した京都の東山の頂上にある将軍塚は、七天王塚によく似ているが、桓武時代の起源が伝えられている。そこにも「将軍塚」と掘られた石碑があったが、碑は塚そのものよりもかなり後のものだ。ただし、七天王塚に生えているタブやクスノキの古木も、樹齢二百年以上のものはないようで、七天王塚として意識され、意図的に祀られるようになったのは、十八世紀頃と考えてもよいかもしれない。塚の起源そのものはもっと古くからのものであったとしても。

七つの天王塚を巡りながら、私はなぜか深い森のなかを歩き回っているような気になった。すぐ外には政令都市としての大都市である千葉市の都心が広がっていて、塚の周りにも人家や大学の建物が密集している場所なのに、天王塚を探しながら木立ちのなかをうろついている私は、そこが鬱蒼とした深い原始の森であるかのように感じていた。

濃い樹の匂い、森の匂いがする。

大きく枝を四方に張ったタブの木の根元には、誰が祀ったともしれない古い祠があり、榊や花や水が手向けられている。七天王塚は、平将門とその六人の影武者を祀ったという説や、千葉氏の兄弟七人の死者の墓標であるという伝承もあったのだ。彼らは、北斗七星の形に並べられて、森の奥、樹下に葬られたのだ。節くれだった木の根に倒れそうに置かれた石の祠には、そんな死者たちの、安眠をよしとしない不屈の怨みが籠められ、あたりに漂っているようにも思える。それにしても、この森は深く、古代の風が木々の葉を震わせる音は激しい。

私は、それらの七つの天王塚を探しながら、私がこれまでその姿を探し廻ってきた牛頭天王が、ちょうど七人だったことに気がついた。最初に『備後風土記』逸文の牛頭天王、その次に『祇園牛頭天王縁起』があり、三番目には『神道集』があり、四番目に『牛頭天王祭文』があった。五番目は『簠簋内伝』であり、六番目が『島渡り祭文』、そして七番目が神楽と謡曲に登場する「祝い神」としての牛頭天王だとすると、ぴったり七人の牛頭天王の姿を私は見てきたことになる。もちろん、縁太羅王子や天下小の祭文にも、牛頭天王は出てきているのだが、それはあくまでも傍役だった。私は、この偶然の発見に驚いたのだが、同時に、七人の牛頭天王がこの森に身をひそめているかと思うと、ちょっと身のすくむような思いがしたことも確かなのだ。

……昔、この地方には、一本のトテツもなく大きな樹木があった。その葉は繁ると、国中の半分以上をその影で覆ってしまい、ためにその樹の陰となる土地の百姓たちは大いに嘆いた。ある日、強力な神のような力を持った貴人が都から現れて、数千、数万の人を使って、その樹を伐り倒してしまった。その倒れる音は、七つの海、七つの世界を越えて轟き渡った。上の枝葉が倒れたところが上総であり、下の枝葉が倒れたところが下総である。無数の木の葉が、あたり一帯に散らばり、〝千なる葉〟の国という名前は、そこから生まれたのである……。

そんな大昔の伝説を私は思い出した。それは日本を支配する貴人の一族に抵抗する、地方の樹木のような人々の悲しい反抗と滅亡の伝説ではないかと思った。七人の牛頭天王は、確かにこの大地に残った根の下で、息をひそめている。モノレールが空を走り、アスファルトの敷き詰められた道路を車がひっきりなしに走り、高い高層ビルが立ち並ぶ都心にも、そうした幻の大樹は消えずに聳えていると、私は草を敷物に、ぼんやりと坐って、そんなことを考えた。

自動車の騒音も、街のなかのざわめきも消え、孤独な一人の旅人として、見も知らぬ森のなかで、私は道に迷っていた。誰もここには来ることもなく、空気もずいぶんひんやりとしてきた。

日も暮れて、道は遠い。体は長い旅で疲れ切った。海を渡ってやってきたところが、深い森の国の松の林だった。私は立ち上がり、私を迎えてくれる人のところへ行こうと思った。どこに、私を待っていてくれる人がいるだろうか。星も見えない空を見上げ、せめて方角だけでも知ろうと、私は高いビルのイルミネーションが浮かび始めた夕空に、北を指し示す星の光を探した。

補遺

江戸の牛頭天王

通りゃんせ　通りゃんせ
ここはどこの細道じゃ
天神様の細道じゃ
ちょっと通してくだしゃんせ
御用のないもの通しゃせぬ
この子の七つのお祝いに　お札をおさめにまいります
行きはよいよい　帰りはこわい
こわいながらも　通りゃんせ　通りゃんせ

「通りゃんせ」という遊び唄がある。よく人口に膾炙(かいしゃ)したもので、ほとんどの日本人の耳の底にこびりついている旋律と歌詞だろう。遊戯は、対面する二人の子どもが両腕を肩まであげてつなぎあわせ、その腕の下をほかの子どもたちが潜り抜けるというものだ。「トーリャンセ（通りなさい）、トーリャンセ」と、歌っている間は通ることができるが、歌い終わると腕を下ろし、閉じ込められた子どもが、次のオニの番になるのである（遊戯としては、イギリス起源の「ロンドン橋落ちた」と、ほぼ同様である。洋の東西を問わず、子ども遊びには共通したものがある）。

唄のなかに、「コーコワドーコノホソミチジャ、テンジンサマノホソミチジャ」という文句があり、天満天神、すなわち菅原道真公ゆかりの遊び唄だとされていた。しかし、私はこの天神は天満天神ではなく、祇園天神、すなわち牛頭天王であるという説を唱えたいのだ。

もともと、「ゴヨーノナイモノトーシャセヌ」とか「イキワヨイヨイ、カエリワコワイ」といった唄の文句は解釈が難しく、何らかの禁忌のようなものが感じられるが、これをきちんと説明したものはあまり見られない。学問の神様、ひいては子どもたちを庇護する天満天神の庭で行う遊びとしては、少し怖い感じのする〝本当は恐ろしい童謡〟の一つなのだ。

前提としていいたいことは、「天神様」といえば、今は北野天満宮や太宰府天満宮や湯島天神に祀られている天満天神（＝菅原道真）のことだと考えられているが、その他に祇園天神や武塔天神があるなど、天神地祇の一般名詞であり、必ずしも菅公を意味しているわけではない。「通りゃんせ」の遊び唄の発祥地とされているのは、川越の三芳野神社だが、小田原の三角山神社が発祥地という説もある。「イキワヨイヨイ、カエリワコワイ」という文句から、鉄砲と女の出入りを厳しく規制した街道の関所（小田原なら、箱根の関所か）を通行することの難しさを唄ったものとされることもあるが、はっきりと「オフダヲオサメニマイリマス」といっているのだから、この説は当たらないだろう。

三芳野神社は、太田道灌が築城したという川越城の城内にあり、その地主神として勧請されたのだろう。やはり学問の神様の天満天神ではおかしすぎる。一般人の通行が難しいところから「トーシャセヌ」とか「カエリワコワイ」という文句になったと解するようだが、牽強付会にすぎないだろう。天神＝菅公とする社伝の『三芳野天神縁起』（慶安二年＝一六四九年、松平信綱が奉納した）は、天神＝菅公が定説となってからの、遥か後世のものと考えられる。

これは祇園天神、すなわち牛頭天王や蘇民将来の信仰にまつわる茅の輪潜り（一般には〝夏越しの祓え〟として水無月祭の一環として行われる。大晦日の行事（大祓え）として行われる場合もある）の風習を思い起こせば容易に分かるように、防疫（疫病封じ、厄除け）のためのお呪いであって、この輪を潜るものは「蘇民将来之子孫」として、疱瘡神からの疫病を免れることができるのだ。逆にこの輪を潜り抜けることができないものは、厄病神にとらわれることになる、あるいは厄病神そのものということになり、「帰りは怖い」ことになるのだ。

つまり、これは七・五・三の行事のように子どもの無病息災を祈るお詣り、あるいはそのお礼参り、の唄である。乳幼児の死亡率が高かった時代には、三歳、五歳、七歳まで生き延びることはお祝いするに値することであった。「七歳までは神のうち」というのは、いつ神のもとに召されるか（死ぬか）分からないという意味だろう。無事、七つになったことの親の安堵は大きい。その祈願の対象が防疫神である牛頭天王、すなわち祇園天神にほかならなかった。

もともと、三芳野神社は、埼玉の氷川神社（武蔵国の一之宮。祭神は須佐男命、奇稲田姫、大己貴命とされる）の別社である祇園社を遷移させたものである。明治元年の神仏分離令の発令の際に、祇園天神を祀る神社はすべて八坂神社（八坂は、祇園感神院の在所の旧地名）とか素盞嗚神社とか須賀神社（スサノオが、黄泉の国から帰って来ても〝清々し〟といったことからの命名）とか八雲神社（スサノオの歌、〝出雲八重垣〟の妻隠の句にちなむ）とか津島神社（尾張の津島神社を総本社とする）といった神社名に変えられ（いずれもスサノオを祭神とする）、牛頭天王や蘇民将来といった仏教的な神名は由緒記から消されてしまったのである（ただし、牛頭天王とスサノオとはかなり昔から習合されていたと考えられる）。

元来、祇園天神や牛頭天王の天神信仰、天王信仰は、武蔵野一帯、関東一円に広く分布していたと

江戸神社

荏原神社

考えられるのであり、牛頭天王の眷属である八王子神（八王子は、牛頭天王の八人の息子——諸説があり、五男三女という説もある）や、歳徳神（大政所（おおまんどころ）——后神の頗利采女とされる）の信仰は、むしろ関東（武蔵国）の方が本場のように思われる。八王子市の市名がその証例である。

江戸では、日光街道の千住宿、東海道の品川宿などの街道の要所には「天王社」（祇園社）があった。南千住の素盞雄神社や、品川神社（北の天王社）や荏原神社、南の天王社——今でも年に一回、天王祭が行なわれているし、近くの東京モノレールの駅名「天王洲アイル」は、この天王社にちなんでいる。天王社では海中での御輿洗いの儀礼があり、海中から天王社の神輿の天王面が、発見されたのである。そこから「天王洲」の名前が生まれた。現在では社名も祭神も消されてしまっているが、もともとは、牛頭天王を祭った天王社だった神社が多いのだ。

川越城と同じく太田道灌が築城した江戸城の城内に地主神を祭ったのが江戸神社だ。江戸の産土

須賀神社

八雲神社（神田明神摂社）

の神とされていた江戸神社の祭神は、その最初期は分からないが、江戸時代を通じて判明しているのは牛頭天王だった。江戸神社は江戸城内から社地を移し、現在は、平将門の怨霊を祀った神田明神を祭神とする神田神社の摂社として「三天王社（三祇園社）」の一つとして存在している。

他の二つは、大伝馬町八雲神社と、小舟町八雲神社であり、いずれも現在では、神田明神の境内に移されている。笹団子をお供えすることから、「団子天王」として知られる日本橋の「天王社」は、現在はビルの隙間にようやくのことで生き残る須賀神社となっている。同名の四谷の須賀神社（東京の総鎮守と称している）は伝馬町の天王社を四谷に分祀したのが始まりだった。その名残として、四谷の須賀神社の参道には「天王坂」の名がある。

興味深いことには、「天王社」が立していたところには、不浄や汚穢の地とされていた刑場や遊廓などの場所が近くにあったということだ。

南千住の素盞雄神社である天王社は小塚原の刑

場のすぐそばであり、古くは「小塚天王社」と呼ばれた。品川の天王社（品川神社、荏原神社）の近くにあったのは鈴ヶ森である。斬首刑にあった刑死者たちの首や胴体が転がされ、それを狙う野良犬たちが集まり、陰風の吹きすさぶ陰惨な風景であったことが、物の本に記されている（江戸歌舞伎で、白波物——犯罪事件をテーマとした芝居——では、よく舞台として使われる）。

由井正雪の一味の丸橋忠弥（鈴ヶ森刑場での最初の刑死者）のような謀反人や、江戸将軍のご落胤を騙（かた）った天一坊、振袖火事の火附け人である八百屋お七などを処刑した鈴ヶ森には今も火あぶりの刑に使った礎石が遺跡として残されている。国道十五号線（第一京浜）沿いの賑やかな一角だが、そこだけちょっと異様な、冷ややかな雰囲気を湛えた場所だ。

いずれも、日光街道、東海道の街道筋にあり、吉原遊廓、品川遊廓などの「悪場所」が近在にあることも共通している。

小塚原（北）、鈴ヶ森（南）と並んで江戸の三大刑場として知られる大和田刑場（西）は、現在の八王子市の大和田町にあって、やはり近在に市名の由緒となった八王子神社があり、もともとは「天王社」だったのだろう。

八王子は甲州街道の宿場町であり、甲州街道沿いの横川町には八王子遊廓があったが、大正時代に大火によって焼失し、その後は八王子田町に移転し、田町遊廓となった。横川町は、大和田刑場のあった浅川の河川敷（ここで首斬りなどの処刑が行われた）や、八王子神社のあった八王子城（元八王子町）とも近く、街道—刑場—遊廓—天王社というセットとなっているのは、小塚原、鈴ヶ森と同様である。

つまり、そうした不浄な穢れた土地を浄化するために、防疫神として強力な牛頭天王がその地に勧請された（それ以前から、江戸の結界として何らかの霊験の跡があったと思われる）と見られるわけだ。

伝馬町には江戸最大の牢屋敷があり、処刑場があったことは有名である。首切り浅右衛門に代表される首切り役人によって斬首された（梟首＝晒し首にもされている）死者は数多く、幕末の志士の代表格の吉田松陰もその一人である。

明治に入ってからは、刑場跡に大倉喜八郎や安田善治郎などの財閥の頭領の寄進によって大安楽寺が創建され、刑死者たちの菩提を弔っているが（慰霊塔がある）、それ以前は伝馬町の「天王社」が不浄の地を〝清め〟る役割を果たしていたのだろう（現在は、牢屋敷跡は十思公園となり、公園に隣接するビルのなかに十思湯という公営の銭湯があり、ここで体を洗い〝清める〟ことができる）。

前述したように、神田神社の祭神、神田明神は平将門の霊とされる（ただし、幾度の変転がある）。新皇を名乗り、京都の政権に対抗して、朝敵として征伐された将門（の遺骸）は、首実検のために、京都に送られた。その塩漬けの首は、七条河原の刑場の梟首台から飛び上がり、眼から雷光を発して、関東目指して空を飛んだという。その最初に落ちた場所が大手町一丁目の高層ビルのほとりにある首塚（将門塚）であり、最終的に現在の神田明神の地に落ち着いたといわれる。

その他、平将門にちなむ神社には、兜町の兜神社、鎧を埋めたといわれる新宿の鎧神社、胴体を葬った坂東市の胴塚、終焉の地とされる國王神社、我孫子市には将門の井戸、将門神社がある（将門神社は柏市にもある）。

平将門の荒ぶる霊魂（荒御魂）を鎮魂するのが神田神社創建の目的だったから、そこに祟り神としての「三天王」、すなわち牛頭天王が合祀されることは平仄があっていた。牛頭天王の相方ともいえる蘇民将来を祀ったと考えられる「疱瘡神社」（厄神避けの象徴の蘇民将来が、厄神そのものとされたのである）も、神田神社の境内に摂社としてあるから、江戸を厄病神や疫神から守る鎮守神として神田明神、牛頭天王が、江戸の庶民たちから万幅の信仰を得ていたと考えられる。

神田明神

神田神社の展示室に掲げられた古絵図を見ると、江戸三大祭の一つとされた神田祭とともに、牛頭天王を祭る祇園祭、天王祭も盛大に行われていたことが分かる（現在でも小舟町天王祭が四年に一度挙行されている）。祟り神でもある牛頭天王の霊験はあらたかで、その分、祭も派手で、豪快、勇壮なものとなる傾向がある。京都八坂神社の山鉾巡行、博多の櫛田神社の祇園山笠、津島神社の天王祭車楽舟行事、佐原の山車人形で有名な八坂神社の夏の大祭、など、当該地では最大にゴージャスなフェスティバルなのである。

だが、それだけ豪華で伝統のある祭典なのに、その神輿の中に祭られている牛頭天王の存在は一般的にはほとんど知られていない。祇園渡御の還幸祭の中御座、東御座、西御座は、もともと牛頭天王とその二人の后（婆利采女、蛇毒気神）を祭ったものだが、今は牛頭天王はスサノオに、頗利采女はクシナダヒメに、蛇毒気神は八王子神に変えられてしまった（明治の神仏分離の結果である）。これらの神々は、記紀神話には出てこない異形、異様な陰陽道、修験道系の神々であり、それが忌避されて、記紀神話のスサノオ神話と置き換えられてしまったのである。

このように、神仏分離令以前の江戸時代には、牛頭天王である「天王様」の信仰は広く行われ、「天王社」の「天王祭」は、年中行事のなかでも盛んに行われたものだった。

大伝馬町の天王祭について、菊池貫一郎の『絵本江戸風俗往来』には、こう書かれている。

年々六月五日神田社地より、天王二の宮、大伝馬町二丁目御旅所へ神幸ありて、八日に帰輿あるなり。行列、一番に幟十本、次に太鼓・榊・祭鉾・四神鉾・太鼓・獅子頭二ツ・幣・小太鼓・神輿・神几・社務二人騎馬、このほかは『江戸歳事記』に載せて悉しければ略す。

この行列の内容を見れば、京都で行われている祇園祭の祭礼行列（山鉾巡行）と基本的に同じであると考えられる。牛頭天王と、その眷属が、古丹将来を滅ぼすために、鉾や剣などの武器を持って行軍した様子を模しているといわれる。大伝馬町の天王社は最初は江戸神社の祭礼の御旅所であったようだ。

小舟町の天王社（現・須賀神社）の六月の天王祭では、神輿が天王宮御仮屋にある時、青竹の葉に白や紅色や黄色の粉をまぶしたしんこ餅を枝に付け、その供えた餅を持ち帰って病人に煎じて飲ませれば万病が治るという信仰があり、後には「団子天王」の名前で有名となり、笹団子が名物となって売られていたという。

また、この天王祭の神輿渡御の時、桟敷を作って巡行を見物する日本橋の魚問屋の商人たちは、数多くの団扇を撒き散らし、その五彩の団扇が空から舞い落ちる風景は、秋の紅葉が散るようであったという。

当祭礼に有名なるは、橘町へ立つ二王尊の像を染め出したる大幟、これまた巨大にして人目を驚かしたり。また荒布橋際に立つ「天王おまつり」と仮名文字にて書きたる幟は、蜀山人の考按にして、中村弥太夫の筆なり。仮名文字の幟は、江戸に当所の外に絶えてなきものなり。また照降町三段の軒提燈、これまた外になし。

『江戸名所図絵』の「天王社」の項には、「天王おまつり」と染め出された大きな幟が何本も掲げられ、祭の賑わいを盛り立てていた。各地にある祇園祭、天王祭の特色は、山車（だし）や山といわれる屋台の出し物や、鷺舞や蜘蛛舞などの舞踏、粽（ちまき）や団子などの食べ物に共通した伝統性があるのである。

また、街中には、ほとんど丸裸に近い、天狗の面をかぶった願人坊主が、扇で「牛頭天王」と書かれたお札を吹き飛ばし、「わいわい天王騒ぐがお好き」と唱えながら物乞いをして歩く姿は、江戸の一つの風物詩でもあった。

また、疫瘡神（厄病神）退治を画題とした、護符として掲げられた鯰絵や大津絵のような浮世絵には、牛頭天王を頭領とした守護神の一団が描かれていることが多い。

このように、江戸の庶民の生活のなかには、「天王様」は身近なものだった。そんな天王様、天神様にお参りに行く風景が、子どもたちの遊びとして取り入れられることはごく自然なことだったろう。「トーリャンセ」という文句は、「通る」と「やんせ」の結合した形で、「しやさんせ」の訛った「シャンセ」はもともと上方の方言的な言い方とされる。しかし、これは江戸の遊廓で使われていた遊女言葉（アリンス言葉の一種）と考えることができるのではないか。子どもの遊びが、遊廓でのお座敷遊びになったものか、その逆かはよくわからないが、「行きはよいよい、帰りは怖い」というのが、遊客の遊廓遊びの感慨だと思っても、それほど的外れではないように思うのは私だけだろうか。

社寺一覧

北野天満宮（京都市上京区馬喰町）
三芳野神社（埼玉県川越市郭町二丁目）
氷川神社（埼玉県さいたま市大宮区高鼻町一丁目）
品川神社（東京都品川区北品川三丁目）
神田神社（東京都千代田区外神田二丁目）
須賀神社（東京都新宿区須賀町五番地）
大安楽寺（東京都中央区日本橋小伝馬町）
兜神社（東京都中央区日本橋兜町一丁目）
胴塚（茨城県坂東市神田山七一五）
将門神社（千葉県柏市岩井四二四）
将門の井戸（千葉県我孫子市日秀二三一）
櫛田神社（福岡県福岡市博多区上川端町）
太宰府天満宮（福岡県太宰府市宰府四丁目）
三角山神社（神奈川県小田原市南町一丁目）
素盞雄神社（東京都荒川区南千住六丁目）
荏原神社（東京都品川区北品川二丁目）
須賀神社（東京都台東区浅草橋二丁目）
八王子神社（東京都八王子市元八王子町三丁目）
首塚（将門塚）（東京都千代田区大手町一丁目）
鎧神社（東京都新宿区北新宿三丁目）
國王神社（茨城県坂東市岩井九五一）
日秀将門神社（千葉県我孫子市日秀一三一）
八坂神社（千葉県香取市佐原）
津島神社（愛知県津島市神明町）

参考文献

『神田明神史考』神田神社社務所。
菊池貫一郎『絵本江戸風俗往来』平凡社。
斎藤月岑『東都歳事記』平凡社。
『江戸名所図繪』有朋堂文庫。

あとがき

牛頭天王、蘇民将来、婆梨采女、摩多羅神、北辰尊王天……中世の神話世界を彷徨していると、さまざまな異神や番神たちが、そこかしこに跳梁跋扈しているのにお目にかかる。異形の王権ならぬ、こんな異形の神仏たちに触れていると、曾て、一世を風靡したビックリマン・シールの世界や、ヒロイック・ファンタジーのゲームの世界を思って、陶然となる。『封神演義』や、クー・リトル・リトル神話など、洋の東西、古今を問わず、疑似神話への嗜好は、人類の幼少年期の終わりの記憶のように、想像力の世界に確乎としてその位置を占めているようだ。

かねてから、気になっていた牛頭天王と蘇民将来のことを調べようと思ったのは、伊勢の二見町が伊勢市と合併する記念に、最後に『町史』(『わが町二見』)を作ることになったということで、それに文章を書くための取材に、二見町を訪れ、「蘇民の森」を見た時のことだった。近所に道の駅「蘇民の森」があり、温泉ホテル「蘇民の湯」も近くにあるというのに、森のなかには、小さな小屋のような社があるだけで、他には「松下神社」と刻まれた碑があるだけだった。伊勢神宮のお膝元なのに、このさびれようは何としたことだろう、というのが最初の印象で、二見の町のなかの神社や仏閣を見ているうちに、いや、伊勢神宮のお膝元だからこそ、これらの神々や仏たちは〝隠され〟、〝消され〟ようとしているという確信が生まれてきたのだった。

作品社の高木有氏と組んで、『補陀落——観音信仰への旅』を上梓した後、次は八幡神か弥勒菩薩について書くと約束していたのだが、そのちょっとした道草のつもりの牛頭天王・蘇民将来が、こんな大きな回り道になるとは思わなかった。しかし、回り終わってみると、これが必然の通り道だったような気がしてくる。学生時代、夏休みの一人旅で京都へ行き、八坂神社や広隆寺を回った時から、いつか牛頭天王や摩多羅神について書くことになるのが、北斗の星が示す運命のように定まっていたのかもしれない（今から、三十五年以上も前のことだ）。

調べれば調べるほどに、牛頭天王や蘇民将来、婆梨采女といった神々を人々の信仰と歴史の表層から消滅させ、跡形もなく湮滅させようとしてきた国家神道の意志の〝力〟を犇々と感じざるをえなかった。〝消された異神たち〟の無念さや遺恨が私をして一気呵成にこの本を書かせた由縁ではないかと考えざるをえない。不思議なことに史料や参考文献にはほとんど苦労することなく（いつもはひどく苦労するのに）、まるで向こうから私に〝読まれる〟ためにやってくるようにさえ思われたのである。

これらの文章の大部分は、アメリカのシアトルにあるワシントン大学のイースト・エイシアン・ライブラリーの蔵書に頼って書かれた。大正新修大蔵経や大日本仏教全書、群書類従や古事類苑など、日本にいたら、たぶん見るのも億劫になりそうな古書類が図書館に揃っていて、私の前には誰も繙いたことのないようなそれらの本の頁をめくりながら、牛頭天王や蘇民将来、摩多羅神や毘沙門天や山王神を発見してゆくことは、いささか倒錯的な感じのする楽しみだった。

古木の多い広々としたキャンパスのなかで、いつも、どこかで必ず花の咲いている木々に目を憩めながら、中世日本の神話世界に入り込んでいることは、至福とまではいわないにしろ、十分に私に幸福な時間を与えてくれた。だから、この本は、私にこんな閑雅な時間を与えてくれたワシントン大学のアジア文学・言語研究科の先生（と大学院生）たちに捧げられなければならない。もっとも、学生たちと日本の近現代文学についての会話に参加してほしいという要請で滞在しながら、それとはまったく別な仕事をせっせとしていたことを知ったら、いくら寛大だった彼（彼女）たちにしても、あきれるか、不信に思うかもしれないが、それはこの謝辞によってご海容を願うばかりである。

本書は、ほとんどが書き下ろしだが、記念のためという意味もあって『わが町二見』に書いた文章を一部、繰り入れた。また、本書は先行の研究書、論文に多くを負っている。それらの多くも、ワシントン大学の図書館の蔵書だったことを明らかにし、この書をそれらの先行研究者たちへ捧げたい。

二〇〇七年六月八日　シアトル・トラベロッジの寓居にて

川村　湊

増補新版あとがき

右の「あとがき」を書いてから十四年が経った。幸い何度か版を重ね、そのつど誤植等を直してきたが、今回は新装版にしてくれるという。せっかくだから、その後に調べたことや旅の体験をまじえて、「江戸の牛頭天王」として補遺の原稿を追加することにした。これまで手薄だった東京近辺、関東近辺の牛頭天王社の跡を、廻った時のメモを基にしたものである。

昨年（二〇二〇年）の、京都をはじめとした各地の祇園祭（天王祭、蘇民祭）は軒並み中止となった。新型コロナ・ウイルスによる感染症の蔓延のためである。だが、これは本末転倒な話だ。本来、防疫神である牛頭天王を祀る、祇園御霊会から始まった祇園祭は、〝怨霊鎮め〟〝疫病封じ〟〝疫神退治〟の祭だった。その祇園祭が、新型コロナ・ウイルスという〝疫病〟のために追い散らされてしまったのである。〝密〟にならないように対策を講じて、祇園祭を実行するてだてはなかったのだろうか。少なくとも、祇園祭の意味を本当に理解していたならば、こんな時こそ、開催に向けて努力すべきだったと思われるが、あっさりと中止してしまった所が多かった。牛頭天王は、またもや〝消されて〟しまったのである。

ただ、この新装版の発刊にも、新型コロナ・ウイルスのパンデミックが寄与したところがある。「アマビエ」などの〝疫病封じ〟の流行神のおかげで、牛頭天王と蘇民将来が、〝思い出される〟という契機があったからだ。拙著の刊行以降、長井博『牛頭天王と蘇民将来伝説の真相』（文芸社）と、鈴木耕太郎『牛頭天王信仰の中世』（法藏館）の二著が出された（論文も数編ある）。長い間、〝消されて来た〟牛頭天王が、少し復活してきたようで、感慨に堪えない。古稀を迎える誕生日に、この「あとがき」を書くのも何かの機縁であるに違いない。

二〇二一年二月二十三日　七〇年前と同じく雪の夜に　札幌にて

川村　湊

■参考文献

【テキスト類】

「牛頭天王経」「牛頭天王講式」「牛頭天王縁起　年紀」「津島牛頭天王祭文」『津島市史（二）』一九七二年三月、津島市教育委員会

「祇園牛頭天王縁起」『京都大学蔵　むろまちものがたり　第四巻』二〇〇二年九月、臨川書店

「祇園牛頭天王縁起」『続群書類従　第三輯』一九〇三年六月、続群書類従刊行会

「祇園牛頭天王御縁起（文明本）」「祇園牛頭天王縁起（長享本）」「祇園御本地」『室町時代物語集成』第三巻、一九七五年一月、角川書店

「祇園大明神事」「赤山大明神事」『神道集　東洋文庫本』一九五九年十二月、角川書店

「牛頭天王祭文」『蘇民将来符――その信仰と伝承』一九八九年一月、上田市立信濃国分寺資料館

「牛頭天王儀軌」『二見町史』一九八八年三月、二見町教育委員会

「牛頭天王島渡り」『日本庶民生活史料集成第一七巻　民間芸能』一九七三年十一月三一書房、山本ひろ子『異神　中世日本の秘教的世界』一九九八年三月、平凡社

「祇園」『謡曲叢書』第一集、一九二八年四月、博文館

西田長男『神社の歴史的研究』一九六六年九月、塙書房

「式外八番牛頭天王」『山岳宗教史研究叢書14　修験道の美術・芸能・文学（1）』類家栄一郎「大出神楽について」、一九八〇年六月、名著出版

「式外五番　牛頭天王」末武保政『黒石寺蘇民祭』一九七六年三月、文化総合出版

「簠簋内伝金烏玉兎集」深沢徹責任編集『日本古典偽書叢刊　第三巻兵法秘術一巻書・簠簋内伝金烏玉兎集・職人由来書』二〇〇四年三月、現代思潮社

「河原由来書」『日本古典偽書叢刊第三巻・兵法秘術一巻書・簠簋内伝金烏玉兎集・職人由来書』
「河原巻物」『近代庶民生活誌第十一巻　天皇皇族』一九九〇年、三一書房、脇田修『河原巻物の世界』一九九一年五月、東京大学出版会、盛田嘉徳『河原巻物』一九七一年二月、法政大学出版局
赤松智城・秋葉隆共編『朝鮮巫俗の研究（上下）』一九三七年六月、大阪屋号書店
小村一蓁「白山之本開・白山開闢由来抜書」『林雅彦・徳田和夫編　絵解き台本集』一九八三年一二月、二弥井書店
「備後東城荒神神楽能本集」『日本庶民文化史料集成　第一巻神楽・舞楽』一九七四年九月、三一書房
「毛越寺延年史料」「日光山延年史料」『日本庶民文化史料集成　第二巻　田楽・猿楽』一九七四年十二月、三一書房
「山王利生記」「山王神道秘密記」「耀天記」『続群書類従』第二輯、一九〇三年六月、続群書類従刊行会
『古事記』日本古典文学大系一、一九八二年二月、岩波書店
『日本書紀（一〜五）』岩波文庫、一九九四年十月〜九五年三月、岩波書店
『風土記』角川文庫、一九七〇年七月、角川書店
「梁塵秘抄」『神楽歌・催馬楽・梁塵秘抄・閑吟集』（日本古典文学全集二十五）一九七六年三月、小学館
「二十二社註記（二十二社式）」「本朝神社考」『日本庶民生活史料大成　第二十六巻神社縁起』一九八三年三月、三一書房
「倭姫命世紀」『中世神道論』日本思想大系十九、一九七七年五月、岩波書店
『古事談・続古事談』新日本古典文学大系、二〇〇五年十一月、岩波書店
『古今著聞集（上・下）』角川文庫、一九七五年八月、七八年四月、角川書店
『三経指帰・性霊集』岩波古典文学大系七一、一九六五年十一月、岩波書店
「明宿集」『金春古伝書集成』一九六九年五月、わんや書店
「広隆寺牛祭々文」『大日本仏教全書一一九　寺史叢書　巻三』一九八〇年十一月覆刻版、名著普及会
「峰相記」『大日本仏教全書一一七　寺史叢書　巻一』一九八〇年十一月覆刻版、名著普及会

「峯相記」『兵庫県史　史料編中世4』一九八九年三月、兵庫県
「播州牛堂山国分寺縁起」「牛堂山国分寺略記」『兵庫県史　史料編中世四』一九八九年三月、兵庫県
『阿娑縛抄』『大日本仏教全書四〇』一九八〇年十一月覆刻版、名著普及会
『塵添壒囊鈔』『大日本仏教全書』一九八〇年十一月覆刻版、名著普及会
『覚禅鈔』『大日本仏教全書　五〇　覚禅鈔　巻六』一九七八年七月覆刻版、名著普及会
「吽迦陀野儀軌」『大正新修大蔵経　第二十一巻・文山教部四』一九二八年八月、大正一切経刊行会
「渓嵐拾葉集」『大正新修大蔵経　巻七十六　続諸宗部　七』一九三一年二月、大正一切経刊行会
「玄旨壇秘抄」『信仰叢書』一九二九年八月、国書刊行会
「玄旨帰命檀秘録集」上杉文秀『日本天台史・別冊』一九三五年九月、破塵閣書房
「延暦寺護国縁起」『大日本仏教全書一二六　天台霞標第二・延暦寺護国縁起』一九八一年六月覆刻版、名著普及会
「天台牛頭法門要纂」『天台本覚論』日本思想体系九、一九七三年一月、岩波書店
『古事類苑』神祇部三、一九二八年十一月覆刻、古事類苑刊行会
藤井幹貞「衝口発」『日本思想闘諍史料・第四巻』一九七〇年二月、名著刊行会
山田勝美『新釈漢文大系・論衡』一九七四年二月、明治書院
菅江真澄「かすむ駒形」『日本庶民生活史料集成　第三巻探検・紀行・地誌東国篇』一九六九年一月、三一書房

【参照論文】

西田長男「祇園牛頭天王縁起の成立」『祇園信仰事典』二〇〇二年四月、戎光祥出版
松本隆信「祇園牛頭天王縁起について」『中世における本地物の研究』一九九六年一月、汲古書院
柴田実「祇園御霊会――その成立と意義――」「祇園会の沿革」「祇園会覚書――鉾町と山鉾――」『中世庶民信仰の研究』一九六六年十月、角川書店

小林市太郎「辟邪絵巻に就いて」『大和絵史論』一九五六年十一月、全国書房
藪田嘉一郎「春日鹿曼荼羅」「御霊信仰の成立」「四天王信仰の東漸と四天王寺」『日本古代文化と宗教』一九七六年十一月、平凡社
伊藤晃雄「津島神社の一考察」『津島市史（五）』一九七五年三月、津島市教育委員会
堀田喜慶「津島神社の神仏分離」『津島市史（五）』同
樋田豊「津島祭について」『津島市史（五）』同
小島廣次「津島とお天王さま」『海と列島文化　第八巻　伊勢と熊野の海』一九九二年一月、小学館
松前健「祇園牛頭天王社の創建と天王信仰の源流」『大和国家と神話伝承』一九八六年一月、雄山閣出版
松平斉光「蘇民将来に関聯する祭礼」『祭』東洋文庫、一九九八年三月、平凡社
今堀太逸「牛頭天王と蘇民将来の子孫」『本地垂迹信仰と念仏』一九九九年二月、法蔵館
上田正昭「殺牛馬信仰の考察」『神々の祭祀と伝承』一九九三年六月、同朋舎出版
大和岩雄「八坂神社――牛頭天王と朝鮮の巫と陰陽道」『神社と古代民間祭祀』一九八九年六月、白水社
浜田泰子「南島の動物供儀」『叢書史層を掘る第Ⅳ巻　供儀の深層へ』一九九二年二月、新曜社
中村哲「平田篤胤と牛頭天王」『法学志林　第八十一巻第三・四号』一九八四年三月、法政大学法学部
三崎良周「中世神祇思想の一側面」『密教と神祇思想』一九九二年六月、創文社
瀬田勝哉「中世の祇園御霊会――大政所御旅所と馬上役割」『洛中洛外の群像――失われた中世京都』一九九四八月、平凡社
大野為田「東湖八坂神社神事」『日本祭祀研究集成　第三巻　祭りの諸形態Ⅰ』一九七六年十二月、名著出版
高谷重夫「和泉の牛神と子供組」『日本祭祀研究集成　第四巻　祭りの諸形態Ⅱ』一九七七年三月、名著出版
中村羊一郎「竜爪山信仰の変遷」『山と森のフォークロア』一九九六年一月、羽衣出版
真下美弥子「御霊信仰――『牛頭天王縁起』を中心に」『宗教伝承の世界』一九九八年六月、三弥井書店

三浦俊介「陰陽思想――『簠簋内伝』をめぐって」『宗教伝承の世界』同右
村上學「『神道集』の世界」『説話の講座　第五巻　説話集の世界Ⅱ中世』勉誠社、一九九三年四月
田中久夫「播磨・但馬の山岳伝承――法道仙人と牛頭天王（広峯社）――」『山岳宗教史研究叢書十六　修験道の伝承文化』一九八一年十二月、名著出版
中井真孝「疫神と御霊会」『行基と古代仏教』一九九一年七月、永田文昌堂
内藤正敏「鬼を神に変換させる祭――黒石寺蘇民祭の鬼子」『鬼と修験のフォークロア』二〇〇七年三月、法政大学出版局
石川純一郎「いざなぎ流神道の祭文――〝天刑星祭文〟の背景と行疫神説話の天界」『日本民俗研究大系　第七巻』一九八七年三月、國學院大學
木場明志「民間陰陽師の呪法――高知県香美郡物部村「太夫」における事例研究――」『論集日本人の生活と信仰』一九七九年十二月、同朋舎出版
高木啓夫「憑き物としての呪詛（すそ）と呪詛（じゅそ）――土佐いざなぎ流祈禱――」『日本民俗研究大系　第八巻　心意現象』一九六一年一月、國學院大學
高木啓夫「土佐の民俗と生活」「山の民俗文化史」『高知の研究　第六巻　方言・民俗篇』一九八二年三月、清文堂出版
山本ひろ子「説話のポトス――中世叡山をめぐる神話と言説をめぐって――」『説話の講座　第一巻　説話とは何か』勉誠社、一九九三年四月
小松和彦「『いざなぎの祭文』と『山の神の祭文』――いざなぎ流祭文の背景と考察――」『山岳宗教史研究叢書十五　修験道の美術・芸能・文学(Ⅱ)』一九八一年三月、名著出版
曽根原理「禁じられた信仰――近世前半期の摩多羅神――」『国家と宗教』一九九二年三月、思文閣出版
景山春樹「摩多羅神信仰とその影像」『神道美術――その諸相と展開』二〇〇〇年九月、雄山閣出版
榊泰純「摩多羅神と歌謡――修正会の延年――」『日本仏教芸能史研究』一九八〇年二月、風間書院

中川修「御霊会の成立と平安初期政治の終焉――神仏習合の内実――」『日本仏教史論叢』一九八六年十月、永田文昌堂
南方熊楠「牛王の名前と烏の俗信」『南方熊楠全集・第二巻』一九七一年四月、平凡社
服部幸雄「後戸の神」『文学』一九七三年七月号、岩波書店、「宿神論」『文学』一九七四年十月号、一九七五年一月～二月号、岩波書店
高取正男「後戸の御法神」『論集日本人の生活と信仰』一九七九年十二月、同朋舎出版
山岸常人「『中世仏堂』における後戸」『日本歴史民俗論集9　祭儀と呪術』一九九四年五月、吉川弘文館
大久保良順「天台玄旨帰命灌頂について」『伝教大師と天台宗』一九八五年五月、吉川弘文館
野本覚成「玄旨灌頂より戒灌頂へ」『天台思想と東アジア文化研究』一九九一年十二月、山喜房仏書林
二木謙一「足利将軍の祇園会御成」『中世式儀礼の研究』一九八五年五月、吉川弘文館

【参考文献】

真弓常忠編『祇園信仰事典』二〇〇二年四月、戎光祥出版
八坂神社編『八坂神社』一九九七年七月、学生社
廣嶺忠胤『牛頭天王』一九一八年八月、廣峯神社社務社
『神道史研究　第十巻第六号　特輯・八坂神社』一九六二年十一月、神道史学会
久保田収『八坂神社の研究』一九七四年十月、神道史学会
渡辺俊『八坂神と祇園まつり』一九三〇年六月、関西名勝史蹟調査会
柴田實編『御霊信仰』一九八四年五月、雄山閣出版
肥後和男『古代伝承研究』一九三八年九月、河出書房
末武保政『黒石寺蘇民祭』一九七六年三月、文化総合出版
斎藤英喜『いざなぎ流祭文と儀礼』二〇〇二年十二月、法蔵館

山本ひろ子『中世神話』一九九八年十二月、岩波新書、岩波書店
李炳銑『日本古代地名の研究　日韓古地名の源流と比較』二〇〇〇年五月、東洋書院
金賛會『本地物語の比較研究―日本と韓国の伝承から―』二〇〇一年一月、三弥井書店
脇田晴子『中世京都と祇園祭　疫神と都市の生活』一九九九年六月、中公新書、中央公論社
西尾正仁『薬師信仰』二〇〇〇年十月、岩田書院
金澤庄三郎『日鮮同祖論』一九二九年四月、刀江書院
村山智順『朝鮮の鬼神』一九二九年七月、朝鮮総督府
今村鞆『歴史民俗朝鮮漫談』一九二八年八月、南山吟社
依田千百子『朝鮮民俗文化の研究』一九八五年十二月、瑠璃書房
前田憲二・萱沼紀子『渡来の祭り』一九九一年十二月、風書房
室井康弘『会津田島祇園祭』一九八七年七月、歴史春秋出版株式会社
大村和男『龍爪山の歴史と民俗』静岡県登呂博物館
坂口安吾「安吾の新日本地理」『坂口安吾全集』一九九八年十二月、筑摩書房
宮澤賢治「春と修羅」『宮澤賢治全集』筑摩書房
大島建彦『疫神とその周辺』一九八五年九月、岩崎美術社
村山修一『本地垂迹』一九七四年六月、吉川弘文館
安丸良夫『神々の明治維新―神仏分離と廃仏毀釈―』一九七九年十一月、岩波書店
富士川游『日本疫病史』東洋文庫、一九六九年二月、平凡社
オ・ヒョンリ編『符籍大事典』二〇〇二年三月、トンハクサ（ソウル）
本田安次『延会資料その他』一九五八年一月、能楽書林
村山修一『比叡山――闘いと祈りの聖域』一九九四年二月、東京美術

大谷克己『千葉の牛頭天王（改訂版）』一九八八年十月、大谷克己教授退官記念会
本間雅彦『牛のきた道――地名が語る和牛の足跡』一九九四年七月、未来社
嵯峨井健『日吉大社と山王権現』一九九三年八月、人文書院
河内将芳『中世京都の都市と宗教』二〇〇六年五月、思文閣出版
河内将芳『祇園祭と戦国京都』二〇〇七年六月、角川学芸出版
廣野卓『古代日本のチーズ』一九九六年十月、角川書店
水本正人『宿神思想と被差別部落――被差別民がなぜ祭礼・門付にかかわるのか』一九九六年、明石書店
田中貴子『「渓嵐拾葉集」の世界』二〇〇三年十一月、名古屋大学出版会
飯田道夫『田楽考　田楽舞の源流』一九九九年三月、臨川書店
山田安彦『古代の方位信仰と地域計画』一九八六年四月、古今書院
倉田正邦『伊勢・志摩の民話』一九六一年二月、未来社
中野豈任『祝儀・吉書・呪符――中世村落の祈りと呪符』一九八八年四月、吉川弘文館
仲尾宏『京都の渡来文化』一九九〇年一月、淡交社
中沢新一『精霊の王』二〇〇三年十一月、講談社
『吉備大臣入唐絵巻』日本の絵巻、一九八七年六月、中央公論新社
『年中行事絵巻』日本の絵巻、一九八七年十一月、中央公論新社
『餓鬼草紙・地獄草紙・病草紙・九相図絵』日本の絵巻、一九八七年十月、中央公論新社
一然（金思燁訳）『三国遺事』一九九七年十一月、明石書店

【引用図版】

奈良国立博物館監修『垂迹美術』一九七四年三月、角川書店

『官幣中社八坂神社扁額集　全』一九一〇年十二月、八坂神社社務所
『坂上田村麻呂展』二〇〇二年八月、胆江日日新聞社
『祇園・八坂神社の名宝』二〇〇二年五月、八坂神社
『千葉妙見大縁起絵巻』一九九五年三月、千葉市立郷土博物館
『箕山風俗図帖』一九八四年七月、汎洋社（ソウル）

【パンフレット・栞】

『津島祭』一九七一年四月、津島神社社務所
『天台山妙見山黒石寺』二〇〇六年一月、光陽美術
『黒石寺蘇民祭』二〇〇〇年一月、水沢観光協会
『篦峯山・篦峯寺歴史と行事』一九六六年十二月、　のの岳観光協会
『土俗の乱声』一九九一年九月、映像ハヌル
『廣峯神社由緒記』広峯神社社務所

参拝社寺一覧（本文中に登場した主な社寺のみを上げた）

【広島県】

素盞嗚神社　広島県芦品郡新市町大字戸手天王一の一
沼名前神社　広島県福山市鞆町後地一二二五
淀姫神社　広島県福山市鞆町

【兵庫県】

広峯神社　兵庫県姫路市広峰五二

吉備神社　兵庫県姫路市広峰五二
祇園神社　兵庫県神戸市兵庫区上祇園町十二―十一

【京都府】

八坂神社（旧祇園感神院）京都府京都市東山区祇園町北側六二五
岡崎神社（旧東光寺）京都府京都市左京区岡崎東天王町五十一
粟田神社（旧粟田天王社）京都府京都市左京区粟田口鍛治町一
大将軍神社　京都府京都市東区三条大橋東三丁目下ル
将軍塚（清蓮院大日堂）京都市山科区厨子奥花鳥町二八
知恩院（瓜生石）京都府京都市東山区林下町四百
神泉苑　京都府京都市中京区御池通神泉苑町東入る門前町一六六
少将井神社　京都府京都市中京区京都御苑内宗像神社内

【滋賀県】

日吉大社　滋賀県大津市坂本五―五―一
日吉東照宮　滋賀県大津市坂本
比叡山延暦寺　滋賀県大津市坂本本町

【愛知県】

津島神社（旧津島天王社）愛知県津島市神明町一
牛頭山宝寿院　愛知県津島市明神町二
十王堂　愛知県津島市明神町二

【三重県】

二見興玉神社　三重県度会郡二見町大字江五七五

神前神社　三重県度会郡二見町松下
松下社（蘇民の森）　三重県度会郡二見町松下
伊勢神宮（内宮・外宮）　三重県伊勢市宇治舘町一

【東京都】

日枝神社　東京都千代田区永田町二－十－五
須賀神社（蔵前）　東京都台東区浅草橋二－二十九－十六
須賀神社（四谷）　東京都新宿区須賀町五
素盞嗚神社（南千住）　東京都荒川区南千住
首塚（大手町）　東京都千代田区大手町一－二－一
神田明神（三天王）　東京都千代田区外神田二－十六－二
牛嶋神社（牛御前神社）　東京都墨田区向島一－四－五

【千葉県】

柏神社　千葉県柏市柏三－二
千葉神社　千葉県千葉市中央区院内
七天王塚　千葉県千葉市中央区亥鼻一

【岩手県】

早池峰神社（早池峰神楽）　岩手県遠野市附馬牛町上附馬牛十九－十八
胡四王神社（蘇民祭）　岩手県花巻市矢沢三－一五三
黒石寺（蘇民祭）　岩手県奥州市水沢区黒石字山内十七
鎮守府八幡宮（蘇民祭）　岩手県奥州市水沢区梨畑

写真提供＝著者

川村 湊（かわむら・みなと）

1951年、北海道生まれ。1982～86年、韓国釜山の東亜大学で日本語・日本文学を教える。元法政大学国際文化学部教授。文芸評論家。
著書に『異郷の昭和文学』『戦後文学を問う』（岩波書店）、『海を渡った日本語』（青土社）、『満洲崩壊』（文藝春秋）、『風を読む　水に書く』（講談社）、『ソウル都市物語』（平凡社）、『妓生』『補陀落』（作品社）などがある。

増補新版
牛頭天王と蘇民将来伝説
消された異神たち

2021年　3月25日　第1刷発行
2022年　5月10日　第2刷発行

著　者　　川　村　　湊
発行者　　和　田　　肇
発行所　　株式会社 作品社
東京都千代田区飯田橋2-7-4
電　話　03-3262-9753
ＦＡＸ　03-3262-9757
振　替　00160-3-27183

装　幀　　小川惟久
本文組版　米山雄基
印刷・製本　シナノ印刷株式会社

落丁・乱丁本はお取替え致します。
定価はカバーに表示してあります。

ISBN 978-4-86182-848-5 C0095